高等职业教育城市轨道交通类新形态一

城市轨道交通电工电子技术

主 编
黄栋斐
余 振

高等教育出版社·北京

内容简介

本书共9个模块，包括安全用电常识、常用电工仪表的使用，电工工具的使用、电路基础知识、模拟电路基础、数字电路基础、照明电路的安装、三相异步电动机、低压电器与基本控制电路。

本书中每个模块根据内容分有若干个小节，包含了基础知识讲解以及针对电工上岗证理论考试的习题，书后附带工作任务手册。全书在内容上与城市轨道交通相关知识进行拓展和衔接，以便更适合高等职业院校城市轨道交通类专业学生使用，让学生既掌握扎实的电工电子理论基础知识与技能，又在一定程度上对将来所从事的城市轨道交通具体工作内容、工作环境、接触的机电设备等有一定的了解，从而达到知识与技能迁移的目的。

本书可作为高等职业院校城市轨道交通类各专业的电工电子课程教材，也可作为轨道交通相关行业工程技术人员的参考用书。

授课教师如需要本书配套的教学课件资源，可发送邮件至邮箱 gzjx@pub.hep.cn 索取。

图书在版编目(CIP)数据

城市轨道交通电工电子技术/黄栋斐，余振主编.--北京：高等教育出版社，2021.9

ISBN 978-7-04-056495-2

Ⅰ.①城… Ⅱ.①黄… ②余… Ⅲ.①城市铁路-轨道交通-电工技术-高等职业教育-教材②城市铁路-轨道交通-电子技术-高等职业教育-教材 Ⅳ.①U239.5

中国版本图书馆CIP数据核字(2021)第145594号

策划编辑 吴睿韬　　责任编辑 吴睿韬　　封面设计 姜　磊　　版式设计 杜微言
插图绘制 黄云燕　　责任校对 高　歌　　责任印制 朱　琦

城市轨道交通电工电子技术
Chengshi Guidao Jiaotong Diangong Dianzi Jishu

出版发行	高等教育出版社	网　　址	http://www.hep.edu.cn
社　　址	北京市西城区德外大街4号		http://www.hep.com.cn
邮政编码	100120	网上订购	http://www.hepmall.com.cn
印　　刷	三河市华骏印务包装有限公司		http://www.hepmall.com
开　　本	850mm×1168mm 1/16		http://www.hepmall.cn
总 印 张	24.5		
总 字 数	590千字	版　　次	2021年9月第1版
购书热线	010-58581118	印　　次	2021年9月第1次印刷
咨询电话	400-810-0598	总 定 价	59.80元

物 料 号 56495-00

“智慧职教”服务指南

“智慧职教”是由高等教育出版社建设和运营的职业教育数字教学资源共建共享平台和在线课程教学服务平台，包括职业教育数字化学习中心平台（www.icve.com.cn）、职教云平台（zjy2.icve.com.cn）和云课堂智慧职教App。用户在以下任一平台注册账号，均可登录并使用各个平台。

- 职业教育数字化学习中心平台（www.icve.com.cn）：为学习者提供本教材配套课程及资源的浏览服务。

登录中心平台，在首页搜索框中搜索“城市轨道交通电工电子技术”，找到对应作者主持的课程，加入课程参加学习，即可浏览课程资源。

- 职教云（zjy2.icve.com.cn）：帮助任课教师对本教材配套课程进行引用、修改，再发布为个性化课程（SPOC）。

1. 登录职教云，在首页单击“申请教材配套课程服务”按钮，在弹出的申请页面填写相关真实信息，申请开通教材配套课程的调用权限。
2. 开通权限后，单击“新增课程”按钮，根据提示设置要构建的个性化课程的基本信息。
3. 进入个性化课程编辑页面，在“课程设计”中“导入”教材配套课程，并根据教学需要进行修改，再发布为个性化课程。

- 云课堂智慧职教App：帮助任课教师和学生基于新构建的个性化课程开展线上线下混合式、智能化教与学。

1. 在安卓或苹果应用市场，搜索“云课堂智慧职教”App，下载安装。
2. 登录App，任课教师指导学生加入个性化课程，并利用App提供的各类功能，开展课前、课中、课后的教学互动，构建智慧课堂。

“智慧职教”使用帮助及常见问题解答请访问 help.icve.com.cn。

配套资源索引

序号	名称	对应页码	资源类型
1	触电急救演示	16	微课
2	指针式万用表测量电阻	32	微课
3	指针式万用表测量交流电压	32	微课
4	指针式万用表测量直流电压	32	微课
5	兆欧表测量绝缘电阻	37	微课
6	钳形电流表测量交流电流	40	微课
7	直流单臂电桥测量电阻	45	微课
8	剥线钳的使用	56	微课
9	五步焊接法	61	微课
10	导线连接	63	微课
11	色环电阻的识别与检测	79	微课
12	电阻的串联	81	微课
13	电阻的并联	82	微课
14	电容器充放电过程	88	微课
15	单相交流电的产生	93	微课
16	正弦量的相量表示	96	微课
17	变压器的测试	107	微课
18	PN 结的形成	114	微课
19	二极管的检测	117	微课
20	晶体管的检测	122	微课
21	晶体管的识别与检测	123	微课
22	基本放大电路工作原理	123	微课
23	电容滤波电路	146	微课
24	与逻辑	164	微课
25	或逻辑	165	微课
26	非逻辑	166	微课
27	基本 RS 触发器工作原理	180	微课
28	555 定时器工作原理	191	微课

续表

序号	名称	对应页码	资源类型
29	555 定时器实现施密特触发器工作原理	193	微课
30	555 定时器实现单稳态触发器工作原理	195	微课
31	555 定时器实现多谐振荡器工作原理	197	微课
32	低压断路器原理	208	微课
33	三相异步电动机的工作原理	227	微课
34	刀开关外形	242	微课
35	组合开关外形	243	微课

前言

改革开放40年来，我国铁路及城市轨道交通快速发展，营运里程现已位居世界第一，数据显示，2019年全国铁路营业里程达到13.9万千米，高速铁路营业里程达到3.5万千米，覆盖我国65%以上的百万人口城市，“四纵四横”高铁主要通道基本贯通；我国34个城市开通了165条城市轨道交通线路，运营里程达到5 033千米，其中，地铁线路里程达到3 884千米。上海轨道交通运营里程731.4千米，世界排名第一；北京轨道交通运营里程684.4千米，世界排名第二；广州和南京分别排在第五位和第六位。目前，我国城市轨道交通运营里程和在建里程均居世界第一，随着我国经济社会的进一步发展，很多新一线城市乃至二线城市都在规划或者开始建设轨道交通，可以预期我国轨道交通的建设还将保持快速发展态势。

轨道交通中的运营车辆实质就是一个大型的、综合的机电一体化设备，同时在城市轨道交通的车站、隧道中也有大量机电设备的应用，培养一批掌握电工电子技术的技能人才，对提高城市轨道交通运行质量和运行效率有着重要的现实意义。

本书以模块化的编写方式对城市轨道交通中电工电子技术内容中涉及的理论知识进行了详细和全面地讲解，全书共有9个模块，包括安全用电常识、常用电工仪表的使用，电工工具的使用、电路基础知识、模拟电路基础、数字电路基础、照明电路的安装、三相异步电动机、低压电器与基本控制电路。同时，本书通过工作任务手册的形式要求学生完成相应的、典型实际操作的工作任务，教师可以在完成某个模块中的全部或者部分理论知识讲解后，根据配备的工作任务对学生进行相应的实操技能训练，最终达到理实一体的教学效果。

本书由东莞市技师学院的黄栋斐和浙江森泽新材料有限公司的余振担任主编并统稿，东莞市技师学院的周淑英、章朝阳和合肥职业技术学院轨道学院的杨光明担任副主编，东莞市技师学院的叶思、李瑛以及东莞职业技术学院的史秀红参编。其中黄栋斐编写了模块1、模块7、模块8、模块9的内容，余振、杨光明和史秀红编写了城市轨道交通的相关内容，周淑英编写了模块3、模块4、模块5、模块6的内容，章朝阳编写了模块2的内容，叶思和李瑛编写了模块7的部分内容，黄栋斐和周淑英完成了数字资源的拍摄。在此谨向所有为本书的编写、出版工作提供支持和帮助的同仁表示诚挚的谢意。

限于编者水平有限，书中难免有疏漏或不妥之处，敬请广大师生和读者批评指正。

编　者

2021年6月

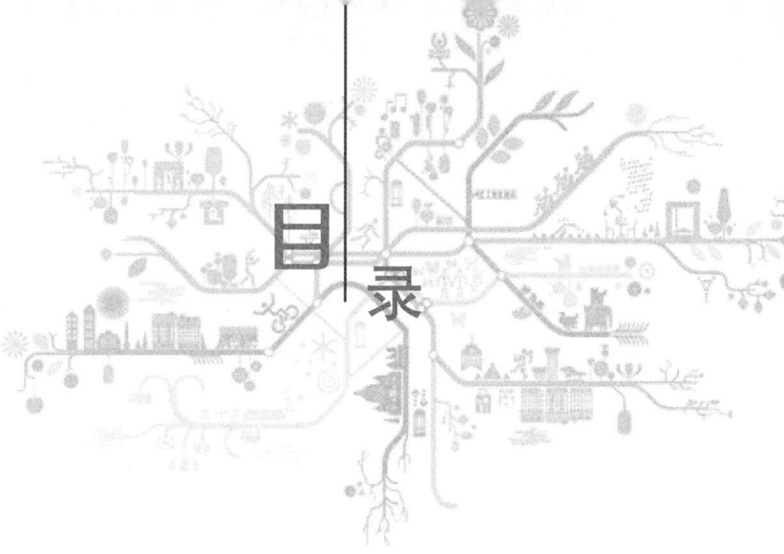

目录

模块1 安全用电常识

学习目标

电力的广泛使用促进了经济的发展,丰富了人们的生活。但电力线路和电气设备在使用过程中,会因各种原因酿成触电事故或电气火灾爆炸事故,导致人员伤亡和财产损失。为了让电能更为安全地为生产服务,通过本模块的学习,使学生掌握安全用具和安全标志的使用、用电设备的安全防护、对触电人员的急救等安全用电知识。

1.1 安全用具和安全标志

电工安全用具是电工作业人员在安装、运行、检修等操作中用以防止触电、坠落、灼伤等危险,保障工作人员安全的电工专用工具和用具,包括起到绝缘、验电、测量作用的绝缘安全用具,登高作业的登高安全用具,以及检修工作中应用的临时接地线、遮栏、标识牌等检修安全用具。

1.1.1 绝缘安全用具

绝缘安全用具包括绝缘棒、绝缘夹钳、绝缘靴、绝缘手套、绝缘垫和绝缘台等。绝缘安全用具分为基本安全用具和辅助安全用具。前者的绝缘强度能长时间承受电气设备的工作电压,能直接用来操作电气设备;后者的绝缘强度不足以承受电气设备的工作电压,只能起到加强基本安全用具的作用。

1. 绝缘棒

绝缘棒又称令克棒,是基本安全用具之一。绝缘棒一般用浸过漆的木材、硬塑料、胶木、环氧玻璃布棒或环氧玻璃布管制成,在结构上可分为工作部分、绝缘部分和握手部分,如图 1-1 所示。

绝缘棒用以操作高压跌落式熔断器、单极隔离开关、户外真空断路器、户外六氟化硫断路器及装卸临时接地线等,在不同工作电压的线路上使用的绝缘棒可按表 1-1 选用。

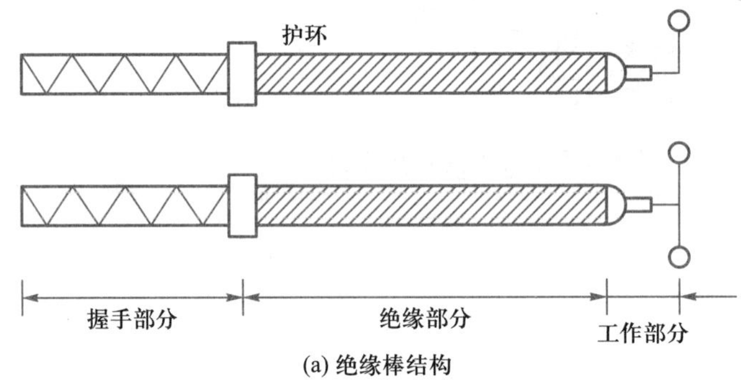

(a) 绝缘棒结构

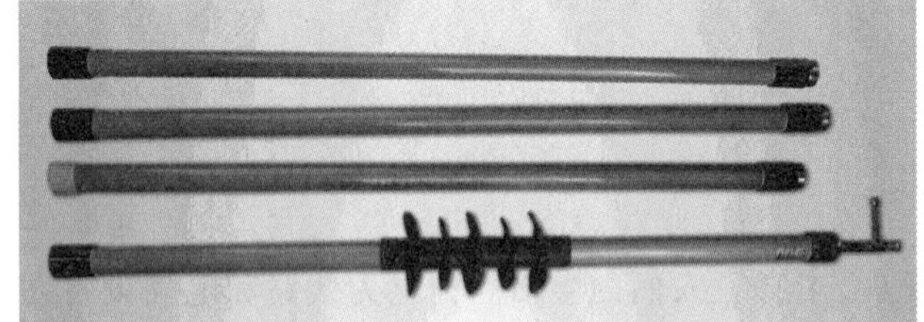

(b) 绝缘棒棒身

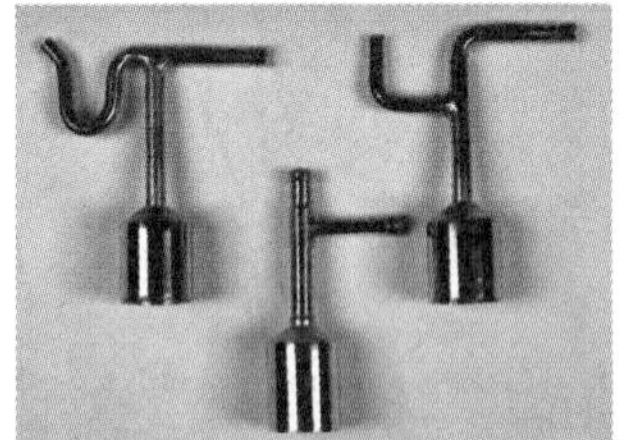

(c) 绝缘棒棒头

图 1-1 绝缘棒

表 1-1 绝缘棒规格与参数

规格	棒长		工作部分长度 L_3/mm	绝缘部分长度 L_2/mm	手握部分长度 L_1/mm	棒身直径 D/mm	钩子宽度 B/mm	钩子终端直径 d/mm
	全长/mm	节数						
50 V	1 640	1	185	1 000	455	38	50	13.5
10 kV	2 000	2		1 200	615			
35 kV	3 000	3		1 950	890			

2. 绝缘夹钳

绝缘夹钳是在带电的情况下,用来安装或拆卸熔断器或执行其他类似工作的工具,在 35 kV 及以下的电力系统中,绝缘夹钳列为基本安全用具之一。

绝缘夹钳与绝缘棒一样也是用浸过绝缘漆的木材、胶木或玻璃钢制成。它的结构包括工作部分、绝缘部分与握手部分,如图 1-2 所示。

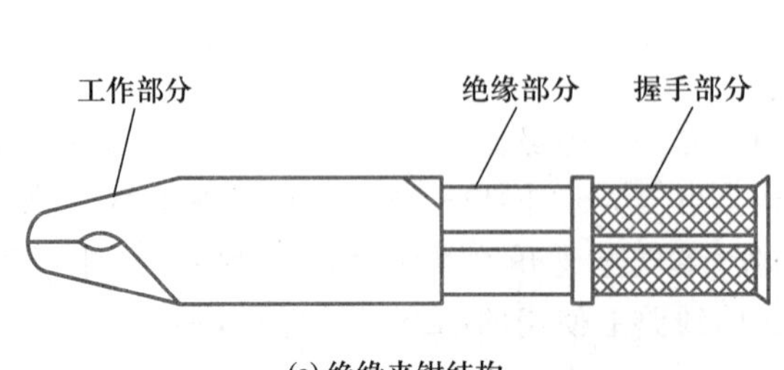

(a) 绝缘夹钳结构

(b) 绝缘夹钳实物

图 1-2 绝缘夹钳

绝缘夹钳应按规定进行定期试验。

3. 绝缘手套和绝缘靴

绝缘手套和绝缘靴用绝缘性能良好的橡胶制成，如图 1-3 所示。两者都作为辅助安全用具，但绝缘手套可作为低压（1 kV 以下）工作的基本安全用具，绝缘靴可作为防护跨步电压的基本安全用具。绝缘手套的长度至少应超过手腕 10 cm。

图 1-3　绝缘手套和绝缘靴

4. 绝缘台和绝缘垫

绝缘台和绝缘垫只作为辅助安全用具，如图 1-4 所示，一般铺在配电室的地面上，以便在带电操作断路器或隔离开关时增强操作人员对地绝缘，防止接触电压与跨步电压对人体的伤害。

绝缘垫有一定的厚度，由带防滑条纹的橡胶制成，其最小尺寸不宜小于 0.8 m×0.8 m。绝缘台用木板或木条制成，相邻板条之间的距离不得大于 2.5 cm；台上不得有金属零件；台面板用绝缘子支撑与地面绝缘，台面板边缘不得伸出绝缘子外，绝缘台最小尺寸不宜小于 0.8 m×0.8 m，但为了便于移动和检查，最大尺寸也不宜大于 1.5 m×1.5 m。

图 1-4　绝缘台和绝缘垫

5. 验电器

验电器按电压分为高压验电器和低压验电器两种，用来检验设备、线路是否带电。

（1）高压验电器

旧式高压验电器都是靠氖泡发光指示有电。新式高压验电器有声光、发光报警指示。还有一种风车式高压验电器，在有电时因电晕放电会驱使验电器的金属叶片旋转而显示带电。高压验电器的发光电压不应高于额定电压的 25%。10 kV 高压验电器实物如图 1-5 所示，其握持姿势如图 1-6 所示。

图 1-5 10 kV 高压验电器实物

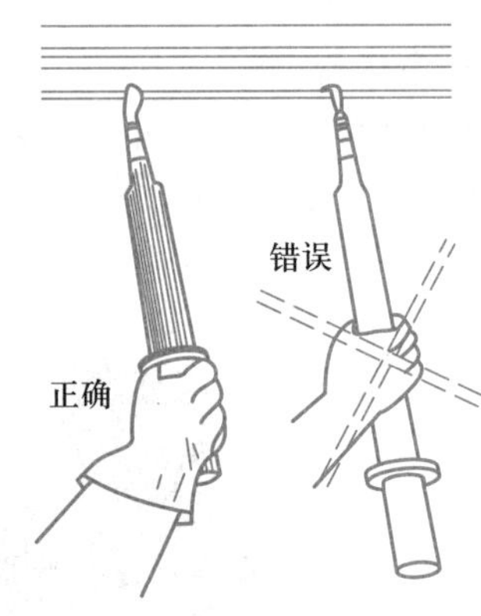

图 1-6 高压验电器握持姿势

(2) 低压验电器

低压验电器俗称试电笔,通常有笔式和螺丝刀式两种,其结构如图 1-7 所示,是用来检测低压线路和电气设备是否带电的低压验电器,检测的电压范围为 60~500 V。它由壳体、探头、电阻、氖管、弹簧等组成。检测时,氖管亮(新式低压验电器有的用液晶显示)表示被测物体带电。

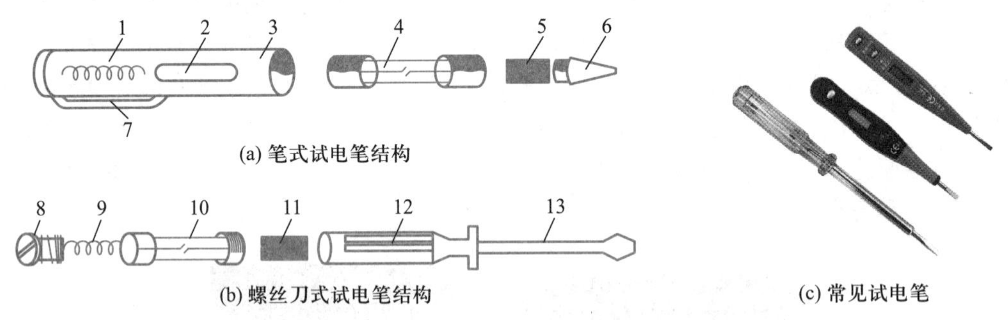

图 1-7 试电笔结构

1、9—弹簧;2、12—观察孔;3—笔身;4、10—氖管;5、11—电阻;6—笔尖探头;7—金属笔挂;8—金属螺钉;13—刀体探头

用试电笔验电时应让笔尾部的金属与手相接触,而不得接触笔前端金属部分,应使氖管小窗背光且朝向自己,以便观测氖管的亮暗程度,防止因光线太强造成误判断,如图 1-8 所示。

1.1.2 防护用具

1. 携带型接地线

携带型接地线是临时接地线。当高压设备停电检修或进行其他工作时,为了防止停电设备突然来电和邻近高压带电设备对停电设备所产生的感应电压对人体的危害,需要用携带型接地线将突然停电设备已停电的三相电源短路并接地,同时将设备上的残余电荷对地放掉。实践证明,接地线对保

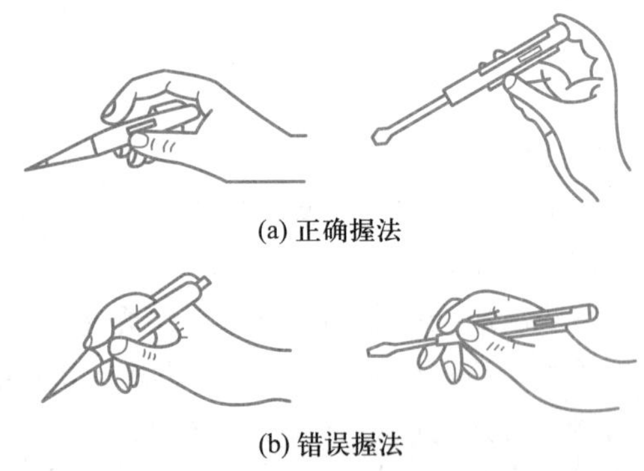

图 1-8 试电笔的使用

障人身安全十分重要。现场工作人员常称携带型接地线为“保命线”。

携带型接地线主要由多段软铜导线和接线夹组成，三根短的软导线是接三相导体用的，如图1-9所示，一根长的软导线是接接地体用的。临时接地线的接线夹必须坚固有力，软铜导线的截面积不应少于25 mm^2，各部分连接必须牢固。

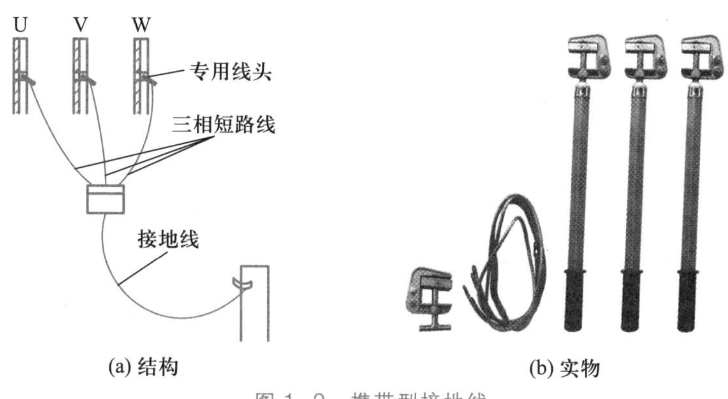

(a) 结构　(b) 实物

图1-9　携带型接地线

装设临时接地线，应先接接地端，后接线路或设备端；拆除时顺序相反。正常情况下，应先验明线路或设备确实无电时才可装设临时接地线。

2. 屏护

屏护是采用遮栏、护罩、护盖、箱闸等将带电体同外界隔绝开来的装置。

屏护装置的作用：屏护装置主要用于电气设备不便于绝缘或绝缘不足以保证安全的场合。如开关电气的可动部分一般不能包以绝缘，因此需要屏护。对于高压设备，由于全部绝缘往往有困难，因此，不论高压设备是否有绝缘，均要求加装屏护装置。室内、外安装的变压器和变配电装置应装有完善的屏护装置。当作业场所邻近带电体时，在作业人员与带电体之间、过道、入口等处均应装设可移动的临时性屏护装置，如图1-10所示。

分类：屏蔽和障碍、永久性和临时性、固定和移动。

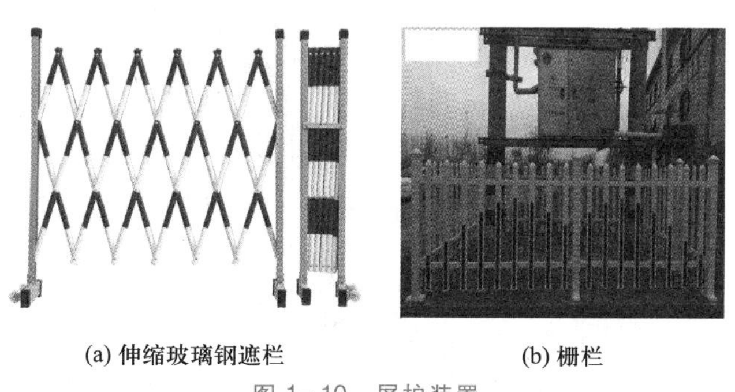

(a) 伸缩玻璃钢遮栏　(b) 栅栏

图1-10　屏护装置

1.1.3　安全标志

在有触电危险的处所或容易产生误判断、误操作的地方，以及存在不安全因素的现场，设置醒目的文字或图形标志，提示人们识别、警惕危险因素，对防止人们偶然触及或过分接近带电体而触电具有重要作用。

1. 标志的要求

（1）文字简明扼要、图形清晰、色彩醒目。例如用白底红边黑字制作的“止步，高压危险”的标示牌，白色背景衬托下的红边和黑字，可以收到清晰醒目的效果，也使标示牌的警告作用更加强烈。

（2）标准统一或符合习惯，以便于管理。例如我国采用的颜色标志的含义基本上与国际安全色标准相同，安全色标的意义见表 1-2。

表 1-2 安全色标的意义

色标	含义	举例
红色	禁止、停止、消防	停止按钮、灭火器、仪表运行极限
黄色	注意、警告	“当心触电”“注意安全”
绿色	安全、通过、允许、工作	“在此工作”“已接地”
黑色	警告	多用于文字、图形、符号
蓝色	强制执行	“必须戴安全帽”

2. 常用标志举例

安全牌是由干燥的木材或绝缘材料制作的小牌子，其内容包括文字、图形和安全色，悬挂于规定的处所，起着重要的安全标志作用。安全牌按其用途分为允许、警告、禁止和提示等类型。电工专用的安全牌通常称为标示牌。

标识牌在使用过程中，严禁拆除、更换和移动，常见的电工用标识牌如图 1-11 所示。

图 1-11 常用的电工用标识

1.2 用电设备的安全防护

掌握剩余电流保护器、保护接地、保护接零等基本的用电设备安全措施，对防止电气设备和设施对人员产生人身伤害，以及保证各种设备的正常工作和使用都有十分重要的意义。

1.2.1 剩余电流保护器（RCD）的应用

剩余电流保护器（也称为漏电保护器）是利用发生单相接地故障时产生的剩余电流来切断故障线路或设备电源的保护电器。其特点是动作灵敏，切断电源时间短，用于低压电网直接和间接触电保护。在电气设备中发生漏电或接地故障而人体尚未触及时，漏电保护装置已切断电源；或者在人体已触及带电体时，漏电保护器能在非常短的时间内切断电源，减轻对人体的危害。

RCD 按保护功能和结构分为：漏电继电器、漏电开关、剩余电流保护插座。

（1）漏电继电器　检测剩余电流，将剩余电流值与基准值相比较，当剩余电流值超过基准值时，发出一个机械开闭信号使机械开关电器脱扣或声光报警装置发出报警（只具备监测和判断功能，不具备切断主电源功能）。一般与交流接触器或低压断路器配合使用，作为低压电网的总保护开关或分支保护开关使用。

（2）漏电开关　检测剩余电流，将剩余电流值与基准值相比较，当剩余电流值超过基准值时，使主电路触点断开，如图 1-12 所示，一般用于低压供电线路末级保护。

（3）剩余电流保护插座　把漏电开关和插座组合在一起的剩余电流保护装置。剩余电流保护器的应用一般两种：30 mA 以下的高灵敏末端保护以及分级保护。

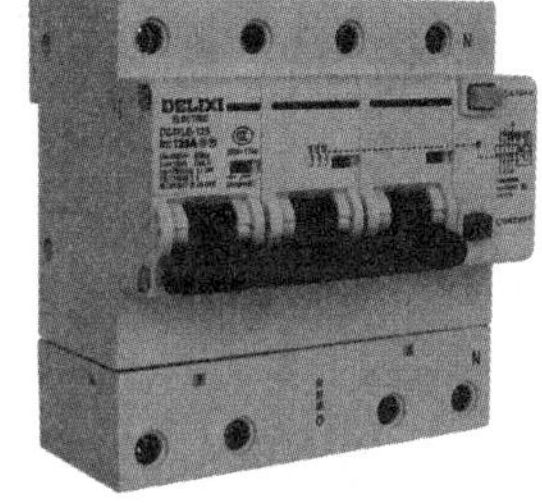

图 1-12　漏电开关

必须安装剩余电流保护器的设备和场所

① 属于 I 类的移动式及手持式电气设备及电动工具；

② 安装在潮湿、强腐蚀性等环境恶劣场所的用电设备；

③ 建筑施工工地的用电设备；

④ 暂设临时用电的用电设备；

⑤ 由 TT 系统供电的用电设备；

⑥ 宾馆、饭店及招待所的客房内插座回路；

⑦ 机关、学校、企业、住宅等建筑物内的插座回路；

⑧ 游泳池、喷水池、浴池的水中照明设备；

⑨ 安装在水中的供电线路和设备；

⑩ 医院中直接接触人体的电气医用设备；

⑪ 其他需要安装漏电保护器的场所。

1.2.2 保护接地与保护接零

当电气设备绝缘损坏或被击穿而出现对地故障时，电气设备不带电的金属外壳会出现危险的对地电压，人体一旦触及，就有可能发生触电危险。保护接地和接零装置就是防止人体接触意外带电外壳引起触电事故的基本有效的安全措施。如果采用了保护接地（接零）装置，就会降低外壳对地电压或产生对地短路电流，使电源开关断开或使熔断器快速熔断，从而切断电源，防止触电事故的发生。

保护接地是指为了人身安全，将电气装置中平时不带电但可能因绝缘损坏而带上危险的对地电压的外露导电部分（设备的金属外壳或金属构件）与大地电气连接。采用保护接地后，可使人体触及漏电设备外壳时的接触电压明显降低，因此大大地减轻了触电带来的危险性，如图 1-13所示。

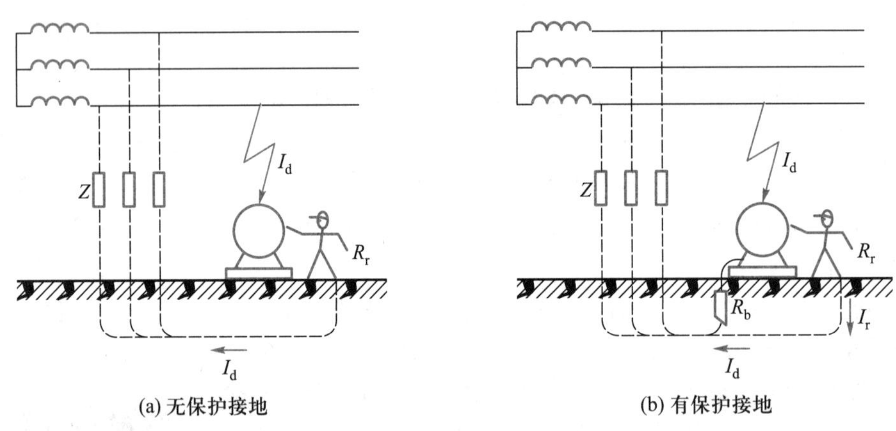

图 1-13 保护接地

保护接零是指为了人身安全的目的，将电气装置中平时不带电，但可能因绝缘损坏而带上危险电压的外露导电部分（设备的金属外壳或金属构件）与电源的中性线（零线）连接起来。采用保护接零后，人体触摸设备外壳时相当于触摸系统的零线。并无触电危险。当设备发生漏电故障使外壳带电时，由于零线的电阻值很小，故漏电电流几乎等于短路电流，从而迫使保安系统（熔断器、过流脱扣器等）迅速动作而切断电源，起到保护作用，如图 1-14 所示。

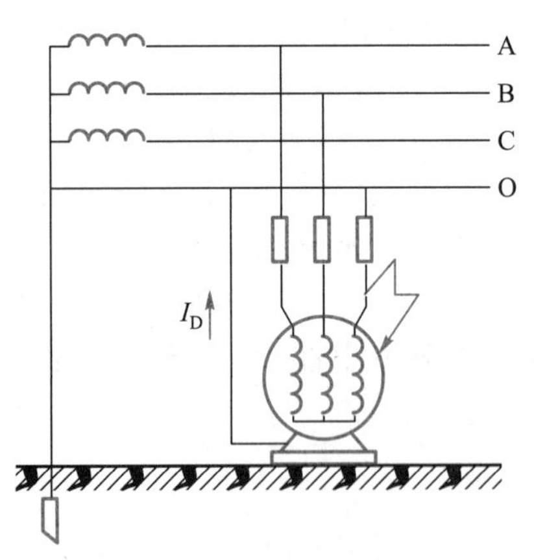

图 1-14 保护接零

根据配电系统接地方式的不同，国际上把低压配电系统分为 IT、TT 和 TN 三种形式，接地保护系统形式的文字代号说明见表 1-3。

1. IT 系统

IT 系统就是保护接地系统，第一个大写字母“I”表示配电网不接地或经高阻抗接地，第二个大写字母“T”表示电气设备金属外壳接地；IT 系统就是以往的三相三线制供电系统和三相四线制中性线接不接地的供电系统。

表 1-3 接地保护系统形式的文字代号说明

文字代号位置	文字代号	表示电力系统对地关系
第一个字母表示系统和地之间的关系	T	系统有一点直接接地
	I	系统所有带电的零部件均与地绝缘或由一点经过一定的阻抗接地
第二个字母表示成套设备中外露可导电部件与地的关系	T	外露可接近导体对地直接做电气连接,此接地点与电力系统的接地点无直接关联
	N	外露可接近导体通过保护线与电力系统的接地点直接做电气连接
第三个字母表示中性导体(即工作零线)和保护导体(即保护零线)的布置形式	S	中性导体和保护导体各自独立
	C	中性导体和保护导体合用一根导体(PEN)

如图 1-15(a)所示的电气设备金属外壳未采取任何安全措施,则当外壳故障带电时,通过人体的电流经线路对地绝缘阻抗构成回路,尽管故障电流必须经过高值的绝缘阻抗才能构成回路,但在线路较长、绝缘水平较低的情况下,即使是低压配电网,电击的危险性仍然很大。如图 1-15(b)所示的设备上装有保护接地,构成了 IT 系统。在这种情况下,当外壳故障带电时,保护接地电阻与人体电阻处在并联状态,将其对地电压限制在规定的安全范围以内,保护接地还能消除感应电流的危险。

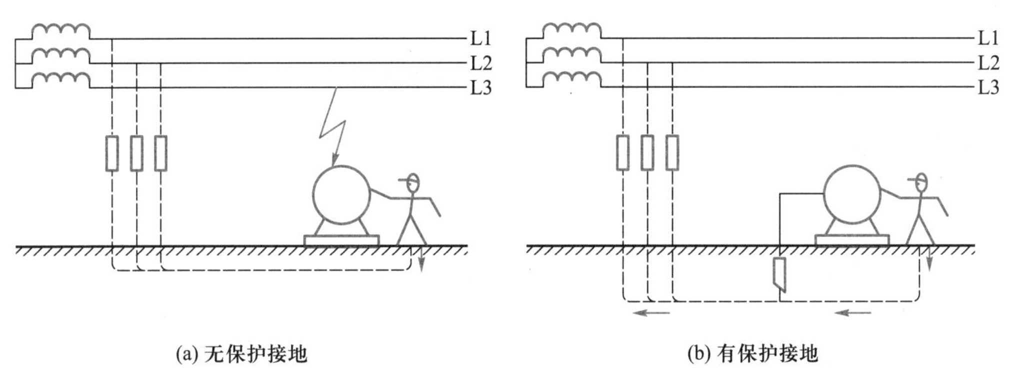

(a) 无保护接地　　(b) 有保护接地

图 1-15 IT 系统

2. TT 系统

TT 系统是配电网中性点直接接地,前后两个字母“T”分别表示配电网中性点和电气设备金属外壳接地,如图 1-16 所示。TT 系统俗称三相四线制配电网,电网引出三条相线(L1、L2、L3 线)和一条中性线(N 线,工作零线),中性点直接接地,如电气设备金属外壳未采取任何安全措施,则当外壳故障带电时,故障电流将沿低阻值的低压工作接地(配电系统接地)构成回路。由于工作接地的接地电阻很小,设备外壳将带有接近相电压的故障对地电压,电击的危险性很大。因此,一般情况下不能采用 TT 系统。

TT系统主要用于低压共用用户，即用于未装备配电变压器，从外面引进低压电源的小型用户。

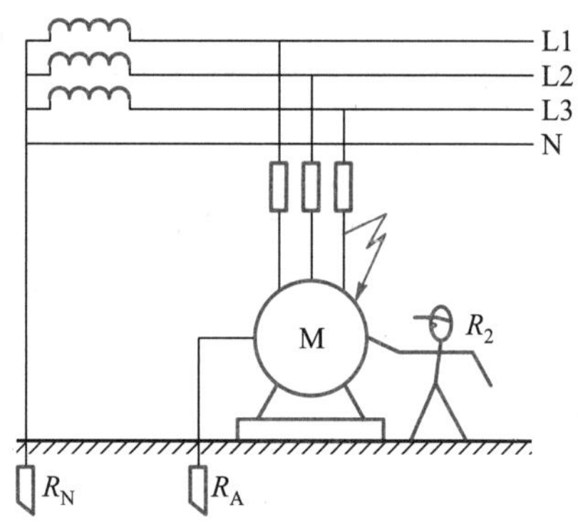

图 1-16 TT 系统

3. TN 系统

TN系统是三相四线制配电网低压中性点直接接地，电气设备金属外壳采取接零措施的系统。字母“T”和“N”分别表示配电网中性点直接接地和电气设备金属外壳接零，设备金属外壳与保护零线连接的方式称为保护接零。典型的TN系统如图1-17所示。在这种系统中，当某一相线直接连接设备金属外壳时，即形成单相短路，短路电流促使线路上的短路保护装置迅速动作，在规定时间内将故障设备断开电源，消除电击危险。

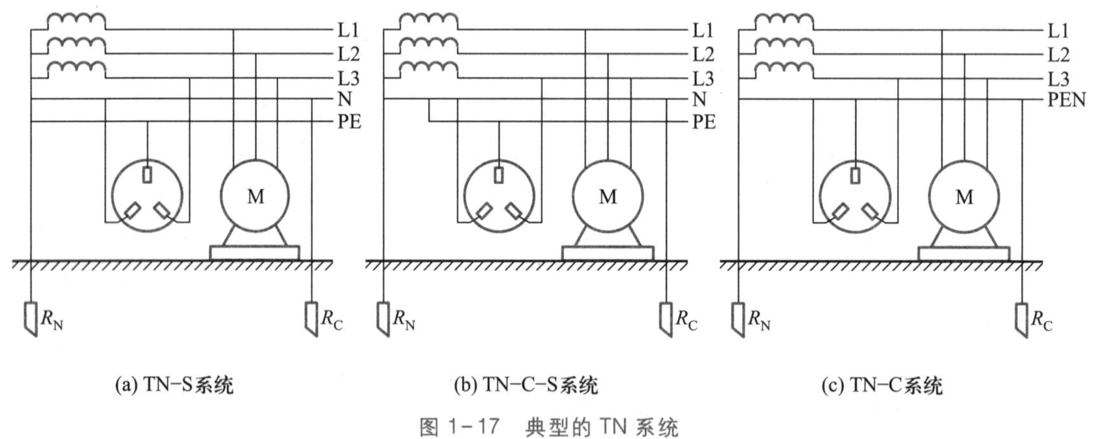

(a) TN-S系统 (b) TN-C-S系统 (c) TN-C系统

图 1-17 典型的 TN 系统

我国低压配电网绝大多数都采用TN系统。

4. 混合系统

由同一台变压器供电的配电网中，一般不允许采用部分设备接零、部分设备仅仅接地的运行方式，即一般不允许同时采用TN系统和TT系统的混合运行方式，如图1-18所示。在这种情况下，当接地设备相线碰连金属外壳时，该设备和零线（包括所有接零设备）会带有危险的对地电压，将给人以致命的电击。而且，由于故障电流是不太大的接地电流，一般的过流保护不能实现速断，危险状态将长时间存在，因此这种混合方式一般是不允许的。

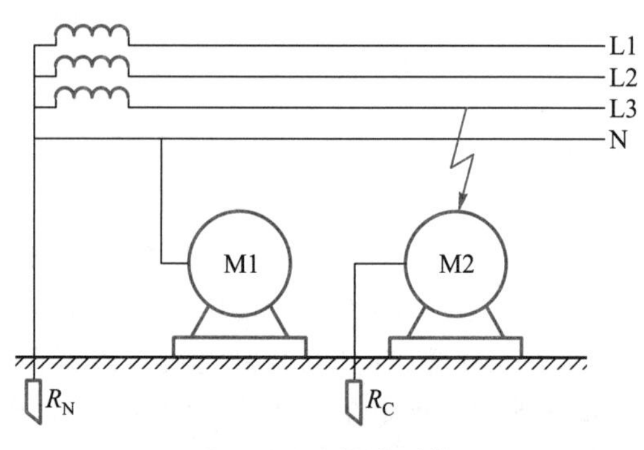

图 1-18 混合系统

5. 重复接地

TN系统中，PE线或PEN线上除工作接地外其他点的再次接地称为重复接地。重复接地的安全作用如下：

（1）减轻PE线和PEN线断开或接触不良时，接零设备上电击的危险性，如图1-19所示。断线后方某接零设备漏电但断线后方无重复接地，则断线后方的零线及其上所有接零设备都带有将近相电压的对地电压，电击危险性极大。

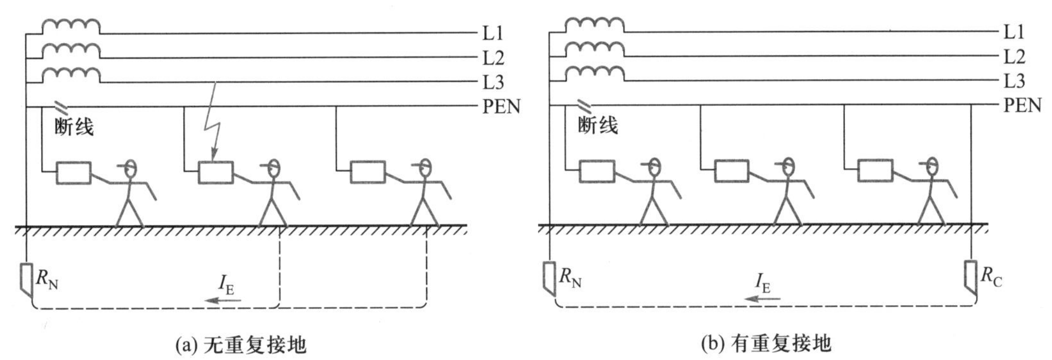

图1-19　PEN线断开与设备漏电

（2）减轻PEN线断开时负载中性点"漂移"。TN-C系统的PEN线断开后，如断线后方有不平衡负荷，则负载中性点发生电位"漂移"，使三相电压失去平衡，可能导致接在一相或两相上的用电器具烧坏，如图1-20所示。

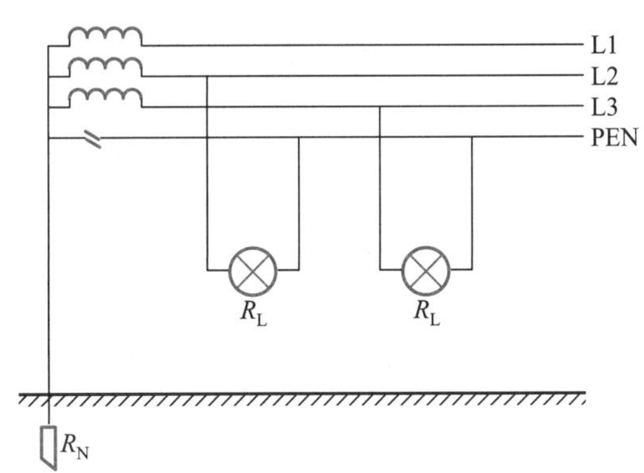

图1-20　TN-C系统的PEN线断开

（3）进一步降低故障持续时间内意外带电设备的对地电压。

（4）由于重复接地在短路电流返回的途径上增加了一条并联支路，故缩短了漏电故障持续时间。

（5）由于重复接地对雷电流起分流作用，故可降低冲击过电压，改善架空线路的防雷性能。

1.2.3　静电防护

静电防护是指为防止静电积累所引起的人身电击、火灾和爆炸、电子器件失效和损坏，以及对生产的不良影响而采取的防范措施。其防范原则主要是抑制静电的产生，加速静电的泄漏，进行静电中和等。人穿非导电鞋时，由于行走等活动会产生积蓄电荷，并可达到千伏级的电位。在毛毯上行走、脱衣等所产生最高电位可达2 450 V，此时人触及其他物体会产生火花放电并受到电击。

1. 静电的危害

静电的产生在工业生产中是不可避免的,其造成的危害主要为以下方面:

① 引起电子设备的故障或误动作,造成电磁干扰。

② 击穿集成电路和精密的电子元件,或者促使元件老化,降低生产成品率。

③ 高压静电放电造成电击,危及人身安全。

④ 在多易燃易爆品或粉尘、油雾的生产场所极易引起爆炸和火灾。

2. 静电防护的具体措施

① 最有效的措施是让人体与大地相“连接”即“接地”。因此,人要穿上防静电鞋。要保持人体与大地相连,这就要求地面也是防静电的才可以将人体的静电导入大地,所以地面可以用防静电地垫、防静电复合胶板,并用防静电接地线接好地。

② 穿戴防静电服,配戴防静电有绳手腕带,通过手腕带接地线泄放人体静电,且要经常检测接地是否导通。

③ 法拉第杯通常用于控制静电释放,它是金属袋、导电袋、有盖的周转盒,其可以携带表面上的静电荷并且在打开之前将它移走。

④ 由于接地和隔离将不能从绝缘体诸如人工合成的布或常规塑胶当中释放电荷,因此可以通过中和法消除静电,例如运用中和器、高压中和器、发射线中和器等。

1.2.4 防雷措施

随着空中云层电荷的积累,其周围空气中的电场强度不断加强。当空气中的电场强度达到一定程度时,在两块带异号电荷的雷云之间或雷云与地之间的空气绝缘就会因被击穿而剧烈放电,出现耀眼的电光。同时,强大的放电电流所产生的高温,使周围的空气或其他介质发生猛烈膨胀,发出震耳欲聋的响声,这就是雷电。

1. 雷电的分类

雷电按其传播方式分为直击雷、感应雷、球形雷。

(1) 直击雷是雷电直接击在建筑物(包括电气装置)和构筑物上,产生电效应、热效应和机械效应。

(2) 感应雷是雷电放电时,在附近导体上产生静电感应和电磁感应,它可能使金属部件间产生火花。其中静电感应是当雷云接近地面,在架空线路或其他导电凸出物顶部感应大量电荷。雷电放电后,架空线路或导电凸出物上的感应电荷将转换成强烈的高电压冲击波。电磁感应是由于雷击后,巨大的雷电流在周围空间产生迅速变化的强磁场引起的。这种磁场能使附近金属导体上感应出很高的电压。

(3) 球形雷简称球雷,是雷电放电时形成的发红色光、橙色光、白色光或其他颜色光的火球。球形雷是一个处于特殊状态下的带电气体。球形雷常沿着地面滚动或在空中飘荡,能通过烟囱、门窗等侵入室内。大多数球形雷消失时伴有爆炸,会造成建筑物和设备等的损坏以及人畜伤亡事故。

2. 雷电的危害

（1）直击雷放电的高温电弧、二次放电、巨大的雷电流、球雷侵入可直接引起火灾和爆炸；冲击电压击穿电气设备的绝缘等可间接引起火灾和爆炸。

（2）雷电直接对人体放电、二次放电、球雷打击、雷电流产生的接触电压和跨步电压可直接使人触电；电气设备绝缘因雷击而损坏也可使人遭到电击。

（3）雷击产生的高电压、大电流可对电气装置和建筑物及其他设施造成毁坏；电力设备或电力线路遭破坏可能导致大规模停电。

3. 人身防雷措施

由于雷电可能对人造成致命的电击，根据雷电触电事故分析，《电业安全工作规程》规定，电气运行人员必须注意雷电触电的防护问题，以保护人身安全。

（1）雷电时，发电厂变电所的工作人员应尽量避免接近容易遭到雷击的户外配电装置。在进行巡回检查时，应按规定的线路进行。在巡视高压屋外配电装置时，应穿绝缘鞋，并不得靠近接闪杆和防雷器。

（2）雷电时，禁止在室外和室内的架空引入线上进行检修和试验工作，若正在做此类工作时，应立即停止，并撤离现场。

（3）雷电时，应禁止屋外高空检修、试验工作，禁止户外高空带电作业及等电位工作。

（4）对输配电线路的运行和维护人员，雷电时，禁止进行倒闸操作和更换熔断器的工作。

（5）雷电时，非工作人员应尽量减少外出，如果外出工作时遇到雷暴，应立即停止高压线路上的工作。

1.3　触电急救

电气设备和家用电器的应用越来越广，人们发生触电击伤事故也相应增多，尽管采取了各种防触电的安全措施，但触电事故还是屡屡发生，为了减少人身伤亡，触电以后采取正确的施救措施尤为重要。《电业安全工作规程》明确规定：电气作业人员“必须学会紧急救护法，特别要学会触电急救。”

1.3.1　触电类型

1. 单相触电

单相触电指在人体与大地之间互不绝缘情况下，人体的某一部位触及三相电源线中的任意一根导线，电流从带电导线经过人体流入大地而造成的触电伤害。如图 1-21 所示，单相触电又可分为中性线接地和中性线不接地两种情况。

2. 两相触电

两相触电，也叫相间触电，是指在人体与大地绝缘的情况下，同时接触到两根不同的相线，或者

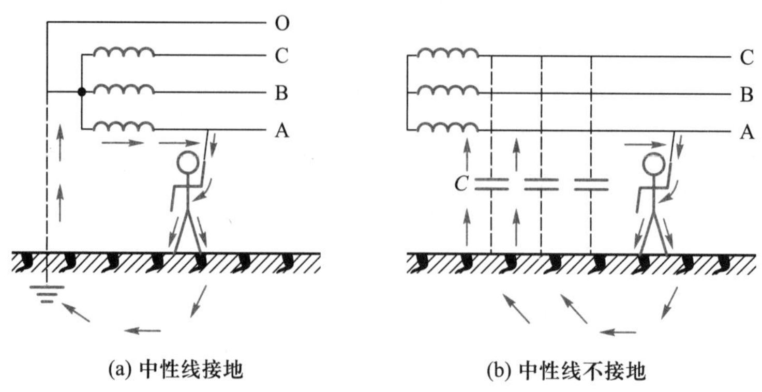

(a) 中性线接地　　(b) 中性线不接地

图 1-21　单相触电

人体同时触及电气设备的两个不同相的带电部位时,电流由一根相线经过人体到另一根相线,形成闭合回路,如图 1-22 所示。两相触电比单相触电更危险,因为此时加在人体上的是线电压。

3. 跨步电压触电

当电气设备的绝缘损坏或线路的一相断线落地时,落地点的电位就是导线的电位,电流就会从落地点(或绝缘损坏处)流入地中。离落地点越远,电位越低。根据实际测量,在离导线落地点 20 m 以外的地方,由于入地电流非常小,地面的电位近似等于零。如果有人走近导线落地点附近,由于人的两脚电位不同,则在两脚之间出现电位差,这个电位差称为跨步电压。离电流入地点越近,则跨步电压越大;离电流入地点越远,则跨步电压越小;在 20 m 以外,跨步电压很小,可以看作为零。跨步电压触电情况,如图 1-23 所示。当发现跨步电压威胁时应赶快把双脚并在一起,或赶快用一条腿跳着离开危险区,否则,因触电时间长,也会导致触电死亡。

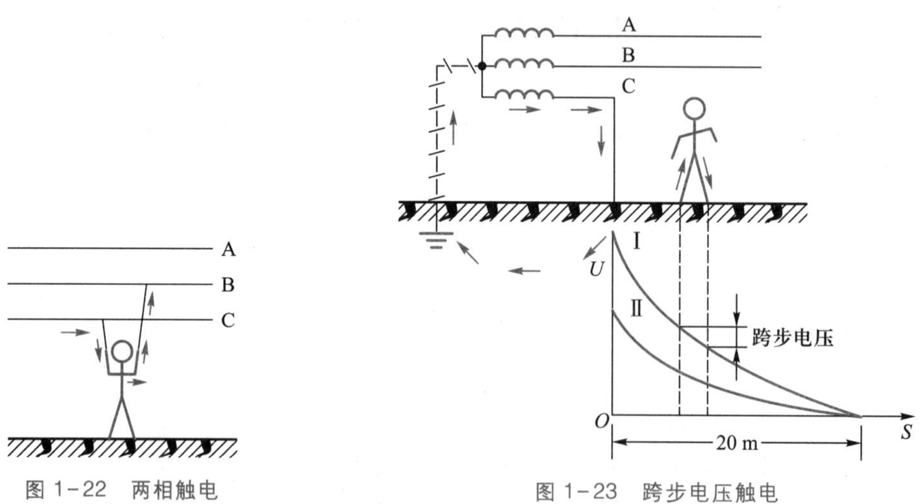

图 1-22　两相触电　　图 1-23　跨步电压触电

4. 接触电压触电

导线接地后,不但会产生跨步电压触电,还会产生另一种形式的触电,即接触电压触电,如图 1-24所示。

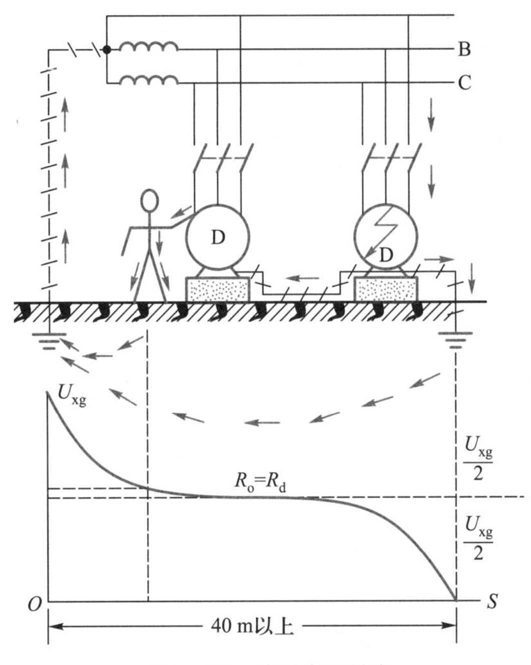

图 1-24　接触电压触电

由于接地装置布置不合理,接地设备发生碰壳时造成电位分布不均匀而形成一个电位分布区域。在此区域内,人体与带电设备外壳相接触时,便会发生接触电压触电。接触电压等于相电压减去人体站立地面点的电压。人体站立离接地点越近,则接触电压越小,反之就越大。当站立点距离接地点 20 m 以外时,地面电压趋近于零,接触电压为最大,约为电气设备的对地电压,即 220 V。

触电事故虽然总是突然发生的,但触电者一般不会立即死亡,往往是“假死”,现场人员应该当机立断,迅速使触电者脱离电源,立即运用正确的救护方法进行抢救。

电气设备在使用中,若设备绝缘损坏或击穿而造成外壳带电,人体触及外壳时有触电的可能。为此,电气设备必须与大地进行可靠的电气连接,即接地保护,使人体免受触电的危害。

1.3.2　电流对人体的伤害

触电是指当人体触及带电体时因承受过高的电压而导致死亡或局部受伤的现象。触电依伤害程度不同可分为电击和电伤两种。

1. 电击

电击是指电流触及人体而使内部器官受到损害,它是最危险的触电事故。当电流通过人体时,轻者使人体肌肉痉挛,产生麻电感觉,重者会造成呼吸困难,心脏停搏,甚至导致死亡。电击多发生在对地电压为 220 V 的低压线路或带电设备上,因为这些带电体是人们日常工作和生活中易接触到的。

2. 电伤

由于电流的热效应、化学效应、机械效应以及在电流的作用下使熔化或蒸发的金属微粒等侵入人体皮肤,使皮肤局部发红、起泡、烧焦或组织破坏,严重时也可危及人命。电伤多发生在 1 000 V及 1 000 V 以上的高压带电体上。

我们把人体触电后最大的摆脱电流,称为安全电流。我国规定安全电流为 30 mA/s,即触电时间在 1 s 内,通过人体的最大允许电流为 30 mA。人体触电时,如果接触电压在 36 V 以下,通过人体的电流就不致超过 30 mA,故安全电压通常规定为 36 V,但在潮湿地面和能导电的厂房,安全电压则规定为 24 V 或 12 V。

1.3.3 触电急救的方法

人员遭电击后,病情表现为三种状态。一种是神志清醒,但感觉乏力、头昏、胸闷、心悸、出冷汗,甚至恶心呕吐;第二种是神志昏迷,但呼吸、心跳尚存在;第三种是神志昏迷,呈全身性电休克所致的假死状态,肌肉痉挛,呼吸窒息,心室颤动或心跳停止。触电者通常面色苍白、口唇发钳、瞳孔扩大、对光反应消失、脉搏消失、血压降低。这样的触电者必须立即在现场进行心肺复苏抢救,并同时向医院告急求救。

微课

触电急救演示

现场抢救触电者的原则是:

迅速:争分夺秒使触电者脱离电源。

就地:必须在现场附近就地抢救,不可长途送往医院抢救,以免延误抢救时间。

准确:人工呼吸或体外心脏挤压动作必须准确。

坚持:只要有百分之一的希望就要尽百分之百的努力去抢救。

触电事故急救方法主要有以下两种。

1. 人工呼吸法

人工呼吸的目的,就是采取人工的方法来代替肺的呼吸活动,及时而有效地使气体有节律地进入和排出肺脏,供给体内足够氧气和充分排出二氧化碳,维持正常的通气功能,促使呼吸中枢尽早恢复功能,使处于假死的伤员尽快脱离缺氧状态,使机体受抑制的功能得到兴奋,恢复人体自动呼吸。

2. 体外心脏挤压法

体外心脏挤压法,是指通过人工方法有节律地对心脏挤压,来代替心脏的自然收缩,从而达到维持血液循环的目的,进而恢复心脏的自然节律,挽救伤员的生命。体外心脏挤压法简单易学、效果好、不要设备,便于推广普及。

以上两种抢救方法适用范围比较广,除用于电击伤外,对遭雷击、急性中毒、烧伤、心搏骤停等因素所引起的抑制或呼吸停止的伤员都可采用,有时两种方法可交替进行。

1.4 电气装置的防火和防爆

在火灾和爆炸事故中,由电气装置起火引起的案例占了很大的比例。电气装置起火的主要原因是由于电气设备的缺陷,安装不当,设计和施工不符合安全标准以及在运行中由电流(过电流或短路电流）产生的热量、电火花和电弧等所引起的。电气火灾和爆炸事故的发生除了造成人身伤亡和设备毁坏外，还可能造成大规模或长时间的停电，严重影响生产和人民生活。因此，做好电气防火和防爆工作，防止事故的发生极为重要。

1.4.1 电气线路、电气设备的起火原因

1. 电气线路的起火原因

电气线路架设不正确或在使用时违反安全规程而形成线路短路、导线过负荷和局部因接触电阻过大而产生大量的热量，都会引起线路的火灾危险。

2. 电气设备的起火原因

（1）电动机起火

① 由于一相断线，其余二相电流升高$\sqrt{3}$倍，使电动机过负荷，引起线圈升温，绝缘损坏，造成起火。

② 定子线圈发生匝间短路，使线圈局部过热，绝缘破坏，可能引起对外壳放电而引起电弧和火花，造成起火。

③ 由于机械原因，转子被卡，不能转动，使电动机形成短路而导致火灾。

④ 接线端子处接头松动，接触电阻过大引起发热，产生高温或火花而造成起火。

（2）油浸变压器起火

① 线圈短路，绝缘油分解，产生可燃性气体，遇到火花就会发生燃烧和爆炸。

② 局部连接处接触电阻过大，造成局部升温，使变压器油燃烧而起火。

③ 铁芯由于间隙大，引起涡流而使铁芯发热升温，造成绝缘油燃烧。

④ 变压器油受潮变脏，劣化变质，油的绝缘性能降低，可能引起闪络，发生电弧，使油燃烧。

⑤ 外部线路短路，高低压熔断器选择配合不当，故障时不能熔断而引起内部起火。

（3）油断路器起火

① 油断路器的遮断容量不够，发生短路电流时，电弧不能及时熄灭而引起燃烧和爆炸。

② 油面过低或过高，分断电弧时产生的气体，会引起油断路器的燃烧和爆炸。

③ 套管有污垢或潮湿，引起相间或相对地击穿，发生闪络而造成油断路器燃烧和爆炸。

（4）电力电容器起火

① 由于元件极间或对外壳绝缘击穿，在电弧和高温的作用下，产生大量气体，使其压力急剧上升，最后使电容器外壳胀破，爆炸起火。

② 电容器室温度过高（一般不允许超过 40℃），通风散热不良，又不及时采取安全措施，使电容器膨胀爆炸起火。

1.4.2 电气灭火

1. 断电灭火方法

电气设备或线路一旦发生火灾，首先应想到的是迅速切断电源，切断电源后再进行灭火，现场危险性小。断电灭火时应注意以下几点：

① 切断电源的位置要选择适当,防止切断电源后影响灭火扑救工作。

② 剪断电源导线的位置应选择在电源方向且有支持物的附近,以防止导线剪断后跌落在救火场所,造成短路或使救火人员引发跨步电压触电。

③ 剪断电源的导线时,相线(火线)和中性线(地线)应选择不同的部位处分别剪断,以防止剪断导线时,两线相碰而发生短路。

④ 拉闸刀开关应用绝缘操作棒或戴绝缘手套。

⑤ 若燃烧场地及火势对附近运行中的电气设备有严重威胁时,应迅速断开相应的断路器和隔离开关。

2. 带电灭火方法

带电灭火必须在特别危急的情况下进行,如等待切断电源后再进行扑救,事故可能迅速扩大,会严重影响到生产和人身安全等。进行带电灭火,必须在保证灭火人员安全的情况下进行。带电灭火时应注意下列几点:

① 带电灭火要使用不导电的,如二氧化碳、1211、干粉等灭火剂进行灭火。严禁使用导电的灭火剂(如喷射水流、泡沫灭火器等)。

② 必须注意周围环境,防止身体、手、足或者使用的消防器材等过于接近带电体而造成触电事故。

③ 带电灭火时,应戴绝缘手套和穿绝缘鞋(靴),防止跨步电压触电。

④ 对有油的电气设备,如变压器、油断路器的燃烧,也可用干燥的黄沙盖住火焰,使火熄灭。

1.4.3 电气防爆

1. 爆炸危险场所的分类和分级

爆炸危险场所可按爆炸性物质的物态分为两类:气体爆炸危险场所和粉尘爆炸危险场所。爆炸危险场所的分级,原则是按爆炸性物质出现的频度、持续时间和危险程度划分。

(1) 气体爆炸危险场所的三个等级

① 0 级区域:在正常情况下,爆炸性气体混合物连续地、短时间频繁地出现或长时间存在的场所。

② 1 级区域:在正常情况下,爆炸性气体混合物有可能出现的场所。

③ 2 级区域:在正常情况下,爆炸性气体混合物不能出现,仅在不正常情况下偶尔短时间出现的场所。

(2) 粉尘爆炸危险场所的两个等级

① 10 级区域:在正常情况下,爆炸性粉尘或可燃纤维与空气的混合物可能连续地、短时间频繁地出现或长时间存在的场所。

② 11 级区域:在正常情况下,爆炸性粉尘或可燃纤维与空气的混合物不能出现,仅在不正常情况下偶尔短时间出现的场所。

2. 爆炸危险场所用防爆电气设备的一般规定

(1) 爆炸危险场所使用的防爆电气设备,在运行过程中必须具有不引燃周围爆炸性混合物的性能。

（2）防爆型电气设备可制成隔爆型、增安型、本质安全型、正压型、充油型、充砂型、无火花型、防爆特殊型和粉尘防爆型等类型。

（3）各种防爆型的电气设备，应设置标明防爆检验合格证号和防爆类型、等级的铭牌，并有防爆检验标志和防爆型式、等级的永久性标志。

（4）防爆电气设备的表面温度的规定有Ⅰ类、Ⅱ类、Ⅱ类设备之不同要求。

3. 爆炸危险场所的电气线路的一般规定

① 电气线路应敷设在爆炸危险性较小的区域或距离释放源较远的位置。应避开易受机械损伤、震动、腐蚀、粉尘积聚以及有危险的场所。

② 爆炸危险场所使用的低压电缆和绝缘导线，其额定电压应不低于线路的额定电压，且不得低于500 V。零导线的额定电压与相导线的额定电压应相同，并应处在同一护套或钢管内。

③ 有剧烈震动的地方的用电设备线路，应采用铜芯绝缘软线或铜芯多股电缆。

④ 固定敷设的低压电缆或绝缘导线，其铜芯和铝芯的最小允许截面应符合规定。

⑤ 爆炸危险场所电气线路的连接应符合下列要求：a. 电气线路中一般不应有中间接头。在特殊情况下，必须在相应的防爆接线盒内连接或分路。b. 电气线路中使用的连接件，如接线盒、隔离密封盒等应按类按级选配。c. 多股导线连接的接头宜采用压接方法。接线端子宜采用铜铝过渡接头。

⑥ 电气线路应根据需要设置相应的保护装置，以便在发生过载、短路、漏电等情况下能自动报警或切断电源。

⑦ 爆炸危险场所不准明敷绝缘导线，必须采用钢管配线工程。

1.5 对电工作业人员的要求

为了确保用电安全，电工作业人员首先必须从思想上充分认识到电气工作安全的重要性，它既是人命关天的大事，又是保证安全生产的重要环节。其次要在技术上、组织上采用切实的措施，在制度上加强管理，确保电工作业人员的人身安全和生产设备的使用安全。

1.5.1 电工作业人员的要求

根据有关电业安全工作规程的规定，电工作业人员必须具备下列条件。

① 经医师鉴定，应无妨碍工作的病症。体格检查应每两年进行一次。

② 具备必要的电气知识。按其职务和工作性质的需要，熟悉电气安全工作规程，并经考试合格，持证上岗。

③ 学会触电急救法。

电工作业人员经常接触电气设备，而且经常要登高作业，特别是从事电力线路工作的人员经常要攀登杆塔、导线，如果身体条件不合适就很难胜任，在工作中极易发生危险。因此，对从事电气工作的人员身体条件有严格的要求，有以下病症的人员不能从事电气工作：严重心脏病、3级以上高血压病、癫痫病、精神病、关节僵硬和习惯性脱臼症、代偿性肺结核、耳聋、严重色盲等。

凡新参加工作的人员必须经过身体检查,身体不合格者不能从事电气工作。对所有电工作业人员应每两年进行一次体格检查。如身体条件发生变化,不合适继续从事电气工作的,应予适当调换。

1.5.2 电工作业人员的安全职责

从实际发生的事故中可以看到,70%以上的事故都与人为过失有关,有的是不懂得电气安全知识或不掌握安全操作技能,有的是忽视安全,麻痹大意或冒险蛮干,违章作业。因此,必须高度重视电气安全问题,采取各种有效的技术措施和管理措施,防止电气事故,保障安全用电。

从事电工作业的人员广泛分布在各行各业。电工作业过程可能存在如触电、高处坠落等危险,直接关系到电工的人身安全。电工作业人员要切实履行好安全职责,确保自己、他人的安全和各行各业的安全用电。作为一名合格的电工,应履行好以下职责。

① 认真贯彻执行有关用电安全规范、标准、规程及制度,严格按照操作规程进行作业;

② 负责日常现场临时用电安全检查、巡视和检测,发现异常情况采取有效措施,防止发生事故;

③ 负责日常电气设备、设施的维护和保养;

④ 负责对现场用电人员进行安全用电操作安全技术交底,做好用电人员在特殊场所作业的监护工作;

⑤ 积极宣传电气安全知识,维护安全生产秩序,有权制止任何违章指挥或违章作业行为。

习题

1. 判断题

(1) 为了避免静电火花造成爆炸事故,凡在加工运输,储存等各种易燃液体、气体时,设备都要分别隔离。(　　)

(2) 用避雷针、避雷带是防止雷电破坏电力设备的主要措施。(　　)

(3) 雷电按其传播方式可分为直击雷和感应雷两种。(　　)

(4) 当采用安全特低压作直接电击防护时,应选用 25 V 及以下的安全电压。(　　)

(5) 保护接零适用于中性点直接接地的配置系统中。(　　)

(6) 剩余电流动作保护装置主要用于 1 000 V 以下的低压系统。(　　)

(7) 单相 220 V 电源供电的电气设备,应选用三极式漏电保护装置。(　　)

(8) 触电事故是电能以电流形式作用人体造成的事故。(　　)

(9) 触电分为电击和电伤。(　　)

(10) 接了漏电开关之后,设备外壳就不需要再接地或接零了。(　　)

(11) 当拉下总开关后,线路即视为无电。(　　)

(12) 验电器在使用前必须确认其良好。(　　)

(13) 在设备运行发生起火的原因中,电流热量是间接原因,而火花电弧则是直接原因。(　　)

(14) 电工作业分为高压电工和低压电工。(　　)

(15) 在带电灭火时,如果用喷雾水枪应将水枪喷嘴接地,并穿上绝缘靴和戴上绝缘手套,才可进行灭火操作。(　　)

(16) 电工特种作业人员应当具备高中或相当于高中以上的文化程度。(　　)

(17) 取得高级电工证人员就可以从事电工作业。(　　)

(18) 电工应严格按照操作规程进行作业。(　　)

(19) 绝缘棒在闭合或拉开高压隔离开关和跌落式熔断器、装拆携带式接地线以及进行辅助测量和试验时使用。(　　)

(20) 验电是保护电气作业安全的技术措施之一。(　　)

(21) 在安全色标中用绿色表示安全、通过、允许、工作。(　　)

(22) 过载是指线路中的电流大于线路的计算电流或允许载流量。(　　)

(23) 两相触电危险性比单相触电小。(　　)

(24) 绝缘体被击穿时的电压称为击穿电压。(　　)

(25) 在我国,超高压送电线路基本上是架空敷设。(　　)

2. 选择题

(1) 静电引起爆炸和火灾的条件之一是(　　)。

A. 静电能量要足够大　　B. 有爆炸性混合物存在

C. 有足够的温度

(2) 绝缘安全用具分为(　　)安全用具和辅助安全用具。

A. 直接　　B. 间接　　C. 基本

(3) “禁止攀登,高压危险!”的标志牌应制作为(　　)。

A. 红底白字　　B. 白底红字　　C. 白底红边黑字

(4) 据一些资料表明,人体心跳呼吸停止,在(　　)min 内进行抢救,约80%可以救活。

A. 1　　B. 2　　C. 3

(5) 静电现象是十分普遍的电现象,(　　)是它最大的危害。

A. 对人体放电　　B. 高电压击穿绝缘　　C. 易引发火灾

(6) 保护线(接地或接零线)的颜色按标准应采用(　　)。

A. 红色　　B. 蓝色　　C. 黄绿双色

(7) 电气火灾的引发是由于危险温度的存在,危险温度的引发主要是由于(　　)。

A. 电压波动　　B. 设备负载轻　　C. 电流过大

(8) 低压带电作业时,(　　)。

A. 既要戴绝缘手套,又要有人监护

B. 戴绝缘手套,不必有人监护

C. 有人监护时不必戴绝缘手套

(9) 人体同时接触带电设备或线路中的两相导体时,电流从一相通过人体流入另一相,这种触电现象称为(　　)触电。

A. 单相　　B. 两相　　C. 感应电

(10) 按国际和我国标准,(　　)线只能用作保护接地或保护接零线。

A. 黑色　　B. 蓝色　　C. 黄绿双色

(11) 当低压电气火灾发生时,首先应该做的是( )。

A. 迅速设法切断电源

B. 迅速离开现场去报告领导

C. 迅速用干粉或者二氧化碳灭火器灭火

(12) 特种作业人员必须年满( )周岁。

A. 19 B. 18 C. 20

(13) 防静电的接地电阻要求不大于( )Ω。

A. 10 B. 40 C. 100

(14) PE 线或 PEN 线上除工作接地外其他接地点的再次接地称为( )接地。

A. 直线 B. 间接 C. 重复

(15) 当电气设备发生接地故障时,接地电流通过接地体向大地流散,若人在接地短路点周围行走,其两脚间的电位差引起的触电叫( )触电。

A. 单相 B. 跨步电压 C. 感应电

3. 问答题

(1) 简述屏护装置的作用。

(2) 请根据资料了解三种触电方式的特点,完成表 1-4 的填写。

表 1-4 三种触电方式

名称	图示	定义
	 相线	
	 相线 中性线	

续表

名称	图示	定义
	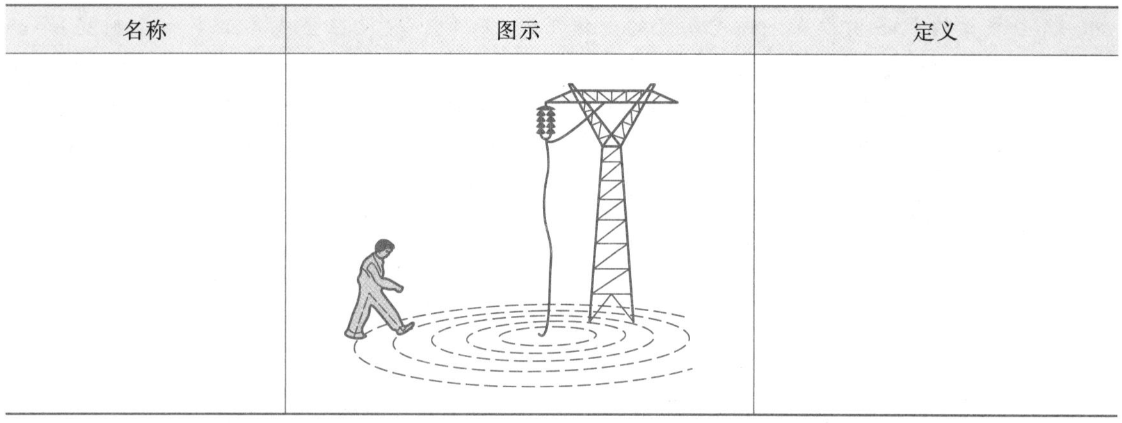	

（3）火灾发生时，灭火器是最常用的扑救工具。灭火器有多种类型，如二氧化碳灭火器、干粉灭火器、泡沫灭火器等。这些灭火器分别适用于哪些火灾场合？是否能用于电气火灾的扑救？为什么？

（4）某居民家中发生如图1-25所示形式的触电事故，这属于哪一类型的触电？可采用哪些措施使其脱离电源？查资料并讨论，写出答案。

图1-25　洗衣机漏电

拓展延伸　城市轨道交通地下车站的消防系统

1. 火灾报警系统的组成

（1）概述　火灾报警系统（Fire Alarm System，FAS）作为地铁的安全保障系统，对地铁车站、区间隧道、车辆段、控制中心大楼等与地铁运营有关建筑和设施的火灾进行可靠监视及报警，用以尽早发现灾情并发出指令，启动或关闭相关联动设备进行救灾，同时通过广播及闭路电视监视系统、组织人员疏离，避免或减少火灾造成的人员和财物损失。

火灾报警系统（以下简称为FAS）采用可靠性高、组网灵活、扩展方便、智能化程度高、便于调试维护和管理、布线简便的设备，以实现“安全适用、技术先进、经济合理”的目标。

FAS可大体上划分为中央级控制和车站级控制两大部分，每条线独立组成一套系统，设备选型主要是西门子西伯乐斯公司 AlgoRexS1151 系统、爱德华 EST3 系统和诺帝菲尔 NFS2-3030 系统。各条线路的 FAS 由设在中央控制室的全线 FAS 控制中心，设在全线各个车站控制室、车辆段控制室的车站级 FAS，各种车站现场设备以及网络通信设备组成。车站现场设备包括智能光电感烟探测器、点型感温探测器、智能感烟感温探测器、点型火焰探测器、可燃气体探测器、监视模块、控制模块、手动报警按钮、感温电缆、红外对射感烟探测器、消防电话主机及分机、电话插孔、警铃、复示盘等。全线 FAS 控制中心与车站级 FAS 通过光纤网络进行通信。车站级 FAS 通过总线制或多线制与现场设备连接。

(2) 控制中心主要设备配置　中央控制室设互为备用的图形工作站两台，分别用于全线 FAS 图形监控和历史资料存储。设有系统应用软件、FAS 主机、打印机、中央时钟接口等设备。

轨道交通控制中心如图 1-26 所示。

图 1-26　轨道交通控制中心

(3) 车站级 FAS 主要设备配置　车站级 FAS 主要设备包括车控室及 FAS 主机、图形工作站、蓄电池、打印机、光电感烟探测器、感温探测器、感温感烟探测器、线型感温电缆、手动报警按钮、控制模块、监视模块、警铃、24 V 直流电源箱、消防电话主机/分机、消防插孔电话及电话插孔、FAS 控制柜、模块箱(含模块)、FAS 总接线端子箱、现场模块箱、光端机。另外，主变电所的火灾报警系统纳入邻近的车站级 FAS。

(4) 车辆段 FAS 配置　车辆段采用常规报警设备和大空间火灾探测报警设备并用的方式，配置设备有 FAS 主机、图形工作站、打印机、光电感烟探测器、感温探测器、火焰探测器、可燃气体探测器、手动报警按钮、控制模块、监视模块、对射式感烟探测器、消防电话主机/分机、消防插孔电话及电话插孔、警铃、火灾显示盘、接地端子箱、FAS 总接线端子箱、I/O 现场模块箱、光端机、蓄电池等。车辆段的停车列检库、架修库、月修库、易燃品库、混合变电所、信号楼、检修楼、综合办公楼地下车库等单体建筑设火灾自动报警设备，安防值班室和停车列检库派班室设有 FAS 监控终端。车辆段 FAS 作为车站级系统纳入全线 FAS。

(5) FAS 维修工作站　全线在 FAS 工作驻点设有维修工作站一台(图形工作站或 FAS 主机)，该工作站可以实时查看全线各车站设备运行及故障情况，方便维修人员对现场情况进行实时掌控及了解，但不能对设备状态进行操作。

(6) 系统通信网络　每个车站级 FAS 均为网络中的一个节点，在环网中某个节点出现短路、开路或者故障时，节点会自动隔绝，网络通信不会中断，同时网络故障信息上报控制中心。

2. 火灾报警系统的功能

(1) 中央控制室　中央控制室内的全线FAS控制中心（下面简称控制中心或OCC）为全线FAS的控制、管理和指挥中心，主要负责监控全线各车站、车辆段的火灾报警、设备故障报警、网络的故障报警等，并显示报警部位、防灾设备的运行状态及气体灭火系统的有关信号，两台打印机进行实时打印记录和系统管理。中央控制室具有以下功能：

① 根据各车站级报警信息，列车无线电话报警或通过闭路电视系统的显示终端等，确认火灾灾情，根据实际情况，选择预定的解决方案。当车站发生火灾时，如果在规定的时间内车站未确认火灾，则监控中心发出消防救灾指令至车站控制室，正常情况下不直接发布控制命令，只做监视，通过通信手段指挥救灾工作。

② 控制中心由微机进行管理，采用双机热备运行，具有可靠的自动及人工切换功能。

③ 控制中心应能监视系统的通信状态，对通信误码率进行记录统计。控制中心与某车站之间的通信发生故障时，应不影响其他各站与中心的正常通信工作及各车站级的消防报警和控制功能。

④ 控制中心设有不同的密码供不同级别的操作人员查看，不同级别的操作员应具有不同的访问权限。

⑤ 控制中心应有对车站级报警主机的自动周期巡检功能。完成一个巡检周期后，应将系统中所有各车站的状态变化以特殊颜色显示出来，同时存入存储器，并可打印输出巡检报告和消防应急方案。

⑥ 控制中心应有多点、多次报警和显示功能。火灾报警具有最高优先级，当同时存在火灾及其他报警时，优先报火灾，图形控制中心应自动弹出相应报警区域的平面图并发出声光警报。

⑦ 控制中心的火灾报警计时装置每小时接收地铁通信主时钟系统的校时信号，并向车站控制级发出标准对时信号。当与主时钟通信中断时，全线FAS时钟能正常工作，并能保持时钟一致。

⑧ 图形工作站监控系统人机界面全汉化，直观醒目，动态显示报警点、设备动作的平面位置、地址编码及设定参数。能以图标点动方式逐层访问查询，还能用列表方式显示所有与消防有关设备动作状况及数据，既便于操作，又能防止误操作或误触动，并能通过历史记录窗口简单准确地显示所需记录，能将数据分类读取及打印，便于分析事件发生的原因。

⑨ 值班员能通过图形工作站操作各项命令，查看运行参数、工况、历史记录等。

(2) 车站控制室　车站控制室内的FAS主机是车站级火灾报警系统的控制、管理和指挥中心，主要负责监视全站的火灾报警、设备故障报警等，并显示报警部位、防灾设备的运行状态及气体灭火系统的有关信号，打印机进行实时打印记录和系统管理。车站级FAS具有下述功能：

① 车站级FAS对其所辖范围内及相邻主变电所等独立执行消防监控和管理，并显示工作状态，同时可接收控制中心的管理，执行中心下达的控制指令。车站级图形工作站不是全线报警网络的一个节点，它的故障不对全线报警网络及车站级报警回路造成影响。主要功能与中央级图形工作站相同，但只能查看本站信息。

② 车站控制室采集所辖范围内的火灾报警。报警后在报警控制机和彩色图形显示器以特殊颜色或图形显示火灾的部位、性质、消防设备的运行状态等，同时将报警信息、消防设备状态信息、值班员的所有操作报送给控制中心。

③ 车站现场设备如探测器报警信号和联动控制信号均通过总线回路传输。车站火灾报警系统与一个或部分探测器之间发生故障时,应不影响其他探测器正常工作,并发出与火灾报警信号有明显区别的声光故障信号。

④ 车站控制级报警主机设有三级密码供不同级别的操作人员使用。车站级图形工作站设有二级密码供不同级别的操作人员使用。报警与控制操作命令均应有详细记录,并可随时打印。

⑤ 车站控制级接收并显示气体自动灭火系统的火灾报警、放气、手/自动状态、阀门状态信号、设备故障信号。

⑥ 车站控制级具有自动周期巡检功能。系统中的所有监视点的状态变化应存入存储器并可随时打印巡检报告,同时以特殊颜色或图形在车站及中心分别显示。

⑦ 车站控制级应有多点、多次报警和显示功能。报警信号有优先级,火灾报警信号优先级最高。

⑧ 车站控制级应可至少存储一年的火灾报警信息,可通过图形显示终端显示,也可通过打印机打印出来。

⑨ 车站控制级计时装置由控制中心计时装置校对。

⑩ 为满足手动直接操作的消防规范要求,车站控制台面板上设置消防泵、喷淋泵等重要消防设备的手动启停按钮和状态指示灯。

⑪ 对所有的报警信号(火灾报警、设备事故报警)设备的操作,均可由打印机自动打印记录地址、状态、时间、日期。

⑫ 通过车站级报警控制机数据接口向建筑设备自动化系统(Building Automation System, BAS)发出救灾指令,启动车站及所辖区间范围内相应的消防设备。正常情况下,两系统间互相发送检测码信号。

⑬ 与车站建筑主体分离的两座主变电站按无人值守设计,不设火灾自动报警主机,其保护区域就近纳入车站管理,主变电站内仅设火灾探测器、消防电话、手动报警按钮和远程显示器。

3. 火灾报警系统的运行方式

(1) FAS 车站运行方式　FAS 运行管理的任务是确保正确使用该系统,并使其得到有效的监控、保养与维护。FAS 按同一时间内发生一次火灾原则设计联动模式。在火灾时,FAS 能发出模式指令使 BAS 和各相关系统的运行转入火灾模式,配合 FAS 等相关系统实现消防联动,并通过广播系统、疏散指示和闭路电视系统对旅客进行疏导。FAS 要求值班室内 24 h 有人值班,系统在正常情况下处于手动联动状态,在人员暂时离开时根据现场情况需要及相关要求将系统切换到自动联动状态。

系统手动联动状态:当 FAS 确认现场有火警后只进行报警,不进行相应的系统设备联动。如果需要联动控制,则人工将系统手动联动状态切换到自动状态,系统将会在 FAS 确认现场有火警后启动系统联动设备。

(2) 正常运行情况下各设备的状态

① 图形工作站应正常工作,图面无异常。

② FAS 主机电源状态指示灯点亮,面板上显示系统名称、时间/日期、报警历史记录。

③ 系统处于手动位置。

④ 打印机处于不间断工作状态,走纸须正常,打印字迹应清晰。

⑤ 消防电话主机/分机、便携式消防插孔电话、电话插孔应工作正常。

⑥ 各类探测器、模块、手动报警按钮、感温电缆、警铃应工作正常。

⑦ 蓄电池、24 V 直流电源箱自动切换装置应工作正常。

⑧ 所有设备外观无损坏。

(3) FAS 使用注意事项

① 在车控室、运转值班室可实现对 FAS 的监控,要求车控室 24 h 有人值班。

② FAS 主机和图形工作站上如果有新的故障或信息出现应及时做好登记并及时上报。如果有故障或信息未报或未及时报,将会造成系统无法正常工作及设备的损坏。

③ 不能随意变动消防设备的安装位置。

④ 如果出现火灾警报除了按照使用操作说明进行操作外,还应按照公司相关的火灾处理流程进行。

⑤ 每天对 FAS 进行检查,并做好记录,发现问题及时上报。

模块2 常用电工仪表的使用

学习目标

电气工作人员在电气装置安装、调试、运行、检查和维护中经常要测量线路电流，设备电压、电能和电阻等运行参数和性能参数。通过本模块的学习，使学生能够按照实际需求，准确选择和正确使用万用表、钳形电流表、兆欧表、接地电阻测试仪、直流单臂电桥、电能表等电工仪表解决实际问题，熟悉仪表的维护和保养方法。

2.1 电工仪表

电工仪表是监视与保证各类电气设备及电力线路实现安全经济运行的重要显示装置。在电力的产生、输送与使用的全过程中，它已成为必不可少的计量器具，许多电气参数都需由仪表来测量与反映。

电工仪表既可用来测量电压、电流、电阻、电功率和电能等各种电气量值，经过转换还可用来间接地测量诸如温度、压力或湿度等非电气量值。

2.1.1 电工仪表的基本知识

1. 常用电工仪表的分类

按测量对象不同分为：电流表、电压表、功率表、电度表、电阻表、相位表、频率表、万用表等。

按工作原理不同分为：磁电式、电磁式、电动式、感应式、整流式、静电式、电子式等。

按取得读数方法不同分为：指针式、数字式、记录式、示波器式、比较式等。

按被测电流种类不同分为：直流仪表、交流仪表以及交、直流两用仪表。

按使用性质和装置方法不同分为：固定式、携带式。

按误差等级不同分为：0.1 级、0.2 级、0.5 级、1.0 级、1.5 级、2.0 级、2.5 级。其中 1.5 级及以下的大都为安装式配电盘表；0.1 和 0.2 级仪表常用作为校验标准表；0.5 和 1.0 级仪表供实验室和工厂作较精确的测量用；1.5~5.0 级仪表多用于一般工程上。此外有功电能表还有 2.0 级；无功电能表还有 2.0、3.0 级。

2. 电工仪表的符号及其含义

不同的电工仪表具有不同的技术特性，为了便于选择和正确使用仪表，通常用各种不同的符号来表示，并标注在仪表的面板上，这些符号表示该仪表的使用条件，有关电气参数的范围、结构和精确度等级等，为该仪表的选择和使用提供了重要依据。电工仪表符号及其含义，见表 2-1。

表 2-1　电工仪表符号及其含义

项目	符号	含义	符号	含义	符号	含义	符号	含义
仪表种类	(A)	电流表	(mA)	毫安表	(V)	电压表	(mV)	毫伏表
	(Ω)	电阻表	(MΩ)	兆欧表	(W)	功率表		
		磁电式仪表		感应式仪表	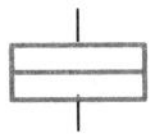	电动式仪表	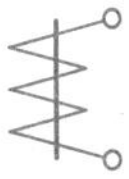	电磁式仪表
电流种类	—	直流	~	单相交流	≃	交直流	3~	三相交流
端钮种类	+	正端钮	—	负端钮	*	公共端钮	⏚	接地端钮
	⊥	与外壳连接的端钮						
工作位置	⊓	仪表水平放置	⊥	仪表垂直放置	∠60°	仪表倾斜放置		
准确度等级	(1.5)	以指示值的百分数表示的精确度等级，如 1.5 级	1.5	以标度尺量程百分数表示的精确度等级，如 1.5 级	\/1.5	以标度尺长度百分数表示的精确度等级，如 1.5 级		

3. 电工指示仪表的型号

电工指示仪表的型号按照有关规定的标准编制。它反映了仪表的用途、工作原理等特性，掌握电工指示仪表的型号对于选择仪表有重要意义。

(1) 固定式指示仪表型号的编制规则　固定式指示仪表型号的组成及含义，如图 2-1 所示。

① 型号第一位代号按仪表面板形状的最大尺寸编制；

② 型号第二位代号按仪表的外壳尺寸编制；

③ 系列代号按仪表工作原理的系列编制，如磁电系的代号为 C，电磁系的代号为 T，电动系的代号为 D，感应系的代号为 G，整流系的代号为 L，电子系的代号为 Z 等。

(2) 便携式指示仪表型号的编制规则　由于便携式仪表不是固定安装在开关板上的，故不

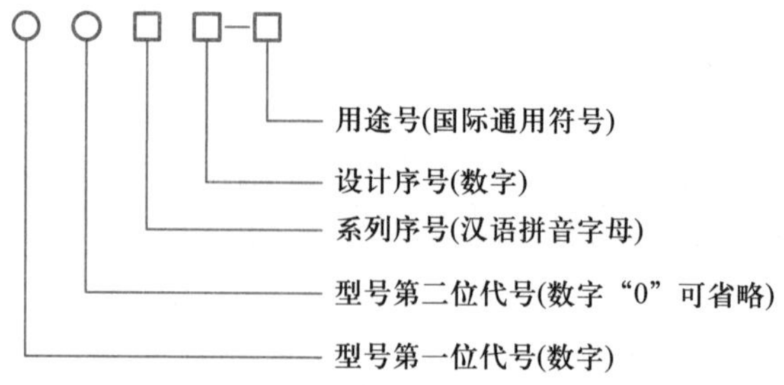

图 2-1 固定式指示仪表型号的组成及含义

需要形状代号,其他编制规则与固定式仪表相同。

2.1.2 电工仪表测量方法

测量指将未知的被测量与已知的标准量进行直接或间接的比较,从中确定出被除数测量大小的过程。当我们进行测量时,对不同的被测量要使用不同的测量工具和选择合适的测量方法。

1. 直接测量法

在使用仪表进行测量时,就能直接表示测量所需要的结果,称为直接测量。例如,用磁电式电流表测量电路的支路电流,汽车油位表、暖气管道的压力表,万用表测电阻等就是直接测量。

直接测量的优点是测量过程简单而迅速,测量结果直观,缺点是测量精度不容易做到很高。这种测量方法是工程上大量采用的方法,如图 2-2(a)所示。

2. 间接测量法

有的被测量无法或不便于直接测量,需要先由仪表测出所需中间量,再用公式计算出被测量的方法,称为间接测量法。如:伏安法测电阻,如图 2-2(b)所示。先用电压表和电流表测出电阻两端电压和通过电阻的电流,再根据欧姆定律计算出被测电阻的阻值。

间接测量法的准确度比直接测量法的低,但在准确度要求不高的一些特殊场合使用特别有益,如用间接法测量晶体管放大器的直流静态工作点。

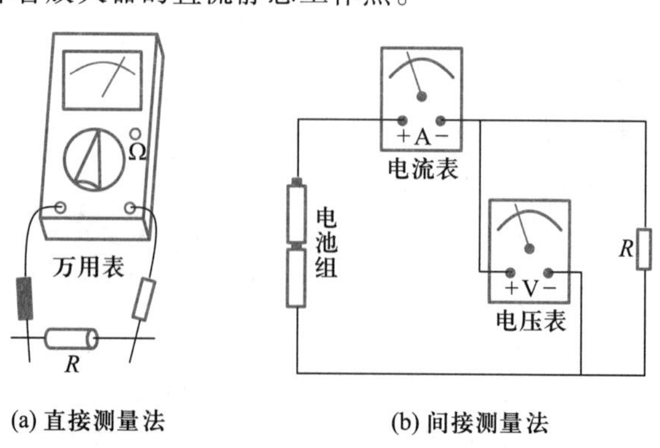

(a) 直接测量法　　(b) 间接测量法

图 2-2 测量方法

2.1.3　误差与减小误差的方法

实际测量中由于测量工具本身的误差，测量方法不完善、量程选择不合适和各种因素的影响，都会使测量结果产生误差。

所谓误差，指电工仪表的指示值和被测量实际值之间存在的差异。

根据产生误差的原因不同，测量误差可分为：系统误差、偶然误差和人为误差。

1. 系统误差

系统误差是指在相同条件下多次测量同一量时，误差的大小和符号均保持不变，而在条件改变时遵从一定规律变化的误差。

产生原因是测量仪表的误差、测量方法的误差，消除此类误差要选择经过校正、精确度高的仪表工具并使用正确的方法测量。

2. 偶然误差

偶然误差是一种由偶发原因造成的大小和符号都不固定的误差，又称为“随机误差”。消除此类误差可增加测量次数，通过重复测量最后求出其平均值作为测量结果。

3. 人为误差

人为误差是一种严重歪曲测量结果的误差，又称为“粗大误差”。如：读数时上下刻度线读错、读数视差、测量量程选择不合适等。这些都由于操作者的粗心和疏忽造成的，消除此类误差要提高操作者的素质、工作责任心并树立科学求实的工作作风。

2.2　万　用　表

万用表是一种多功能、多量程、便于携带的电子仪表。它可以用来测量直流电流、电压，交流电流、电压、电阻、音频电平和晶体管直流放大倍数等物理量。

2.2.1　万用表的基本知识

1. 万用表的组成

万用表由表头、测量线路、转换开关以及测试表笔等组成。

① 表头：用来指示被测量的数值；

② 测量线路：用来把各种被测量转换为适合表头测量的直流微小电流或者电压；

③ 转换开关：用来实现对不同测量线路、不同量程的选择，以适合各种被测量的要求。

2. 万用表的分类

万用表可分为指针式万用表和数字式万用表，其外形如图 2-3 所示。指针式万用表由磁电式测量机构作为核心，用指针来显示被测量数值；数字式万用表由数字电压表作为核心，配以不同转换器，用液晶显示器显示被测量数值。

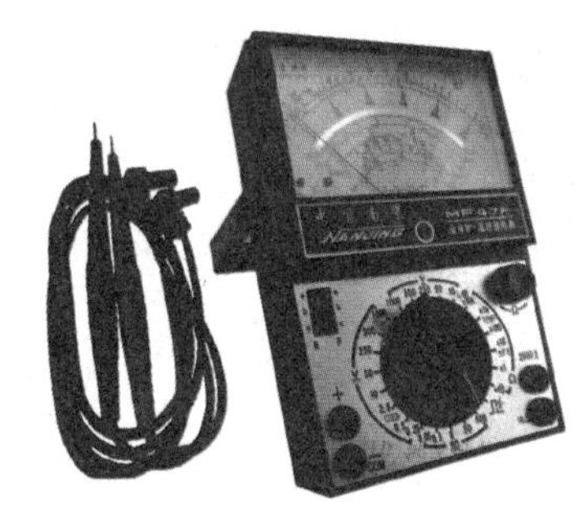

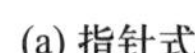
(a) 指针式

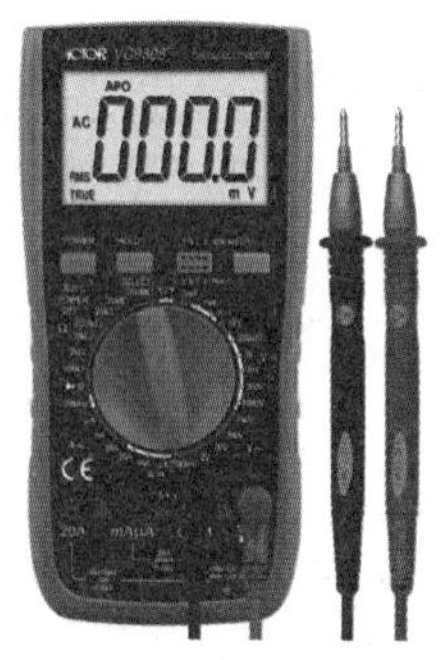
(b) 数字式

图 2-3 万用表外形

微课
指针式万用表测量电阻

2.2.2 指针式万用表

各种指针式万用表的面板布置不完全相同，指针式万用表面板结构一般包括表盘刻度线、量程选择开关、机械零位调节旋钮、电阻调零旋钮、供接线用的插孔或者接线柱等，如图 2-4 所示。

微课
指针式万用表测量交流电压

微课
指针式万用表测量直流电压

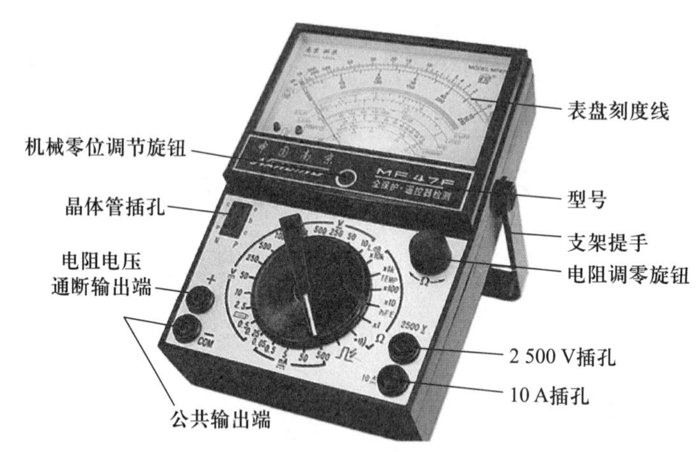

图 2-4 指针式万用表面板

1. 面板介绍

（1）表盘刻度线　显示各种被测量的数值及范围。

（2）量程选择开关　根据具体情况转换不同的量程、不同的物理量。

（3）机械零位调节旋钮　校准指针的机械零位。

（4）电阻调零旋钮　进行电气零位调节。

（5）插孔或者接线柱　外接测试表笔。

2. 使用前的检查

(1) 检查万用表的外观是否完好无损,是否有合格证。

(2) 检查指针是否弯曲,当轻轻摇晃时,指针是否轻微摆动自如。

(3) 检查转换开关,查看是否切换灵活、指示量程挡位是否准确。

(4) 选择电阻挡,将两只表笔短接,调整电阻调零旋钮,观察可动线圈是否被卡而造成旋动不够灵活。

(5) 检查表笔是否破损或断路,插接是否正确。黑表笔应接负极,即"-"或公用端(*)的插孔上,红表笔应接正极,即"+"的插孔上。

3. 指针式万用表的使用方法

(1) 机械调零　水平放置万用表,检查指针是否指到零位,否则需要进行机械调零。

(2) 测量挡位的选择　根据测量的对象,将转换开关旋至所需要的位置上。在选择挡位时,应特别小心,否则容易损坏仪表。特别是测量电压时,如果误选了电流挡或者电阻挡,将会使表头遭受严重损坏,甚至被烧毁。

(3) 量程的选择　根据被测量的估计值选择量程,量程应大于被测量的数值。如果测量前无法估计出被测量的大致范围,则应先把转换开关旋至量程最大的位置进行估测,然后再选择适当的量程进行测量。测量电流、电压时,其量程选择的要求应尽量使指针工作在满刻度值的 2/3 以上区域,以保证测量结果的准确度。测量电阻时,则应尽量使指针指向中间刻度均匀处。

(4) 正确读数　万用表的表盘上有很多条刻度尺,每一条刻度尺上都标有被测量的标志符号,测量读数应根据被测量及量程在相应的标度尺上读出指针指示的数值。另外,读数时尽量使视线与表面垂直;对装有反射镜的指针式万用表,应使镜中指针的像与指针重合后,再进行读数。

4. 测电阻

(1) 测量前,应断开被测电阻的电源及连接导线,否则将损坏仪表或者影响测量结果。

(2) 根据被测电阻估测值选择合适量程,指针应指在刻度尺中心两侧,不宜偏向两端。

(3) 测量过程中每变换一次量程,应重新进行电阻调零。

(4) 测量过程中测试表笔应与被测电阻接触良好,以减少接触电阻的影响;手不得触及表笔的金属部分,以防止将人体电阻与被测电阻并联,引起不必要的测量误差。

(5) 电阻挡测量晶体管参数时,考虑到晶体管所能承受的电压比较小和容许通过的电流较小,一般应选择 $R\times100$ 或者 $R\times1\text{k}$ 的倍率挡。这是因为低倍率挡的内阻较小,电流较大,而高倍率挡的电池电压较高,为避免损坏晶体管,一般不适宜用低倍率挡或者高倍率挡去测量晶体管的参数。

(6) 测量完毕,应将转换开关旋至空挡或者交流电压最大挡,防止在欧姆挡上表笔短接时消耗电池,更重要的是防止下次使用时,忘记换挡即用欧姆挡去测量电压或者电流从而损坏万用表。

5. 测交直流电压

(1) 测量电压时,表笔应与被测电路并联连接。

（2）在测量直流电压时，应分清被测电压的极性即红表笔接正极，黑表笔接负极。如无法区分正负极时应先将一支表笔触牢，另一支表笔轻轻碰触，若指针反向偏转，应调换表笔进行测量。

（3）根据被测电压值选择合适的电压量程，被测电压值无法估计时，应选用最大电压量程进行粗测，再变换量程进行测量。

（4）测量中应与带电体保持安全距离，手不得触及表笔的金属部分，防止触电。同时还要防止短路和表笔脱落。测量高电压时（500～2 500 V）应戴绝缘手套，站在绝缘垫上进行，并使用高压测试表笔。

（5）测量电压时，指针应指在刻度尺满刻度的 2/3 处左右为宜，即指示值越接近满刻度测量结果越准确。

（6）测试完毕应将转换开关置于空挡或者 OFF 位或者电压最高挡位。

6. 测直流电流

（1）测量电流时仪表必须与被测电路串联连接。严禁并联连接，防止仪表损坏。

（2）测量直流电流时，应分清正负极性。方法与测量直流电压一致。

（3）根据被测电流值，选择合适的电流量程挡位，被测电流值无法估计时，应选择最大电流量程挡进行粗测，再变换量程进行测量。

（4）测量中不许带电换挡，测量较大电流时应断开电源后再撤表笔。

（5）测量电流时，指针应指在刻度尺满刻度的 2/3 处左右，即指示数越接近满刻度，测量结果越准确。

（6）测试完毕应将转换开关置于空挡或者 OFF 位或者电压最高挡位。

2.2.3 数字式万用表

数字式万用表除具有指针表的测试功能外，还可以测量交流电流、电感、电容、晶体管的 h_{FE} 值、PN 结的正向压降等功能。数字式万用表的测量结果由数字显示值直接读取，其准确度、分辨率高，使用便捷，比指针表更简单。数字式万用表面板如图 2-5 所示。

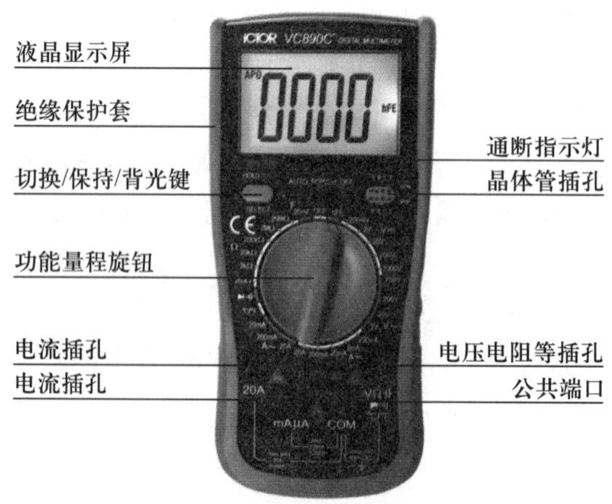

图 2-5 数字式万用表面板

1. 电容的测量

(1) 将电容两端短接,对电容进行放电,确保数字式万用表的安全。

(2) 将功能旋转开关打至电容“F”测量挡,并选择合适的量程。

(3) 将电容插入万用表 CX 插孔,由于电容挡设置了保护,故在测试过程中不用考虑极性。

(4) 读出 LCD 显示屏上数字。(测量大电容时稳定读数需要一定的时间。)

(5) 测量后也要放电,避免埋下安全隐患。

2. 二极管的测量

(1) 红表笔插入 VΩ 孔,黑表笔插入 COM 孔。

(2) 功能旋转开关打在(—▷|—)挡,判断二极管正负好坏。

(3) 红、黑表笔分别测量二极管的两个引脚,若两次测量的结果是:一次显示“1”字样,另一次显示零点几的数字,那么此二极管正常;假如两次显示都相同的话,那么此二极管已经损坏。

(4) LCD 上显示的一个数字即是二极管的正向压降:硅材料为 0.6 V 左右,锗材料为 0.2 V 左右。根据二极管的特性,可以判断此时红表笔接的是二极管的正极,而黑表笔接的是二极管的负极。

2.3 兆欧表

兆欧表是电工常用的一种测量仪表,又称摇表、绝缘电阻表,主要用来检查电气设备、家用电器或电气线路对地及相间的绝缘电阻,以保证这些设备、电器和线路工作在正常状态,避免发生触电伤亡及设备损坏等事故。

2.3.1 兆欧表的基本知识

1. 分类和特点

常见兆欧表的分类和特点,见表 2-2。

表 2-2 常见兆欧表的分类和特点

类别	图示	特点
手摇式兆欧表		由高压手摇发电机及磁电式双动圈流比计组成,具有输出电压稳定、读数正确、噪声小、振动轻等特点,且装有防止测量电路泄漏电流的屏蔽装置和独立的接线柱。 有测试 500 V、1 000 V、2 000 V 等规格(注:该电压规格是与被测电气设备的工作电压相匹配的,即 1 000 V 的兆欧表宜用来测量工作电压为 1 000 V 以下的电气设备)

续表

类别	图示	特点
电子式兆欧表		采用干电池供电，带有电量检测，有模拟指针式和数字式两种。其操作方便、输出功率大、带载能力强、抗干扰能力强。 输出短路电流可直接测量，不需带载测量进行估算

2. 工作原理和面板介绍

（1）手摇式兆欧表　手摇式兆欧表的工作原理如图 2-6 所示。

摇动直流发电机的手柄，发电机两端产生较高的直流电压，线圈 1 和线圈 2 同时通电。通过线圈 1 的电流 I_1 与气隙磁场相互作用产生转动力矩 M_1；通过线圈 2 的电流 I_2 也与气隙磁场相互作用产生反作用力矩 M_2，M_1 与 M_2 方向相反。

由于气隙磁场是不均匀的，所以转动力矩 M_1 不仅与线圈 1 的电流 I_1 成正比，而且还与线圈 1 所处的位置（用指针偏转角表示）有关。在测量 R_x 时，随 R_x 的改变，I_1 改变，而 I_2 基本不变。线圈 2主要是用来产生反作用力矩的，这个力矩基本不变。

① 当 $R_x \to 0$ 时，I_1 最大，兆欧表的指针在转动力矩和反作用力矩的作用下偏转到最大位置，即“0”位置。

② 当 $R_x \to \infty$ 时，$I_1 \to 0$，指针在反作用力矩的作用下偏转到最小位置，即“∞”位置，所以兆欧表可以测量 0~∞ 之间的电阻。

手摇式兆欧表的面板上主要有三个接线端子、刻度盘和摇柄，如图 2-7 所示。

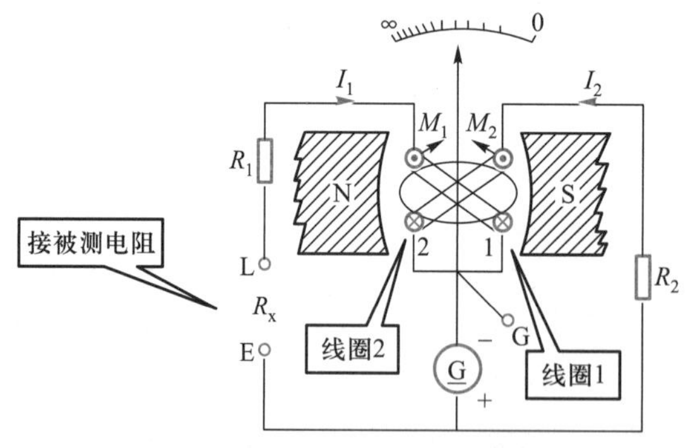

图 2-6　手摇式兆欧表的工作原理

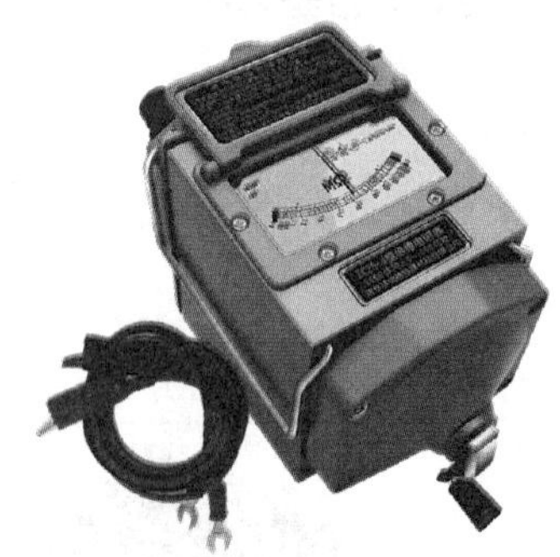
图 2-7　手摇式兆欧表面板

（2）电子式兆欧表　电子式兆欧表一般由直流电压变换器将电池电压转换为直流高压作为测试电压（部分电子式兆欧表可以将 220 V 交流市电转换为直流电压给表内电池充电），该测试电压施加于被测物体上，产生的电流经电流电压变换器转换为与被测物体绝缘电阻相对应的电压值，再经模数转换电路变为数字编码，然后经微处理器处理，由显示器显示相应的绝缘电阻值，其工作原理如图 2-8 所示。

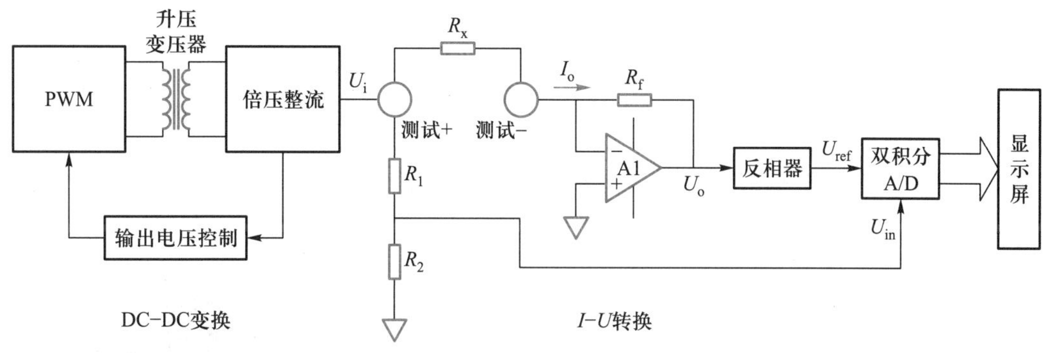

图 2-8　电子式兆欧表的工作原理

电子式兆欧表的面板也有和手摇式兆欧表一样的三个接端子(L、E、G),还有电压规格选择按键和液晶显示屏,如图 2-9 所示。

图 2-9　电子式兆欧表面板

微课

兆欧表测量绝缘电阻

2.3.2　兆欧表的使用

1. 测量前准备

(1) 测量前必须将被测设备电源切断,并对地短路放电。

(2) 擦拭干净被测物表面,减少接触电阻,确保测量结果的正确性。

(3) 兆欧表使用时应放在平稳、牢固的地方,且远离大的外电流导体和外磁场。

(4) 测量前应将兆欧表进行一次开路试验和短路试验,检查兆欧表是否良好。

① 开路试验。在兆欧表未接上被测物之前,分开两个接线端,摇动手柄使发电机达到额定转速(120 r/min),观察指针是否指在标尺的“∞”位置。

② 短路试验。将“线(L)和地(E)”短接,缓慢摇动手柄,观察指针是否指在标尺的“0”位。如指针不能指到该指的位置,表明兆欧表有故障,应检修后再用。

2. 接线与测量

(1) 接线　兆欧表上一般有三个接线柱,其中 L 接在被测物和大地绝缘的导体部分,E 接被测物的外壳或大地。G 接在被测物的屏蔽上或不需要测量的部分。测量绝缘电阻时,一般只用“L”和“E”端,但在测量电缆对地的绝缘电阻或被测设备的漏电流较严重时,就要使用“G”端,并将“G”端接屏蔽层或外壳。

(2) 测量　接好连线后,顺时针方向摇动手柄,摇动的速度应由慢渐快,当转速达到 120 r/min,保持匀速转动,待指针稳定后读数,不能停下来读数。若发现指针指为零说明被测绝缘物可能发生了短路,这时就不能继续摇动手柄,以防表内线圈发热损坏。

读数完毕,将被测设备放电,如图 2-10 所示。然后才能动手拆除测试导线。

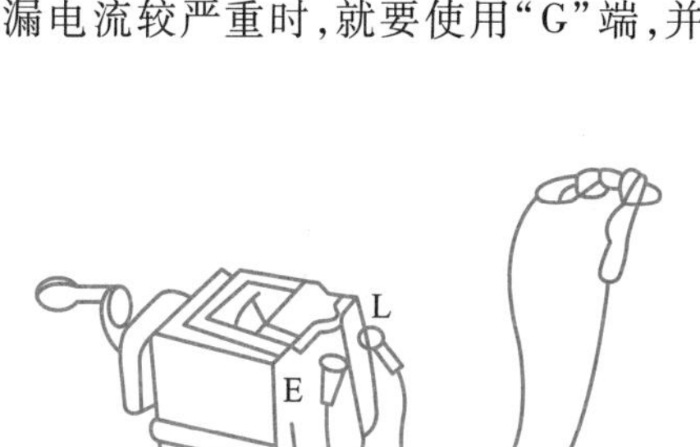

图 2-10　将被测设备放电

2.4 接地电阻测试仪

接地电阻测试仪,又称接地电阻表,主要是用于测量电气设备接地装置以及避雷装置的接地电阻的装置。其外形与摇表(绝缘电阻表)相似,如图 2-11 所示,因此俗称接地摇表。接地电阻测试仪有机械式和数字式两种。

2.4.1 接地电阻测试仪的基本知识

接地电阻是用来衡量接地状态是否良好的一个重要参数,是电流由接地装置流入大地再经大地流向另一接地体或向远处扩散所遇到的电阻。接地电阻大小直接体现了电气装置与“地”接触的良好程度。接地电阻包括接地线和接地体本身的电阻、接地体与大地的电阻之间的接触电阻,以及两接地体之间大地的电阻或接地体到无限远处的大地电阻。

图 2-11 接地电阻测试仪及其配件

1. 结构

接地电阻测试仪由手摇发电机、电流互感器、滑线电阻器及检流计等组成,全部密封在铝合金铸造的外壳内。仪表都附带有两根探针,一根是电位探针,另一根是电流探针。

2. 工作原理

接地电阻测试仪的工作原理为基准电压比较原理,通过比例器将被测电阻与已知电阻进行比较,调节平衡后,通过已知电阻上的刻度直接读出被测接地电阻的数值。

3. 面板介绍

接地电阻测试仪面板如图 2-12 所示。

(1) 接线端钮:接地极(E、E′)、电位极(P)、电流极(C),用于连接相应的探测针。

(2) 调整旋钮:用于检流计指针调零。

(3) 倍率盘旋钮:显示测试倍率,×0.1、×1、×10。

(4) 测量标度盘:测试标度所测接地电阻阻值。

(5) 测量盘旋钮:用于测试中调节旋钮,使检流计指针指于中心线。

(6) 发电机摇把:手摇发电,为地阻仪提供测试电源。

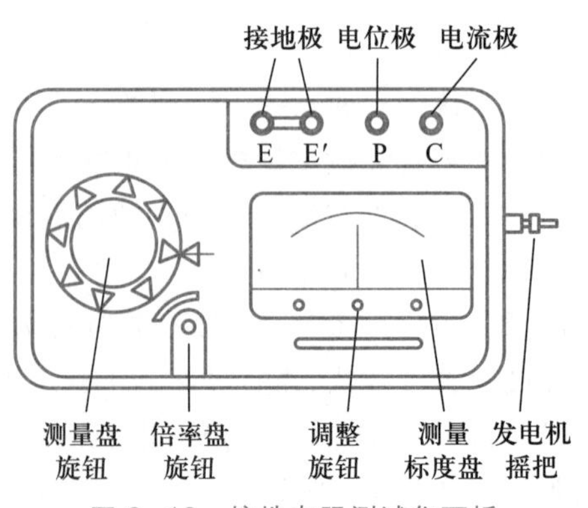

图 2-12 接地电阻测试仪面板

2.4.2　接地电阻测试仪的使用

1. 接线

（1）将两个接地探针沿接地体辐射方向分别插入距接地体 20 m、40 m 的地下，插入深度为 400 mm。

（2）将接地电阻测试仪平放于接地体附近，并进行接线，测量高柱信号机接地线电阻时的连接方法，如图 2-13 所示。

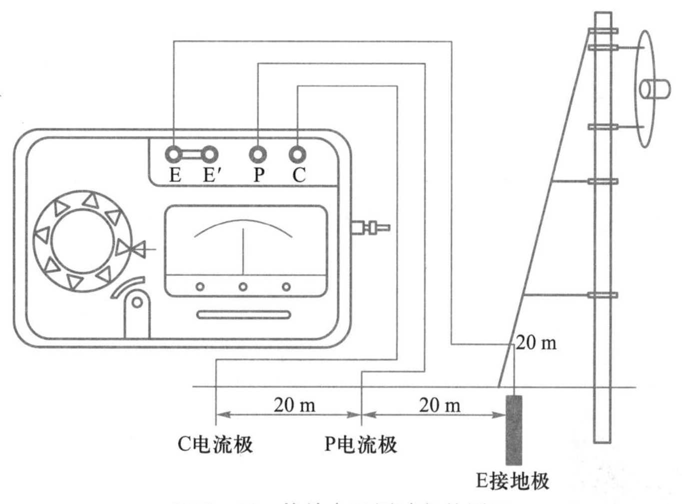

图 2-13　接地电阻测试仪的测量

① 用最短的专用导线将接地体与接地电阻测试仪的接线端"E′"与"E"短接后的公共端相连。

② 用最长的专用导线将距接地体 40 m 的测量探针（电流探针）与测试仪的接线端"C"相连。

③ 用余下的长度居中的专用导线将距接地体 20 m 的测量探针（电位探针）与测量仪的接线端"P"相连。

2. 测量

（1）将测试仪水平放置后，检查检流计的指针是否指向中心线，否则调节"零位调整器"使测试仪指针指向中心线。

（2）将倍率盘旋钮（或称粗调旋钮）置于最大倍数，并慢慢地转动发电机转柄（指针开始偏移），同时旋动测量盘旋钮（或称细调旋钮）使检流计指针指向中心线。

（3）当检流计的指针接近于平衡时（指针近于中心线）加快摇动转柄，使其转速达到 120 r/min 以上，同时调整测量盘旋钮，使指针指向中心线。

（4）计算测量结果，即 $R_{地}$ ="倍率标度"读数×"测量标度盘"读数。

3. 使用注意事项

（1）使用前将仪器和接地探针擦拭干净，特别是接地探针，一定要将其表面影响导电能力的污垢及锈渍清理干净。

（2）将接地干线与接地体的连接点或接地干线上所有接地支线的连接点断开，使接地体脱离任何连接关系成为独立体。

（3）当有雷电的时候，或被测物带电时，应严格禁止测量工作。

2.5 钳形电流表

钳形电流表，又称钳表，它是测量交流电流的专用电工仪表。一般用于不断开电路测量安倍级以上的电流的场合，范围可达几百安倍。

2.5.1 钳形电流表的基本知识

钳形电流表按结构原理不同分为互感器式和电磁系两种。

常用的是互感器式钳形电流表，由电流互感器和整流系仪表组成，只能测量交流电流，如图 2-14所示。

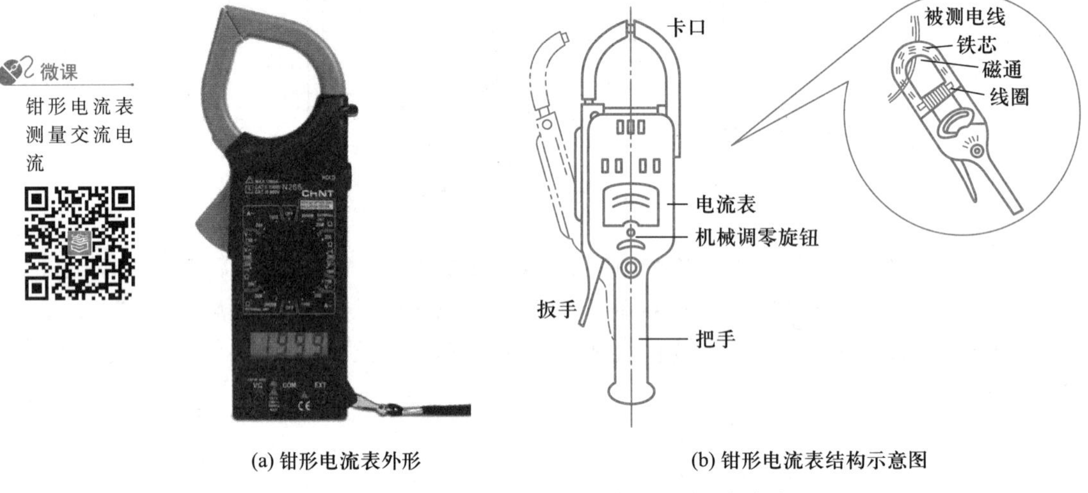

(a) 钳形电流表外形　　(b) 钳形电流表结构示意图

图 2-14　互感器式钳形电流表

电磁系仪表可动部分的偏转与电流的极性无关，因此，它可以交、直流两用。

测量时，握紧钳形电流表的把手时，铁芯张开，将通有被测电流的导线放入卡口中。松开把手后铁芯闭合，被测载流导线相当于电流互感器的一次绕组，绕在钳形表铁芯上的线圈相当于电流互感器的二次绕组。于是二次绕组便感应出电流，送入整流系电流表，使指针偏转，指示出被测电流值。

2.5.2 钳形电流表的使用

1. 测量前检查

使用前，检查钳形电流表有无损坏，指针是否指向零位。如发现没有指向零位，可用小螺丝刀轻轻旋动机械调零旋钮,使指针回到零位上。

检查钳口的开合情况以及钳口面上有无污物。如钳口面有污物,可用溶剂洗净并擦干;如有锈斑,应轻轻擦去。

2. 测量

(1) 选择合适的量程　将量程选择旋钮置于合适位置,使测量时指针偏转后能停在精确刻度上,以减少测量的误差。转换量程应在退出导线后进行。

(2) 测量电流　紧握钳形电流表把手和扳手,按动扳手打开钳口,将被测线路的一根载流电线置于钳口内中心位置,再松开扳手使两钳口表面紧紧贴合。

(3) 记录测量结果　将表拿平,然后读数,即测得的电流值。被测电流过小(小于 5 A)时,为了得到较准确的读数,若条件允许,可将被测导线绕几圈后套进钳口进行测量。此时,钳形表读数除以钳口内的导线根数,即为实际电流值。

3. 维护保养

使用完毕,退出被测导线。将量程选择旋钮置于高量程挡位上,以免下次使用时不慎损伤仪表。

2.6 电　能　表

电能表又称电度表、火表、千瓦时表,是用来测量用电设备或负载消耗的电能的专用仪表。

2.6.1 电能表的基本知识

常用的电能表按照结构和功能的不同,可分为感应式电能表和电子式电能表,电子式电能表包括多费率电能表、预付费电能表和多功能电能表等。本节主要介绍感应式电能表。常见的有单相有功电能表、三相三线有功电能表和三相四线有功电能表。

1. 型号及其含义

电能表型号是用字母和数字的排列来表示的,规则为类别代号+组别代号+设计序号+派生号,例如 DDS971X 型。

① 型号第一位表示“类别代号”:D-电能表。

② 型号第二位表示“组别代号”:D-单相;T-三相四线有功;S-三相三线有功。

③ 型号第三位表示“功能用途”:D-多功能;S-电子式;X-无功;Y-预付费;F-复费率;无代号时为感应式。

④ 设计序号用阿拉伯数字表示。

⑤ 派生号:T-湿热、干燥两用;TH-湿热带用;TA-干热带用;G-高原用;H-船用;F-化工防腐用。

2. 额定参数

① 基本电流是确定电能表有关特性的电流值，是电能表的基本工作电流，以 I_b 表示。

② 额定最大电流是仪表能满足其制造标准规定的准确度的最大电流值。以 I_{max} 表示。

③ 额定电压是确定电能表有关特性的电压值，是电能表的工作电压，以 U_n 表示。如单相电能表则以相电压表示，为 220 V。

④ 额定频率是确定电能表有关特性的频率值，即工频，以赫兹(Hz)作为单位。

2.6.2 单相电能表

1. 单相电能表的构造与原理

单相电能表外形和结构示意图，如图 2-15 所示，单相电能表主要由一个可转动的铝盘和分别绕在不同铁芯的一个电压线圈和一个电流线圈组成。

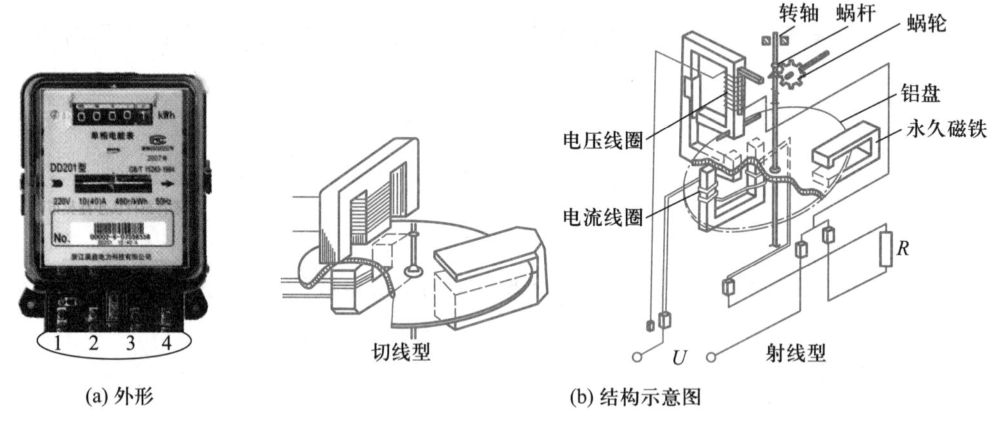

(a) 外形　　(b) 结构示意图

图 2-15　单相电能表

当把电能表接入被测电路时，电流线圈和电压线圈中就有交变电流流过，这两个交变电流分别在它们的铁芯中产生交变的磁通；交变磁通穿过铝盘，在铝盘中感应出涡流；涡流又在磁场中受到力的作用，从而使铝盘得到转矩(主动力矩)而转动。负载消耗的功率越大，通过电流线圈的电流越大，铝盘中感应出的涡流也越大，使铝盘转动的力矩就越大。即转矩的大小跟负载消耗的功率成正比。功率越大，转矩也越大，铝盘转动也就越快。铝盘转动时，又受到永久磁铁产生的制动力矩的作用，制动力矩与主动力矩方向相反；制动力矩的大小与铝盘的转速成正比，铝盘转动得越快，制动力矩也越大。当主动力矩与制动力矩达到暂时平衡时，铝盘将匀速转动。负载所消耗的电能与铝盘的转数成正比。铝盘转动时，带动计数器，把所消耗的电能指示出来。这就是电能表工作的简单过程。

2. 单相电能表的接线

(1) 电能表的正确接线应遵守“电源端”守则。配线应采取进端接电源端，出端接负载端，电流线圈应接于相线，而不要接中性线。

(2) 单相电能表接线盒内的四个接线端子，从左向右编号分别为 1、2、3、4。可记作相线 1 进

2出，中性线3进4出。表的电流线圈与负载串联、电压线圈与负载并联，如图2-16所示。

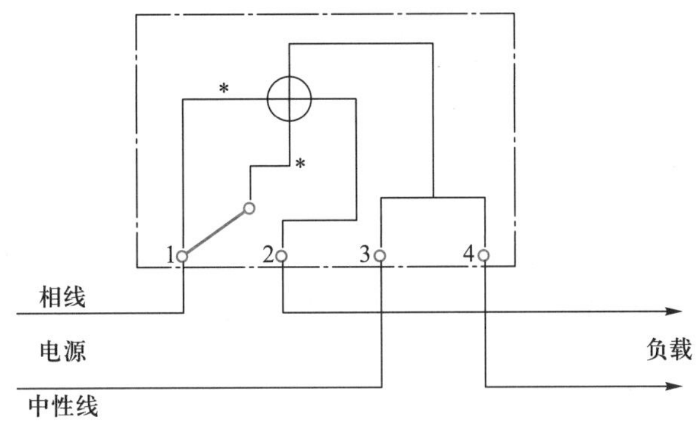

图2-16　单相电能表接线方法

2.6.3　三相电能表

三相三线有功电能表、三相四线有功电能表的结构基本上与单相有功电能表相同，不同的是三相电能表有两组（三线表）或者三组（四线表）电压、电流线圈。

三相四线有功电能表直接接线如图2-17（a）所示。三相四线有功电能表经电流互感器的接线如图2-17（b）所示。

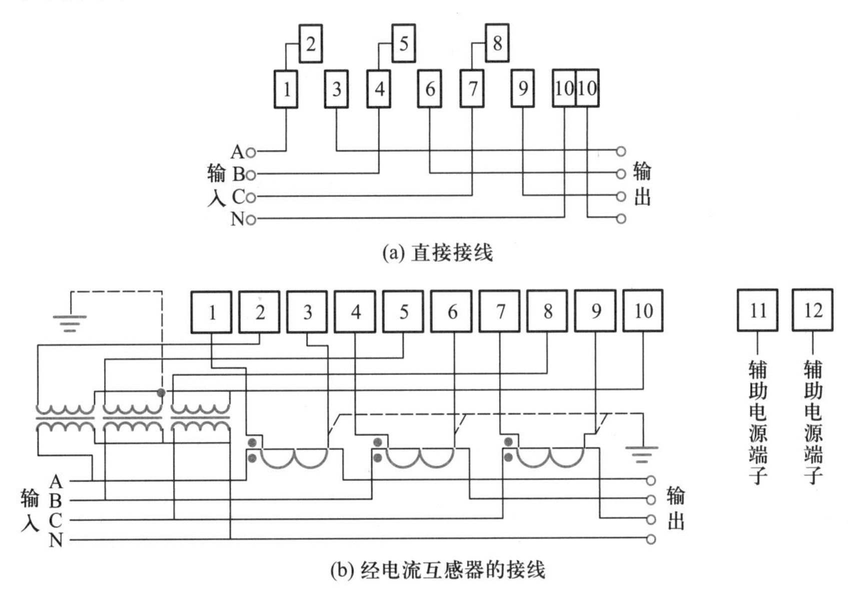

图2-17　三相四线有功电能表的接线方法

2.7　直流单臂电桥

测量电阻时一般采用万用电表电阻挡测量，但由于万用表测量误差较大，所以对于需要精确测量的设备均采用直流电桥。直流单臂电桥主要用来测量各种电机、变压器及各种电气设备的直流电阻,以进行设备出厂试验及故障分析。

直流单臂电桥又称惠斯登电桥,是测量 1 Ω~100 kΩ 中阻值的一种比较精密的测量仪器。

2.7.1 直流单臂电桥的基本知识

1. 面板介绍

直流单臂电桥面板由比例臂①、比较臂②、检流计及其调零旋钮、电源按钮 B、检流计按钮 G、待测电阻 R_x 接线柱、外接电源接线柱(B+、B-)、内接、外接检流计转换接线柱等组成,QJ23 型直流单臂电桥面板示意图如图 2-18所示。

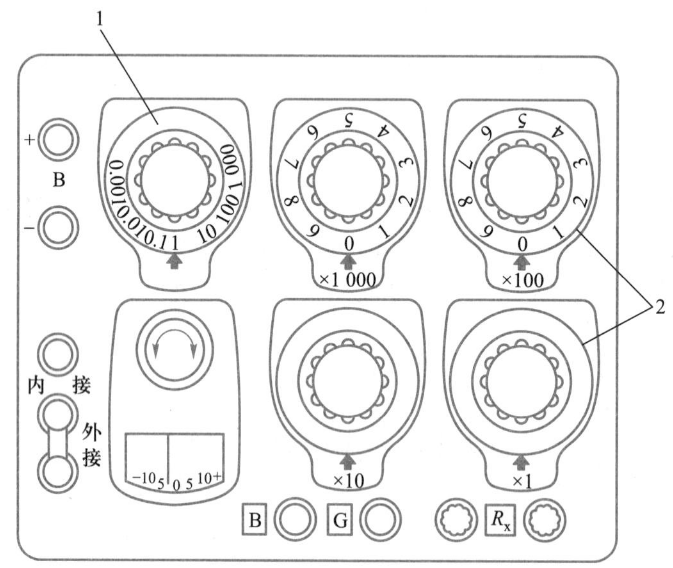

图 2-18 QJ23 型直流单臂电桥面板示意图

2. 工作原理

直流单臂电桥原理,如图 2-19 所示。R_x、R_2、R_3、R_4分别组成电桥的四个桥臂。其中 R_x称为被测电阻,R_2、R_3构成比例臂,R_4称为比较臂。

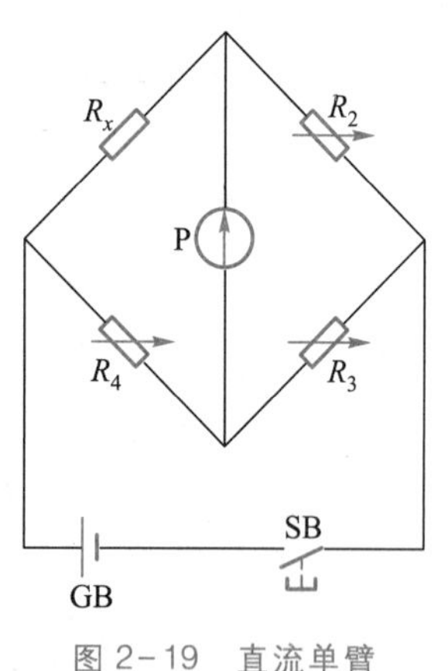

图 2-19 直流单臂电桥原理

当接通按钮开关 SB 后,调节标准电阻 R_2、R_3、R_4,使检流计 P 的指针指向 0,这种状态称为电桥的平衡状态。电桥平衡的特点是检流计 P 的电流等于 0,即

$$I_P = 0$$

电桥平衡的条件是

$$R_2R_4 = R_xR_3$$

即对臂电阻乘积相等。将电桥平衡条件的表达式变为

$$R_x = \frac{R_2}{R_3}R_4$$

上式说明，被测电阻 R_x = 比例臂倍率×比较臂读数。

2.7.2　直流单臂电桥的使用

1. 检查与接线

（1）先将检流计的锁扣打开（内、外），调节调零器将指针调到零位。

（2）把被测电阻接在“R_x”的位置上。要求用较粗较短的连接导线，并将漆膜刮净，接头拧紧，避免采用线夹。因为接头接触不良将使电桥的平衡不稳定，严重时可能损坏检流计。

2. 测量

（1）估计被测电阻的大小，选择适当的比例桥臂，使比较臂的四挡都能被充分利用。这样容易把电桥调到平衡，并能保证测量结果的 4 位有效数字。例如：

① 被测电阻估计值约为几欧姆（1 位数）时，应选用 0.001 的比例臂；

② 被测阻电估计值为几十欧姆（2 位数）时，应选用 0.01 的比例臂；

③ 被测电阻为几百欧姆时（3 位数），应选用 0.1 的比例臂；

④ 被测电阻为几千欧姆时（4 位数），应选用 1 的比例臂。

（2）先按电源按钮 B，（锁定）再按下检流计的按钮 G（点接）。

（3）调整比较臂电阻使检流计指向零位，电桥平衡。若检流计的指针向标有“+”的方向偏转时，说明通过检流计的电流过大，则需增大比较臂电阻；若检流计的指针向标有“-”的方向偏转时，说明通过检流计的电流过小，则需减小比较臂电阻。

（4）当检流计指向零位时进行读数，被测电阻 R_x = 比例臂倍率×比较臂读数。

（5）测量完毕，先断开检流计按钮，再断开电源按钮，然后拆除被测电阻，最后将检流计锁扣锁上，以防搬动过程中损坏检流计。

微课

直流单臂电桥测量电阻

习题

1. 判断题

（1）交流钳形电流表可测量交、直流电流。（　　）

（2）电表在测量时，量程要大于等于被测线路电压。（　　）

（3）接地电阻测试仪主要用来测量电气设备外壳及建筑物避雷装置等的接地电阻的大小。（　　）

（4）接地电阻测试仪测量前要做开路试验。（　　）

（5）使用接地电阻测试仪测量接地电阻时可以带电测量。（　　）

（6）如果测量标度盘的读数小于 1Ω，则应将粗调倍率旋钮置于倍数较小的挡位，并重新测量和读数。（　　）

（7）测量交流电路的有功电能时，因是交流电，故其电压线圈、电流线圈和各两个端可任意接在线路上。（　　）

（8）测量电流时应把电流表串联在被测电路中。（　　）

（9）交流电流表和电压表测量的值都是有效值。（　　）

(10) 万用表在测量电阻时,指针指在刻度盘中间最准确。(　　)

(11) 电能表是专门用来测量设备功率的装置。(　　)

(12) 摇表在使用前,无须先检查摇表是否完好,可直接接被测设备进行绝缘测量。(　　)

(13) 用钳表测量电流时,尽量将导线置于钳口铁芯中间,以减少测量的误差。(　　)

(14) 使用万用表测量电阻,每换一次电阻挡都要进行欧姆调零。(　　)

(15) 用钳表测量电动机空转电流时,不需要挡位变换可直接进行测量。(　　)

(16) 雷电时,应禁止在屋外高空检修、试验和屋内验电等作业。(　　)

(17) 测量电压时,要根据电压大小选择适当的电压表,不能使电压大于电压表的最大量程。(　　)

(18) 在不能估计被测电路电流大小时,最好先选择量程足够大的电流表,粗测一下,然后根据测量结果,正确选择量程适合的电流表。(　　)

(19) 直流单臂电桥用于测量小值电阻,直流双臂电桥用于测量大值电阻。(　　)

(20) 兆欧表俗称摇表,是用于测量各种电气设备绝缘电阻的仪表。(　　)

(21) 兆欧表使用时其转速不能超过 120 r/min。(　　)

(22) 一般绝缘材料的电阻都在兆欧以上,因此兆欧表标度尺的单位以千欧表示。(　　)

2. 选择题

(1) 雷雨季节阴雨天气,(　　)测量避雷装置的接地电阻。

A. 不得　　B. 可以

(2) 粗调倍率旋钮的定位倍数是 10,表头上的读数为 4,所测接地装置的接地电阻即为(　　)。

A. 4 Ω　　B. 0.4 Ω　　C. 40 Ω

(3) 使用接地电阻测试仪测量接地电阻时,接地体应与仪表上标有(　　)的接线端连接。

A. E　　B. P　　C. C

(4) 线路或设备的绝缘电阻的测量是用(　　)进行的。

A. 万用表的电阻挡

B. 兆欧表

C. 接地摇表

(5) 钳形电流表测量电流时,可以在(　　)电路的情况下进行。

A. 短接　　B. 断开　　C. 不断开

(6) 钳形电流表使用时应先用较大量程,然后再视被测电流的大小变换量程。切换量程是应(　　)。

A. 退出导线,再转动量程开关

B. 直接转动量程开关

C. 边进线边换挡

(7) 根据仪表取得读数的方法可分为(　　)。

A. 指针式　　B. 数字式　　C. 记录式　　D. 以上都是

(8) 根据被测试电流的种类分为(　　)。

A. 直流　　B. 交流　　C. 交、直流　　D. 以上都是

(9) 测量直流电压时应注意电压表的(　　)。

A. 量程　　B. 极性　　C. 量程及极性　　D. 误差

(10) 使用万用表时,把电池装入电池夹内,把两表笔分别插入插孔中,(　　)。

A. 红表笔插入“+”插孔,黑表笔插入“ * ”插孔内

B. 黑表笔插入“+”插孔,红表笔插入“ * ”插孔内

C. 红表笔插入“+”插孔,黑表笔插入“-”插孔内

D. 红表笔插入“-”插孔,黑表笔插入“+”插孔内

(11) 用万用表测电阻时,每个电阻挡都要调零,若调零不能调到到欧姆零位,说明(　　)。

A. 电源电压不足,应更换电池

B. 电池极性接反

C. 万用表电阻挡已坏

D. 调零功能已坏

(12) 用万用表的直流电流挡测直流电流时,将万用表串联在被测电路中,并且(　　)。

A. 红表笔接电路的高电位端,黑表笔接电路的低电位端

B. 黑表笔接电路的高电位端,红表笔接电路的低电位端

C. 红表笔接电路的正电位端,黑表笔接电路的负电位端

D. 红表笔接电路的负电位端,黑表笔接电路的正电位端

(13) 调节电桥平衡时,若检流计指针向标有“-”的方向偏转时,说明(　　)。

A. 通过检流计电流大,应增大比较臂的电阻

B. 通过检流计电流小,应增大比较臂的电阻

C. 通过检流计电流小,应减小比较臂的电阻

D. 通过检流计电流大,应减小比较臂的电阻

(14) 直流单臂电桥测量几欧电阻时,比率应选为(　　)。

A. 0.001　　B. 0.01　　C. 0.1　　D. 1

(15) 兆欧表的接线端标有(　　)。

A. 接地 E、线路 L、屏蔽 G　　B. 接地 N、导通端 L、绝缘端 G

C. 接地 E、导通端 L、绝缘端 G　　D. 接地 N、通电端 G、绝缘端 L

(16) 使用兆欧表时,下列说法不正确的是(　　)。

A. 测量电气设备绝缘电阻时,可以带电测量电阻

B. 测量时兆欧表应放在水平位置上,未接线前先对兆欧表做开路实验,看指针是否在“∞”处,再把 L 和 E 短接,轻摇发电机,看指针是否在“0”,若开路指“∞”,短路指“0”说明兆欧表是好的

C. 兆欧表用完后应立即使被测物放电

D. 测量时,摇动手柄的速度由慢逐渐加快,并保持 120 r/min 左右的转速 1 min 左右,这时读数较为准确

3. 综合题

(1) 常用的电工测量方法有几种？各有哪些优缺点？

(2) 仪表冒烟怎样处理？

(3) 测量电流时怎样选择合适的电流挡位？

(4) 为什么测量时必须注意表笔的插孔是否正确？

(5) 为什么测量电阻时必须将被测回路的电源切断才可进行?

(6) 使用兆欧表测量绝缘电阻时,应该注意哪些事项?

(7) 用兆欧表测量绝缘时,为什么规定摇测时间为 1 min?

(8) 使用钳形电流表时,在什么情况下可能发生短路、接地故障?

(9) 钳形表为什么在测量过程中不允许切换量程挡?

拓展延伸 城市轨道交通维修中的常见仪器仪表

1. 声级计

声级计是一种对声音进行测量和分析的仪器,它可以用来测量轿厢内、机房中以及电动机等机电设备的声压级、声级以及隔声效果,其外形如图 2-20 所示。

(1) 组成与工作原理 声级计由传声器、放大器、计权网络、滤波器、衰减器、显示屏等组成。传声器把声音转化成电信号后,送至主机的前置放大器,放大后送至衰减器及计权网络以后,最后通过滤波器并由一定阻尼特性的显示屏显示出噪声声级的数值。

(2) 声级计的使用

① 声级计使用环境的选择:选择有代表性的测试地点,声级计要离开地面,离开墙壁,以减少地面和墙壁的反射声的附加影响。

② 选用与声级计相互配套的传声器,安装在声级计的传声杆上,在户外有风的情况下应加罩上一个防风罩。

图 2-20 声级计外形

③ 应针对所测声信号的特点确定声级计的时间响应。声级计一般都应具有三种时间计权:慢速 1 000 ms、快速 125 ms 和脉冲 35 ms,分别对应于稳态信号(如纯音或持续平稳的噪声)、瞬态噪声(如言语声)和脉冲信号(如枪声)的测量。

④ 结合测试的目的选定恰当的频率计权网络。A 计权一般用于常规环境。

⑤ 从显示屏上读取声级的数值即可。

2. 示波器

示波器是一种用来测量交流电或脉冲电流波的形状的仪器,由电子管放大器、扫描振荡器、阴极射线管等组成。除观测电流的波形外,还可以测定频率、电压强度等。

按照信号的不同分类,示波器分为模拟示波器和数字示波器,如图 2-21、图 2-22 所示。

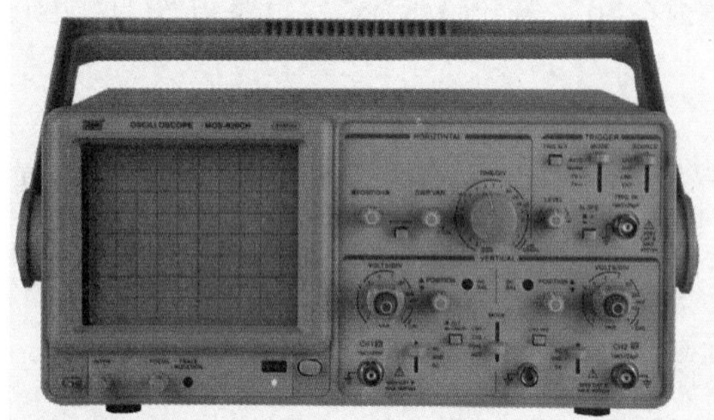

图 2-21 MOS-620CH 模拟示波器

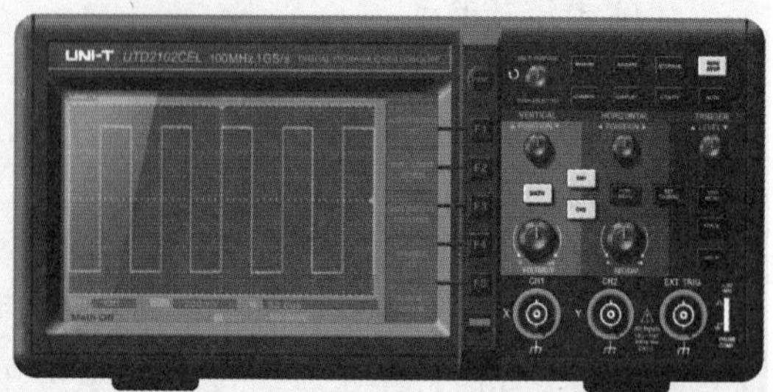

图 2-22 UTD2000L 系列数字示波器

各类示波器又有许多种型号，但是一般的示波器除频带宽度、输入灵敏度等不完全相同外，在使用方法的基本方面都是相同的。以 MOS-620CH/20 MHz 型双踪示波器为例介绍。

(1) 示波器的作用

① 广泛的电子测量仪器。

② 测量电信号的波形(电压与时间关系)，测量幅度、周期、频率和相位等参数。

③ 配合传感器，测量一切可以转化为电压的参量(如电流、电阻、温度等)。

(2) 示波器面板设置　示波器面板由显示屏、操作按钮、水平轴、垂直轴、各种输出端子等组成。

① 旋钮和开关的功能。

电源开关：按键弹出即为“关”。按下为“开”。

电源指示灯：电源按通时，指示灯亮。

校准信号：电压幅度为 $2U_{p-p}$、频率为 1 kHz 的方波信号。

辉度旋钮：顺时针方向旋转，亮度增强。

聚焦：用来调节光迹及波形的清晰度。

光迹旋转：用于调节光迹与水平刻度线平行。

② 垂直扫描系统。

CH1/CH2：通道输入端，用于输入信号。

DC GND AC：耦合选择开关。

交流(AC)：垂直输入端由电容器来耦合。

接地(GND)：放大器的输入端接地。

直流(DC)：垂直放大器输入端与信号直接耦合。

衰减开关(V/div)：用于选择垂直偏转灵敏度的调节。如果使用的是 10∶1 探头，则计算时将幅度×10。

y 轴灵敏度选择：用于选择垂直偏转因数。可以方便地观察到垂直放大器上的各种幅度范围的波形。

垂直微调旋钮：垂直微调用于连续改变电压偏转灵敏度。此旋钮在正常情况下，应位于顺时针方向旋到底的位置。将旋钮逆时针方向旋到底垂直方向的灵敏度下降到 2.5 倍以上。

垂直移位：调节光迹在屏幕中的垂直位置。

③ 水平扫描系统。

水平移位：调节光迹在屏幕中的水平位置。

通道 1 选择(CH1)：屏幕上仅显示 CH1 的信号。

通道 2 选择(CH2)：屏幕上仅显示 CH2 的信号。

交替：按下此按钮，此方式可用于同时观察两路不相关的信号。

断续：显示 CH1 和 CH2 输入的两个信号。

扫描时间因数选择开关(T/div)：共 20 挡。在 0.1 μs/div~0.2 s/div 范围选择扫描速率。

CH1-CH2 控制键：选择 CH1-CH2 工作方式时，垂直偏转信号接入 CH1 输入端，水平偏转信号接入 CH2 输入端。

扫描微调控制键：此旋钮以顺时针旋转到底时处于校准位置，扫描由 T/div 开关指示。该旋钮逆时针方向旋转到底，扫描减慢 2.5 倍以上。正常工作时，该旋钮位于“校准”位置。

水平移位:用于调节轨迹在水平方向移动。顺时针方向旋转,光迹右移,逆时针方向旋转,光迹左移。

扩展控制键(拉出×10):扫描因数×10 扩展。扫描时间是 T/div 开关指示数值的 1/1 或 1/10。例如,用×10 扩展时,为 10 μs/div。

④ 触发源:选择触发信号源。

内触发:Y1 或 Y2 上的输入信号是触发信号。

电源触发:电源频率成为触发信号。

外触发:触发输入上的触发信号是外部信号,用于特殊信号的触发。

⑤ 交替触发:在双踪交替显示时,触发信号交替来自两个 Y 通道,此方式可用于同时观察两路不相关的信号。

触发电平旋钮:用于调节被测信号在某一电平触发同步。

触发极性按钮:触发极性选择。用于选择信号的上升沿和下降沿触发。

⑥ 触发方式选择。

自动:在自动扫描方式时,扫描电路自动进行扫描。在没有信号输入或输入信号没有被触发同步时,屏幕上仍然可以显示扫描基线。

常态:有触发信号才能扫描,否则屏幕上无扫描线显示。当输入信号频率低于 20 Hz 时,用常态触发方式。

峰-峰值/电视:选择峰值触发或电视信号触发。

(3) 示波器的基本操作方法

① 使用前准备。断开"电源"开关,把电源开关弹出即为"关"位置。电源线接入。设定各个控制键在下列相应位置:

垂直方式:CH1　　触发方式:自动

触发源:内　　触发电平:中间

时间/格(T/div):0.5 μs/div　　水平位置:中间

聚焦:中间　　垂直移位:中间

亮度:顺时针方向旋转到底

接通"电源"开关,大约 15 s 后,出现扫描光迹。

② 聚焦。

调节"垂直位移"旋钮,使光迹移至屏幕观测区域的中央。

调节"辉度旋钮",将光迹的亮度调至所需要的程度。

调节"聚焦旋钮",使光迹清晰。

③ 加入触发信号。

将下列控制开关或旋钮置于相应的位置:

通道 CH1AC-DC(CH1):DC　　V/div(CH1):50 mV

微调(CH1):校准　　耦合方式:AC

方式:CH1

将探头的"衰减比"旋转至"×1"挡位,调节"电平"旋钮使仪器触发。

④ 读数。

信号周期=方格数×周期标度/周期放大倍数(水平方向)

信号电压=方格数×幅值标度×指针衰减数/增益倍数(垂直方向)

(4) 使用注意事项

① 注意保护示波器电子管阴极:不频繁开机、关机,短时间不用时不必关机,只需将辉度旋钮逆时针转到底。

② 示波器使用前一定要校准,否则测量值不准确。

③ 示波器波形受外界干扰时,将机壳接地。

④ 注意电压值不能以电子实训台的显示值为准,而应以示波器测量值的读数为准。

3. 相序表

相序表是用来判定三相电的相序及缺相情况,本节以TG2型相序表为例进行介绍。

(1) 相序表的认知 TG2型相序表由大鳄夹、测量导线、绝缘外壳、观察指示灯、铝盘观察孔、检测开关等组成,如图2-23所示。

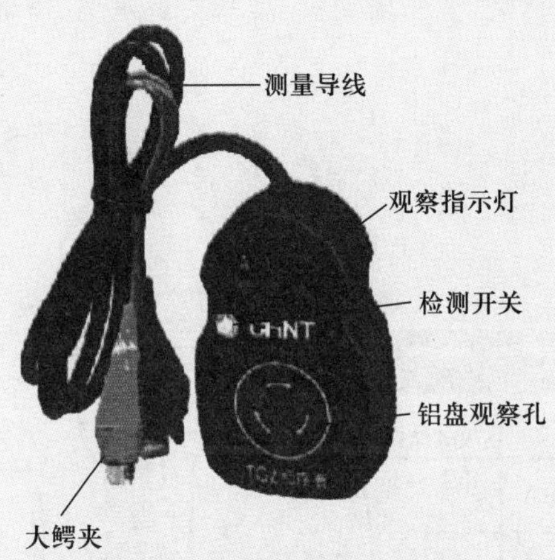

图2-23 TG2型相序表

相序表的特点:

① 一表多用:该表不仅能作三相交流电的相序测定,还可以用来测定是否断相。

② 测量范围大:可以检查100~500 V以内的三相交流电源相序,并且操作过程非常简单。

③ 携带方便:体积小,质量轻。

④ 安全实用:整机无金属件外露。工程塑料制作的外壳能杜绝漏电的危险。

(2) 相序表工作原理及适用范围 TG2型相序表的结构有3个星形联结的线圈,在3个线圈上面用轴支持着一个能自由转动的轻铝盘。3个线圈接入三相交流电源后即产生旋转磁场。类似异步电机工作原理,该铝盘在旋转磁场驱动下转动。而转动磁场的转向则取决于接入仪表的三相电流电源的相序。因而观察铝盘转向可判断三相交流电源的相序。同时也使用于电压为100~500 V的三相正弦交流电网,电源频率范围适用于40~60 Hz之间。

(3) 相序表的使用方法

① 将电缆连接的接线夹接入被测三相电路中。

② 按下白色按钮,观察指示灯。如果A、B、C灯全部点亮,则说明三相电源完好。如果A、B、C灯中有任何一个不亮,则对应的A、B、C(黄、绿、红)的相线已开路。按钮的按压时间长短在标准时间范围内(在电压为500 V时为30 s,电压为220 V时为300 s,电压为110 V及以下时为600 s)。

③ 通过观察孔观察铝盘转向。如果铝盘按箭头所示方向顺时针转动,则三相电源相序接线夹所示相序为顺相序。反之则为逆相序。

④ 检查结束即松开按钮。

4. 测漏仪

卤素测漏仪是指用含有卤素(氟、氯、溴、碘)气体作为示漏气体的测漏,是利用卤族元素探索气体存在时,使赤热铂电极发射正离子量增加的原理来制作的。

(1) 测漏仪的认知 测漏仪按照安装方法分两类:

① 固定式测漏仪,传感器(即探头)与被检件相连接,也称内探头式测漏仪;

② 便携式测漏仪,传感器(即吸枪)在被检件外部连接,称外探头式测漏仪。

本次以 TIFXP21A 型卤素测漏仪为例介绍。TIFXP21A 型卤素测漏仪是新一代全自动智慧型测漏仪,其结构示意图如图 2-24 所示,是一款稳定、灵敏的测漏仪。其主要由探头、探头防护罩、电源开关、电池测试键、复位键、音频渐变键、增强灵敏度键、降低灵敏度键、发光二极管指示、柔性探杆等组成。

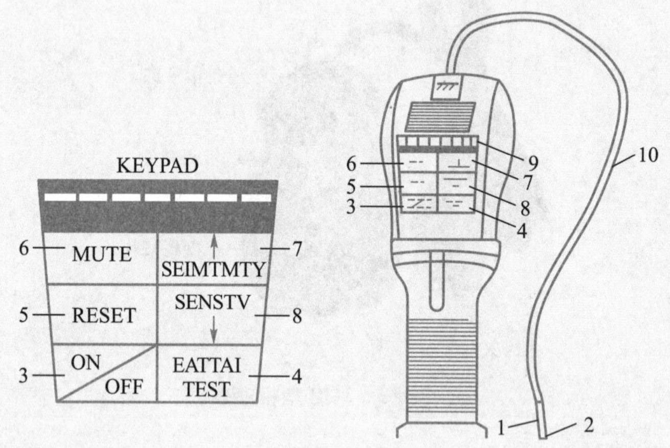

图 2-24 TIFXP21A 型卤素测漏仪的结构示意图

1—探头;2—探头防护罩;3—电源开关;4—电池测试键;5—复位键;6—音频渐变键;7—增加灵敏度键;8—降低灵敏度键;9—发光二极管指示;10—柔性探杆

LED 灯有两项重要功能:

① 显示电池电量,最左边的灯是常亮的,绿色表示电量充足,橙色表示不足,红色表示应立即更换。

② 显示泄漏的大小和强弱,显示绿色表明泄漏较小,橙色表明泄漏一般,红色表示泄漏很大,如图 2-25 所示。

(2) 测漏仪的使用 测漏仪的使用方法如下:

① 打开电池开关,发光二极管将显示复位指示 2 s(左灯绿色,其他灯橙色)。

② 通过观察发光二极管核对电池电力。

③ 开机时,本产品默认为灵敏度 5 级,此时可听到间隔稳定的“嘟嘟”声,如果需要可通过灵敏度调整键改变灵敏度。

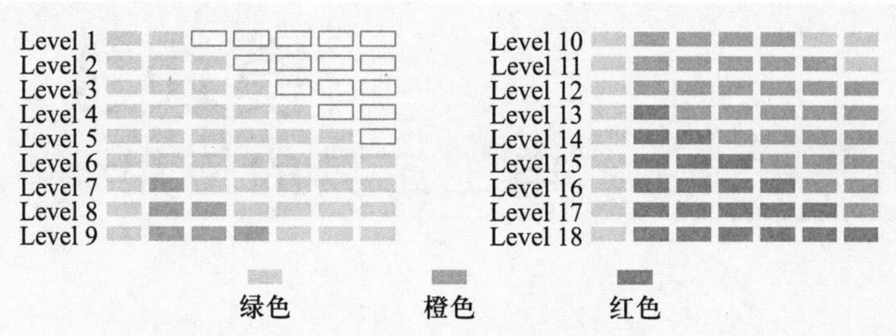

图 2-25 显示泄漏程度

④ 开始检漏时，当泄漏的气体被发现，"嘟嘟"声将变得急促，发光二极管也将根据浓度的变化改变发光方式。

⑤ 灵敏度可在操作中的任何时候进行调整，且不影响检测。

⑥ 如泄漏源被定位之前，已达到最高警示(发光二极管 1 绿 6 红)，应按复位键复位到零参考水平。

⑦ 为保证仪器测量准确可靠，可经常进行复位操作。

卤素测漏仪还可用于其他系统和存储/恢复容器的检漏、检测医院消毒设备的已乙烯氧化物泄漏(检测携带有卤素的气体)、在高压电路断路器中检测 SF26、检测用于灭火系统中的卤素气体等。使用需要注意以下事项：

① 当泄漏不能被测出时，才调高灵敏度。当复位不能使仪器"复位"时，才调低灵敏度。

② 在被严重污染的区域，应及时复位仪器以消除环境对仪器的影响。复位时不要移动探头。本仪器可根据需要任意次复位。

③ 有风的区域，即使大的泄漏也难发现。在这种情况下，最好遮挡住潜在泄漏区域。

④ 若探头接触到湿气或溶剂时可能报警，因此，检查泄漏时避免接触到它们。

模块3 电工工具的使用

学习目标

电气工作人员在电工操作中正确掌握电工工具的使用方法，不但可以提高工作效率，而且可以确保安全。通过本模块的学习，使学生熟悉各种电工工具的使用方法，利用常用电工工具完成基本技能的训练。

3.1 常用电工工具的使用

3.1.1 电工刀

电工刀是用来剖削导线、电缆的绝缘层，切割木台缺口，削制木枕的专用工具。

用电工刀剖削电线绝缘层时，可把刀略微翘起一些，用刀刃的圆角抵住线芯。切忌把刀刃垂直对着导线切割绝缘层，因为这样容易割伤电线线芯，刀面与导线成45°倾角，以免削伤导线，如图3-1所示。

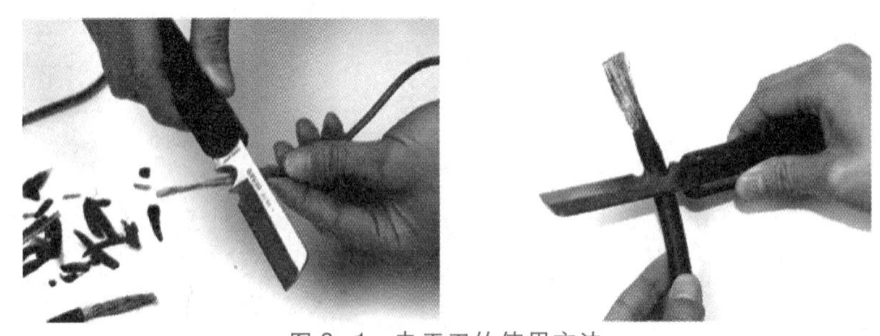

图3-1 电工刀的使用方法

3.1.2 螺钉旋具

螺钉旋具又称为螺丝刀或起子，它是紧固或拆卸螺钉的工具。螺钉旋具的种类有很多，按头部形状可分为一字形和十字形，外形如图 3-2 所示。

若旋转螺钉不需用太大力量时，握法如图 3-3(a)所示。若旋转螺钉需较大力气时，握法如图 3-3(b)所示。上紧螺钉时，手紧握柄，用力顶住，使刀紧压在螺钉上，以顺时针的方向旋转为上紧，逆时针为下卸。穿心柄式螺丝刀，可在尾部敲击，但禁止用于有电的场合。

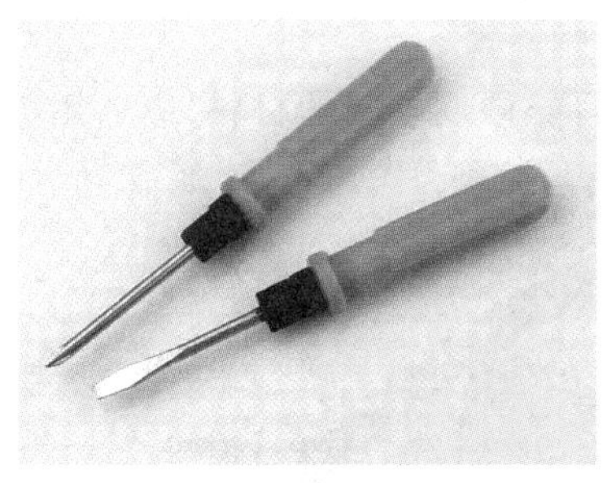

图 3-2　螺钉旋具外形

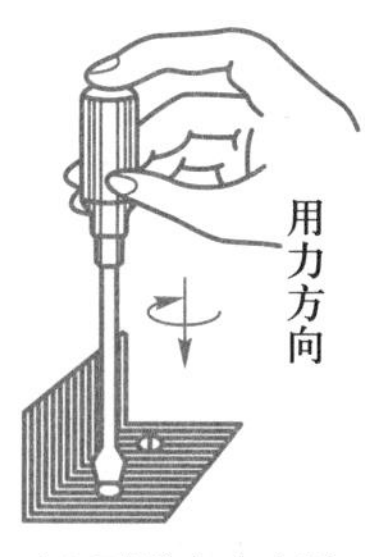

(a) 不需太大力时

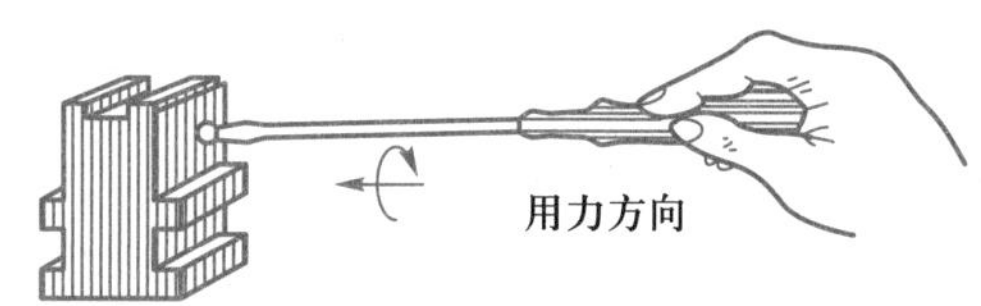

(b) 需较大力时

图 3-3　螺钉旋具的使用

3.1.3　电工钳

1.钢丝钳

钢丝钳是一种夹持或折断金属薄片，切断金属丝、工件的常用钳类工具。也叫克丝钳。电工用钢丝钳的柄部套有绝缘套管(耐压 500 V)，外形如图 3-4 所示。钢丝钳只适用于在低压带电设备上使用，常用的规格有 150 mm、175 mm 和 200 mm 三种。

图 3-4　钢丝钳外形

钢丝钳由钳口、齿口、刀口、铡口构成，如图 3-5 所示。各构造的用法如下：

① 钳口：弯铰或钳夹导线线头。

② 齿口：紧固或起松螺母。

③ 刀口：剪切导线或剖削导线绝缘层。

④ 铡口：铡切电线线芯、钢丝或铅丝等硬金属。

⑤ 钳头不可以代替锤子作为敲打工具使用。

⑥ 使用钢丝钳固定导线时，应该将导线放在钳口中部。

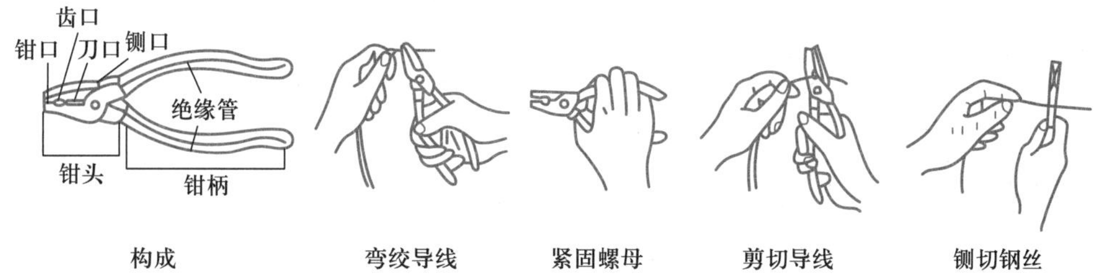

图 3-5　钢丝钳的构成与用法

2. 尖嘴钳

尖嘴钳头部尖细，如图 3-6 所示，适用于在狭小的工作空间操作。尖嘴钳可用来剪断较细小的导线；可用来夹持较小的螺钉、螺帽、垫圈、导线等；也可用来对单股导线整形（如平直、弯曲等）。

3. 斜口钳

斜口钳专用于剪断各种电线电缆，如图 3-7 所示。对粗细不同、硬度不同的材料，应选用大小合适的斜口钳。

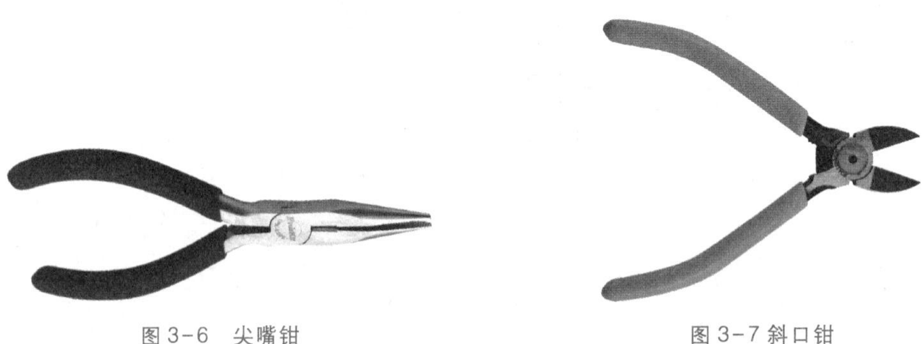

图 3-6　尖嘴钳　　图 3-7 斜口钳

4. 剥线钳

剥线钳是专用于剥削较细小导线绝缘层的工具，如图 3-8 所示。

微课
剥线钳的使用

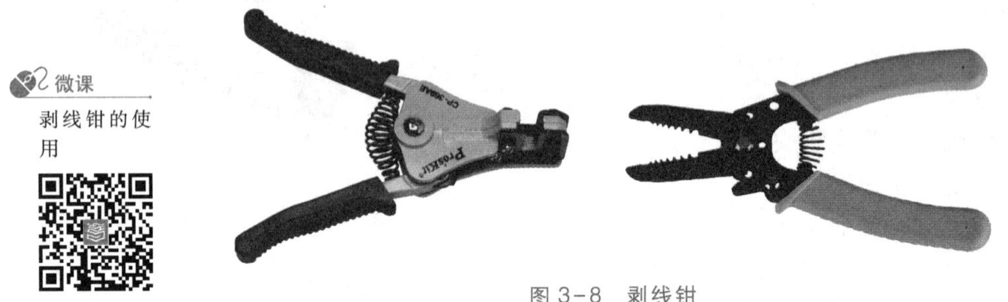

图 3-8　剥线钳

使用剥线钳剥削导线绝缘层时，先将要剥削的绝缘长度用标尺定好，然后将导线放入相应的刃口中（比导线直径稍大），再用手将钳柄一握，导线的绝缘层即被剥离。

剥线钳在使用时要注意选好刀刃孔径，当刀刃孔径选大时难以剥离绝缘层，若刀刃孔径选小时又会切断芯线，只有选择合适的孔径才能达到剥线钳的使用目的。

3.1.4　扳手

1. 扳手分类

扳手是一种用来紧固和起松螺栓和螺母的一种专用工具。

扳手基本分为固定扳手和活动扳手两种。固定扳手一端或两端制有固定尺寸的开口，用以拧转一定尺寸的螺母或螺栓。活动扳手的开口宽度可在一定尺寸范围内进行调节,能拧转不同规格的螺栓或螺母,如图3-9所示。

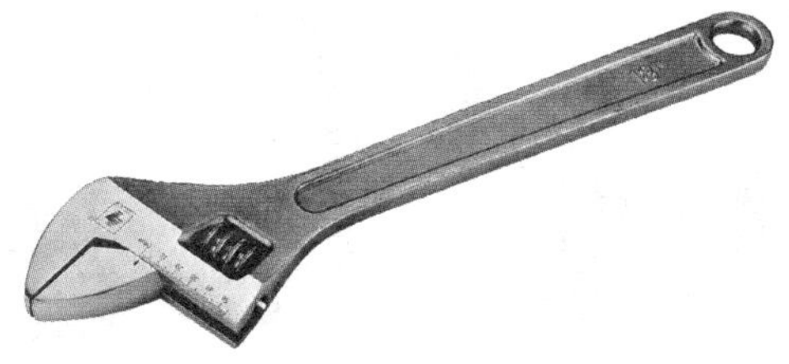

图3-9　活动扳手

2. 活动扳手的使用方法

① 使用扳手拧螺母时,应该将螺母放在扳手口的后部。

② 扳动大螺母时,常用较大的力矩,手应握在近柄尾处。

③ 扳动小螺母时,所用力矩不大,但螺母过小易打滑,故手应握在近扳头的地方,这样可随时调节蜗轮,收紧活动扳唇,防止打滑。

④ 活动扳手不可反用,以免损坏活动扳唇,也不用钢管接长手柄加较大的扳拧力矩。

⑤ 活动扳手不得当作撬棍和手锤使用。

3.2 专用电工工具的使用

3.2.1 登高工具

电工高空作业必须要借助于专用的登高工具。正确选择登高工具,熟练掌握各种登高工具的使用方法,是确保电工安全作业的重要条件之一。常用的登高工具有梯子、登高踏板、登高脚扣等,辅助登高工具有安全带、安全帽等。

1. 梯子

梯子是最常用的登高工具之一,有单梯、人字梯(合页梯)、升降梯等几种,通常用毛竹、硬质木材、铝合金等材料制成。使用梯子应注意以下几点:

① 使用前要检查有梯子是否牢固,梯脚应绑扎橡胶之类的防滑材料。

② 登高作业时一般一人监护,另一人操作。

③ 使用单梯时,单梯的放置倾斜角为60°~75°,以防滑落和翻倒。

④ 使用人字梯时,人字梯的两腿应加装拉绳,以限制张开的角度,防止滑塌。

2. 登高脚扣

登高脚扣也是攀登电杆的工具,主要由弧形扣环、脚套组成,分为木杆脚扣和水泥杆脚扣两种,如图3-10所示。

(a) 木杆脚扣

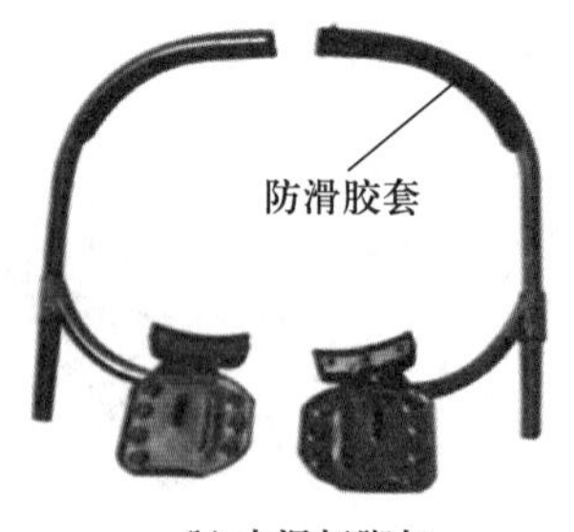

(b) 水泥杆脚扣

图 3-10 登高脚扣

木杆脚扣:主要适用于电力、邮电线路混凝土杆或钢管塔登高用。

水泥杆脚扣:适用于电力、邮电线路水泥杆登杆。登杆高度可达到 15 m。

3. 登高踏板

踏板又叫登高板,用于攀登电杆,由板、绳、钩组成,如图 3-11 所示。脚板由坚硬的木板制成,绳索为 16 mm 多股白棕绳(麻绳)或尼龙绳,绳两端系结在踏板两头的扎结槽内,绳顶端系结铁挂钩,绳的长度应与使用者的身材相适应,一般在 1.8 m 左右。踏板和绳均应能承受 300 kg 的质量。

图 3-11 登高踏板

4. 安全帽

安全帽是用来保护施工人员头部的,必须由专门工厂生产。

5. 安全带

安全带是腰带、保险绳和腰绳的总称,用来防止发生空中坠落事故,如图 3-12 所示。

图 3-12 安全带

3.2.2 焊接工具

手工焊接是电子产品装配中的一项基本操作技能,适合于产品试制、电子产品的小批量生产、电子产品的调试与维修以及某些不适合自动焊接的场合。它是利用烙铁加热被焊金属件和锡铅焊料，熔融的焊料润湿已加热的金属表面使其形成合金，待焊料凝固后将被焊金属件连接起来的一种焊接工艺，故又称为锡焊。

1. 电烙铁

电烙铁是手工焊接的必备工具，主要用于焊接元件及导线。

（1）电烙铁的分类

① 常见的电烙铁按结构可分为内热式电烙铁、外热式电烙铁和恒温电烙铁，如图 3-13 所示。

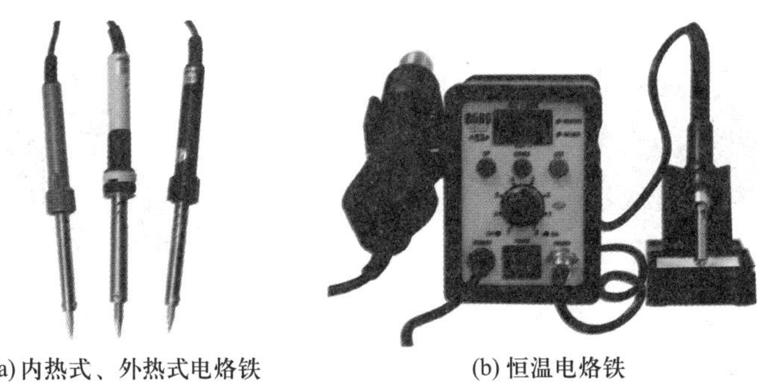

(a) 内热式、外热式电烙铁　　(b) 恒温电烙铁

图 3-13　常见的电烙铁

② 电烙铁按烙铁头的形状分为锥形、刀头（K 头）、圆斜面形（马蹄形）等，如图 3-14 所示。

（2）电烙铁的握法　电烙铁的握法没有统一的要求，以不易疲劳、操作方便为原则，一般有反握法、正握法、笔握法 3 种，如图 3-15 所示。

图 3-14　常见烙铁头

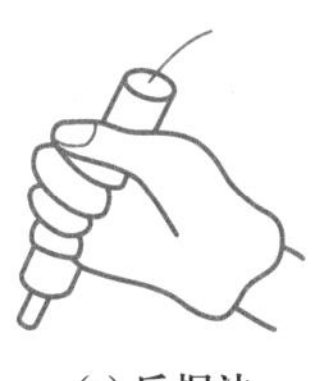

(a) 反握法

(b) 正握法

(c) 笔握法

图 3-15　电烙铁的握法

（3）电烙铁的使用　先接上电源，当烙铁头温度升至能熔锡时，将松香涂在烙铁头上，等松香冒烟后再涂上一层焊锡，如此进行二至三次，使烙铁头的刃面部挂上一层锡，以防止氧化，减少能耗，导热良好。

2. 烙铁架

烙铁架用于搁置烙铁，烙铁架底下的海绵用于清洗烙铁头，如图 3-16 所示。

烙铁架使用注意事项：

① 发热的烙铁放置在烙铁架上，防止烫到人或引起燃烧。

② 使用吸水海绵时,水不能太多,以竖起不滴水为好。水太多会使烙铁头在高温中加速氧化,降低使用寿命。

3. 吸锡器

吸锡器是用于拆焊的工具,如图 3-17 所示。使用步骤如下:

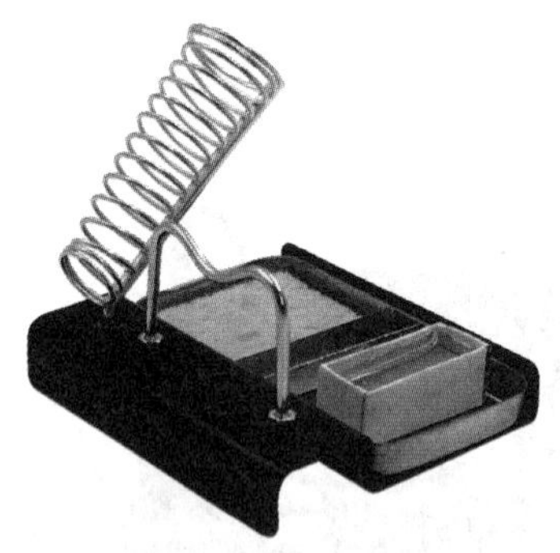

图 3-16 烙铁架

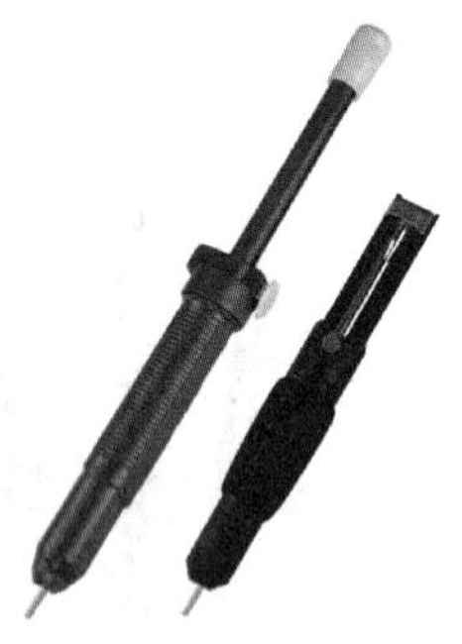

图 3-17 吸锡器

① 先将吸锡器的活塞滑杆向下压至卡住。

② 用电烙铁加热焊点至焊料熔化。

③ 移开电烙铁的同时,迅速把吸锡器嘴贴上焊点,并按动吸锡器按钮。

④ 一次吸不干净,可重复操作多次。

4. 镊子

镊子是印制电路板(PCB)焊接中经常使用的工具,如图 3-18 所示。常常用它来夹取导线、元件及集成电路引脚等。

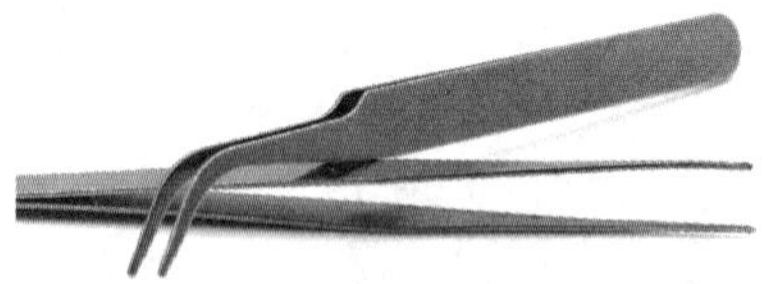

图 3-18 镊子

5. 焊接技术

(1) 焊接工艺要求 焊接的工艺要求有良好的可焊性;焊件表面应保持清洁;需要使用合适的助焊剂;焊件需加热到适当温度;把握合适的焊接时间。

(2) 焊接操作方法 为保证焊接质量,手工焊接的步骤一般采用五步焊接法,见表 3-1。

表 3-1 五步焊接法

焊接步骤	事项	示意图	要求
步骤 1	准备		认准焊点位置,准备好焊锡丝和烙铁,处于随时可焊接的状态。此时特别强调的烙铁头部要保持干净,即可以沾上焊锡(俗称吃锡)

续表

焊接步骤	事项	示意图	要求
步骤 2	加热		将烙铁头放在工件焊点处，加热焊接点。注意首先要保持烙铁加热焊件各部分，例如印制板上引线和焊盘都使之受热，其次要注意让烙铁头的扁平部分（较大部分）接触热容量较大的焊件，烙铁头的侧面或边缘部分接触热容量较小的焊件，以保持焊件均匀受热
步骤 3	送焊锡		当焊件加热到能熔化焊料的温度后将焊丝置于焊点，焊料开始熔化并润湿焊点
步骤 4	去焊锡		当熔化一定量的焊锡后将焊锡丝移开
步骤 5	移烙铁		当焊锡完全润湿焊点后移开烙铁，注意移开烙铁的方向应该是大致 45°的方向。要保证焊点美观

上述过程，对一般焊点大约 2、3 s。对于热容量较小的焊点，如印制电路板上的小焊盘，有时用三步法概括操作方法，即将上述步骤 2、3 合为一步，4、5 合为一步。实际上细微区分还是五步，所以五步法有普遍性，是掌握手工烙铁焊接的基本方法。特别是各步骤之间停用的时间，对保证焊接质量至关重要，只有通过实践才能逐步掌握。

（3）焊点合格的标准

① 焊点有足够的机械强度：一般可采用把被焊元器件的引线端子打弯后再焊接的方法。

② 焊接可靠，保证导电性能。

③ 焊点表面整齐、美观：焊点的外观应光滑、清洁、均匀、对称、整齐、美观、充满整个焊盘并与焊盘大小比例合适。

满足上述三个条件的焊点，才算是合格的焊点，如图 3-19 所示。

微课

五步焊接法

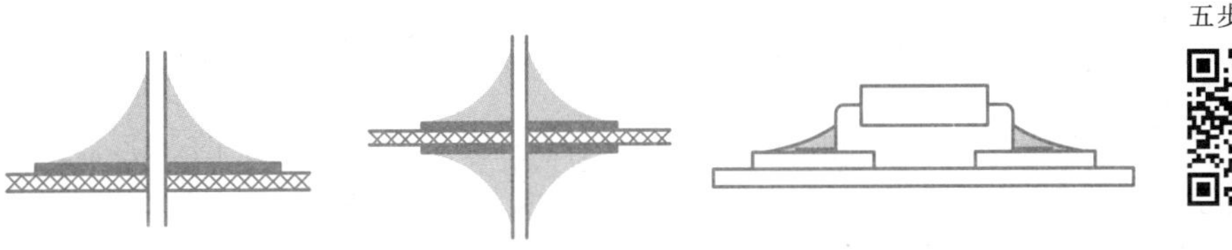

图 3-19　合格焊点的形状

3.3 导线连接与绝缘恢复

在电气线路安装与维修过程中，经常需要连接导线。导线连接的质量好坏，直接关系着线路和设备能否可靠、安全地运行。

3.3.1 导线的连接

1. 导线连接的要求

① 电接触良好，接头电阻尽可能小，稳定性好，与同长度、同截面导线的电阻比值不应大于 1。

② 有足够的强度，接头的机械强度不应小于导线机械强度的 80%。

③ 接头规整美观，绝缘恢复正常。其性能应与原导线的绝缘强度一样。

2. 导线绝缘层的剖削

可用剥线钳或钢丝钳剖削导线的绝缘层，如图 3-20 所示。也可用电工刀剖削塑料硬线的绝缘层，方法见电工刀的使用。剖削绝缘时不要削伤线芯。

3. 铜芯导线的连接

(1) 单股铜芯导线的直线连接　单股铜芯导线的直线连接如图 3-21 所示，操作步骤如下：

① 先将两线头剖削出一定长度的线芯，清除线芯表面氧化层；

② 将两芯线作 X 形交叉，并相互绞绕 2~3 圈；

③ 再扳直线头；

④ 将扳直的两线头向两边各紧密绕 6 圈，用钢丝钳切除余下线头并钳平线头末端。

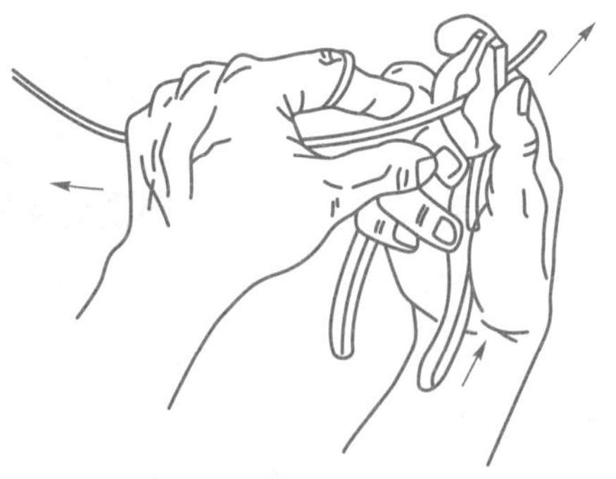

图 3-20　钢丝钳剖削导线的绝缘层

(2) 单股铜芯导线的 T 形连接　将剖削好的线芯与干线线芯十字相交，支路线芯根部留出 3~5 mm，然后顺时针方向在干线线芯上密绕 6~8 圈，用钢丝钳切除余下线芯，钳平线芯末端，如图 3-22 所示。

(3) 七股铜芯导线的直线连接　七股铜芯导线的直线连接如图 3-23 所示，操作步骤如下：

① 将两线线端剖削出约 150 mm 并将靠近绝缘层约 1/3 段线芯绞紧，散开拉直线芯；

② 清洁线芯表面氧化层，然后再将线芯整理成伞状，把两伞状线芯隔根对叉；

③ 理平线芯，把 7 根线芯分成 2、2、3 三组，把第一组 2 根线芯扳紧，顺时针方向紧密缠绕 2 圈后扳平余下线芯；

④ 把第二组的 2 根线芯扳垂直。用第二组线芯压住第一组余下的线芯紧密缠绕 2 圈扳平余下线芯；

⑤ 用第三组的 3 根线芯压住余压的线芯，紧密缠绕 3 圈，切除余下的线芯，钳平线端；

⑥ 用同样的方法完成另一边的缠绕，完成 7 股导线的直线连接。

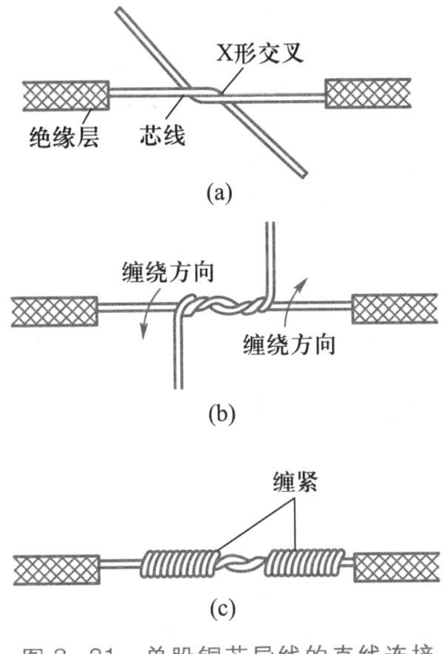

图 3-21　单股铜芯导线的直线连接

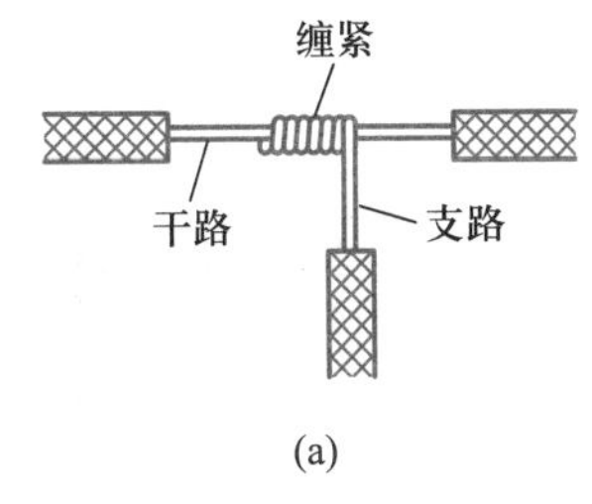

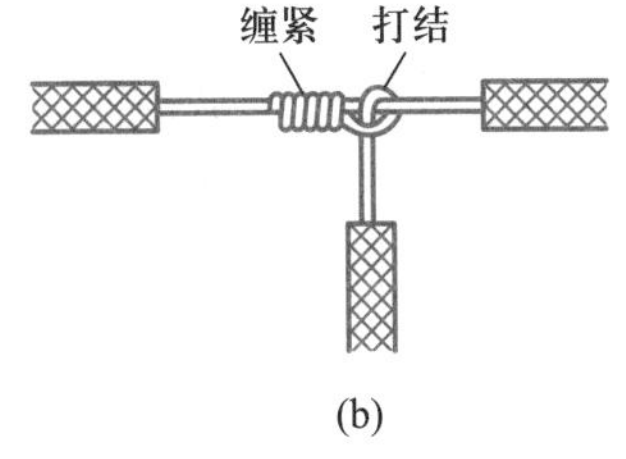

图 3-22　单股铜芯导线的 T 形连接

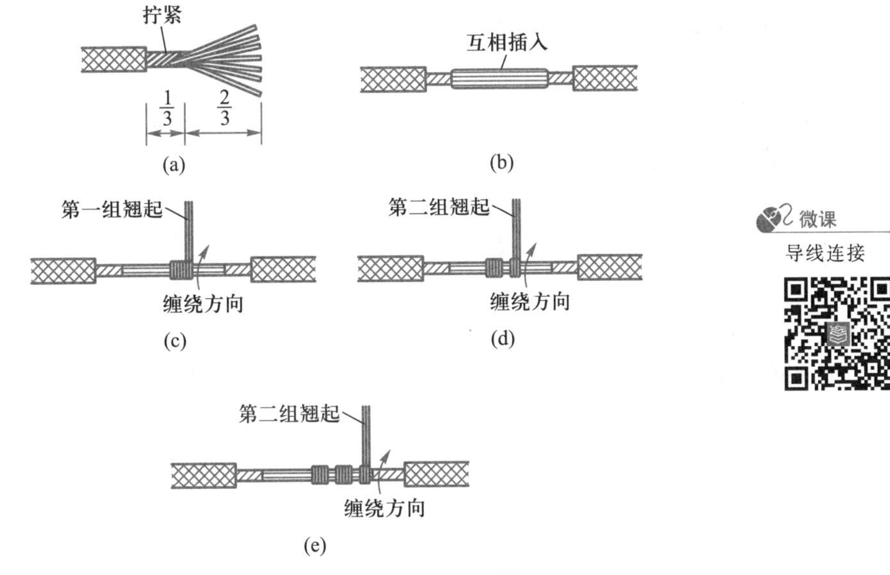

图 3-23　七股铜芯导线的直线连接

微课
导线连接

（4）七股铜芯导线的 T 形分支连接　七股铜芯导线的 T 形分支连接如图 3-24 所示，操作步骤如下：

① 剖削干线和支线的绝缘层，绞紧支线靠近绝缘层 1/8 处的线芯，散开支线线芯，拉直并清洁表面；

② 把支线线芯分成 4 根和 3 根两组排齐，将 4 根组插入干线线芯中间；

③ 把留在外面的 3 根组线芯，在干线线芯上顺时针方向紧密缠绕 4~5 圈，切除余下线芯，钳平线端；

④ 再用 4 根组线芯在干线线芯的另一侧顺时针方向紧密缠绕 3~4 圈，切除余下线芯，钳平线端，完成 T 形分支连接。

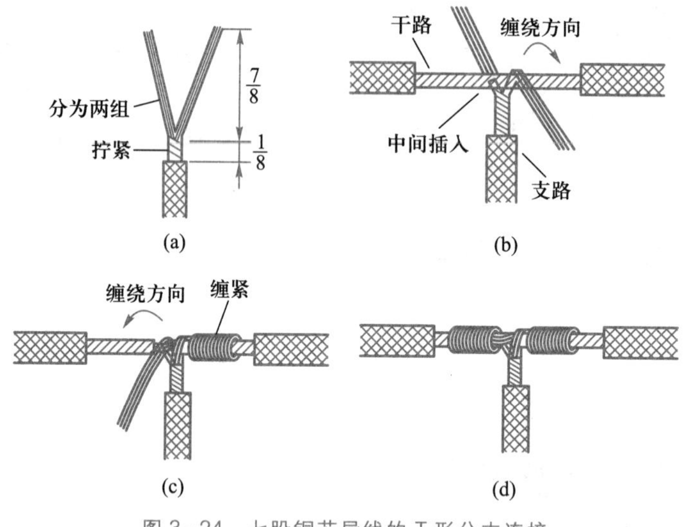

图 3-24 七股铜芯导线的 T 形分支连接

3.3.2 导线连接处的绝缘恢复

导线的绝缘层破损或导线连接后为保证安全用电，都必须恢复其绝缘。恢复绝缘后的绝缘强度不应低于原有绝缘层的绝缘强度。

导线连接处的绝缘处理通常采用绝缘胶带进行缠裹包扎。一般电工常用的绝缘带有黄蜡带、涤纶薄膜带、黑胶布带、塑料胶带、橡胶胶带等。绝缘胶带的宽度常用 20 mm 的，使用较为方便。

1. 直连导线绝缘恢复

直连的导线接头进行绝缘处理，先包缠一层黄蜡带，再包缠一层黑胶布带，如图 3-25 所示。

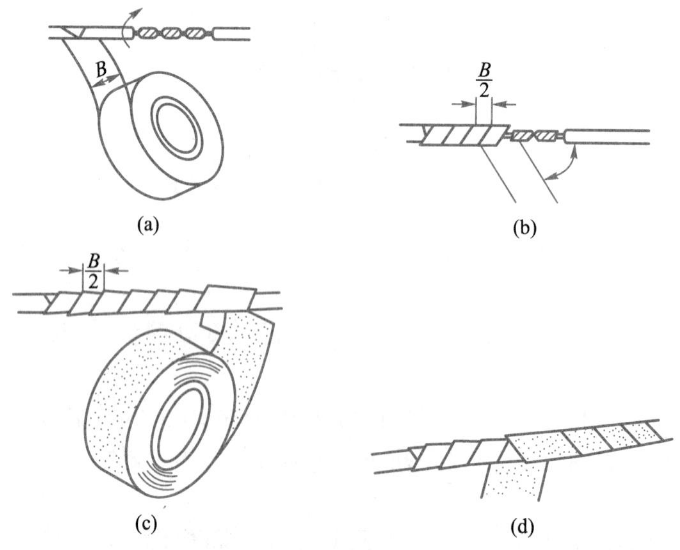

图 3-25 直连接头的包缠方向

2. T形分支导线绝缘恢复

导线分支接头的绝缘处理基本方法同上，T形分支接头的包缠方向如图3-26所示，走一个T字形的来回，使每根导线上都包缠两层绝缘胶带，每根导线都应包缠到完好绝缘层的两倍胶带宽度处。

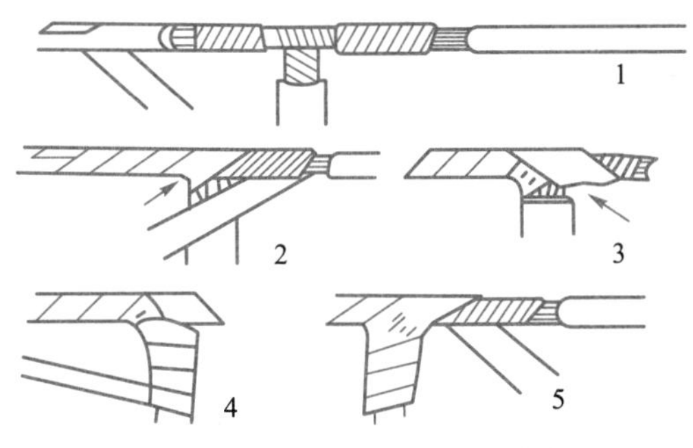

图3-26 T形分支接头的包缠方向

3. 十形分支导线绝缘恢复

对导线的十字分支接头进行绝缘处理时，包缠方向如图3-27所示，走一个十字形的来回，使每根导线上都包缠两层绝缘胶带，应包缠到完好绝缘层的两倍胶带宽度处。

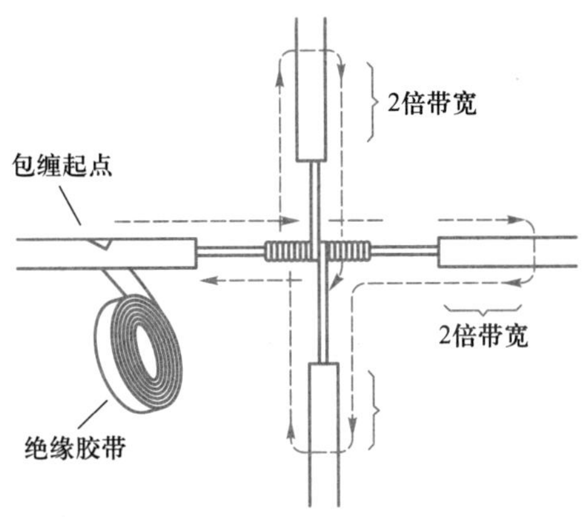

图3-27 十形分支接头的包缠方向

习题

1. 判断题

(1) 试验对地电压为50 V以上的带电设备时，氖泡式低压验电器就应显示有电。(　　)

(2) 导线连接时必须注意做好防腐措施。(　　)

(3) 电工钳、电工刀、螺钉旋具是常用电工基本工具。(　　)

(4) 锡焊晶体管等弱电元件应用100 W的电烙铁。(　　)

(5) 剥线钳是用来剖削小导线头部表面绝缘层的专用工具。(　　)

(6) 电工刀的手柄是无绝缘保护的,不能在带电导线或器材上剖切,以免触电。(　　)

(7) 导线连接后接头与绝缘层的距离越小越好。(　　)

(8) 挂登高板时,应该使勾口向外并且向上。(　　)

(9) 扳手可以用来剪切细导线。(　　)

(10) 使用螺丝刀时要一边压紧,一边旋转。(　　)

(11) 扳手的主要功能是拧紧螺栓和螺母。(　　)

2. 选择题

(1) 一般照明线路中,无电的依据是(　　)。

A. 用摇表测量　　B. 用电笔验电　　C. 用电流表测量

(2) 尖嘴钳 150 mm 是指(　　)。

A. 其总长度为 150 mm　　B. 其绝缘手柄为 150 mm

C. 其开口 150 mm

(3) 使用剥线钳时应选用比导线直径(　　)的刃口。

A. 稍大　　B. 相同　　C. 较大

(4) 导线的中间接头采用铰接时,先在中间互绞(　　)圈。

A. 2　　B. 1　　C. 3

(5) 导线接头不紧密,会造成接头(　　)。

A. 绝缘不够　　B. 发热　　C. 不导电

(6) 导线接头的机械强度不小于原导线机械强度的(　　)。

A. 90%　　B. 80%　　C. 95%

(7) 导线接头电阻要足够小,与同长度同截面导线的电阻比不大于(　　)。

A. 1.5　　B. 1　　C. 2

(8) 导线接头的绝缘强度应(　　)原导线的绝缘强度。

A. 等于　　B. 大于　　C. 小于

(9) 穿管导线内最多允许(　　)个导线接头。

A. 1　　B. 2　　C. 0

(10) 在铝绞线中加入钢芯的作用是(　　)。

A. 提高导线能力　　B. 增大导线面积

C. 提高机械强度

(11) 导线接头缠绝缘胶布后时,后一圈压在前一圈胶布宽度的(　　)。

A. 1/2　　B. 1/3　　C. 1

(12) 拧螺钉时应先确定螺丝刀插入槽口,旋转时用力(　　)。

A. 越小越好　　B. 不能过猛　　C. 越大越好　　D. 不断加大

(13) 拧螺钉时应该选用(　　)。

A. 规格一致的螺钉旋具　　B. 规格大一号的螺钉旋具,省力气

C. 规格小一号的螺钉旋具,效率高　　D. 全金属的螺钉旋具,防触电

(14) 使用扳手拧螺母时应该将螺母放在扳手口的(　　)。

A. 前部　　B. 后部　　C. 左边　　D. 右边

(15) 活动扳手可以拧(　　)规格的螺母。

A. 一种　　B. 二种　　C. 几种　　D. 各种

(16) 扳手的手柄越短,使用起来越(　　)。

A. 麻烦　　B. 轻松　　C. 省力　　D. 费力

(17) 使用钢丝钳固定导线时,应该将导线放在钳口(　　)。

A. 前部　　B. 后部　　C. 中部　　D. 上部

拓展延伸　城市轨道交通维修中的常见工具

1. 锉刀

锉刀是用手工锉削金属表面的一种钳工工具,如图3-28所示。

(1) 分类

按用途:普通锉、特种锉、整形锉;

按断面形状:齐头扁锉、尖头扁锉、方锉、圆锉、半圆锉、三角锉等;

按锉纹密度:1号、2号、3号、4号、5号五种;

按锉刀的长度:100 mm、150 mm、250 mm、300 mm;

按锉齿的粗细:粗齿锉、中齿锉、细齿锉、检细锉(油光锉);

按齿纹:单齿锉、双齿锉。

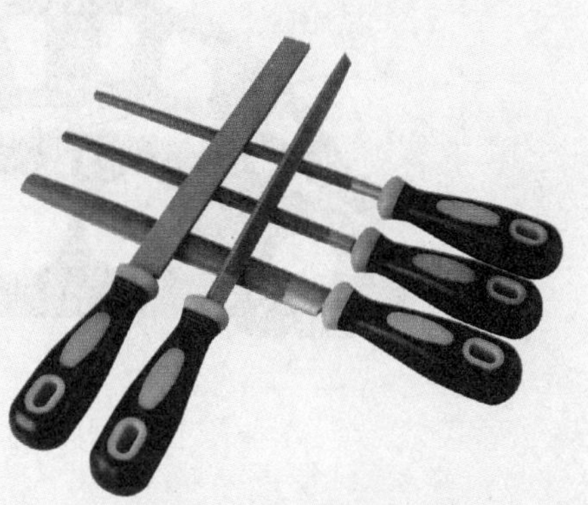

图3-28　各类锉刀

(2) 锉刀的选用

① 选择锉齿的粗细。锉齿的粗细根据工件的加工余量、尺寸精度、表面粗糙度和材质决定的。加工余量大、加工精度低、表面粗糙度大的工件选择粗齿锉。加工余量小、加工精度高、表面粗糙度小的工件选择细齿锉。若材质软,选粗齿锉刀,反之选细齿锉刀。

② 决定单、双齿纹。若是有色金属,选择单齿纹、粗齿锉刀,防止切屑堵塞。若是钢铁,选择双齿纹锉刀,便于断屑、容屑。

③ 选择锉刀的断面形状。根据工件表面的形状决定锉刀的断面形状。

④ 选择锉刀的规格。锉刀的规格根据加工表面的大小及加工余量的大小来决定。为保证锉削效率,一般大的表面和大的加工余量宜用长大的锉刀,反之则用短的锉刀。

(3) 锉刀的使用和保养

① 防止锉刀过快磨损,不要用锉刀锉削毛坯件的硬皮或工件的淬硬表面,而应先用其他工具或用锉刀的前端、边齿加工。

② 锉削时应先用锉刀的一面,待这个面用钝后再用另外一面,因为使用过的锉齿易锈蚀。

③ 锉削时要充分利用锉刀的有效工作面,避免局部磨损。

④ 不能用锉刀作为装拆、敲击和撬物的工具,防止因锉刀材质较脆而折断。

⑤ 用整形锉和小锉时,用力不能太大,防止把挫刀折断。

⑥ 锉刀要防水防油。沾水后锉刀易生锈。沾油后锉刀在工作时易打滑。

⑦ 锉削过程中,若发现锉纹上嵌有切屑,要及时将其除去,以免切屑刮伤加工表面。锉刀用完后,要用锉刷或铜片顺着锉纹刷掉残留下的切屑,以防生锈。千万不能用嘴吹切屑,以防止切

屑飞入眼内。

⑧ 放置锉刀时要避免与硬物相碰，避免锉刀与锉刀重叠堆放，防止损坏锉刀。

2. 轮径尺

轮径尺也称为机车车辆不落轮车轮外径测量仪，是用于测量各种机车和车辆车轮滚动圆（踏面）直径的专用检具，由测量块、构架、提手、指示表、传动装置、测杆、测头、定位架等组成，如图 3-29所示，用于校对轮径尺零位的标准圆是一段圆弧。

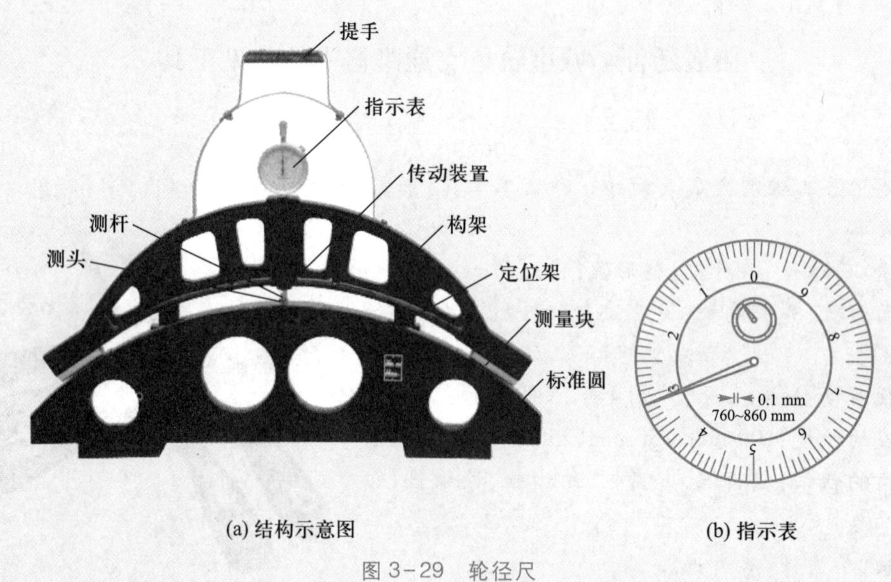

图 3-29 轮径尺

轮径尺分为固定式测量尺、便携式轮径尺（机械指针/数字指针），目前国内地铁普遍采用便携式轮径尺（机械指针）作为车辆轮对测量专用工具。

(1) 使用方法

① 检查表头的好坏和表的灵敏度；

② 擦拭干净轮径尺的各接触表面；

③ 检查基准圆刻度尺数值；

④ 正确组装轮径尺，将百分表放入安装孔，根据要求粗调并预紧安装螺栓后，进行精调，调整完毕紧固安装螺栓；

⑤ 擦拭被测轮对踏面；

⑥ 两手握住测量仪两端的框架部位，放置在被测车轮上，定位架与车轮内侧面靠紧；

⑦ 两手轻轻按压，使两测量块均与车轮踏面接触到位，即可读出读数。

(2) 使用注意事项

① 调整表头数值时，应轻轻按压测量仪；

② 应取车轮上、中、下三个不同的位置进行测量；

③ 量具严防磕碰、摔伤等现象，以免影响量具的尺寸精度；

④ 使用结束后对轮径尺进行擦拭，防锈处理后，放回工具盒。

3. 游标卡尺

游标卡尺可以测量产品的内、外尺寸（长度、宽度、厚度、内径和外径），孔距，高度和深度等。

游标卡尺有公制和英制两种。

(1) 游标卡尺的结构 游标卡尺根据其结构可分单面卡尺、双面卡尺、三用卡尺等。

① 单面卡尺带有内外测量爪,可以测量内侧尺寸和外侧尺寸,如图3-30(a)所示。

② 双面卡尺的上测量爪为刀口形外测量爪,下量爪为内外测量爪,可测内外尺寸,如图3-30(b)所示。

③ 三用卡尺的内测量爪带刀口形,用于测量内尺寸;外测量爪带平面和刀口形的测量面,用于测量外尺寸;尺身背面带有深度尺,用于测量深度和高度,如图3-30(c)所示。

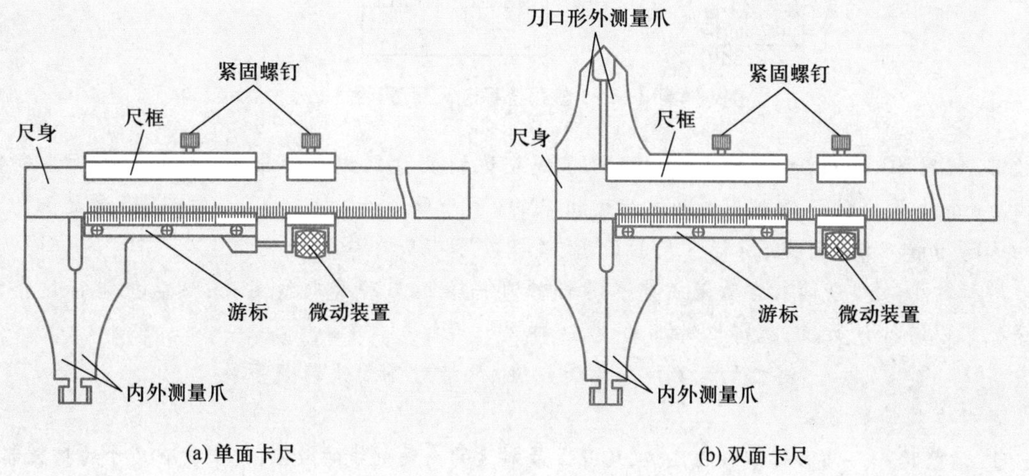

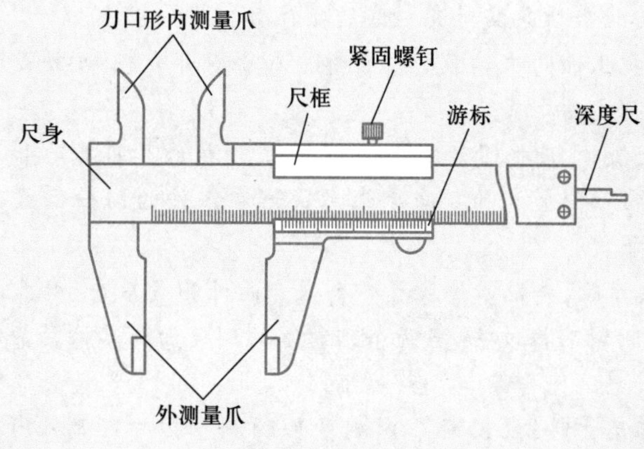

图3-30 游标卡尺的结构

(2) 游标卡尺读数原理与方法 使用游标卡尺,必须学会准确读数和正确操作。

游标卡尺的读数装置,是由尺身和游标两部分组成,当尺框上的活动测量爪与尺身上的固定测量爪贴合时,尺框上游标的“0”刻线(简称游标零线)与尺身的“0”刻线对齐,此时测量爪之间的距离为零。测量时,需要尺框向右移动到某一位置,这时活动测量爪与固定测量爪之间的距离,就是被测尺寸,如图3-31所示。

假如游标零线与尺身上表示30 mm的刻线正好对齐,则说明被测尺寸是30 mm。

如果游标零线在尺身上指示的尺数值比30 mm大一点,应该怎样读数呢?这时被测尺寸的

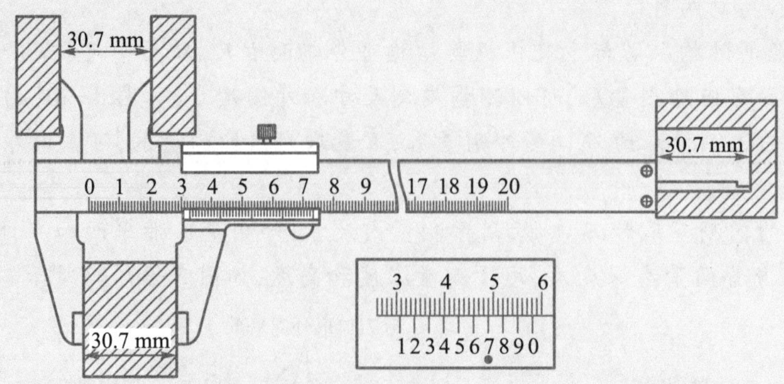

图 3-31 使用游标卡尺测量尺寸

整数部分(为 30 mm),如上所述可从游标零线左边的尺身刻线上读出来(图中箭头所指刻线),而比 1 mm 小的小数部分则是借助游标读出来的(图中●所指刻线,为 0.7 mm),两者之和为被测尺寸 30.7 mm。由此可见,游标卡尺的读数,关键在于小数部分的读数。

游标的小数部分读数方法是首先看游标的哪一条线与尺身刻线对齐;然后把游标这条线的顺序数乘以游标读数值,就得出游标的读数,即

游标的读数=游标读数值×游标对齐刻线的顺序数

游标卡尺读数方法:

① 读整数——看游标零线的左边,尺身上最靠近的一条刻线的数值,读出被测尺寸的整数部分。

② 读小数——看游标零线的右边,数出游标第几条刻线与尺身的数值刻线对齐,读出被测尺寸的小数部分(即游标读数值乘其对齐刻线的顺序数)。

得出被测尺寸——把上面两次读数的整数部分和小数部分相加,就是卡尺的所测尺寸。

(3) 游标卡尺的使用方法

① 在卡尺上读取数值时,应把卡尺拿平朝向亮光,使视线尽可能地和尺上所读的刻线垂直,以免因视线歪斜造成读数的误差。为了减小误差最好在零件的同一位置上多测几次,取其平均读数值。

② 测量零件外部尺寸时,先把零件放置两个张开的外测量爪内,贴靠在固定外测量爪上,然后用轻微的压力把活动测量爪推过去,当两个测量爪的测量面与零件紧靠时,即可由卡尺上读出零件的尺寸。

③ 在测量零件内部尺寸时,要使两个内测量爪的测量刃口距离小于所测量的孔或槽的尺寸,然后慢慢地使活动测量爪向外分开,当两个测量刃口都与零件表面相接触后,须把紧固螺钉拧紧再取出卡尺,读取数值。

④ 在测量零件外径、孔径或沟槽时,测量爪要放正,不能歪斜。应当在垂直于零件轴线的平面内进行测量,否则测量就不准确。

⑤ 用大卡尺测量大零件时,须用两手拿住卡尺。

⑥ 当用游标卡尺来校准卡钳的测量尺寸时,应先将游标尺按所需要的尺寸定位,然后把游标卡尺平放在手掌里,再调准卡钳。

⑦ 如果用带有测深杆的游标卡尺测量零件深度时,卡尺要与零件空(或槽)的顶平面保持垂直,再向下移动测量爪,使深度尺和孔(或槽)底部轻轻地接触,然后拧紧紧固螺钉,取出卡尺读取数值。

(4) 游标卡尺的使用注意事项

① 测量前应把卡尺擦干净,检查卡尺的两个测量面和测量刃口是否平直无损,把两个测量爪紧密贴合时,应无明显的间隙,同时游标和主尺的零位刻线要相互对准。这个过程称为校对游标卡尺的零位。

② 移动尺框时,活动要自如,不应有过松或过紧,更不能有晃动现象。用紧固螺钉固定尺框时,卡尺的读数不应有所改变。在移动尺框时,不要忘记松开紧固螺钉,亦不宜过松以免被测零件掉了。

③ 当测量零件的外尺寸时,卡尺两测量面的连线应垂直于被测量表面,不能歪斜。

④ 在游标上读数时,避免视线误差。

(5) 游标卡尺的维护和保养

① 游标卡尺要轻拿轻放,用完后不应和其他工具放在一起,特别不能和手锤、锉刀、凿子、车刀等刃具放在一起。

② 游标卡尺要平放,如果随便放在不平的地方,会使主尺变形。带有深度尺的游标卡尺,测量工作完毕后,要及时将侧杆推入,防止变形甚至折损。

③ 游标卡尺不使用时,应擦拭干净、涂油,放在专用的盒内。

④ 不能把游标卡尺放在带有磁场的物体附近,以免使卡尺磁化。

⑤ 游标卡尺刻度表面生锈或积结污物,不应使用砂布或研磨砂来擦除,如需清洁时,只能用极细的研磨膏仔细地进行擦拭修理。

4. 第四种检查器

第四种检查器是国内测量机车车辆车轮轮辋、踏面等相关尺寸的一种新型测量工具。第四种检查器分为 LLJ24 型、LLJ24A 型、LLJ24B 型。LLJ24B 型第四种检查器是继 LLJ24 型、LLJ24A 型后新研制开发的车辆车轮检查器。该检查器采用新的结构和游标卡尺工艺,与原有第四种检查器相比,具有操作简便、长期使用稳定可靠、测量功能齐全的特点。

第四种检查器的结构如图 3-32 所示,该尺的结构特点在于底板相连的尺框有上下两个导槽,下面的导槽使尺框在底板上左右移动,上面导槽用于装轮缘厚度测尺。踏面圆周磨耗测量基准点直接选在车轮踏面滚动圆中心,通过测量轮缘高度的变化,测得踏面磨耗值。轮缘厚度测点固定在滚动圆中心向上 12 mm 处,实现了以踏面为基准测量轮缘厚度的方案。

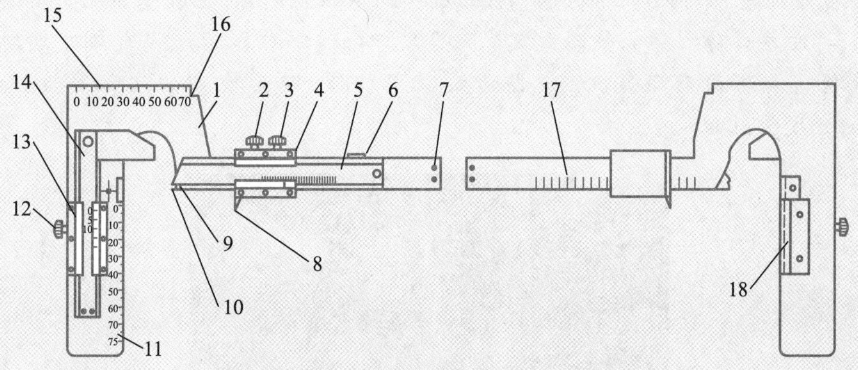

图 3-32 第四种检查器的结构

1—底板;2—尺框定位钉;3—轮缘厚度测尺紧固钉;4—轮缘厚度测尺尺框;5—轮缘厚度测尺;6—定位块;7—螺钉;8—踏面定位测头;9—垂直磨耗测头;10—轮缘厚度测尺测头;11—轮辋厚度测头;12—踏面磨耗测尺紧固钉;13—踏面测尺尺框;14—踏面磨耗测尺;15—刻度尺;16—碾宽测量线;17—轮辋宽度刻度尺;18—定位角铁

(1) 第四种检查器的使用方法 第四种检查器是国内测量车轮轮辋、踏面及相关缺陷尺寸的一种新型测量工具,它具有8个测量功能:轮缘厚度测量;踏面擦伤、剥离、凹陷深度测量;踏面擦伤、剥离、凹陷长度和宽度测量;轮辋厚度测量;轮辋宽度测量;踏面碾宽超限测量;轮缘垂直磨耗超限测量等功能。

① 车轮踏面圆周磨耗测量如图3-33所示。磨耗型车轮踏面70 mm处圆周磨耗的测量,移动轮缘厚度测尺尺框4,使踏面定位测头8定位在滚动圆中心70 mm处,紧固尺框定位钉2或用定位块快速定位,向左推动螺钉7使轮缘厚度测尺5到达极限位置,同时,定位块带动尺框4向左移动到预定位置,即踏面定位测头8定位在滚动圆中心70 mm处,紧固尺框定位钉2。将检查器置于车轮上,使定位角铁18和踏面定位测头分别与轮辋内侧面和踏面滚动圆中心靠紧,向下推动踏面磨耗测尺14使之与轮缘顶部接触,即可在游标上读出踏面磨耗值。测量范围:-3~10 mm;分度值:0.1 mm。

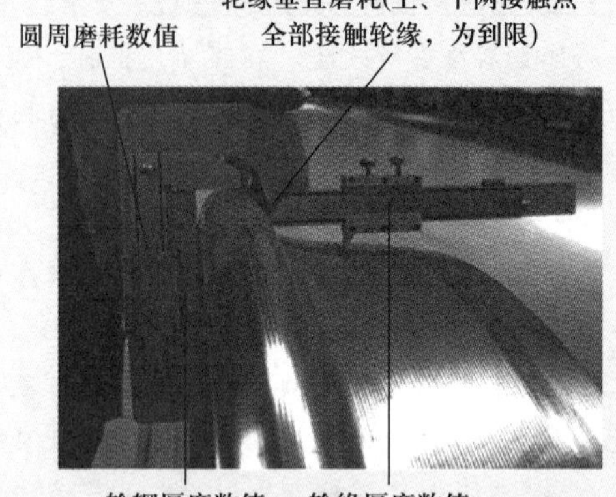

图3-33 车轮踏面圆周磨耗测量

② 轮缘厚度测量 完成上项操作后,向左推动轮缘厚度测尺5,使之与轮缘接触,即可在游标上读出轮缘厚度值。测量范围:12~35 mm;分度值:0.1 mm。

③ 踏面擦伤、剥离、凹陷深度测量。松开定位钉2,移动轮缘厚度测尺尺框4,使踏面定位测头置于踏面擦伤、剥离、凹陷最深处,利用相对测量方法,测量磨耗型踏面局部擦伤、剥离、凹陷深度尺寸。如在踏面擦伤、剥离、凹陷处测量为3.5 mm,在统一直径线上未擦伤、剥离、凹陷处测量为2 mm,则踏面擦伤、剥离、凹陷深度为1.5 mm。测量范围:-3~10 mm;分度值:0.1 mm。

④ 踏面擦伤、剥离、凹陷长度和宽度测量。刻度尺15在踏面擦伤、剥离、凹陷处进行长度和宽度测量。测量范围:0~70 mm;分度值:1 mm。

⑤ 轮辋厚度测量,将检查器置于车轮上,同轮辋内侧面和滚动圆70 mm处靠紧,从轮辋厚度测尺11直接读出轮辋厚度值。测量范围:0~70 mm;分度值:1 mm。

⑥ 轮辋宽度测量,如图3-34所示。将尺框4向右推至端部,把检查器置于车轮上,与车轮内侧面密贴,再向左移动尺框4,使踏面定位测头8与轮辋外侧面接触,从轮辋宽度刻度尺17读出轮辋宽度值。如踏面有碾宽,应减去踏面碾宽数值,即为轮辋的实际宽度。测量范围:60~150 mm;分度值:1 mm。

图3-34 轮辋宽度测量

⑦ 踏面碾宽超限测量，如图3-35所示。利用碾宽测量线16来判定。

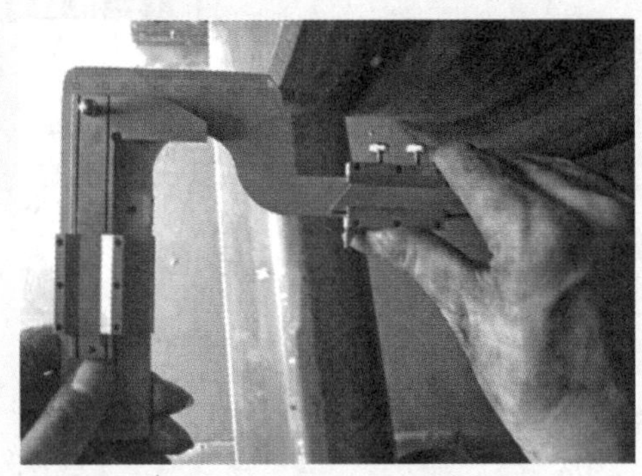

图3-35　踏面碾宽超限测量

⑧ 轮缘垂直磨耗超限测量，如图3-36所示。在测量轮缘厚度时可同时观测垂直磨耗是否超限，方法是在轮缘厚度测头10与轮缘接触时，看其上边的垂直磨耗测头9是否与轮缘接触。如果未接触，说明轮缘垂直磨耗没有超限，否则超限。

图3-36　轮缘垂直磨耗超限测量

（2）第四种检查器的维护和保养　第四种检查器的维护和保养同游标卡尺，在此不再赘述。

模块4
电路基础知识

通过本模块学习,使学生具备基本定律、直流电阻电路、正弦交流电路、互感耦合电路等有关知识;具备电路测试,简单电路设计,电路制作与调试技能。培养实际动手操作能力、分析问题和解决问题能力、小组合作能力以及沟通能力等,为继续学习后续专业课程和参加专业实践打下基础,使学生具有进一步学习相关专业知识的能力。

4.1 直流电路

4.1.1 电路

1. 电路的组成

电路是由电源、负载和中间环节组成的电流通路。

(1) 电源:把非电能转换成电能的装置,如发电机、干电池、蓄电池等。

(2) 负载:把电能转换成非电能的装置,如灯泡、电炉等。

(3) 中间环节:连接电源和负载的部分,起传递和控制电能的作用,如连接导线、开关、按钮等。

简单电路如图 4-1 所示。

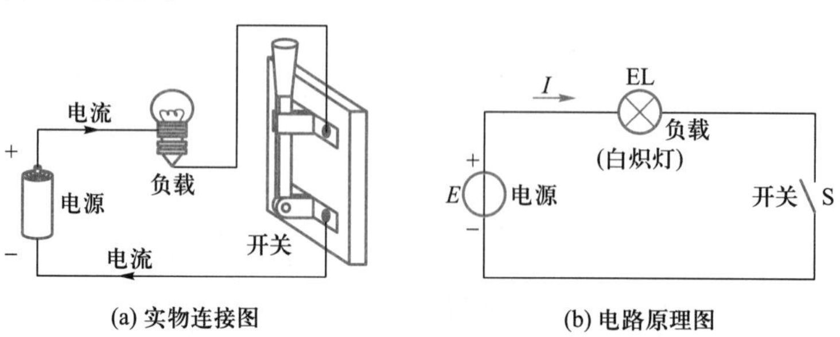

图 4-1 简单电路

2. 电路的作用

（1）实现电能的传输、分配与转换，电能传输框图如图 4-2 所示。

（2）实现信号的传递与处理，声音信号传输图如图 4-3 所示。

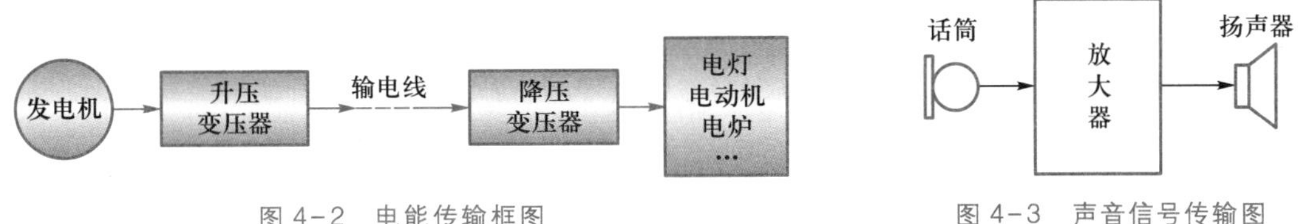

图 4-2　电能传输框图　　图 4-3　声音信号传输图

3. 电路图

电路图由元件符号、连线、节点、注释四大部分组成。电路图有原理图、方框图、装配图和印板图等。

（1）原理图　原理图能直观表达电路的组成，便于分析电路的工作原理和性能，还可以用来作为采集元件、制作电路的依据。如图 4-1(b)所示，看懂原理图是分析和排除故障的基础。

（2）框图　框图是一种用矩形框和连线来表示电路工作原理和构成概况的电路图。框图除了矩形框和连线，几乎就没有别的符号，只能用来体现电路的大致工作原理。

（3）装配图　装配图是进行电路装配而采用的一种图纸，图上的符号往往是电路元件实物的外形图。只要照着图上画的样子，依样画葫芦地把一些电路元器件连接起来就能够完成电路的装配。这种电路图一般是供初学者使用的。

（4）印板图　印板图的全名是“印制电路板图”，是供装配实际电路使用的。在印制电路板的设计中，主要考虑所有元件的分布和连接是否合理，还要考虑元件体积、散热、抗干扰、抗耦合等诸多因素。虽然印制电路板图在外观上和原理图会不一致，但实际上却能更好地实现电路的功能。

上面介绍的四种形式的电路图中，原理图是最常用也是最重要的，能够看懂原理图，就基本掌握了电路的原理，绘制框图，设计装配图、印制电路板图就比较容易。掌握了原理图，进行电器的维修、设计也是十分方便的。因此，关键是掌握原理图。

4.1.2　电路的基本物理量

1. 电流

导体中的自由电荷在电场力的作用下做有规则的定向运动就形成了电流。电流的大小用单位时间内通过导体横截面的电荷量 Q 来表示，称为电流强度，简称电流，用字母 I 表示。表达式为

$$I=\frac{Q}{t}$$

式中，I、Q、t 的单位分别为安培(A)、库仑(C)、秒(s)。常用的电流单位还有毫安(mA)和微安(μA)。

一些常见电器的电流：电子手表 1.5～2 μA，白炽灯泡 200 mA，手机 100 mA，空调 5～10 A，高压电 200 A，闪电 20 000～200 000 A。

单位换算 $1\ \text{A}=10^3\ \text{mA}=10^6\ \mu\text{A}$

规定正电荷运动的方向为电流方向，若电流的方向不随时间的变化而变化，称为直流电，用 I 表示，记为 DC。若电流的大小和方向随时间的变化而变化，则称为交变电流，简称交流电，用 i 表示，记为 AC。

电流的测量：利用电流表，电流表应串联在电路中，直流电流表有正负端子。

2. 电压

电压是衡量电场力做功本领大小的物理量。电场力把单位正电荷从电场中 a 点移到 b 点所做的功，称其为 a 点到 b 点间的电压。用 U_{ab}表示。表达式为

$$U_{ab}=\frac{W_{ab}}{Q}$$

电压单位为伏特(V)。式中，W_{ab}是电场力所做的功，单位是焦耳(J)。

$$1\ \text{V}=1\ \text{J/C}$$

强电压常用单位为千伏(kV)，弱小电压的单位可用毫伏(mV)和微伏(μV)。

单位换算 $1\ 000\ \text{V}=1\ \text{kV}=10^6\ \text{mV}=10^9\ \mu\text{V}$

规定把电位降低的方向作为电压的实际方向。任意假设的电压方向称为电压的参考方向。若电压的方向不随时间的变化而变化为直流电压 U_{ab}；若方向和大小都随时间的变化而变化为交流电压 $u(t)$。

电压的测量：利用电压表，测量仪表应并联在电路中，直流伏特表有正负端。

3. 电位

在电路中衡量电位高低须有一个计算电位的起点，称为参考零电位点，该点电位为 0 V，用“⊥”表示。零电位点可任意选择，习惯上常规定大地的电位为零，也可以是机器的机壳以及许多元件交汇点。

电场力把单位正电荷从电路 a 点移到参考点所做的功，称为 a 点的电位，用 V_a 表示。

电位与电压的关系：

(1) 电路中 a、b 两点间的电压等于 a、b 两点间的电位差，即

$$U_{ab}=V_a-V_b$$

(2) 电路中的电位是相对的，与参考点的选择有关。电路中的电压是绝对的，与参考点的选择无关。

4. 电动势

电动势是反映电源把其他形式的能转换成电能的本领的物理量。在电源内部，非静电力把单位正电荷从电源的负极移到正极所做的功，用 E 表示，表达式为

$$E=\frac{W}{Q}$$

式中，W 是非静电力所做的功，单位是焦耳(J)；Q 是电荷的电量，单位是库仑(C)；E 是电源的电

动势,单位是伏特(V)。

假如电动势为 6 V,即电源把 1 C 正电荷从负极经内电路移动到电源正极时非静电力做功 6 J,有 6 J 其他形式能转换为电能。

电动势的方向规定为从电源的负极经过电源内部指向电源的正极,即与电源两端电压的方向相反,电位升的方向。

5. 电功

电路中电场力移动电荷所做的功,简称电功,用 W 表示。其实质是能量的转化与守恒定律在电路中的体现,电流将电能转换成其他形式能量的过程所做的功即为电功。

电流做功的多少跟电流的大小、电压的高低、通电时间长短都有关系。加在用电器上的电压越高、通过的电流越大、通电时间越长,电流做功越多。表达式为

$$W = UIt$$

式中,电流单位为安培(A),电压单位为伏(V),时间单位为秒(s),则电功的单位是焦耳(J)或千瓦・时(kW・h)。

$$1\ \text{kW}\cdot\text{h} = 3.6\times10^6\ \text{J}$$

生活中常用“度(kW・h)”作为电功的单位,就是平常说的用了几度电。不要小看一度电,一度电可以电炉炼钢 1.6 kg,电车行驶 0.85 km,洗衣机工作 2.7 h,计算机工作 5 h,因此要节约每一度电。

电功的测量:通常用电能表(俗称电度表)来测定,把电能表连接在电路中,电能表的计数器上前后两次读数之差,就是这段时间内用电的度数。

6. 电功率

电流在单位时间内所做的功称为电功率,简称功率,用 P 表示。电功率是衡量电流做功快慢的物理量。一段电路上的电功率,与这段电路两端电压和电路中电流强度成正比。表达式为

$$P = \frac{W}{t} = UI = I^2R = \frac{U^2}{R}$$

功率单位为瓦特(W),常用单位有千瓦(kW)、毫瓦(mW)。

单位换算　　$1\ \text{kW} = 1\ 000\ \text{W} = 10^6\ \text{mW}$

每个用电器都有一个正常工作的电压值叫额定电压,用电器在额定电压下正常工作的功率称为额定功率,用电器在实际电压下工作的功率称为实际功率。

例如电灯泡上常标有“PZ220-25”字样,“PZ”表示拼音“普照”即普通照明,220 表示额定电压是 220 V,25 表示额定功率是 25 W。使用各种用电器时一定要注意它的额定电压,只有在额定电压下用电器才能正常工作。实际电压偏低,用电器消耗的功率低,不能正常工作,灯泡亮度较暗。实际电压偏高,实际功率就大,长期使用会影响用电器的寿命,还可能烧坏用电器。

4.1.3　简单电路

在实际电路中,电路的结构形式有很多,按连接方式不同可分为简单电路和复杂电路。简单的直流电路只要运用欧姆定律和电阻连接形式的变换就能对其进行分析和计算。

1. 电阻的认知

当电流通过导体时，由于定向移动的电荷会和导体内的带电粒子发生碰撞，所以导体在通过电流的同时也对电流起着阻碍作用，这种对电流的阻碍作用称为电阻。用 R 表示。

电阻的单位是欧姆（Ω），常用单位还有千欧（kΩ）、兆欧（MΩ）。

单位换算 $$1\ \text{M}\Omega=10^{3}\ \text{k}\Omega=10^{6}\ \Omega$$

导体的电阻是导体本身的一种性质。在一定温度下，导体的电阻可用电阻定律计算。导体的电阻与其长度成正比，与其横截面积成反比，表达式为

$$R=\rho\frac{l}{S}$$

式中，比例常数 ρ 称为材料的电阻率，单位为欧姆·米（Ω·m），简称欧米，长度 l 和面积 S 的单位分别为 m 和 m^2。

电阻率的大小反映了物体的导电能力。根据导电能力，物质可分为导体、半导体、绝缘体、超导体。

部分材料的电阻率会随着温度的变化而变化，可以制成敏感电阻，有正温度电阻，阻值随温度的升高而增大，具有非常明显的冷导体特性，可用来制作小功率恒温发热器；有负温度电阻，阻值随温度的升高而减小，具有非常明显的热导体特性，可用来制作热敏电阻。如材料的电阻不随着温度的变化而变化，则常用来制作标准电阻。

具有一定阻值、一定几何形状和一定技术性能且在电路中起电阻作用的元件叫电阻器。阻值不能改变的称为固定电阻器。阻值可变的称为电位器或变阻器。电阻器、电位器的图形符号如图 4-4 所示。

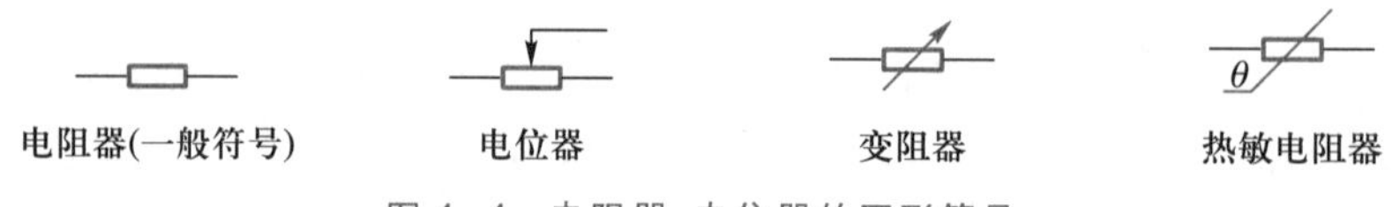

图 4-4 电阻器、电位器的图形符号

（1）电阻器的分类 电阻器按结构形式可分为一般电阻器、片形电阻器和变阻器（电位器）；按材料可分为线绕型、合金型、薄膜型和合成型；按伏安特性可分为线性电阻、非线性电阻；按用途可分为普通电阻、特殊电阻。常见的特殊电阻有保险电阻、敏感电阻。

保险电阻：又叫熔断电阻器，在正常情况下起着电阻和熔丝的双重作用，当电路出现故障而使其功率超过额定功率时，它会像熔丝一样熔断使连接电路断开。保险电阻一般电阻值都小（0.33 Ω~10 kΩ），功率也较小。

敏感电阻：是指其电阻值对于某种物理量（如温度、湿度、光照、电压、机械力以及气体浓度等）具有敏感特性，当这些物理量发生变化时，敏感电阻的阻值就会随物理量变化而发生改变，呈现不同的电阻值。根据对不同物理量敏感程度，敏感电阻器可分为热敏、湿敏、光敏、压敏、力敏、磁敏和气敏等类型敏感电阻。敏感电阻所用的材料几乎都是半导体材料，这类电阻器也称为半导体电阻器。

热敏电阻的阻值随温度变化而变化，温度升高阻值减小的负温度系数（NTC）热敏电阻。应用较多，其又可分为普通型负温度系数热敏电阻、稳压型负温度系数热敏电阻、测温型负温度系

数热敏电阻等。光敏电阻是电阻的阻值随入射光的强弱变化而改变，当入射光增强时，光敏电阻阻值减小，入射光减弱时电阻值增大。

各种电阻器的外形，如图 4-5 所示。

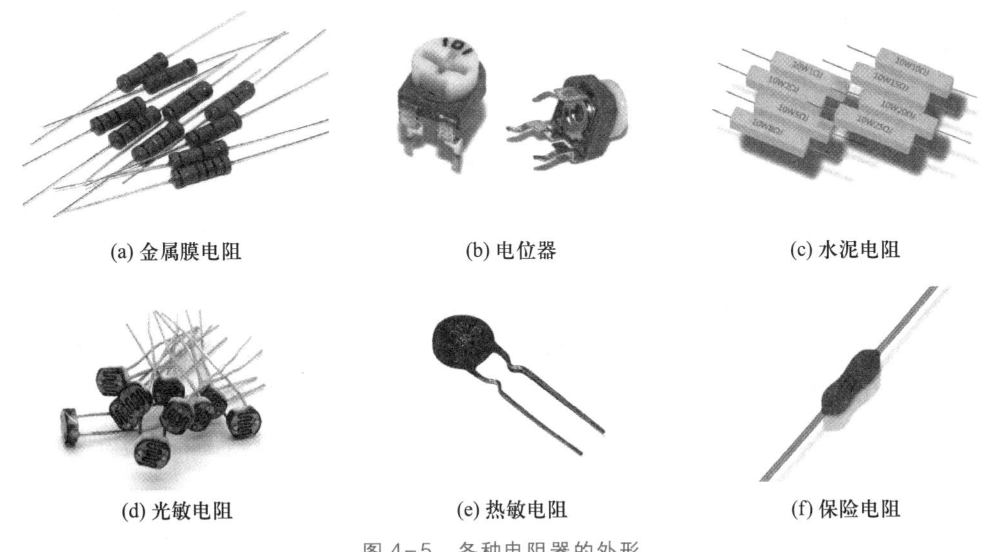

(a) 金属膜电阻　(b) 电位器　(c) 水泥电阻

(d) 光敏电阻　(e) 热敏电阻　(f) 保险电阻

图 4-5　各种电阻器的外形

（2）电阻的识别　电阻常见标示方法有直标法、数码法、色标法和文字符号法四种。本节着重介绍电阻的色标法。色标法是将不同颜色的色环涂在电阻器上来表示电阻的标称值及允许误差，色环电阻如图 4-6 所示。其各种颜色对应数值见表 4-1。

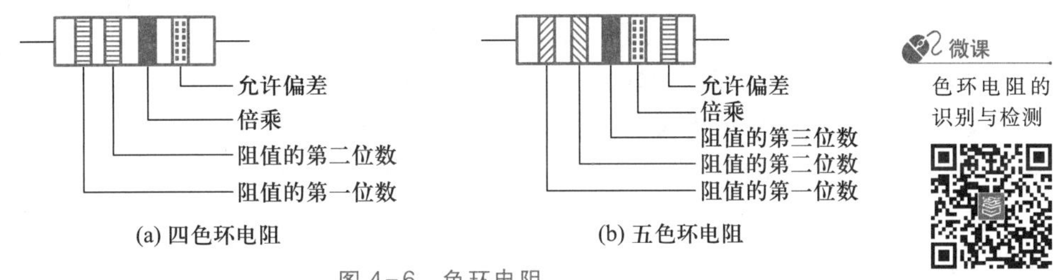

(a) 四色环电阻　(b) 五色环电阻

图 4-6　色环电阻

以五色环电阻为例，第 1~第 3 色环表示电阻的有效数字，第 4 色环表示倍乘数，第 5 色环表示容许偏差。

表 4-1　色标法各种颜色对应数值

颜色	有效数字	倍乘	允许误差
银	-	10^{-2}	±10%
金	-	10^{-1}	±5%
黑	0	10^{0}	±10%
棕	1	10^{1}	±1%
红	2	10^{2}	±2%

续表

颜色	有效数字	倍乘	允许误差
橙	3	10^3	-
黄	4	10^4	-
绿	5	10^5	±0.5%
蓝	6	10^6	±0.25%
紫	7	10^7	±0.1%
灰	8	10^8	-
白	9	10^9	+5%~20%

允许偏差指实际阻值与标称阻值间允许的最大偏差,以百分比表示。常用的有±5%、±10%、±20%,精密的小于±1%,高精密的可达 0.001%。

电阻的额定功率指电阻在直流或交流电路中,长期连续工作所允许消耗的最大功率。有两种标志方法:2 W 以上的电阻,直接用数字印在电阻体上;2 W 以下的电阻,以自身体积大小来表示功率。

2. 欧姆定律

(1) 部分电路欧姆定律　部分电路如图 4-7 所示。

导体中的电流与导体两端的电压成正比,与导体的电阻成反比,表达式为

$$I=\frac{U}{R}\quad 或\quad U=IR$$

式中,I 是流过导体的电流,单位是安培(A),U 是导体两端电压,单位是伏特(V),R 是导体的电阻,单位是欧姆(Ω)。

电阻一定时,电压越高电流越大;电压一定,电阻越大电流就越小。

实际上,以上定律中所涉及的这段电路并不包括电源。这种只含有负载而不包含电源的一段电路称为部分电路。这一定律应称为部分电路欧姆定律。

图 4-7　部分电路

注意:导体的电阻与电流、电压无关,只与材料、长度、粗细等有关。如果以电压为横坐标,电流为纵坐标,可画出电阻的 U/I 关系曲线,称为伏安特性曲线,如图 4-8 所示。伏安特性曲线是直线的电阻元件,称为线性电阻,其电阻值可认为是不变的常数。不是直线的,则称为非线性电阻。

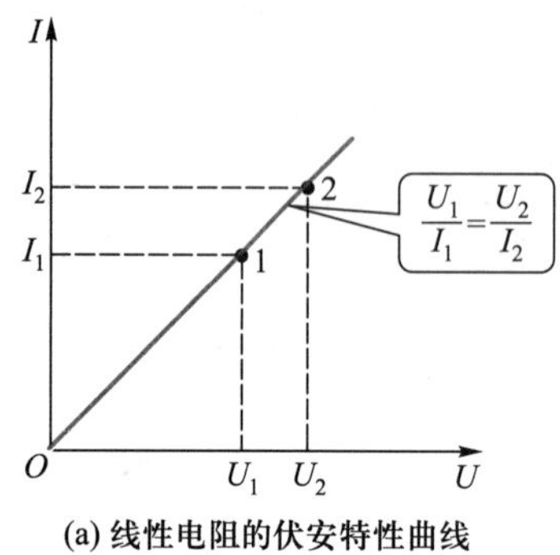

(a) 线性电阻的伏安特性曲线

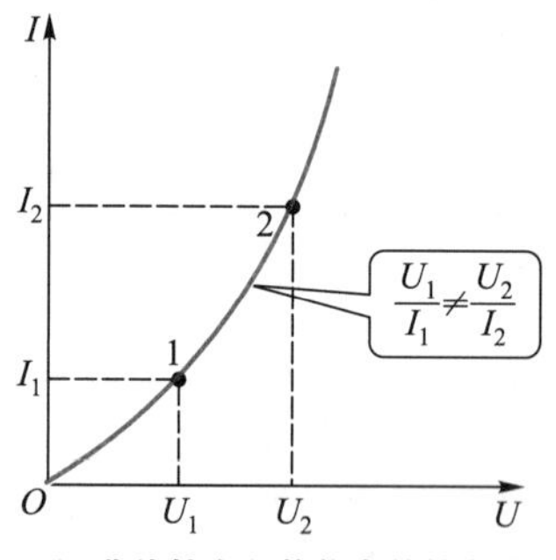

(b) 非线性电阻的伏安特性曲线

图 4-8　伏安特性曲线

（2）全电路欧姆定律　全电路如图 4-9 所示。

全电路欧姆定律也叫闭合电路欧姆定律，其内容表述为：闭合电路的电流与电源的电动势成正比，与内、外电路的电阻之和成反比，表达式为

$$I=\frac{E}{R+r}\quad 或\quad E=I(R+r)$$

式中，I 是电路的电流，单位是安培（A）；E 是电源电动势，单位是伏特（V）；R 是负载的电阻，r 是电源的内电阻，单位是欧姆（Ω）。

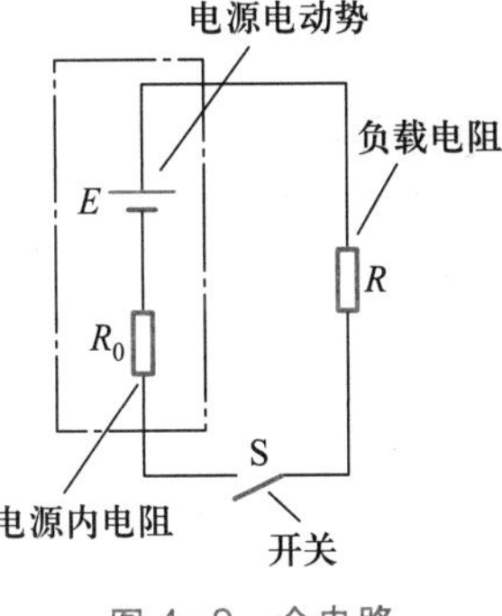

图 4-9　全电路

（3）电源外特性　全电路欧姆定律闭合电路中，电源端电压随负载电流变化的规律，即

$$U=E-Ir$$

当外电路断开时，$I=0$，Ir 也变为零，则 $U=E$，这就是说，断路时的端电压等于电源电动势；当电源两端短路时，外电阻 $R=0$，而 $I_0=\frac{E}{r}$，可求电源的内阻。

（4）电路的三种状态　电路通常有通路、开路、短路三种状态。

① 通路（闭路）：电路各部分连接成闭合回路，有电流通过。电气设备或元器件获得一定的电压和电功率，进行能量转换。

② 开路（断路）：电路断开，电路中无电流通过，也称为空载。

③ 短路：电源两端或电路中某些部分被导线直接连接，短路时电流很大，会损坏电源和导线，应尽量避免。输出电流过大对电源来说属于严重过载，如没有保护措施，电源或电器会被烧毁或发生火灾，所以通常要在电路或电气设备中安装熔断器等保险装置，以避免发生短路时出现不良后果。

3. 电阻的串联

两个或两个以上的电阻，依次连接，中间无分支的电路，称为电阻的串联。三个电阻构成的串联电路，如图 4-10 所示。电阻的串联电路具有以下特点：

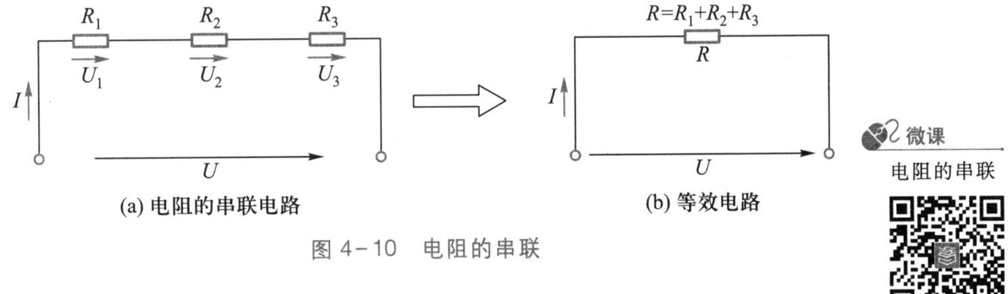

(a) 电阻的串联电路　(b) 等效电路

图 4-10　电阻的串联

微课
电阻的串联

（1）电路中流过每个电阻的电流都相等，即 $I=I_1=I_2=I_3$。

（2）电路两端的总电压等于各电阻两端电压之和，即 $U=U_1+U_2+U_3$。

（3）电路的等效电阻（总电阻）等于各串联电阻之和，即 $R=R_1+R_2+R_3$。

（4）电路的总功率等于各串联电阻消耗的功率之和，即 $P=P_1+P_2+P_3$。

（5）电路中各电阻上的电压与各电阻的阻值成正比，即 $U_n=\frac{R_n}{R}U$。

电阻串联的特点可迁移到电池组的应用，假设电池组内部的几个单电池以串联方式连接成

电源,则此电源两端的电压是所有单电池两端的电压的代数和。例如:一个电动势为 12 V 的汽车电池可由六个 2 V 单电池以串联方式构成。

4. 电阻的并联

两个或两个以上电阻一端连在一起,另一端也连在一起的连接方式,称为电阻的并联。三个电阻构成的并连电路,如图 4-11 所示。并联电路有以下特点:

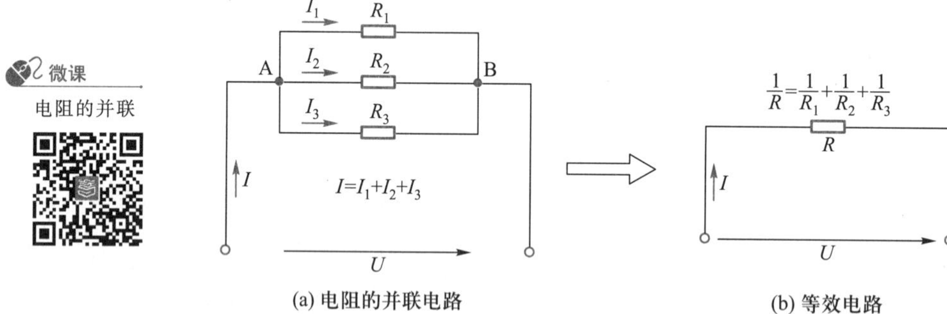

图 4-11 电阻的并联

(1) 各电阻两端的电压相等,即 $U=U_1=U_2=U_3$。

(2) 总电流等于各电阻中的电流之和,即 $I=I_1+I_2+I_3$。

(3) 总电阻的倒数等于各支路电阻倒数之和,即$\frac{1}{R}=\frac{1}{R_1}+\frac{1}{R_2}+\frac{1}{R_3}$。

(4) 当只有两个电阻并联时,总电阻为 $R=\frac{R_1R_2}{R_1+R_2}$。

4.1.4 复杂电路

随着电气技术迅速发展,电路变得越来越复杂。某些电路呈现出网络形状,并且网络中还存在一些由 3 条或 3 条以上支路形成的交点(节点)。这种不能用电阻串、并联化简求解的电路称为复杂电路,如图 4-12 所示。复杂电路的分析与计算则需要采用支路电流法、叠加定理、戴维南定理等分析方法才能完成。本章将对支路电流法进行详细分析,叠加定理、戴维南定理只简单介绍。

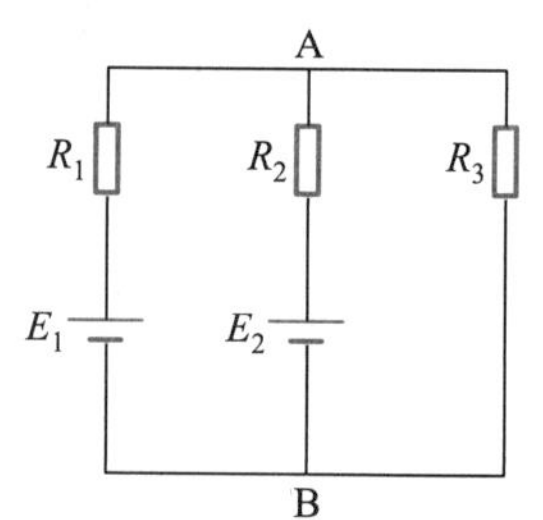

图 4-12 复杂电路

1. 基本概念

(1) 支路 两个节点之间的连接支路,如 R_1-E_1、R_3、R_2-E。

(2) 节点 3 个或 3 个以上元件的连接点叫电路的节点,如:A、B 点。

(3) 回路 由支路所组成的任一闭合回路,如 A-R_1-E_1-B-E_2-R_2-A、A-R_1-E_1-B-R_3-A、A-R_2-E_2-B-R_3-A。

(4) 网孔 不能再分的最简单回路,如:A-R_1-E_1-B-E_2-R_2-A、A-R_2-E_2-B-R_3-A。

(5) 网络 较复杂的电路称为网络。

2. 基尔霍夫定律

基尔霍夫定律是电路中电压和电流所遵循的基本规律，是分析和计算较为复杂电路的基础。基尔霍夫定律包括基尔霍夫电流定律（KCL）和基尔霍夫电压定律（KVL）。

（1）基尔霍夫电流定律（KCL）　基尔霍夫电流定律的依据是电流的连续性原理。对任何节点上的电流，在任一瞬间，流入节点的电流之和等于流出节点的电流之和。或者说，在任一瞬间，通过电路中任一节点各支路电流的代数和为 0。即

$$\sum i_{入} = \sum i_{出} \quad 或 \quad \sum i_{入} = 0$$

如图 4-13 所示，任一节点电流关系可表达为

$$I_1+I_3-I_2-I_4=0$$

或

$$I_1+I_3=I_2+I_4$$

广义节点：基尔霍夫电流定律可以推广应用于任意假定的封闭面。对虚线所包围的闭合面可视为一个节点，该节点称为广义节点。即流进封闭面的电流等于流出封闭面的电流，如图 4-14所示。

节点 a　　$i_1-i_4-i_6=0$

节点 b　　$i_2+i_4-i_5=0$

节点 c　　$i_3+i_5+i_6=0$

以上三式相加仍得　　$i_1+i_2+i_3=0$

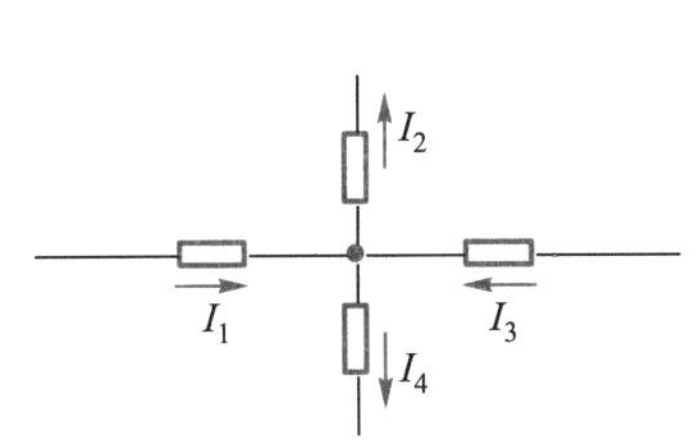

图 4-13　任一节点电流

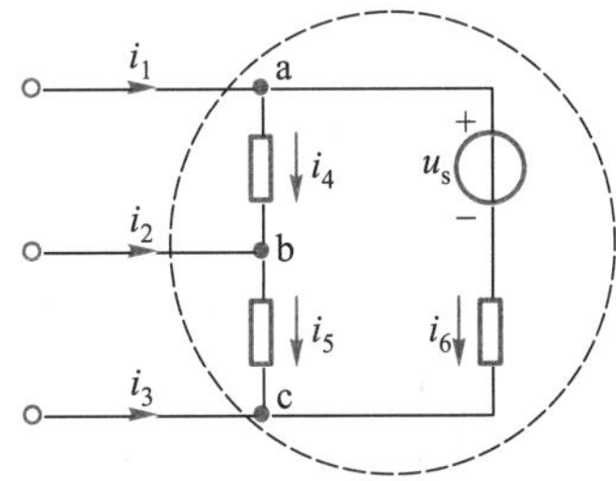

图 4-14　广义节点电流

基尔霍夫电流定律应用时要先标出电流的参考方向。在列写节点电流方程时，各电流变量前的正、负号取决于各电流的参考方向对该节点的关系（是“流入”还是“流出”）；而各电流值的正、负则反映了该电流的实际方向与参考方向的关系（是相同还是相反）。

（2）基尔霍夫电压定律（KVL）　基尔霍夫电压定律是确定电路回路内电压之间关系的一个定律：电路中的任一回路，在任一瞬间，沿任意循行方向循环一周，其电位升等于电位降，或者电压的代数和为 0，即

$$\sum u_{升} = \sum u_{降} \quad 或 \quad \sum u = 0$$

如图 4-15 所示电路，abcdea 是一个回路，各支路电流的参考方向如图所示。由欧姆定律可得

$$U_{ab}=I_1R_1$$

$$U_{bc}=U_{S2}$$

$$U_{cd}=I_3R_3$$

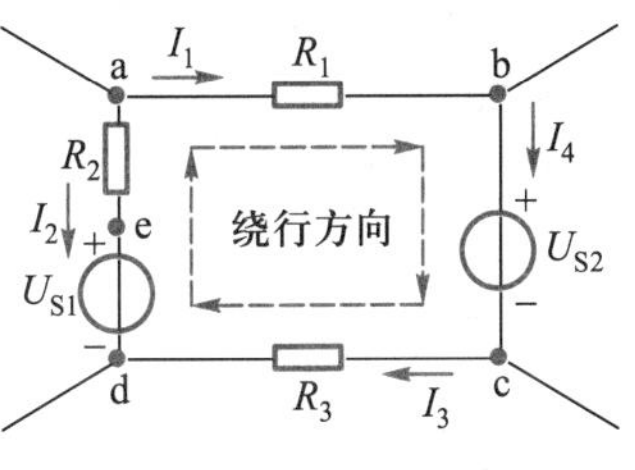

图 4-15　任一回路

$$U_{de} = -U_{S1}$$
$$U_{ea} = -I_2R_2$$

从 abcdea 回路可得

$$U_{ab} + U_{bc} + U_{cd} + U_{de} + U_{ea} = 0$$
$$I_1R_1 + U_{S2} + I_3R_3 - U_{S1} - I_2R_2 = 0$$
$$I_1R_1 + I_3R_3 - I_2R_2 = U_{S1} - U_{S2}$$
$$\sum IR = \sum U_S$$

电动势与电流的正负号的确定步骤：

① 设定一个回路的绕行方向和电流的参考方向；

② 沿回路的绕行方向顺次求电阻上的电压降，当绕行方向与电阻上的电流参考方向一致时，该电压方向取正号，相反取负号，如图 4-16 所示。

③ 当回路的绕行方向从电源的负极指向正极时，电源电压取正，否则取负，如图 4-17 所示。

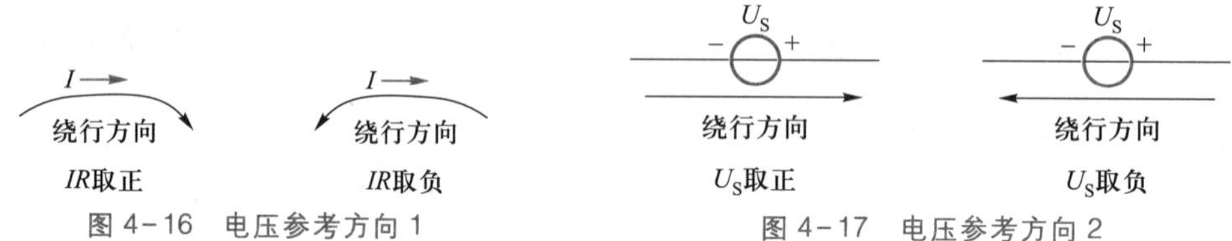

图 4-16 电压参考方向 1　　图 4-17 电压参考方向 2

（3）支路电流法　支路电流法是以支路电流为变量，根据基尔霍夫电流定律和基尔霍夫电压定律，列出节点电流方程和回路电压方程，求解支路电流的方法。

支路电流法解题步骤如下：

① 假定各支路的电流及参考方向，网孔绕行方向；

② 根据 KCL 定律列出独立的节点电流方程；

③ 根据 KVL 定律列出独立的回路电压方程；

④ 解方程组求出各支路电流。

例： 如图 4-18 所示，已知 $R_1 = 3\ \Omega$，$E_1 = 24\ \text{V}$，$R_2 = 6\ \Omega$，$E_2 = 12\ \text{V}$，$R_3 = 6\ \Omega$，求各支路电流。

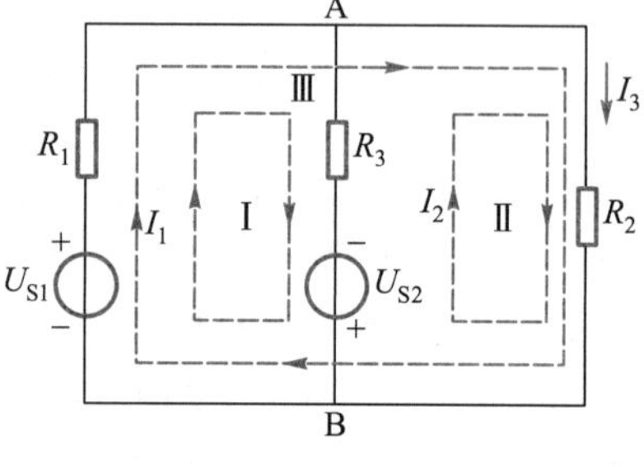

图 4-18 支路电流法

解：

① 在图中设各支路电流 I_1、I_2、I_3，标出各支路电流参考方向。

② 确定节点个数，根据 KCL 定律列出方程。

节点 A　　$I_1 - I_2 - I_3 = 0$

节点 B　　$-I_1 + I_2 + I_3 = 0$

③ 确定回路数，在图中设各回路的绕行方向 Ⅰ、Ⅱ、Ⅲ，列出回路电压方程。

Ⅰ 回路　　$I_1R_1 + I_2R_2 = U_{S1} + U_{S2}$

Ⅱ 回路　　$-I_2R_2 + I_3R_3 = -U_{S2}$

Ⅲ 回路　　$I_1R_1 + I_3R_3 = U_{S1}$

④ 联立方程

$$\begin{cases} I_1 - I_2 - I_3 = 0 \\ I_1R_1 + I_2R_2 = U_{S1} + U_{S2} \\ -I_2R_2 + I_3R_3 = -U_{S2} \end{cases}$$

代入数据得
$$\begin{cases}I_1-I_2-I_3=0\\3I_1+6I_2=36\\-6I_2+6I_3=-12\end{cases}$$

解方程得
$$\begin{cases}I_1=3\ \text{A}\\I_2=3.5\ \text{A}\\I_3=-0.5\ \text{A}\end{cases}$$

一个具有 b 条支路、n 个节点的电路，根据 KCL 可列出$(n-1)$个独立的节点电流方程式。一个具有 b 条支路、n 个节点的电路，根据 KVL 可列出 $b-(n-1)$个独立的回路电压方程式。

支路电流法是计算复杂电路的方法中，最直接最直观的方法，前提是选择好电流的参考方向。这种方法适用于支路较少的电路计算，否则所需列出的方程过多，解方程组比较复杂。

(4) 叠加定理　叠加定理是线性电路的一个基本定理，它体现了线性电路基本性质，是分析线性电路的基础。与支路电流法比较，减少了计算上的烦琐。

叠加定理指出：在线性电路中，当有几个电源共同作用时，通过每一个元件的电流或两端电压，可看成各个电源单独作用时在该元件上所产生的电流或电压的代表和。

运用叠加原理可以将一个复杂的电路分为几个比较简单的电路，电路参数不随外加电压和流过电路电流的变化而变化，即电压与电流成正比关系的电路。对这些较为简单的电路进行分析计算，再把所得结果合成，就可以求出原有电路中的电压、电流，从而有效地避免了对烦琐的联立方程组的求解。

(5) 戴维南定理　对于一个复杂的电路，有时只需计算其中某一条支路的电流或电压，此时可将这条支路单独画出，把其余部分看作一个有源二端网络。

所谓有源二端网络，就是指具有两个出线端且内含独立电源的部分电路，不含独立电源的二端网络则称无源二端网络。

戴维南定理就是将有源线性二端网络，等效为电压源模型的方法，也可以表述为：任何一个线性有源二端网络对外电路的作用，都可以变换为一个电压源模型，该电压源模型的理想电压源电压，U_S 等于有源二端网络的开路电压，U_{OC}电压源模型的内电阻 R_S 等于相应的无源二端网络的等效电阻 R_O。

将有源二端网络变换为电压源模型后，一个复杂的电路就变为一个简单的电路，就可以用全电路欧姆定律来求解该电路的电流和端电压了。

戴维南定理应用的一般步骤：

① 明确电路中待求支路和有源二端网络；

② 将待求支路移开，求出有源二端网络的开路电压 U_{OC}；

③ 求出无源二端网络等效网络电阻，即网络内电压源短路，电流源断路；

④ 将有源二端网络等效为电压源模型，接入待求支路根据全电路欧姆定律求待求电流。

4.2 电容器认知

储存电荷的容器称为电容器。两个金属导体，中间隔以绝缘物质，并引出两个电极，就形成一个电容器。这两个金属导体称为电容器的两个极板，极板上接有电极，用于和外部电路相接，中间所填充的绝缘物称为电容器的电介质，如图 4-19 所示。

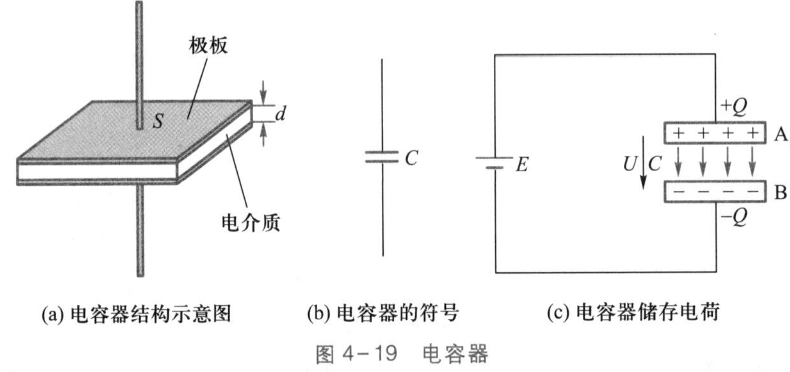

(a) 电容器结构示意图　(b) 电容器的符号　(c) 电容器储存电荷

图 4-19　电容器

4.2.1　电容器的基本知识

1. 电容量

电容器所带电荷量 Q 与其两极板间的电压 U 的比值，称为电容器的电容量，用 C 表示，表达式为

$$C=\frac{Q}{U}$$

式中，Q 是任一极板上的电量，单位是库仑(C)；U 是两极板间的电压，单位是伏特(V)；C 是电容量，单位是法拉(F)，常用单位有微法(μF)、皮法(pF)。

单位换算

$$1\ \mathrm{F}=10^{6}\ \mu\mathrm{F}=10^{12}\ \mathrm{pF}$$

电容量是一个反映电容器容纳电荷本领大小的物理量。电容量与 Q、U 无关，由电容器本身的结构决定。

2. 电容器的分类

① 按结构分：固定电容、可变电容、微调电容。

② 按电介质分：有机介质电容、无机介质电容、电解质电容、空气介质电容。

③ 按用途分：高频电容、低频旁路电容、滤波电容、调谐电容、高频耦合电容、低频耦合小型电容。

④ 按制造材料的不同分：瓷片电容、涤纶电容、电解电容、钽电容、聚丙烯电容。

各种电容器的外形，如图 4-20 所示。

3. 平行板电容器与介电系数

平行板电容器是最常见的电容器，薄膜电容如图 4-19(a)所示，由相互平行的金属板隔以电介质而构成，其电容量与两极板的相对位置、极板的形状和大小以及两平行板间的电介质有关。其电容量计算的表达式为

$$C=\frac{\varepsilon S}{d}$$

式中，ε 是电介质的介电系数；S 是两极板的有效面积；d 是极板间的距离。

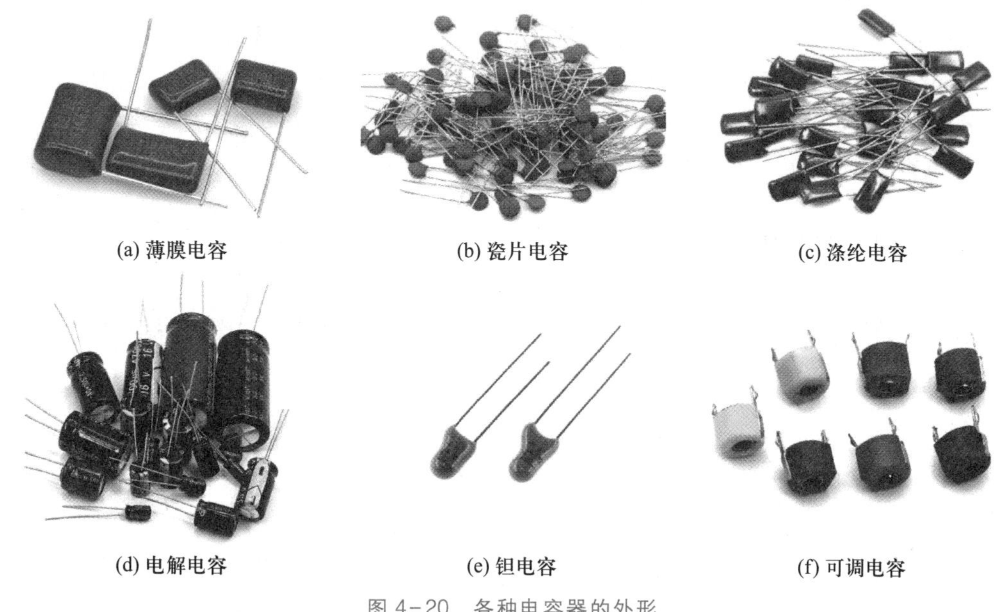

(a) 薄膜电容　(b) 瓷片电容　(c) 涤纶电容

(d) 电解电容　(e) 钽电容　(f) 可调电容

图 4-20　各种电容器的外形

4. 电容器的主要参数

电容器的主要参数有标称容量、允许误差、额定工作电压等。

① 标称容量。标称容量是电容器上所标明的电容量值。

② 允许误差。电容器的实际容量与标称容量之间总是存在一定的偏差，称为误差。因这一误差是在国家标准规定的允许范围内，故称为允许误差。

③ 额定工作电压。电容器长时间可靠地工作而不被击穿所能承受的最大电压值，又称耐压。电容器在工作时，实际所加电压的最大值不能超过额定工作电压。额定工作电压一般都直接标注在电容器外壳上。当实际所加电压超过其耐压值时，电容器将会被击穿，两极间发生短路。

5. 电容器的标示法

电容器标示方法有直标法、数码表示法、文字符号法等，如图 4-21 所示，与电阻器的标示方法相似。

(a) 直标法　(b) 数码表示法　(c) 文字符号法

图 4-21　电容标示方法

① 直标法。将电容器的参数直接用数字标在电容器表面上。如图 4-21(a)所示电容器，表

示标称容量是 1.2 μF，允许误差是±5%，额定工作电压是交流 450 V。

② 数码表示法。用三位数码来表示电容量，其中第一、第二位为有效数字，第三位为应乘倍数，单位是 pF。如图 4-21(b)所示电容器，标有“103”表示电容量为 10^3 pF。

③ 文字符号法。用符号 p、n、μ 分别表示 pF(10^{-12} F)、nF(10^{-9} F)、μF(10^{-6} F)。如图 4-21(c)所示电容器，标有“2μ2”表示电容量是 2.2 μF。

4.2.2 电容器的充放电特性

电容器作为储能元件，其本身不能产生电场能，而需外部电源提供，当电容器从外部电源获得电场能后，又是如何释放出来的？本节将详细说明。

1. 电容器的充电过程

电容器的充电过程如图 4-22(a)所示。

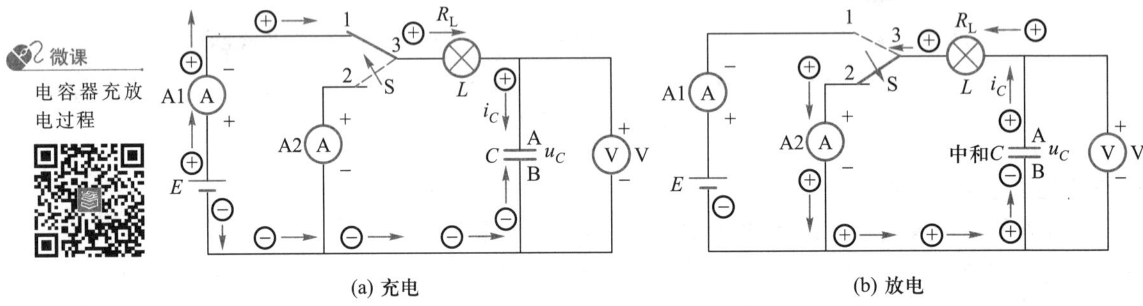

(a) 充电　(b) 放电

图 4-22　电容器充放电过程

充电前电容器上没有电荷，$U_{AB}=0$，当开关 S 拨到“1”时，电源向电容器充电，灯泡较亮，然后逐渐变暗熄灭。经过电流表 A1 的电流由大到小，经短暂时间，A1 指针回零，经过电压表 V 的电压由小到大变化，经短暂时间 V 电压 $U_C=E$。

2. 电容器的放电过程

电容器的放电过程如图 4-22(b)所示。

充电结束，将开关 S 拨到“2”，灯泡逐渐由亮变暗，最后熄灭，A2 电流由大变小，V 电压由大变小最后 $U_C=0$。

3. 电容器的特点

(1) 电容器是一种储能元件　充电过程就是极板上电荷不断积累的过程，电容器充满电荷时，相当于一个等效电源。

(2) 电容器能够隔直流、通交流。

① “隔直”——电容器接通直流电源时，仅在刚接通的短暂时间内发生充电过程，只有短暂的电流。充电结束后，$U_C=E$，电路电流为零，电路处于开路状态。

② “通交”——电容器接通交流电源时，使它反复进行充、放电，出现连续的交流电。

(3) 应用　汽车的点火系统就是利用电容器的充放电原理起动汽车的。

4.3 磁与磁路感应

随着科技的发展，磁的应用日益广泛，在通信设备中更是离不开，例如电感元件、变压器、继电器、耳机、喇叭等。下面就讨论磁现象及其规律，磁与电的联系和转化等知识。

4.3.1 磁的基本知识

1. 磁场的基本概念

（1）磁体和磁极　物体能够吸引铁、镍、钴等金属及其合金的性质称为磁性。具有磁性的物体称为磁体。磁体分天然磁体和人造磁体两大类。磁体中磁性最强的部分称为磁极。任何磁体都具有两个磁极，无论把磁体怎样分割总保持有两个异性磁极。在水平面内自由转动的磁体，静止时总是一个磁极指向南方，另一个磁极指向北方，指向南的为南极（S 极），指向北的为北极（N 极）。正、负电荷可以独立存在，但磁铁的南极和北极是不能独立存在的。

（2）磁场　当两个磁极靠近时，它们之间会发生相互作用：同性磁极相互排斥，异性磁极相互吸引。两个磁极互不接触，却存在相互作用力，磁极间的相互作用力称为磁力。这是因为在磁体周围的空间中存在着一种特殊的物质——磁场。磁场方向就是该点小磁针 N 极静止时的指向。

（3）磁感线　为了形象地描述磁场的强弱和方向，人们通常引入假想线——磁感线来表示，条形磁铁的磁感线如图 4-23 所示。它具有以下特点：

① 磁感线是互不交叉的闭合曲线。在磁体外部由 N 极指向 S 极，在磁体内部由 S 极指向 N 极。

② 磁感线上任意一点的切线方向就是该点的磁场方向，即小磁针静止时 N 极所指的方向。

③ 磁感线的密疏程度表示各处磁场的强弱，即磁感线越密的地方磁场越强，反之越弱。两同性磁极的磁感线方向相同时，总的磁性加强；两异性磁极的磁感线方向相反时互相抵消，总的磁性减弱。

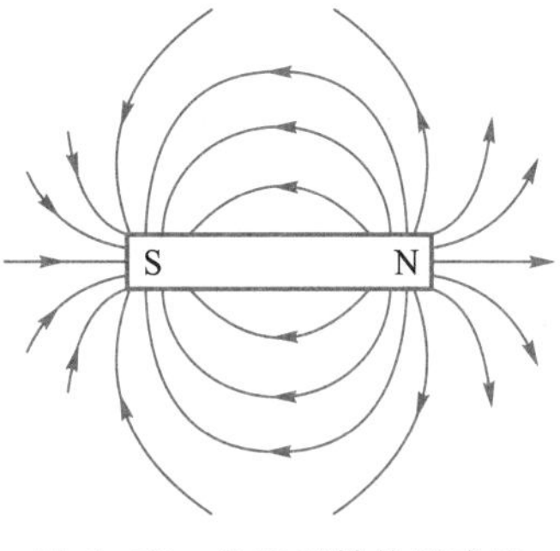

图 4-23　条形磁铁的磁感线

2. 电流的磁效应

磁铁能产生磁场，电流也能产生磁场。在通有电流的导体周围存在磁场，电流越大磁场越强，这种现象称为电流的磁效应。电流的方向与由它产生的磁场方向之间的关系可用安培定则（又称为右手螺旋定则）来判断，见表 4-2。

表 4-2　安培定则判断电流和磁场方向

通电直导体	通电螺线管
右手弯曲握住直导体，大拇指指向电流方向，则弯曲的四指所指的方向就是通电直导体周围产生的磁场方向	右手弯曲握住螺线管，弯曲的四指指向电流方向，则伸直的大拇指所指的方向就是螺线管内的磁场方向，也就是说，大拇指的指向就是通电螺线管的 N 极

续表

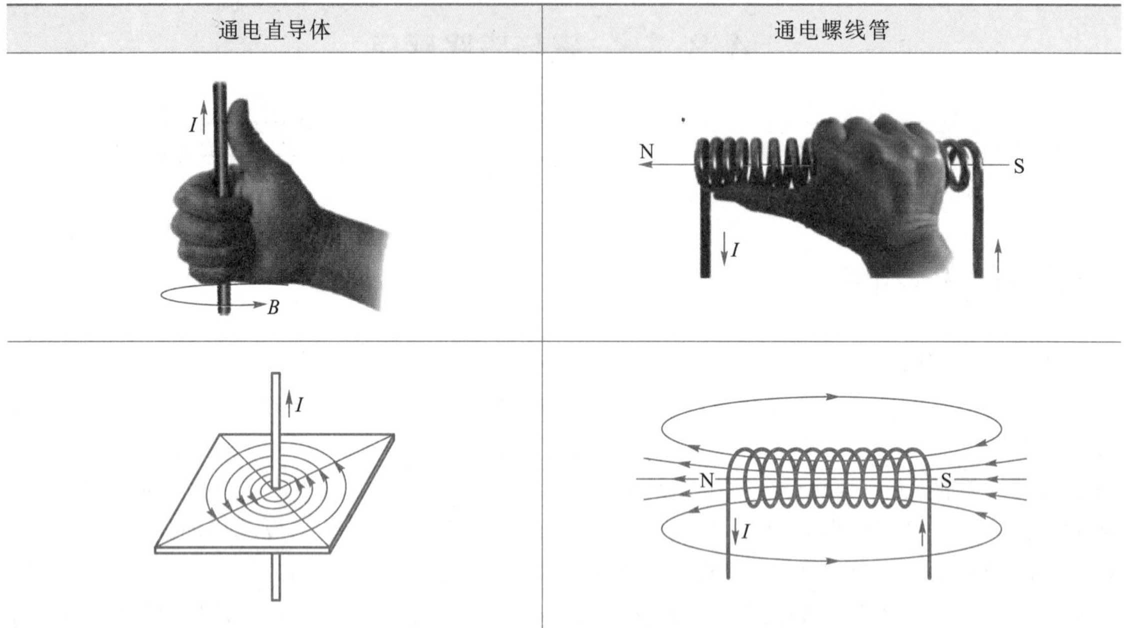

3. 磁场的主要物理量

（1）磁感应强度　磁感应强度是定量地描述磁场中各点磁场的强弱和方向的物理量。磁场中垂直于磁场方向的通电直导线，所受的磁场力 F 与电流 I 和导线长度 l 的乘积 Il 的比值称为通电直导线所在处的磁感应强度，用字母 B 表示，单位是特斯拉(T)，即

$$B=\frac{F}{Il}$$

磁感应强度是一个矢量，它的方向是磁感线上某点的切线方向。为了在平面上表示出磁感应强度的方向，常用符号“×”或“·”表示垂直进入纸面或垂直从纸面出来的磁感线、电流或磁感应强度。

若磁场中各点的磁感应强度的大小和方向相同，这种磁场就称为均匀磁场。

（2）磁通　磁通量是定量描述磁场在某一范围内分布情况的物理量。把垂直穿过磁场中某一截面的磁感线条数称为磁通或磁通量，用字母 Φ 表示，单位是韦伯(Wb)，即

$$\Phi=BS$$

由磁通的定义式，可得

$$B=\frac{\Phi}{S}$$

即磁感应强度 B 可看作是通过单位面积的磁通，因此磁感应强度 B 也常称为磁通密度，并用 Wb/m^2 作为单位。

（3）磁导率　实验证明：通电导体所产生的磁场不仅与电流的大小、导体的形状以及相对位置有关，而且还与磁场内介质的性质有关。磁导率就是一个用来表示介质导磁性能的物理量，用符号 μ 表示，单位是亨利/米(H/m)。不同的物质其磁导率也不相同。

真空中的磁导率 μ_0 是常数,有 $\mu_0=4\pi\times10^{-7}$ H/m

为了比较各种物质的导磁能力,将任一物质的磁导率 μ 与真空的磁导率 μ_0 的比值称为相对磁导率,用 μ_r 表示,即

$$\mu_r=\frac{\mu}{\mu_0}$$

相对磁导率只是一个比值。它表明在其他条件相同的情况下,媒介质中的磁感应强度是真空中磁感应强度的多少倍。

根据磁导率的大小,物质可分为顺磁物质、反磁物质和铁磁物质三类。

① 顺磁物质的相对磁导率 $\mu_r>1$,如空气、铝、铬等。

② 反磁物质的相对磁导率 $\mu_r<1$,如铜、氢等。

③ 铁磁物质的相对磁导率 $\mu_r\gg1$,如铁、钴、硅钢、铁氧体等。

(4) 磁场强度　磁场中某点的磁感应强度与介质磁导率的比值,用 H 表示,单位是安/米(A/m)。磁场强度的方向和所在点的磁感应强度方向一致,其表达式为

$$H=\frac{B}{\mu}$$

式中,B 是磁感应强度,单位是特斯拉(T);μ 是介质磁导率,单位是平方米(m^2);H 是磁场强度,单位是安/米(A/m)。

4.3.2 磁场对电流的作用

磁场对放在其中的通电导体有力的作用,这个力叫电磁力,也称安培力。

1. 安培力的大小

当导体垂直于磁场方向放置时,导体所受的电磁力与导体电流 I、导体的有效长度 l 及磁感应强度 B 成正比,即

$$F=BIl$$

式中,F 是安培力,单位用牛顿(N);I 是电流,单位用安培(A);l 是长度,单位用米(m);B 是磁感应强度,单位用特斯拉(T)。

如果电流方向与磁场方向不垂直,而是有一个夹角 θ,这时通电导线的有效长度为 $l\sin\theta$。电磁力的计算式变为

$$F=BIl\sin\theta$$

当 $\theta=90°$ 时,安培力 F 最大;当 $\theta=0°$ 时,安培力 $F=0$。

2. 左手定则

安培力 F 的方向可用左手定则判断:伸出左手,使拇指跟其他四指垂直,并都跟手掌在一个平面内,让磁感线穿入手心,四指指向电流方向,大拇指所指的方向即为通电直导线在磁场中所受安培力的方向。

由左手定则可知:$F\perp B$,$F\perp I$,即 F 垂直于 B、I 所决定的平面。

4.3.3 电磁感应

1. 电磁感应现象

由于磁通变化而在直导体或线圈中产生感应电动势的现象称为电磁感应现象,如图 4-24 所示。

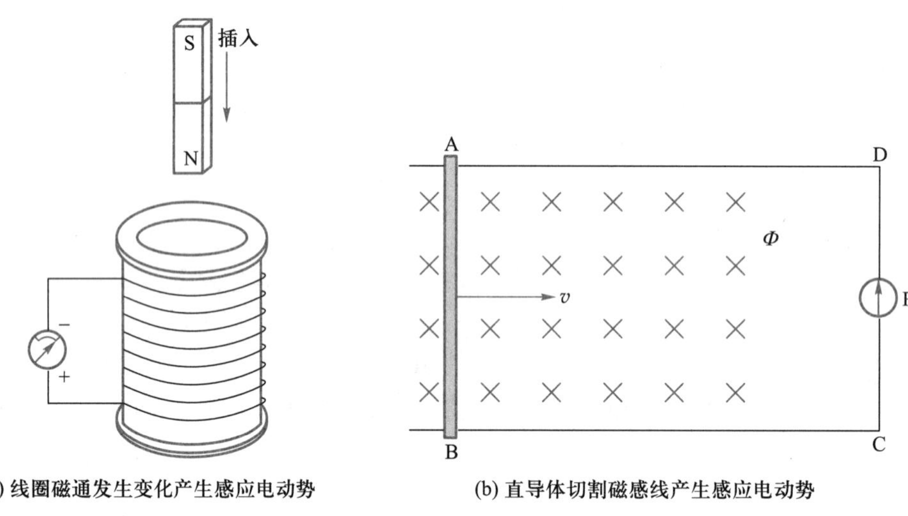

图 4-24 电磁感应现象

(1) 感应电动势 由电磁感应产生的电动势称为感应电动势,用 e 表示。只要有电磁感应,就会有感应电动势产生。

(2) 感应电流 感应电动势产生的电流称为感应电流,用 i 表示。只有回路闭合时,才有感应电流产生。

2. 电磁感应产生的条件

电磁感应产生的条件是直导体相对于磁场运动而切割磁感线,或穿过线圈的磁通发生变化。

3. 感应电动势大小的计算

线圈中感应电动势的大小与通过同一线圈的磁通变化率(即变化快慢)成正比。这一定律称为法拉第电磁感应定律。表达式为

$$e=N\frac{\Delta\Phi}{\Delta t}$$

式中,$\Delta\Phi$ 是磁通的变化量,单位是韦伯(Wb);Δt 是磁通变化所需要的时间,单位是秒(s);N 是线圈的匝数;e 是在 Δt 时间内感应电动势的平均值,单位是伏特(V)。

4. 感应电动势的方向判别

感应电动势的方向需要根据楞次定律进行判定,楞次定律指出了磁通的变化与感应电动势在方向上的关系,即感应电流产生的磁通总要阻碍引起感应电流的磁通的变化。

微课
单相交流电的产生

4.4 单相正弦交流电

交流电能够方便地用变压器改变电压，用高压输电，可将电能输送得很远，而且损耗小；交流电机比直流电机构造简单、造价便宜、运行可靠。因此，发电厂所发的都是交流电，在生产生活中使用的电能也是交流电源，其中以正弦交流电应用最为广泛。

4.4.1 正弦交流电的基本知识

大小和方向都是不随时间变化的电流（电压或电动势），称为直流电（简称 DC），如图 4-25（a）所示。

大小和方向都是随时间做变化的电流（电压或电动势），称为交流电（简称 AC）。

大小和方向随时间按正弦规律变化的交流电称为正弦交流电，如图 4-25（b）所示。

大小和方向随时间不按正弦规律变化的交流电称为非正弦交流电。如图 4-25（c）、（d）所示。

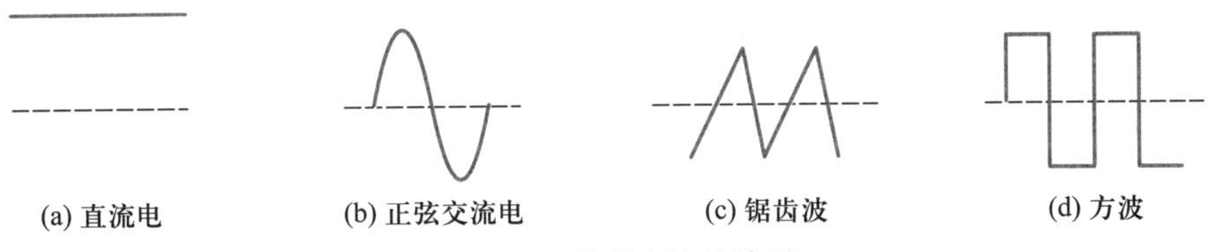

图 4-25 常见电流的波形

按照正弦规律变化的电动势、电压和电流等物理量统称正弦量，其一般表示为

$$e=E_{m}\sin(\omega t+\varphi)$$

$$u=U_{m}\sin(\omega t+\varphi)$$

$$i=I_{m}\sin(\omega t+\varphi)$$

上式反映了正弦交流电在不同时刻 t 的取值，故称为正弦交流电的瞬时值表达式。

1. 正弦量三要素

以电流为例，式中的角频率 ω，幅值 I_m 和初相 φ 称为正弦量三要素。其中最大值反映了正弦交流电的变化范围，角频率反映了正弦交流电变化的快慢，初相反映了正弦交流电的起始状态。如果已知正弦量，正弦量的瞬时值即可确定。

（1）周期、频率、角频率

① 周期。正弦交流电变化一次所需的时间称为周期，用符号 T 表示，单位是秒(s)。

② 频率。正弦交流电在 1 s 内完成周期变化的次数称为频率，用符号 f 表示，单位为赫兹（Hz）。工程实际中常用的单位还有 kHz、MHz 及 GHz 等。周期与频率互为倒数。表达式为

$$f=\frac{1}{T}$$

③ 角频率。正弦交流电在 1 s 内变化的电角度，用符号 ω 表示。单位是弧度/秒（rad/s）。

由于交流电每变化一周所对应的电角度为 2π,则周期与频率、角频率之间的关系表达式为

$$\omega=\frac{2\pi}{T}=2\pi f$$

在我国的电力系统中,国家规定动力和照明用电的频率为 50 Hz,周期是 0.02 s,角频率是 314 rad/s,习惯上称为工频。

(2) 瞬时值、最大值、有效值、平均值

① 瞬时值。正弦交流电在某一时刻的值称为在这一时刻正弦交流电的瞬时值。正弦电动势、电压和电流的瞬时值分别用符号 e、u、i 表示。

② 最大值。最大的瞬时值称为正弦交流电的最大值,也称振幅或峰值。正弦电动势、电压和电流的最大值分别用符号 E_m、U_m、I_m 表示。

③ 有效值。让交流电和直流电分别通过阻值完全相等的电阻,若在相同的时间内这两种电流产生的热量相等,就把此直流电的大小定义为该交流电的有效值。正弦电动势、电压和电流有效值分别用符号 E、U、I 表示。有效值与最大值的关系为

$$E=\frac{E_m}{\sqrt{2}}=0.707E_m$$

$$U=\frac{U_m}{\sqrt{2}}=0.707U_m$$

$$I=\frac{I_m}{\sqrt{2}}=0.707I_m$$

④ 平均值。正弦交流电在半个周期内所有瞬时值的平均值。分别用符号 E_{av}、U_{av}、I_{av} 表示。平均值与最大值的关系为

$$E_{av}=0.637E_m$$

$$U_{av}=0.637U_m$$

$$I_{av}=0.637I_m$$

一般电气设备上标注的电流值和电压值都是有效值。使用交流仪表所测出电流或电压也多是有效值。但在分析各种电子器件的击穿电压或电气设备的绝缘耐压,要按最大值考虑。

(3) 相位、初相位、相位差

① 相位。在 $e=E_m\sin(\omega t+\varphi)$ 中,$(\omega t+\varphi)$ 表示在任意时刻线圈平面与中性面之间的夹角,称为相位角,也称相位或相角。它反映了交流电变化的进程。

② 初相位。正弦交流电在 $t=0$ 时的相位称为初相位,也称"初相角"或"初相",用符号 φ 表示,其单位可用弧度(rad)或度(°)表示。初相位反映了交流电开始变化的起点,与时间起点的选择有关。初相位的取值范围是:$-180°\leqslant\varphi\leqslant180°$。

③ 相位差。两个同频率正弦交流电的相位之差称为正弦交流电的相位差。设

$$e_1=E_m\sin(\omega t+\varphi_1)$$

$$e_2=E_m\sin(\omega t+\varphi_2)$$

则其相位差为

$$\Delta\varphi=\varphi_1-\varphi_2$$

(4) 相位关系　两个同频率正弦量的相位关系,如图 4-26 所示。

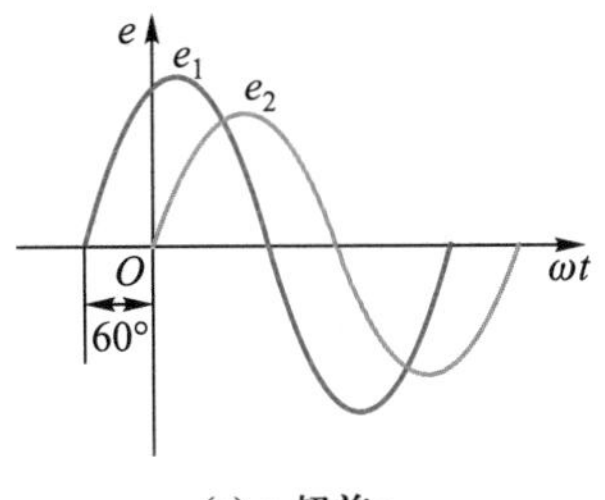

(a) e_1超前e_2

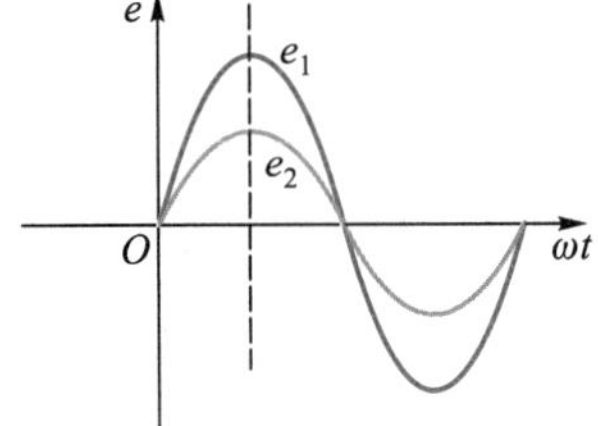

(b) e_1与e_2同相

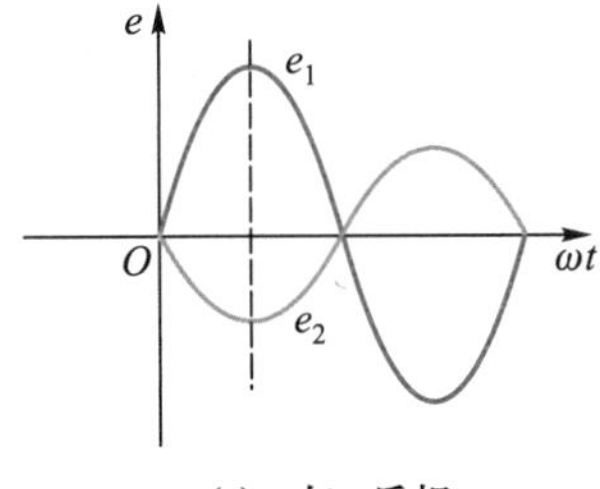

(c) e_1与e_2反相

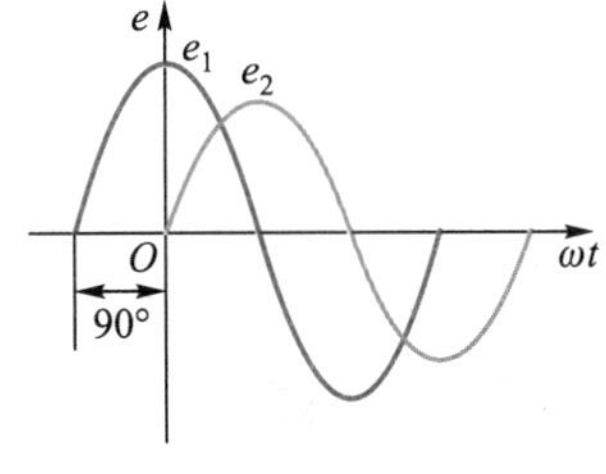

(d) e_1与e_2正交

图 4-26　相位关系

① 超前与滞后关系。

若 $\Delta\varphi=\varphi_1-\varphi_2>0$，则 e_1 超前 e_2 或 e_2 滞后 e_1，如图 4-26(a)所示。

② 同相与反相关系。

若 $\Delta\varphi=\varphi_1-\varphi_2=0$，则 e_1 与 e_2 同相，如图 4-26(b)所示。

若 $\Delta\varphi=\varphi_1-\varphi_2=\pm180°$，则 e_1 与 e_2 反相，如图 4-26(c)所示。

③ 正交关系。

若 $\Delta\varphi=\varphi_1-\varphi_2=\pm90°$，则 e_1 与 e_2 正交，如图 4-26(d)所示。

2. 正弦交流电的表示方法

正弦交流电的常用表示方法有解析式、波形图、旋转矢量图(相量图)等。

(1) 解析式　解析式是用正弦函数来表示交流电的方法，它是正弦交流电的基本表示方法。正弦电动势、电压和电流的解析式为

$$e=E_m\sin(\omega t+\varphi)$$
$$u=U_m\sin(\omega t+\varphi)$$
$$i=I_m\sin(\omega t+\varphi)$$

解析式能直接读出正弦交流电的三要素。如 $e=380\sin(314t+90°)$，则它的最大值 $E_m=380$ V，角频率 $\omega=314$ rad/s，初相 $\varphi=90°$。

(2) 波形图　波形图是用正弦函数图像来表示正弦交流电的方法，如图 4-27 所示。波形图能读出正弦交流电的最大值和初相位等，交流电压的最大值 $U_m=220$ V，初相位 $\varphi=60°$(纵轴的左侧为正，右侧为负)。

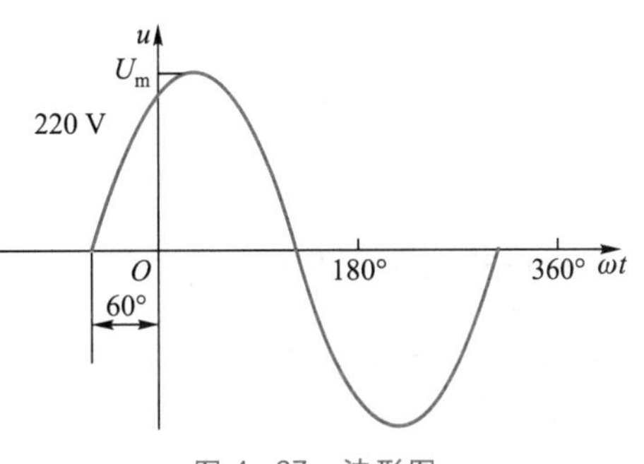

图 4-27　波形图

(3) 旋转矢量图(相量图) 旋转矢量图是用一个在直角坐标系中绕原点不断旋转的矢量来表示正弦交流电的方法,如图 4-28 所示。

微课
正弦量的相量表示

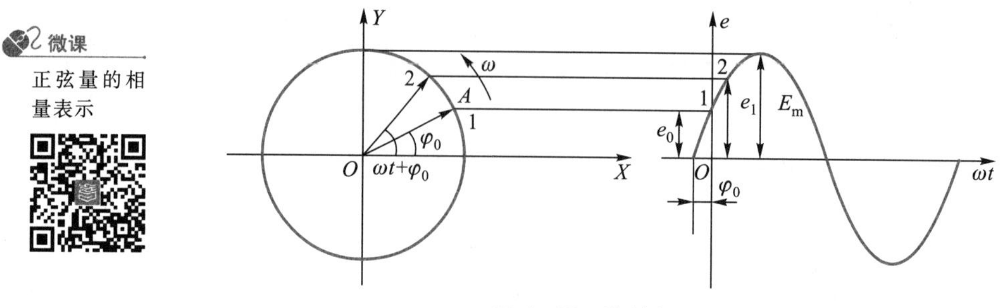

图 4-28 旋转矢量图

4.4.2 单一参数正弦交流电路

在正弦交流电路中,由电阻、电感和电容中任一元件组成的电路,称为单一参数正弦交流电路。本节针对单一参数的交流电路,分析电路中的电压、电流的有效值及相位关系,讨论电路中的功率和能量转换问题。严格来说,只含单一参数的理想电路元件是不存在的,如电阻元件会有微小电感,电感元件有内阻等,但当一个实际元件中只有一个参数起主要作用时,可近似把它看成单一参数的理想电路元件。

1. 纯电阻正弦交流电路

在交流电路中,电阻 R 起主要作用,而电感 L 和电容 C 均可忽略不计的电路,称为纯电阻电路,如图 4-29 所示。

(1) 相位关系 设电压为 $u_R=U_m\sin 314t$,则电压与电流的相位关系为电流与电压同相位。即 $\varphi_i=\varphi_u$,如图 4-30 所示。流过电阻的电流的表达式为

$$i=\frac{u_R}{R}=\frac{U_m}{R}\sin 314t$$

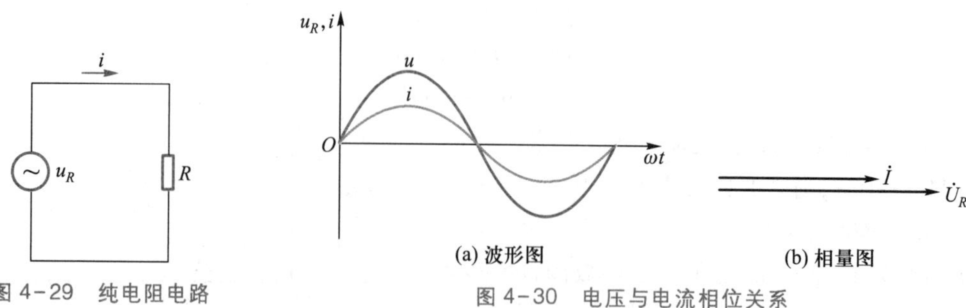

(a) 波形图 (b) 相量图

图 4-29 纯电阻电路 图 4-30 电压与电流相位关系

(2) 数量关系 纯电阻正弦交流电路中,电流与电压的瞬时值、最大值和有效值的关系都符合欧姆定律,即

$$i=\frac{u_R}{R} \qquad I_m=\frac{U_m}{R} \qquad I=\frac{U}{R}$$

（3）功率

① 瞬时功率为瞬时电压与瞬时电流的乘积。用符号 p 表示，其表达式为

$$p=u_R i=U_m I_m \sin^2 \omega t>0$$

如图 4-31 所示。瞬时功率 $p>0$，说明电阻元件在电路中消耗能量，是耗能元件。

② 平均功率，也叫有功功率，一个周期内电路所消耗（吸收）功率的平均值。用符号 P 表示，单位是瓦（W）。其表达式为

$$P=U_R I=I^2 R=\frac{U_R^2}{R}$$

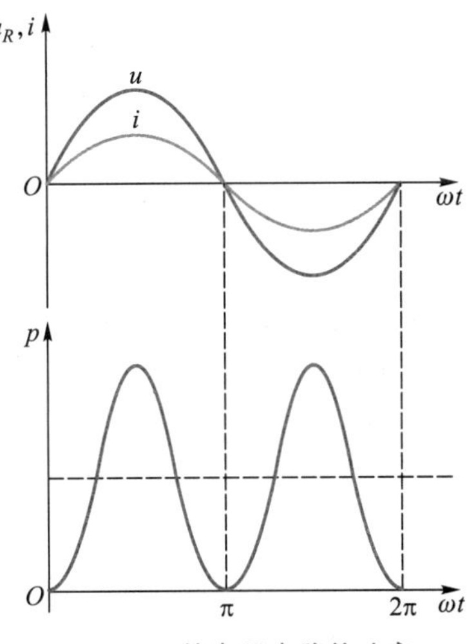

图 4-31　纯电阻电路的功率

2. 纯电感正弦交流电路

由电阻很小的电感线圈组成的交流电路，都可以近似地看成是纯电感电路，如图 4-32 所示。

（1）相位关系　设通过线圈的电流为 $i=I_m\sin 314t$，则电压与电流的相位关系为电压超前电流 90°。即 $\varphi_u=\varphi_i+90°$，如图 4-33 所示。电感线圈的电压的表达式为

$$u_L=U_m\sin(\omega t+90°)$$

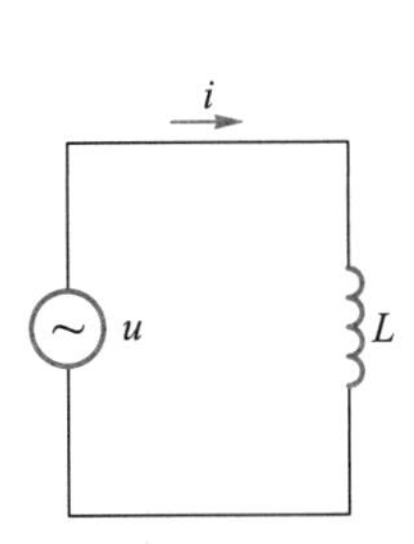

图 4-32　纯电感电路

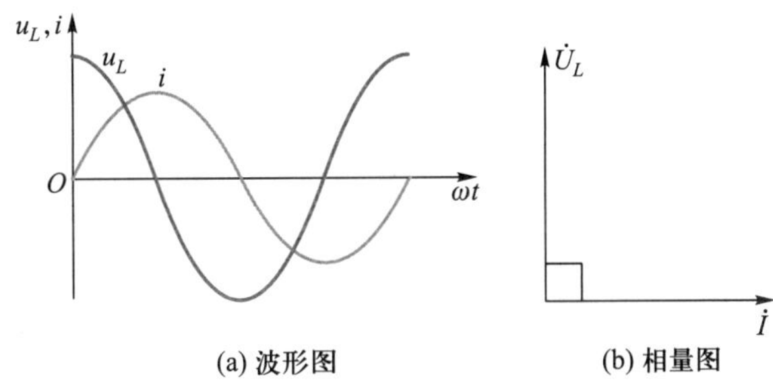

图 4-33　电压与电流相位关系

（2）最大值与有效值的关系　纯电感正弦交流电路中，电流与电压的最大值和有效值的关系符合欧姆定律，即

$$I_m=\frac{U_m}{X_L} \quad I=\frac{U_L}{X_L}$$

（3）感抗　感抗是用来表示电感线圈对交流电流起阻碍作用的一个物理量，用 X_L 表示，单位是欧姆（Ω），其表达式为

$$X_L=\omega L=2\pi fL$$

感抗的大小，取决于线圈的电感量 L 和流过它的电流的频率 f。对具有某一固定电感量的线圈而言，频率 f 越高则感抗 X_L 越大。在相同电压作用下，线圈中的电流就会减小。在直流电路中，因频率 $f=0$，故线圈的感抗也等于零。由于一般线圈的电阻很小，故电感线圈可视为短路。电感具有阻碍交流电、通直流电的作用。

(4) 功率

① 瞬时功率,其表达式为

$$p=u_L i$$

如图 4-34 所示,瞬时功率 p 有正有负,说明电感元件在电路中不消耗能量,只是做能量交换。

② 平均功率,由图 4-34 可知,纯电感正弦交流电路在一个周期内的平均功率为零,即 $P=0$。这也表明电感线圈不是耗能元件,而是储能元件。

③ 无功功率,用来衡量电感与电路进行能量交换的规模。瞬时功率的最大值称为无功功率。电感的无功功率用符号 Q_L 表示,单位是乏(Var)。表达式为

$$Q_L=U_L I=I^2X_L=\frac{U_L^2}{X_L}$$

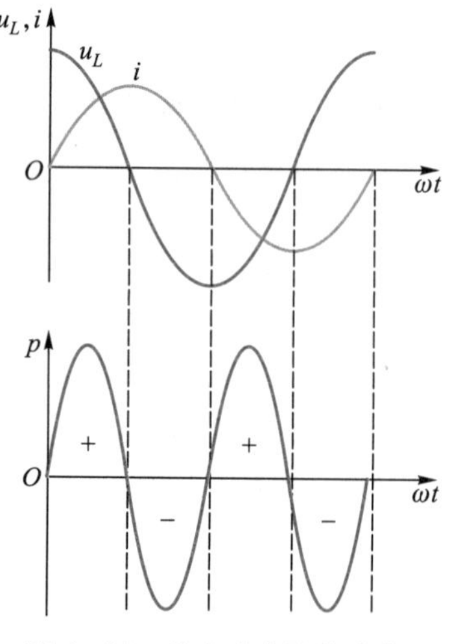

图 4-34 纯电感电路的功率

3. 纯电容正弦交流电路

由介质损耗很小、绝缘电阻很大的电容器组成的交流电路,可近似看成纯电容电路,如图 4-35所示。

(1) 相位关系 设通过电容两端的电压为 $u_C=U_m\sin 314t$,则电压与电流的相位关系为电流超前电压 90°,即 $\varphi_i=\varphi_u+90°$,如图 4-36 所示,流过电容的电流的表达式为

$$i=I_m\sin(\omega t+90°)$$

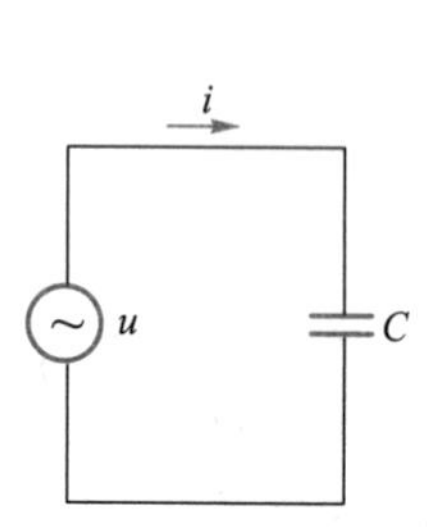

图 4-35 纯电容电路

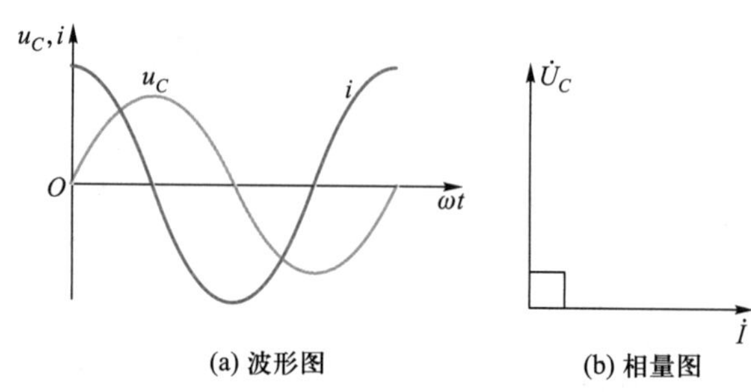

图 4-36 电压与电流相位关系

(2) 最大值与有效值的关系 纯电容正弦交流电路中,电流与电压的最大值和有效值的关系符合欧姆定律,即

$$I_m=\frac{U_m}{X_C}\quad I=\frac{U_C}{X_C}$$

(3) 容抗 容抗是用来表示电容对交流电流起阻碍作用的一个物理量。用 X_C 表示,单位是欧姆(Ω),表达式为

$$X_C=\frac{1}{\omega C}=\frac{1}{2\pi fC}$$

容抗的大小,取决于线圈的电容量 C 和流过它的电流的频率 f。容抗与频率成反比,频率 f 越高容抗 X_C 越小,频率 f 越低容抗 X_C 越大。在直流电路中,因频率 $f=0$,故电容器的容抗等于

无限大。这表明，电容器接入直流电路时，在稳态下是处于开路状态。电容在电路中的作用可以概括为：隔直流、通交流，阻低频、通高频。

（4）功率

① 瞬时功率，其表达式为 $p=ui$

如图 4-37 所示，瞬时功率 p 有正有负，说明电容元件在电路中不消耗能量，只是做能量交换。

② 平均功率。纯电容正弦交流电路在一个周期内的平均功率为零，即使 $P=0$。这也表明电容不是耗能元件，而是储能元件。

③ 无功功率，用来衡量电容与电路进行能量交换的规模。瞬时功率的最大值称为无功功率。电容的无功功率用符号 Q_C 表示，单位是乏（Var）。其表达式为

$$Q_C=U_CI=I^2X_C=\frac{U_C^2}{X_C}$$

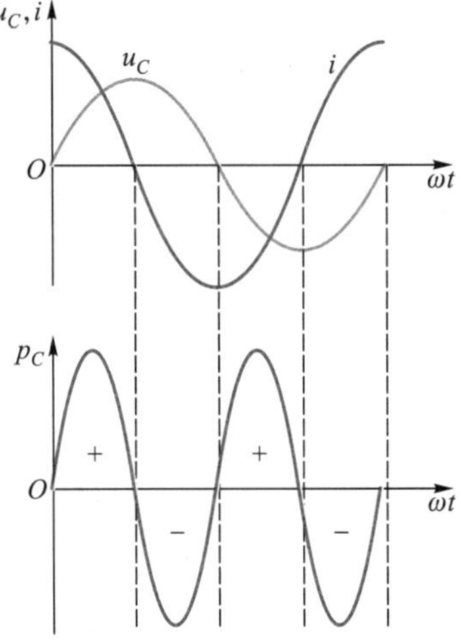

图 4-37　纯电容电路的功率

4.4.3　*RLC* 串联正弦交流电路

RLC 串联正弦交流电路如图 4-38 所示。

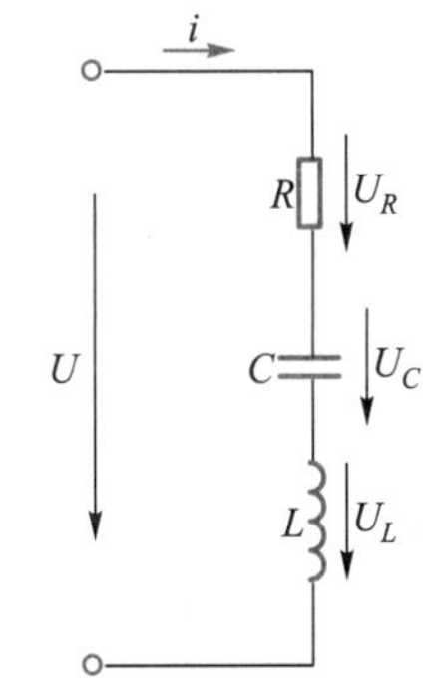

图 4-38　*RLC* 串联正弦交流电路

1. 相位关系

设 *RLC* 串联电路的电流为 $i=I_m\sin\omega t$，则

（1）电阻上电压与电流同相位：$U_R=I_mR\sin\omega t$

（2）电感上电压超前电流 90°：$U_L=I_mX_L\sin(\omega t+90°)$

（3）电容上电压滞后电流 90°：$U_C=I_mX_C\sin(\omega t-90°)$

RLC 串联电路电压与电流相位关系，如图 4-39 所示。

当 $X_L>X_C$ 时，总电压 u 超前电流 i，电路呈电感性；当 $X_L<X_C$ 时，总电压 u 滞后电流 i，电路呈电容性；当 $X_L=X_C$ 时，总电压 u 与电流 i 同相位，电路呈电阻性，此时电路发生串联谐振。

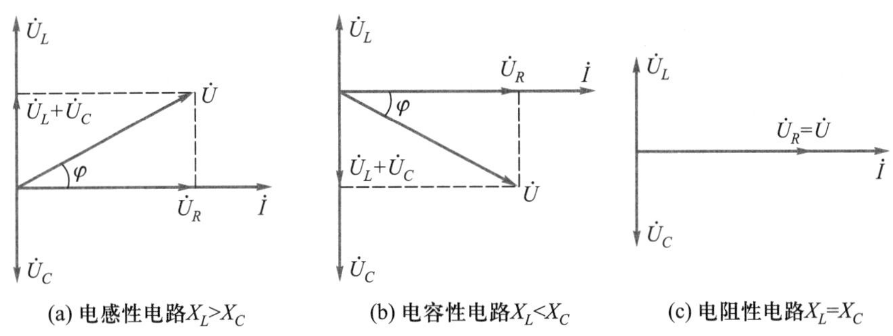

图 4-39　*RLC* 串联电路电压与电流相位关系

总电压与各分电压之间组成电压三角形，如图 4-40 所示。

2. 电流与电压的关系

$$U=\sqrt{U_R^2+(U_L-U_C)^2}=I\sqrt{R^2+(X_L-X_C)^2}=IZ$$

$$I=\frac{U}{Z}$$

上式称为交流电路的欧姆定律。式中，Z 称为阻抗，单位是欧姆(Ω)。阻抗反映了电路对交流电流的阻碍作用。阻抗、电阻、电抗组成阻抗三角形，如图 4-41 所示。

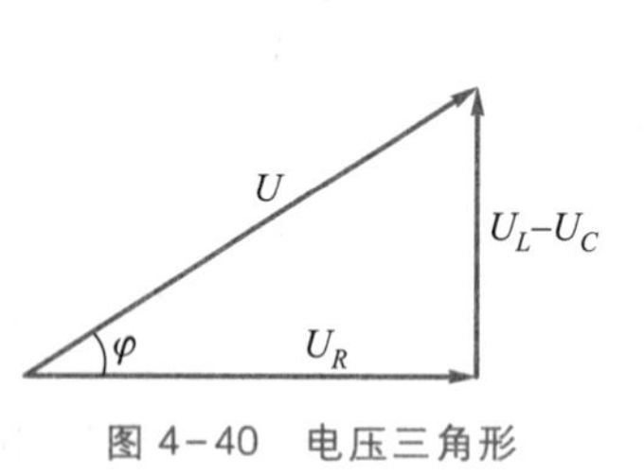

图 4-40 电压三角形

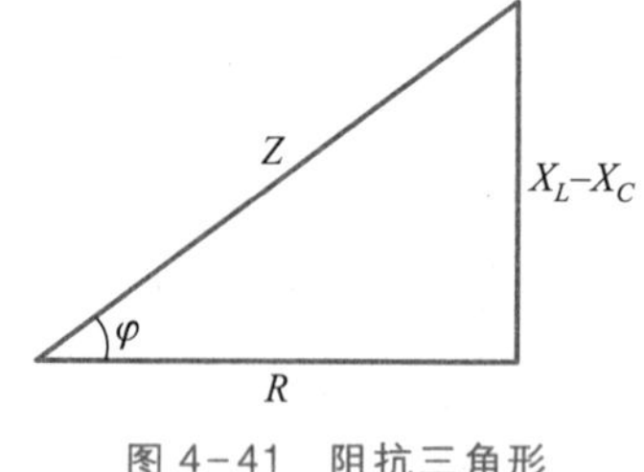

图 4-41 阻抗三角形

阻抗表达式为

$$Z=\sqrt{R^2+(X_L-X_C)^2}$$

3. 电路的功率和功率因数

（1）有功功率 在 RLC 串联交流电路中，由于只有电阻消耗功率，所以整个电路的有功功率等于电阻上的有功功率，表达式为

$$P=U_RI=I^2R$$

（2）无功功率 在 RLC 串联交流电路中，电感和电容之间进行能量交换，它们的总无功功率为两者无功功率之差，表达式为

$$Q=Q_L-Q_C$$

（3）视在功率 在 RLC 串联交流电路中，视在功率等于总电流与总电压有效值的乘积，用符号 S 表示，单位是伏安(VA)。表达式为

$$S=UI$$

视在功率代表电源所能提供的总功率。许多电气设备，例如变压器等都是按照一定的额定电压、额定电流来设计使用的，所以通常用视在功率来表示它的额定容量。

视在功率、无功功率、有功功率组成功率三角形，如图 4-42 所示。

$$S=\sqrt{P^2+Q^2}$$

$$P=S\cos\varphi=UI\cos\varphi$$

$$Q=S\sin\varphi=UI\sin\varphi$$

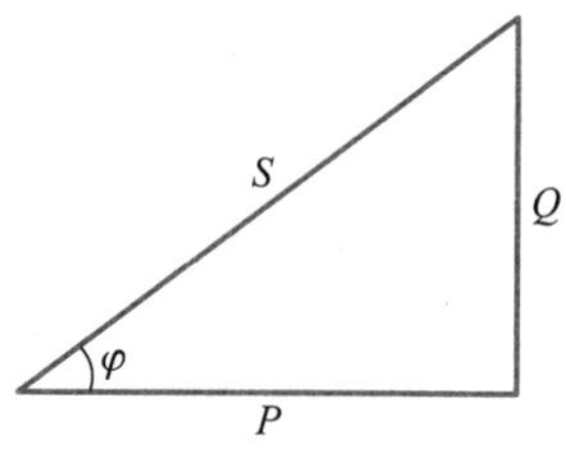

图 4-42 功率三角形

（4）功率因数 有功功率与视在功率之比称为功率因数，表达式为

$$\cos\varphi=\frac{P}{S}=\frac{R}{Z}$$

在正弦交流电路中，电路的功率因数取决于电路各元件参数及电源频率。提高电路的功率因数，是为了充分利用电源设备的容量，减小输电线路上的能量损失，改善电压质量和节约材料。

4. 正弦交流电路的谐振

在具有电感和电容元件的电路中，电路两端的电压与电流的相位一般是不同的。如果调节电路的参数或调节电源的频率而使两者相位相同，电路中就会发生谐振现象。谐振可分为串联谐振和并联谐振两种情况。

（1）串联谐振　在 *RLC* 串联电路中（如图 4-39 所示），当 $X_L=X_C$ 时，总电压与电流同相位，电路呈电阻性，此时电路发生串联谐振。发生串联谐振时，电源的频率与电路 f 的固有频率 f_0 相同，串联谐振频率为

$$f_0=\frac{1}{2\pi\sqrt{LC}}$$

可见，调节电路的参数 L、C 或 f 都可能使电路发生谐振。电路的串联谐振具有以下特征：

① 电路的阻抗为最小值，总阻抗呈电阻性。

② 电路的电流为最大值，且与端电压同相。

③ 电容及电感的端电压大小相等，相位相反，且为电源电压高出的 Q 倍，所以串联谐振也称为电压谐振。

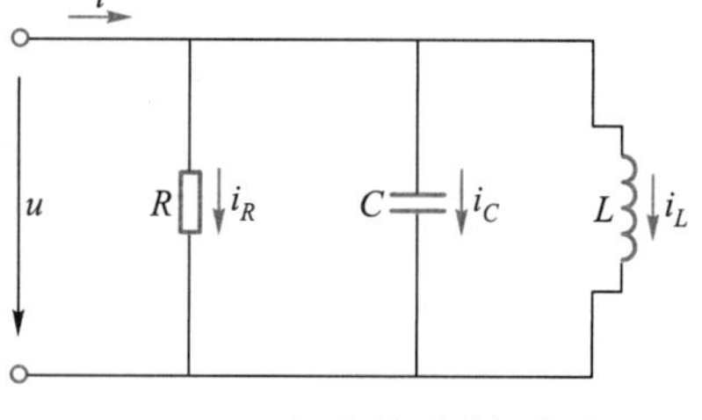

图 4-43　*RLC* 并联谐振电路

（2）并联谐振　*RLC* 并联谐振电路，如图 4-43 所示。*RLC* 并联谐振电路中，电压与电流的相位关系，如图 4-44 所示。

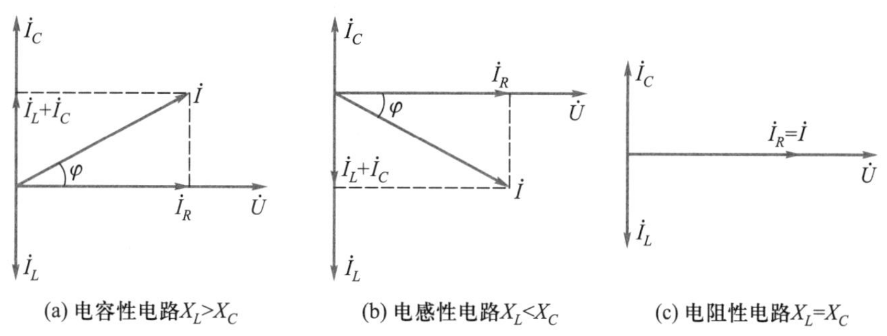

(a) 电容性电路$X_L>X_C$　(b) 电感性电路$X_L<X_C$　(c) 电阻性电路$X_L=X_C$

图 4-44　*RLC* 并联谐振电路电压与电流相位关系

当 $I_L=I_C$ 时，总电流与电压同相，这种现象称为并联谐振。并联谐振的条件是 $X_L=X_C$，谐振频率为

$$f_0=\frac{1}{2\pi\sqrt{LC}}$$

并联谐振的特点：

① 电路的总阻抗最大。

② 总电流最小。

③ 电感支路和电容支路的电流大小近似相等，相位近似相反，且为总电流 Q 倍，所以并联谐振也称为电流谐振。

4.5 三相交流电

电能的生产、传输、分配和使用等许多环节普遍采用三相交流电源供电，有三相交流电源供电的电路，称为三相交流电路。所谓三相交流电路是由三个频率相同、最大值相等、相位差互为120°的单相交流电动势组成的电路。这三个正弦电动势，称为对称三相电动势，如图 4-45 所示，瞬时值表达式为

$$e_U = E_m \sin\omega t$$
$$e_V = E_m \sin(\omega t - 120°)$$
$$e_W = E_m \sin(\omega t + 120°)$$

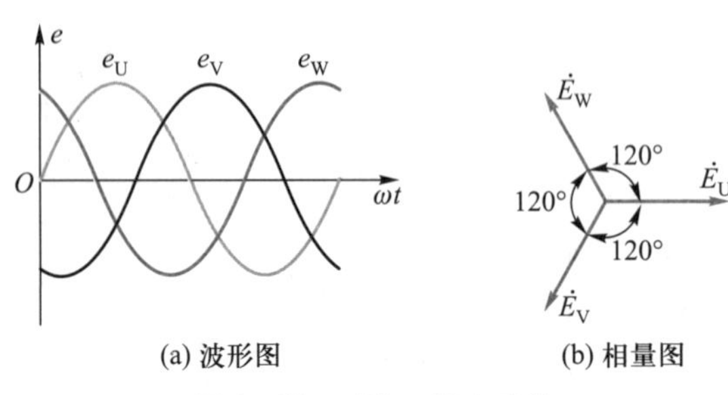

图 4-45 对称三相电动势

4.5.1 三相电源的连接

1. 对称的三相电源

三个频率相同、大小相等、相位差互为 120°的正弦交流电压源称为对称的三相电源。

(1) 对称三相电源在任一瞬间的代数和恒等于零。

(2) 三相电源中的每相电压到达正(负)最大值的先后次序，称为三相电源的相序。U-V-W-U为正序，其余为负序。

2. 三相电源的连接

三相电源绕组的连接分为星形(Y)联结和三角形(△)联结两种。

(1) Y形联结　三相绕组的星形(Y)联结，如图4-46所示。

① 相电压指相线与中性线之间的电压，用 U_U、U_V、U_W 表示。

② 线电压指相线与相线之间的电压，用 U_{UV}、U_{VW}、U_{WU}表示。

③ 电压的有效值与相电压有效值的关系为 $U_{线} = \sqrt{3} U_{相}$，且线电压总是超前于对应的相电压 30°，如图 4-47

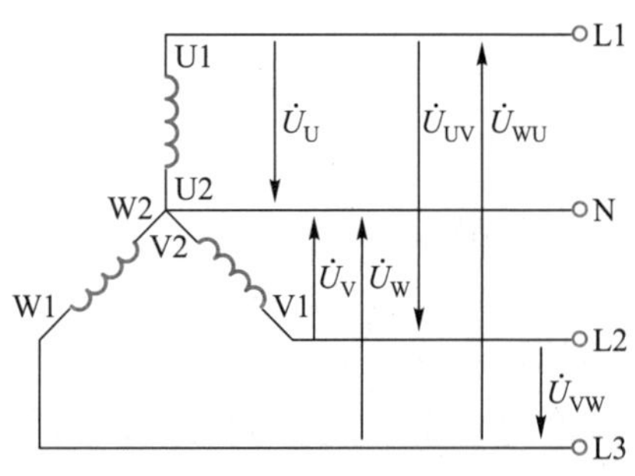

图 4-46 三相绕组的星形(Y)联结

所示。

（2）△形联结　三相绕组的三角形（△）联结，如图 4-48 所示。

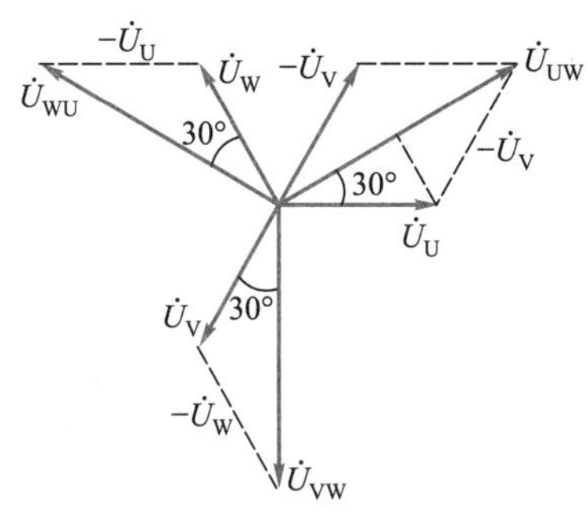

图 4-47　线电压与相电压的相量图

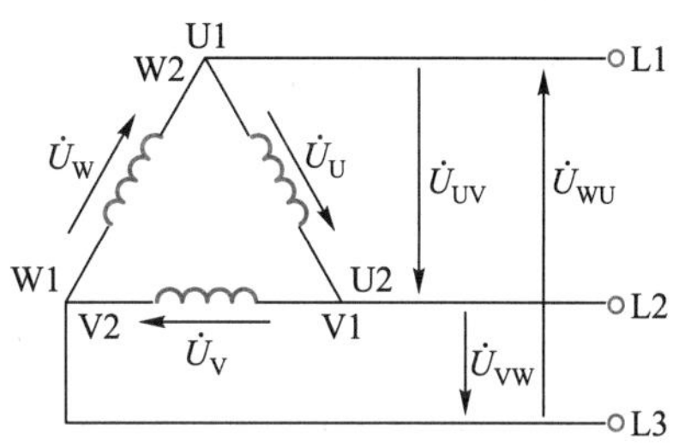

图 4-48　三相绕组的三角形（△）联结

三相电源绕组采用三角形联结时，线电压等于相电压，即 $U_{线}=U_{相}$。三相发电机作三角形联结时，只能提供一种电压。实际当中，由于三相发电机产生的三相电动势总可能存在微小的不对称性，因而会产生微小的环流。特别是当其中一相绕组接反时，发电机内部绕组的环流将很大，以至于烧毁绕组，这是绝对不能允许的。

4.5.2　三相负载的连接

根据负载额定电压的不同，三相负载的连接也有两种方式，即星形（Y）联结和三角形（△）联结。其目的是要使负载实际承受的电压与负载的额定电压相等，以保证三相负载安全正常地工作。

1. 三相负载的星形（Y）联结

将三相负载分别接在三相电源的一根相线与中性线之间的接法称为星形（Y）联结，如图 4-49所示。

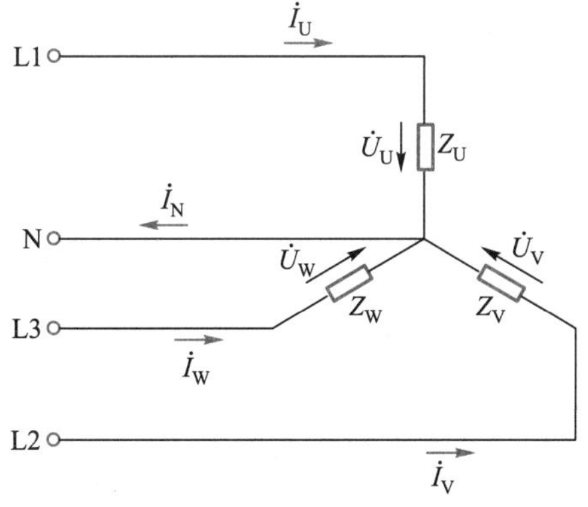

图 4-49　三相负载的星形（Y）联结

（1）相电流指流过每相负载的电流，用 I_U、I_V、I_W 或 $I_{Y相}$ 表示。

（2）线电流指流过输电线路中的电流，用 I_U、I_V、I_W 或 $I_{Y线}$ 表示。

（3）三相负载星形（Y）联结的特点：$U_{Y相}=\dfrac{U_{线}}{\sqrt{3}}$，$I_{Y线}=I_{Y相}=\dfrac{U_{Y相}}{Z_{相}}$。

如图 4-50 所示的电流相量图可知，三相负载对称时，电流的相量和为零，即中性线上电流为零

$$\dot{I}_N=\dot{I}_U+\dot{I}_V+\dot{I}_W=0$$

2. 三相负载的三角形(△)联结

将三相负载分别接在三相电源的两根相线之间的接法称为三角形(△)联结，如图 4-51 所示。

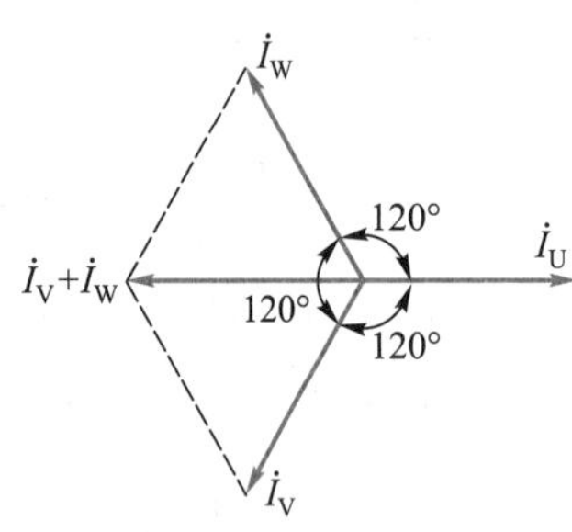

图 4-50 电流相量图

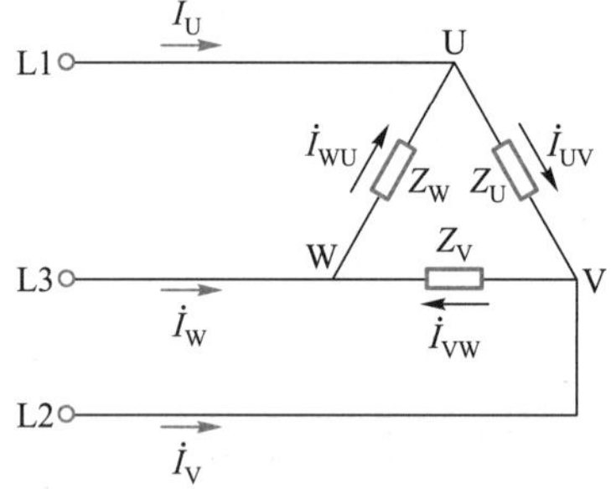

图 4-51 三相负载的三角形(△)联结

三相负载三角形(△)联结的特点：$U_{\triangle相}=U_{线}$，$I_{\triangle线}=\sqrt{3}I_{\triangle相}$。各线电流在相位上比与它相对应的相电流滞后 30°，如图 4-52 所示。

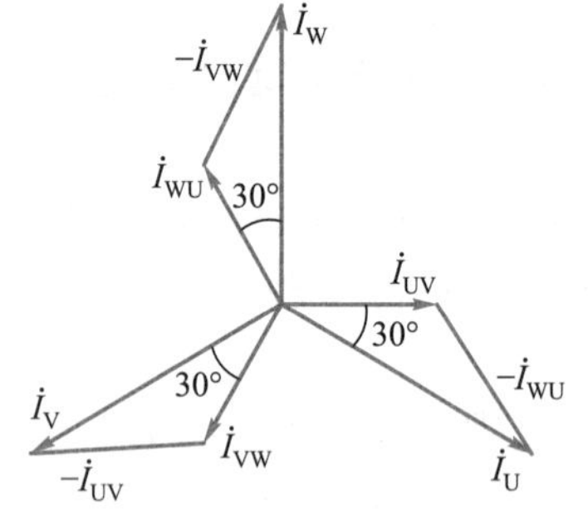

图 4-52 电流相量图

3. 三相对称负载的功率

三相对称负载不论是星形(Y)联结还是三角形(△)联结，各功率如下。

(1) 三相对称负载总有功功率均为

$$P=3U_{相}I_{相}\cos\varphi=\sqrt{3}U_{线}I_{线}\cos\varphi$$

(2) 三相对称负载的无功功率为

$$Q=3U_{相}I_{相}\sin\varphi=\sqrt{3}U_{线}I_{线}\sin\varphi$$

(3) 三相对称负载的视在功率为

$$S=3U_{相}I_{相}=\sqrt{3}U_{线}I_{线}$$

4. 三相对称负载连接特点

在电源线电压不变时，三相负载分别接成星形(Y)、三角形(△)时对比，有以下特点：

(1) 负载接成三角形(△)时的相电流是接成星形(Y)时的相电流的$\sqrt{3}$倍：$I_{\triangle相}=\sqrt{3}I_{Y相}$。

(2) 负载接成三角形(△)时的线电流是接成星形(Y)时的线电流的 3 倍：$I_{\triangle线}=3I_{Y线}$。

(3) 负载接成三角形(△)时的功率是接成星形(Y)时的功率的 3 倍。

4.6 变 压 器

在实际应用中，常常需要改变交流的电压。大型发电机发出的交流，电压有几万伏，而远距离输电却需要高达几十万伏的电压。各种用电设备所需的电压也各不相同。电灯、电饭煲、洗衣

机等家用电器需要 220 V 的电压,机床上的照明灯需要 36 V 的安全电压。一般半导体收音机的电源电压不超过 10 V,而电视机显像管却需要 10 000 V 以上的高电压。为了适应各种不同需要,常采用变压器改变交流电压。

变压器是根据电磁感应原理,将一种交流电压转换成同频率的另一种交流电压的静止设备。变压器除了用来变换电压,还可用于变换电流、变换阻抗、变换相位和电气隔离等,在各种仪器、设备上完成特殊任务。例如,电子仪器中或收音机中应用变压器来进行信号传递和负载匹配;测量仪表中用来测量高电压和大电流的互感器等。

4.6.1　变压器的基本知识

1. 变压器的分类

按照用途可分为:电力变压器、特种电压器、仪用电压器。

按照相数可分为:单相变压器、三相变压器。

按照绕组可分为:双绕组变压器、三绕组变压器、多绕组变压器。

按照铁芯结构可分为:芯式变压器、壳式变压器。

按照冷却条件分为:油浸式变压器、空冷式变压器。

2. 变压器的基本构造

变压器由铁芯和绕组两部分组成,如图 4-53 所示。

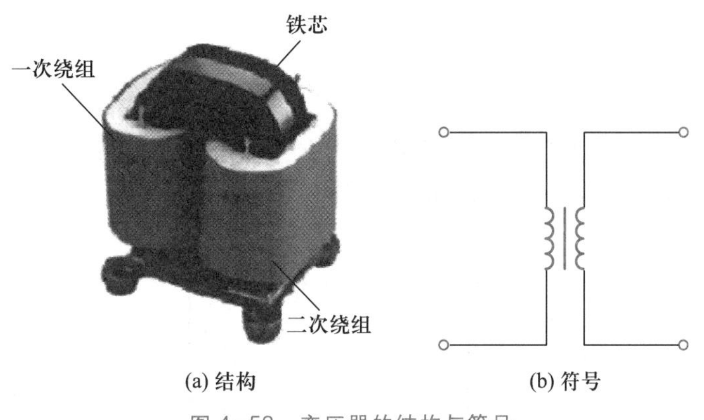

图 4-53　变压器的结构与符号

(1) 铁芯　铁芯是变压器的磁路部分。为了提高磁路的导磁性能和降低铁芯的涡流及磁滞损耗,变压器铁芯用具有绝缘层的 0.35~0.5 mm 厚的硅钢片叠成。芯式结构是变压器的铁芯被绕组包围,多用于电力变压器;壳式结构是变压器的铁芯包围绕组,常用于小容量变压器。变压器的结构形式如图 4-54 所示。

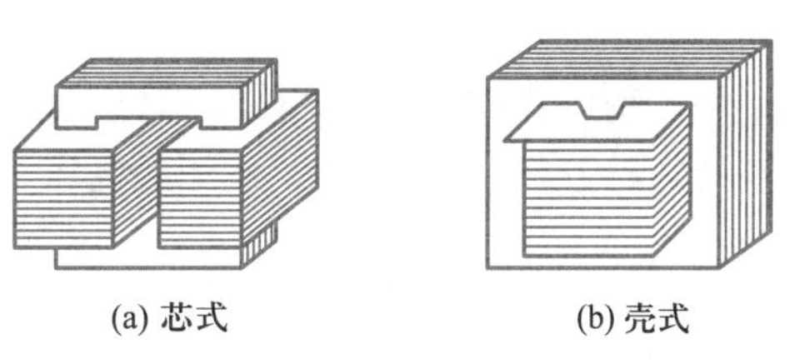

图 4-54　变压器的结构形式

(2) 绕组　绕组是变压器的电路部分。小容量变压器多用高强度漆包线绕制,大容量变压器可用绝缘铜线或铝线绕制。变压器绕组按绕制方式分同芯式绕组和交迭式绕组。同芯式绕组是将高、低压绕组同芯地套在铁芯柱上，低压绕组装在里面，高压绕组装在外面；交迭式绕组是将高、低压绕组分成若干线饼，沿着铁芯柱的高度交替排列，最上层和最下层放置低压绕组。

3. 变压器的额定值

(1) 额定容量 S_N　在变压器铭牌上规定的容量就是额定容量，它是指分接开关位于主分接，是额定空载电压、额定电流与相应的相系数的乘积。对于三相变压器而言，额定容量 = $\sqrt{3}$ 额定相电压×相电流，额定容量一般以 kV · A 或 MV · A 表示。

(2) 一次绕组的额定电压 U_{1N}　它是根据变压器的绝缘强度和容许发热规定的在一次绕组上应加的电压值。

(3) 二次绕组的额定电压 U_{2N}　它是一次绕组电压为额定值时，二次绕组两端的空载电压值。通常在铭牌上以分数形式表示 U_{1N}/U_{2N}。例如，铭牌标 380/36 V，则 U_{2N} = 36 V。

(4) 一次绕组的额定电流 I_{1N}　它是根据变压器容许发热规定的在一次绕组中长期容许通过的最大电流值。

(5) 二次绕组的额定电流 I_{2N}　它是根据变压器容许发热规定的在二次绕组中长期容许通过的最大电流值。

(6) 额定频率 f　它是加在变压器一次绕组上的电压的允许频率。我国规定的标准频率（工频）为 50 Hz。

(7) 温升　变压器在额定运行情况时，允许超出环境温度的数值，它由变压器所用绝缘材料的等级决定。

4. 变压器的工作原理

变压器是按电磁感应原理工作的，一次绕组接在交流电源上，在铁芯中产生交变磁通，从而在一次绕组、二次绕组产生感应电动势，如图 4-55 所示。

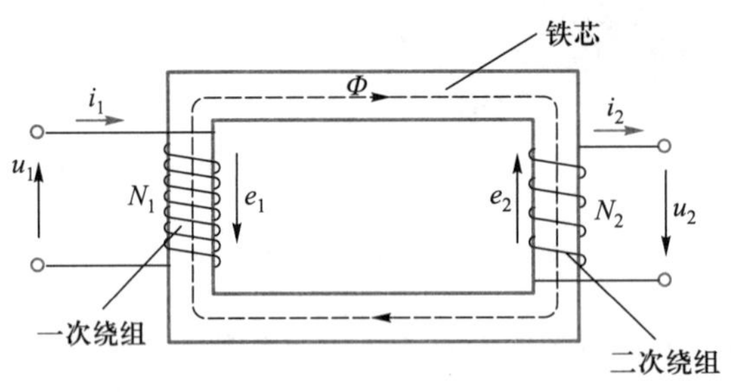

图 4-55　变压器的工作原理

(1) 变压器空载运行　变压器空载运行是将变压器的一次侧绕组接交流电源，二次侧绕组开路的运行方式。一次侧、二次侧的电压与匝数成正比，表达式为

$$\frac{U_1}{U_2}=\frac{N_1}{N_2}=K$$

式中，K 称为变压比，即变压器一次侧、二次侧线圈的端电压之比。

如果 $N_1<N_2$，则 $K<1$，电压上升，称为升压变压器。

如果 $N_1>N_2$，则 $K>1$，电压下降，称为降压变压器。

(2) 变压器有载运行　变压器有载运行是将变压器的一次侧绕组接交流电源，二次侧绕组接负载的运行方式。一次侧、二次侧的电流与匝数成反比，表达式为

$$\frac{I_1}{I_2}=\frac{N_2}{N_1}=\frac{1}{K}$$

4.6.2　常见的变压器

1. 电力变压器

电力变压器按照用途分，可分为升压变压器、降压变压器、配电变压器、联络变压器和厂用电变压器等，外形如图 4-56(a)所示。

(a) 电力变压器　(b) 控制变压器

(c) 电压互感器　(d) 电流互感器

图 4-56　各种变压器外形

2. 特种变压器

常见的特种变压器有控制变压器、电压互感器、电流互感器等。

(1) 控制变压器　控制变压器适用于交流 50～60 Hz，电压至 660 V 的电路中，作为机床等机械设备的控制电器的电源或低压照明用，外形如图 4-56(b)所示。

(2) 电压互感器　电压互感器是将大电压按比例变换成小电压进行测量的仪器。通常二次侧采用量程为 100 V 的电压表，与电压互感器配套使用。电压互感器的额定电压等级有 6 000/100 V、1 000/100 V 等，外形如图 4-56(c)所示。使用电压互感器时，应注意：电压互感器二次侧都必须可靠接地；电压互感器一次侧、二次侧分别都装有相应的熔断器；两侧要避免短路。

(3) 电流互感器　电流互感器是将大电流按比例变换成小电流进行测量的仪器。通常二次侧采用量程为 5 A 的电流表，与电流互感器配套使用。电流互感器额定电流等级有 100/5 A、

500/5 A、200/5 A 等,外形如图 4-56(d)所示。使用电流互感器应注意:电流互感器二次绕组、外壳、铁芯必须可靠接地,并且二次侧不允解接空气断路器或熔断器。电流互感器二次侧不能开路。在二次回路装拆仪表时,必须先把二次回路短路后才能进行操作。

习题

1. 判断题

(1) 当测量电容器时万用表指针摆动后停止不动,说明电容器短路。( )

(2) 基尔霍夫第一定律是节点电流定律,是用来证明电路上各电流之间关系的定律。( )

(3) 欧姆定律指出,在一个闭合电路中,当导体温度不变时,通过导体的电流与加在导体两端的电压成反比,与其电阻成正比。( )

(4) 对称的三相电源是由振幅相同、初相依次相差 120°的正弦电源连接组成的供电系统。( )

(5) 220 V 的交流电压最大值为 380 V。( )

(6) 电动势的正方向规定为从低电位指向高电位,所以测量时电压表正极应接电源负极,而电压表负极接电源的正极。( )

(7) 电流的大小用电流表来测量,测量时将其并联在电路中。( )

(8) 220 V/100 W 的灯泡和 220 V/40 W 的灯泡串联后接到 220 V 的线路上,则 40 W 的灯泡比 100 W 亮。( )

(9) 电流的大小用电流强度来表示,它指单位时间内通过电路某一横截面的电荷量。( )

(10) 两个电阻,当它们串联时,功率比为 4/3,若将它们并联,则功率比为 3/4。( )

(11) 电路中两点的电位都很高,这两点间的电压一定很高。( )

(12) 电路中电源内部电流不一定是由负极流向正极。( )

(13) 电工绝缘材料的电阻率一般在 106 Ω · m 以上。( )

(14) 在正弦交流电路中,电容的容抗与频率成正比。( )

(15) 在交流电路中,有功功率越大,电源容量利用率越高。( )

(16) 凡负载作三角形(△)联结时,线电流必等于相电流。( )

2. 选择题

(1) 日常用的白炽灯,灯丝断后再搭上使用往往比原来的更亮,这是因为电阻( )。

A. 减小　　B. 增大　　C. 不变　　D. 无法确定

(2) 三个阻值相等的电阻串联,且其两端的总电压为 15 V,则每个电阻两端的电压为( )。

A. 15 V　　B. 45 V　　C. 5 V　　D. 9 V

(3) 三个阻值相等的电阻并联,电路的总电流是 9 A,则流过每个电阻的电流为( )。

A. 9 A　　B. 3 A　　C. 27 A　　D. 12 A

(4) 两个阻值相等的电阻串联后总电阻为 80 Ω,则这两个电阻并联后的总电阻为( )Ω。

A. 80　　B. 20　　C. 40　　D. 160

(5) 在某一直流电路中,a 点的电位为 35 V,b 点的电位为 20 V,则 b 点和 a 点之间的电压 U_{ba}为( )。

A. 35 V　　B. 15 V　　C. 55 V　　D. -15 V

(6) 某一直流电路中，一阻值为 1 kΩ 的电阻两端的电压为 10 V，则流过此电阻的电流为(　　)。

A. 1 A　　B. 10 A　　C. 100 mA　　D. 10 mA

(7) 已知电路中电阻 $R=5\ \Omega$，其所消耗的功率为 20 W，则流过该电阻的电流为(　　)。

A. 4 A　　B. 2 A　　C. 10 A　　D. 0.5 A

(8) 下列金属材料中(　　)的电阻率最小，其导电性能最好。

A. 铜　　B. 铝　　C. 银　　D. 铁

(9) 下列单位中，哪一个是电功率的单位(　　)。

A. 千瓦小时　　B. 度　　C. 焦耳　　D. 马力

(10) 将标有 110 V/40 W 和 110 V/100 W 的灯各一盏，串联后接在电压 220 V 的电源上，则(　　)正常发光。

A. 都能　　B. 仅第一盏能　　C. 仅第二盏能　　D. 均不能

(11) 下列说法哪一种是错误的(　　)。

A. 串联电路总电阻等于各电阻之和

B. 并联电路总电阻的倒数等于各支路电阻倒数之和

C. 并联电路总电阻比任何一个支路电阻都要大

D. 串联电路总电阻比任何一个电阻要大

(12) 一个电水壶的功率为 2 kW，它在 30 min 内耗电(　　)度。

A. 6　　B. 3　　C. 1　　D. 2

(13) 判明电灯亮度的主要依据是(　　)。

A. 电压　　B. 电流强度　　C. 电功　　D. 电功率

(14) 交流电的三要素是(　　)。

A. 最大值、角频率、初相位　　B. 瞬时值、频率、相位

C. 有效值、频率、周期　　D. 最大值、角频率、周期

(15) 对称三相正弦电动势的特点是(　　)。

A. 频率相同、幅值不等、相位上彼此相差 120°

B. 频率相同、幅值相等、相位上彼此相差 120°

C. 频率不同、幅值不等、相位上彼此相差 120°

D. 频率不同、幅值相等、相位上彼此相差 120°

(16) 在正弦交流电路中，用万用表测得的电流是(　　)。

A. 最大值　　B. 有效值　　C. 瞬时值　　D. 平均值

(17) 已知交流电压的有效值为 220 V，则最大值是(　　)V。

A. 440　　B. 311　　C. 220　　D. 127

(18) 交流电路中，某元件电流的(　　)是随时间不断变化的量。

A. 有效值　　B. 平均值　　C. 瞬时值　　D. 最大值

(19) 交流电每秒钟内变化的角度叫交流电的(　　)。

A. 频率　　B. 周期　　C. 相位　　D. 角频率

(20) 在磁场内部和外部，磁力线(　　)。

A. 都是 S 极指向 N 极　　B. 都是 N 极指向 S 极

C. 内部 S 极指向 N 极，外部 N 极指向 S 极　　D. 内部 N 极指向 S 极，外部 S 极指向 N 极

（21）将变压器的一次侧绕组接交流电源，二次侧绕组的电流大于额定值，这种运行方式称为变压器（　　）运行。

A. 空载　　B. 过载　　C. 满载　　D. 负载

3. 综合题

（1）一块条形磁铁和一块软铁形状完全相同，在没有其他工具的情况下，你怎样辨别它们？

（2）如图 4-57 所示，箭头表示磁铁插入和拔出线圈的方向，试根据楞次定律标出图中电流计的偏转方向。

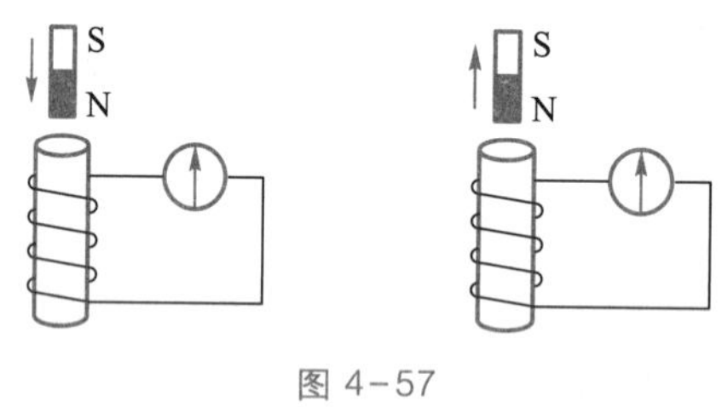

图 4-57

（3）如图 4-58 所示，导体或线圈在均匀磁场中按图示方向运动，是否会产生感应电动势？如可以产生，其方向如何？

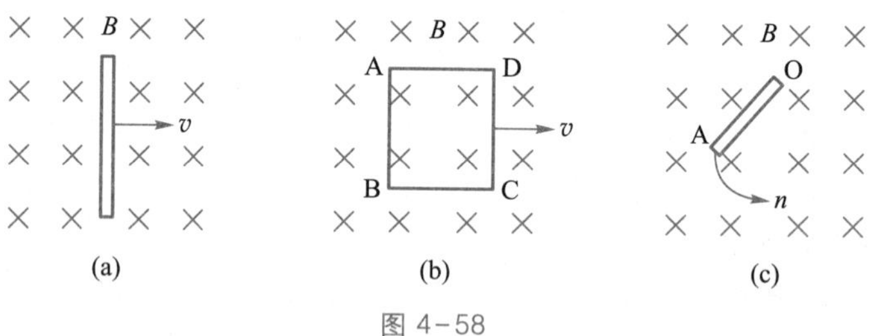

图 4-58

（4）已知某纯电容电路两端的电压为 $u=220\sqrt{2}\sin 500t$，电容 $C=10\ \mu F$，试求：① 流过电容的瞬时电流；② 电路的无功功率；③ 电流、电压的相量图。

（5）如图 4-59 所示电路中，$C_1=15\ \mu F$，$C_2=10\ \mu F$，$C_3=30\ \mu F$，$C_4=60\ \mu F$，求 A、B 两端的等效电容。

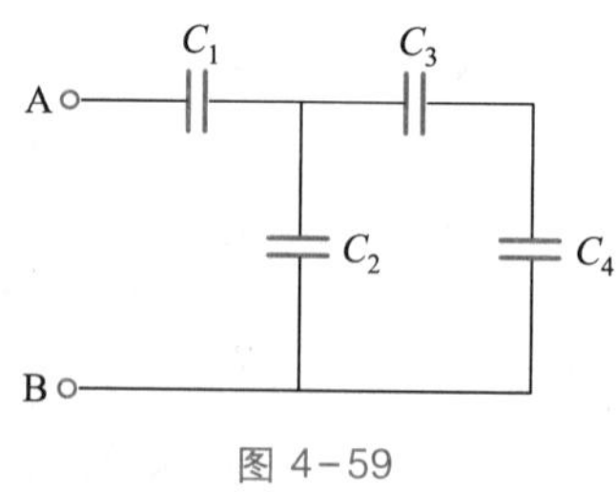

图 4-59

（6）一个“220 V　25 W”的灯泡接在 $u=220\sqrt{2}\sin(314t+90°)$ 的电源上，试求：① 灯泡的工作电阻；② 电流的瞬时值表达式；③ 电压、电流的相量图。

拓展延伸 城市轨道交通中的供电方式

城市轨道交通供电系统是城市轨道交通系统的重要组成部分，它包括高压供电系统、牵引供电系统、动力照明供电系统，其中牵引供电系统主要是将上一级变电所电压经牵引变电所处理后送接触网，供电动车辆使用。

1. 高压供电系统

城市轨道交通作为城市电网的一个用户，一般都直接从城市电网取得电能，无须单独建设电厂，城市电网对城市轨道交通进行供电，供电方式有集中供电、分散供电和混合供电。

（1）集中供电 城市轨道交通沿线，根据用电容量和线路长短，建设专用的主变电所。主变电所进线电压一般为 110 kV，经降压后变成 35 kV 或 10 kV，供牵引变电所与降压变电所使用。主变电所应有两路独立的进线电源。集中供电，有利于城市轨道交通供电形成独立体系，便于管理和运营，如图 4-60 所示。

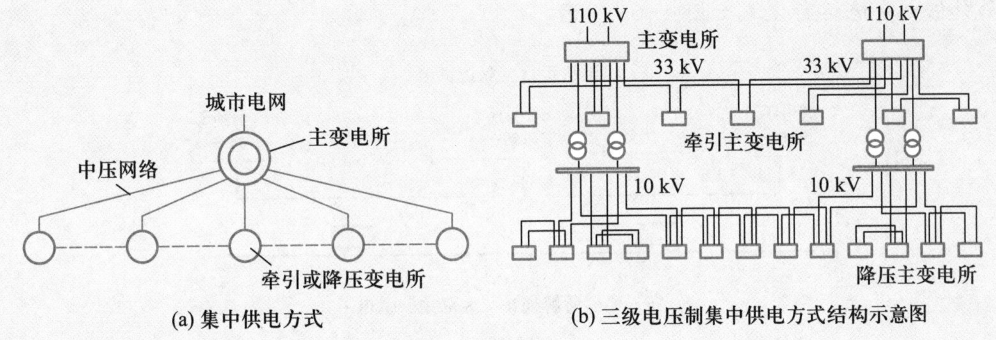

图 4-60 集中供电

（2）分散供电 分散供电指在地铁沿线直接由城市电网引入多路电源构成供电系统，如图 4-61 所示，一般为 10 kV 电压级。分散供电要保证每座牵引变电所和降压变电所均获得双路电源，要求城市轨道交通沿线有足够的电源引入点及备用容量。

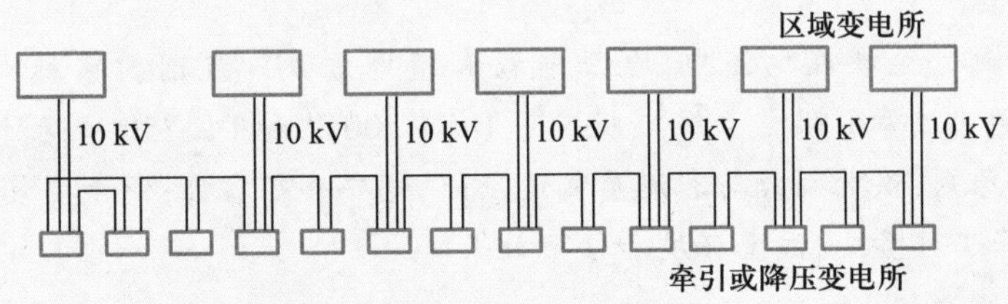

图 4-61 分散供电

（3）混合供电 混合供电是将前两种供电方式结合起来，一般以集中供电为主，个别地段引入城市电网电源作为集中供电的补充，使供电系统更加完善和可靠。

2. 牵引供电系统

牵引变电所将三相高压交流电变成适合电动车辆应用的低压直流电，馈线再将牵引变电所的直流电送到接触网上，电动车辆通过其受流器与接触网的直接接触而获得电能，如图 4-62 所示。

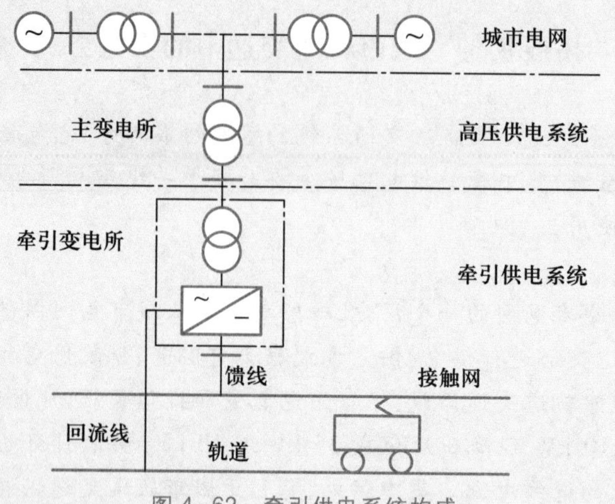

图 4-62 牵引供电系统构成

牵引供电系统运行方式如图 4-63 所示。

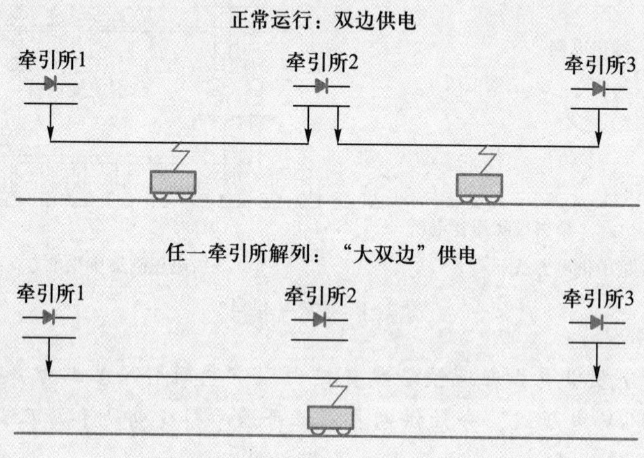

图 4-63 牵引供电系统运行方式

牵引网的供电制式主要指电流制、电压等级和馈电方式。我国国家标准 GB/T 10411—2005《城市轨道交通直流牵引供电系统》，规定了 DC 1 500 V 和 DC 750 V 两种电压制式。

供电制式选择原则：供电制式与客流量相适应；供电安全可靠性；便于安装和事故抢修；牵引网使用寿命长，维修工作量小；注重环境和景观效果。

3. 动力照明供电系统

动力照明供电系统提供车站和区间各类照明、扶梯、风机、水泵等动力机械设备电源和通信、信号、自动化等设备电源，由降压变电所和动力照明配电线路组成。

动力照明采用 380/220 V 三相五线制系统（TN-S 系统）配电。基本上采用放射式供电，个别负荷可采用树干式供电。一类负荷要求双电源、双电缆，供电末端自动切换，来电自复；二类负荷为双电源、单电缆；三类负荷为单电源、单电缆。

模块5

模拟电路基础

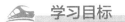

学习目标

通过本模块的学习，使学生掌握模拟电子电路的基本工作原理、分析方法，培养学生分析模拟电路原理的能力，掌握识别和检测常用半导体器件的方法，通过电路的装配、调试和检修，掌握电子基本操作技能，为专业学习提供必要的理论基础和操作技能。

5.1 二极管的认知

电子电路区别于之前所学电路是电路中引入各种电子器件。电子器件的类型很多，目前使用得最广泛的是半导体器件——二极管、稳压管、晶体管等。由于本课程的任务不是研究这些器件内部的物理过程，而是讨论它们的应用，因此在简单介绍这些器件的外部特性的基础上，着重讨论它们的应用电路。

5.1.1 半导体及其主要特性

典型的半导体材料有硅（Si）和锗（Ge）以及砷化镓（GaAs）。

1. 本征半导体

完全纯净的、结构完整的半导体材料称为本征半导体。本征半导体中存在两种导电粒子，一种是带负电的自由电子，另一种是带正电的空穴，它们在外电场的作用下作定向移动形成电流，故统称载流子。本征半导体中，自由电子和空穴相伴产生，数目相同，这种物理现象称为本征激发，如图 5-1 所示。

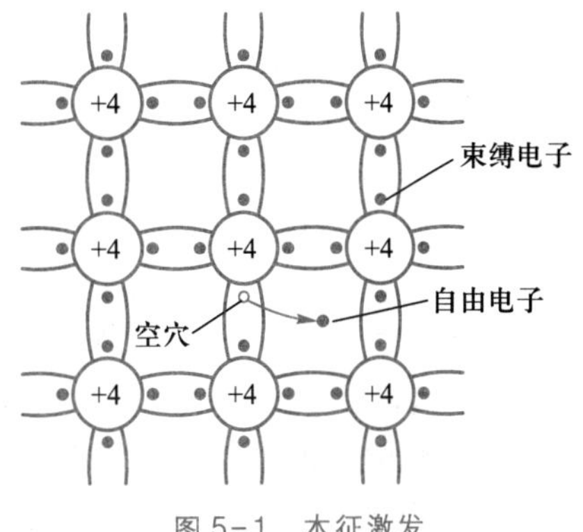

图 5-1　本征激发

在常温下本征激发产生的自由电子和空穴很少，本征半导体导电性能比较差。但当温度升高和光照增强时，激发的电子空穴对数目增加，半导体的导电能力增强，这就是半导体的热敏特性和光敏特性。

2. 杂质半导体

在本征半导体中加入微量杂质，导电性能将大大提高，这是半导体的掺杂特性。根据掺入杂质不同，可制成两大类型的杂质半导体：电子型（N 型）半导体和空穴型（P 型）半导体。

P 型半导体是在本征半导体中加入微量的三价元素构成，如硼等。硼原子与周围的硅原子形成共价键，因缺少一个电子，在晶体中便产生一个空位，当相邻共价键上的电子获得能量时就有可能填补这个空位，使硼原子成了不能移动的负离子，而原来的硅原子的共价键则因缺少一个电子，形成了空穴，但整个半导体仍呈中性。这种 P 型半导体以空穴导电为主，空穴为多数载流子，自由电子为少数载流子，因此也叫空穴型半导体。

N 型半导体是在本征半导体中加入微量的五价元素构成，如磷等。掺入后，它与硅原子形成共价键，产生了自由电子。在 N 型半导体中，电子为多数载流子，空穴为少数载流子，因此也叫电子型半导体。

3. PN 结

采用掺杂工艺，通过扩散作用，将 P 型半导体与 N 型半导体制作在同一块半导体（通常是硅或锗）基片上，在它们的交界面就形成空间电荷区，称为 PN 结。PN 结是构成各种半导体器件的基础。

（1）PN 结的形成　由于多数载流子因浓度上的差异而形成的运动，称为扩散运动。根据扩散原理，空穴要从浓度高的 P 区向 N 区扩散，自由电子要从浓度高的 N 区向 P 区扩散，并在交界面发生复合（耗尽），形成载流子极少的正负空间电荷区，也就是 PN 结，如图 5-2 所示。

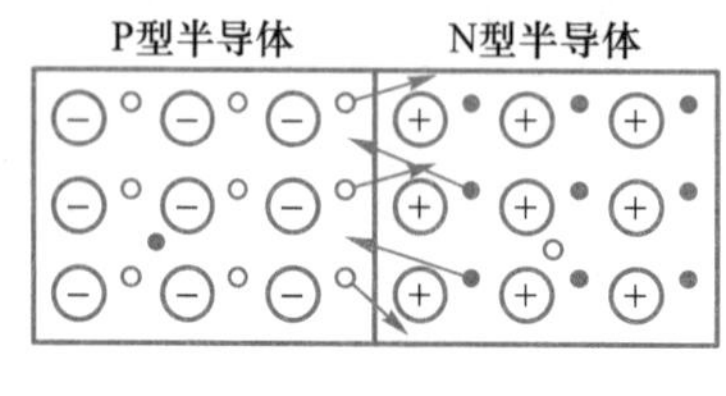

(a) 载流子的扩散运动

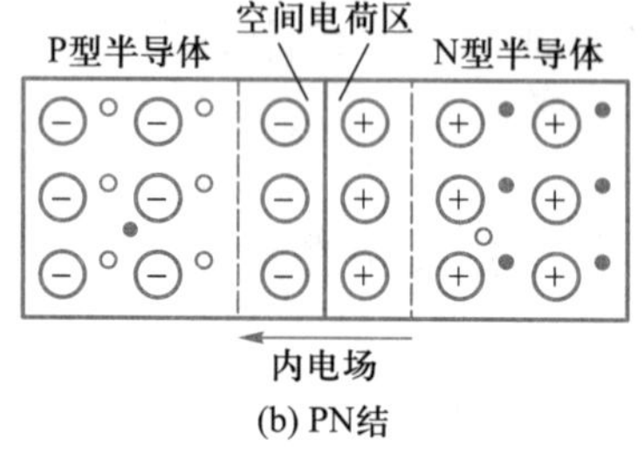

(b) PN结

图 5-2　PN 结的形成

空间电荷区出现后，因为正负电荷的作用，将产生一个从 N 区指向 P 区的内电场。内电场的方向，会对多数载流子的扩散运动起阻碍作用。由于 PN 结内的自由电子和空穴已经中和，几乎没有可自由移动的载流子，故此 PN 结又叫耗尽层。

（2）PN 结的单向导电性　如果在 PN 结两端加上不同极性的电压，PN 结会呈现出不同的导电性能。

① PN 结外加正向电压。PN 结 P 端接高电位，N 端接低电位，称 PN 结外加正向电压，又称 PN 结正向偏置，简称为正偏，如图 5-3（a）所示。PN 结外加正向电压时，外加电场与内电场方向相反，内电场被削弱，多子的扩散运动大大超过少子的漂移运动，N 区的电子不断扩散到 P 区，P 区的空穴也不断扩散到 N 区，形成较大的正向电流，这时称 PN 结处于导通状态。

② PN 结外加反向电压。PN 结 P 端接低电位,N 端接高电位,称 PN 结外加反向电压,又称 PN 结反向偏置,简称为反偏,如图 5-3(b)所示。反向偏置时内、外电场方向相同,因此内电场增强,致使多子的扩散难以进行,即 PN 结对反向电压呈高阻特性。反偏时少子的漂移运动虽然被加强,但由于数量极少,反向电流一般情况下可忽略不计,此时称 PN 结处于截止状态。

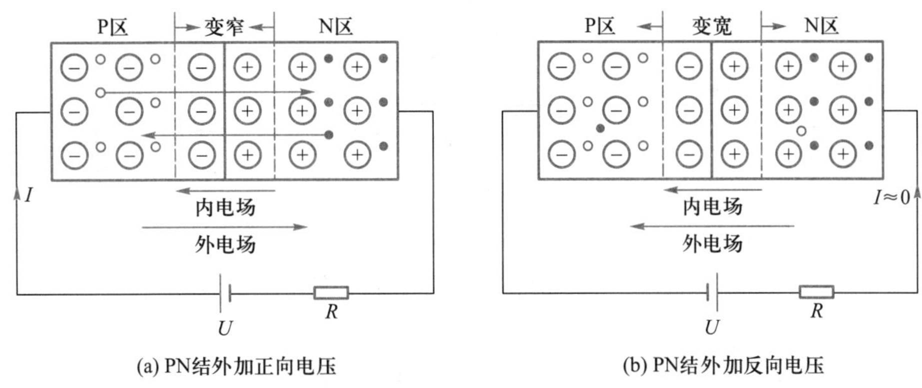

图 5-3　PN 结的单向导电性

综上所述,PN 结正偏导通,反偏截止的特性,称为其单向导电性,导电方向是由 P 区指向 N 区。

5.1.2　二极管基本知识

1. 二极管的结构和符号

二极管由一个 PN 结加上两个接触电极、引线和管壳构成。二极管的结构和符号如图 5-4 所示。

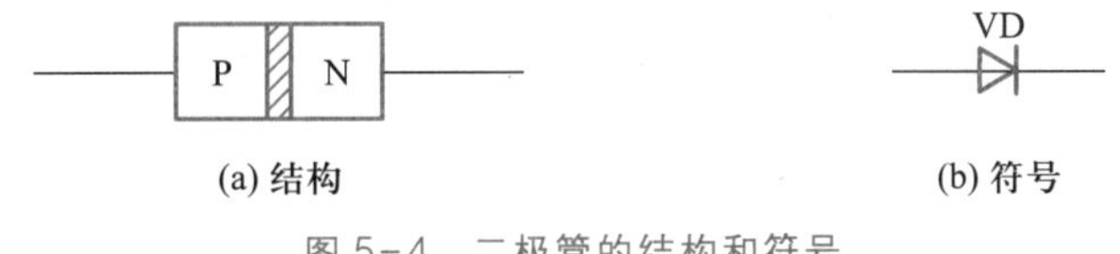

图 5-4　二极管的结构和符号

常用二极管的符号,如图 5-5 所示。

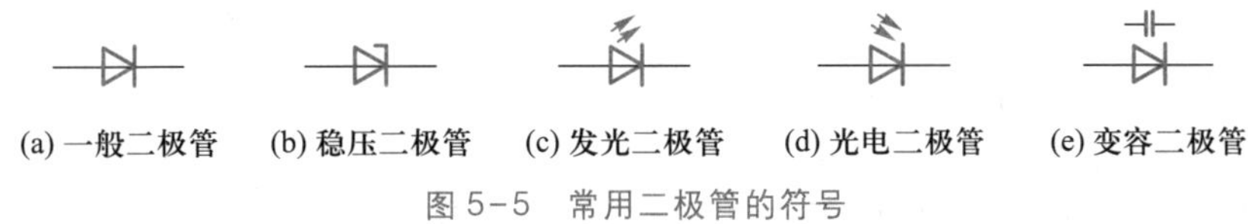

图 5-5　常用二极管的符号

2. 二极管的分类

(1) 按制造工艺分:点接触型二极管、面接触型二极管、平面型二极管等。如图 5-6 所示。

点接触型二极管特点是 PN 结面积小,通过的电流小,常用于高频、检波、开关等。

面接触型二极管特点是 PN 结面积大,通过的电流大,常用于低频、整流。

平面型二极管特点是 PN 结面积小时,通过的电流小,可用于脉冲数字电路;PN 结面积大时,通过的电流大,常用于大功率整流。

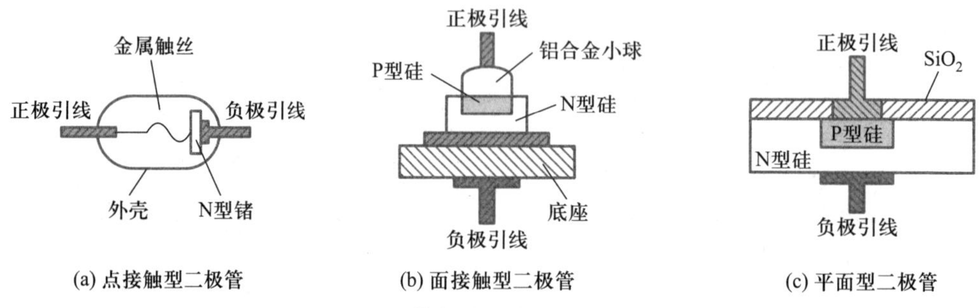

图 5-6 按制造工艺分类的二极管

(2) 按材料分:硅管和锗管。

(3) 按用途分:检波管、整流管、稳压管、开关管、发光管等。

3. 二极管的伏安特性

二极管的伏安特性曲线,如图 5-7 所示。

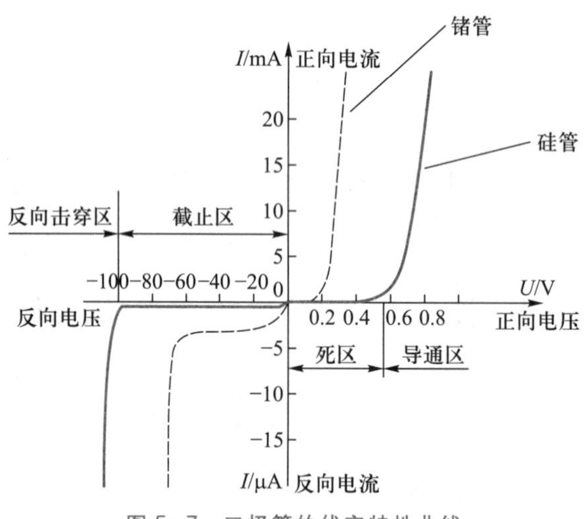

图 5-7 二极管的伏安特性曲线

(1) 正向特性　二极管正向偏置是指二极管正极接高电位(电源正极),负极接低电位(电源负极)。正向特性是当外加正向电压大于死区电压(锗管约为 0.2 V,硅管约为 0.5 V)时,二极管导通。二极管正向导通后,正向电压变化范围很小(锗管约为 0.3 V,硅管约为 0.7 V),近似恒压特性。正向导通的二极管相当于一个接通的开关。

(2) 反向特性　二极管反向偏置是指二极管正极接低电位(电源正极),负极接高电位(电源负极)。反向特性是当二极管两端加反向电压时,反向电流很小,而且在一定范围内基本不随反向电压的变化而变化,此时二极管截止。反向截止的二极管相当于一个断开的开关。

综上所述，二极管具备 PN 结的单向导电性，即正向导通、反向截止。

4. 二极管的主要参数

（1）最大整流电流 I_{FM}　最大整流电流是指允许通过二极管平均电流的最大值。正常工作时通过二极管的电流应该小于 I_{FM}，否则二极管可能会因过热而损坏。

（2）最大反向电压 U_{RM}　最大反向电压是指允许加在二极管两端反向电压的最大值（一般情况下 U_{RM} 约为击穿电压的一半），正常工作时二极管两端所加电压最大应小于 U_{RM}，否则二极管将会反向击穿损坏。

（3）最大反向电流 I_{RM}　最大反向电流是指在最大反向电压下的反向电流。此值越小，二极管的单向导电性能越好，工作越稳定。

5.1.3　二极管的检测

1. 判别二极管的极性

万用表置于“R×1k”挡，两表笔分别接到二极管的两端，如果测得的电阻值较小，则为二极管的正向电阻，这时与黑表笔（即表内电池正极）相连接的是二极管正极，与红表笔（即表内电池负极）相连接的是二极管负极。如果测得的电阻值很大，则为二极管的反向电阻，这时与黑表笔相接的是二极管负极，与红表笔相接的是二极管正极。二极管的极性判别如图 5-8 所示。

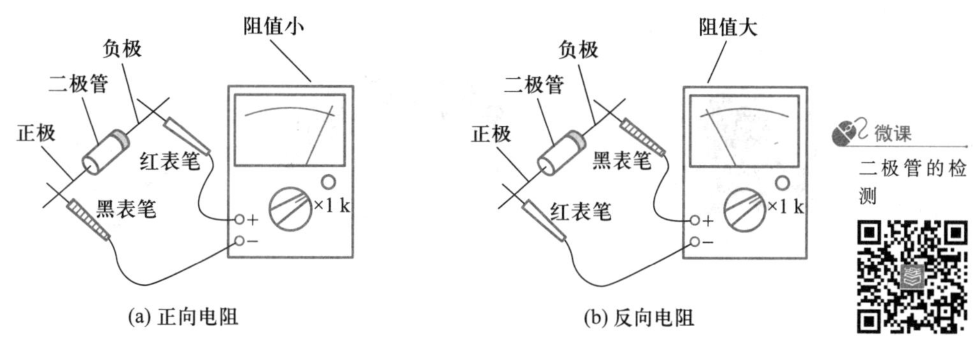

(a) 正向电阻　(b) 反向电阻

图 5-8　二极管的极性判别

2. 检测二极管的好坏

（1）如果某二极管的正、反向电阻相差很大，且反向电阻接近于无穷大（∞），则表示该二极管的单向导电性能好。

（2）如果某二极管正、反向电阻均为无穷大（∞），说明该二极管内部断路损坏；如果正、反向电阻均为 0，说明该二极管已被击穿短路。

（3）如果正、反向电阻相差不大，说明该二极管质量太差，不宜使用。

5.1.4 常见的二极管

1. 稳压二极管

稳压二极管的反向击穿特性曲线非常陡峭。在反向击穿区,反向击穿电流在较大范围内变化时,管子两端的电压变化范围却很小。稳压二极管就是利用其反向击穿特性进行稳压的。稳压二极管必须工作在反向击穿状态,即其正极应接被稳定电压的负极,其负极应接被稳定电压的正极。

2. 发光二极管

发光二极管(LED)是将电能转换成光能的半导体器件,广泛应用于仪表、仪器、计算机、电气设备中作电源信号指示、音响设备调谐和电平指示、广告显示屏显示等。其优点是体积小,耗电量低,使用寿命长,光转换率高,可靠性高,驱动电压低,稳定性好,通过调制电流强弱可以方便地调制发光的强弱等。发光二极管的工作电压采用正向电压。

3. 光电二极管

光电二极管又称光敏二极管,是将光信号转化为电信号的半导体器件,作为光控元件常用于各种物体检测、光电控制、自动报警等方面。其工作电压采用反向电压。

当制成大面积的光电二极管时,可当作一种能源而称为光电池。此时它不需要外加电源,能够直接把光能变成电能。

常用二极管的外形,如图 5-9 所示。

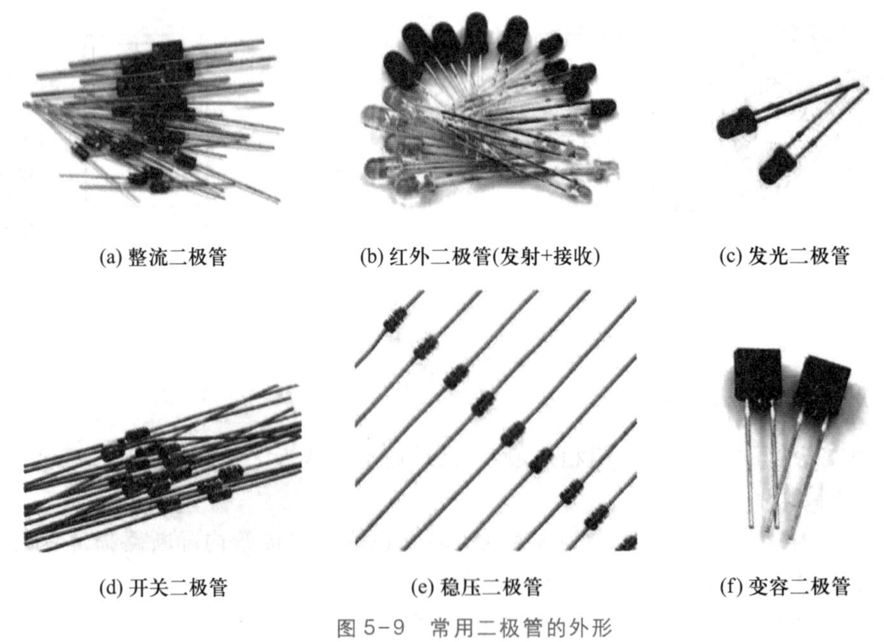

(a) 整流二极管　(b) 红外二极管(发射+接收)　(c) 发光二极管

(d) 开关二极管　(e) 稳压二极管　(f) 变容二极管

图 5-9　常用二极管的外形

5.2 晶体管的认知

日常生活中,经常利用扩音器放大声音,这是电子学中最常见的放大。如图5-10所示,话筒将声音信号转换为电信号,经放大电路放大后,变成大功率的电信号,推动扬声器,再将其还原为声音信号。放大器的核心元件是具有电流放大作用的晶体管。

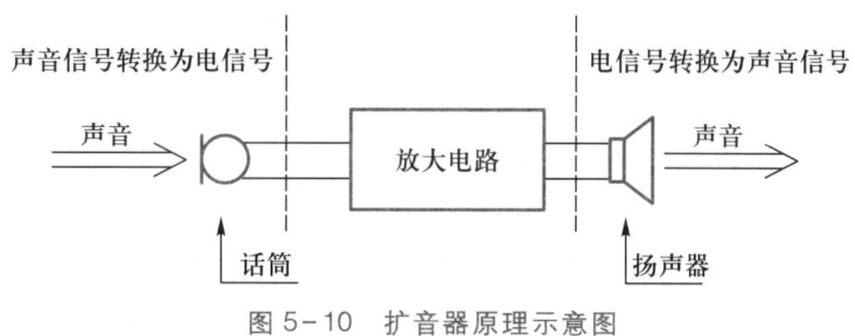

图5-10 扩音器原理示意图

晶体管,也称双极型晶体管、三极管,是一种电流控制电流的半导体器件。其作用是把微弱信号放大成幅值较大的电信号,也用作无触点开关。它具有结构牢固、寿命长、体积小、耗电省等一系列独特优点,故在各个领域得到广泛应用。

5.2.1 晶体管的基本知识

1. 结构和符号

晶体管的结构有集电区、基区、发射区三个区,发射结和集电结两个PN结,集电极c、发射极e、基极b三个极,如图5-11所示。晶体管内部结构的特点:

(1) 发射区和集电区由同种半导体材料构成,而基区的半导体材料种类与它们不同,这样能形成两个PN结。

(2) 基区很薄,掺杂浓度特别低。发射区的掺杂浓度大于基区的掺杂浓度。

(3) 集电区的空间比发射区的空间大,有利于发射区发射载流子和集电区吸收载流子。

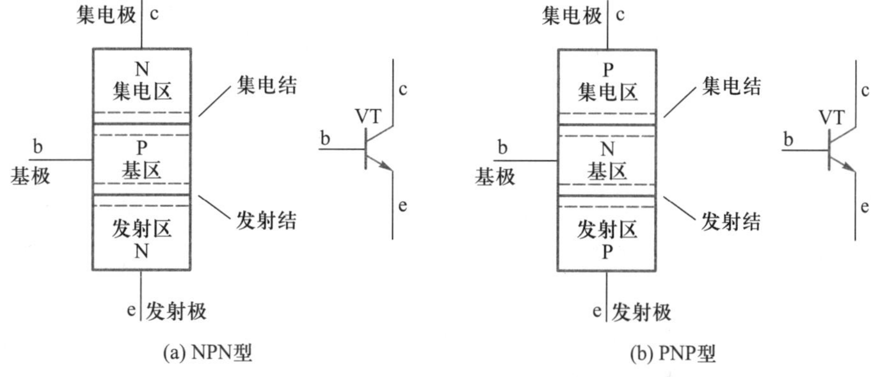

图5-11 晶体管的内部结构及符号

2. 分类

按所用半导体材料分：硅管、锗管。

按导电极性分：NPN 型、PNP 型。

按封装材料分：金属封装、玻璃封装等。

按用途分：放大管、开关管。

按功率分：小功率管、中功率管和大功率管。

按频率分：低频管、高频管。

3. 型号意义

晶体管的型号意义，见表 5-1。

表 5-1 晶体管的型号意义

第一部分	第二部分	第三部分
3	A：PNP 型，锗材料	X：低频小功率管（截止频率 $f_a<3$ MHz，耗散功率 $P_c<1$ W）
	B：NPN 型，锗材料	G：高频小功率管（截止频率 $f_a\geqslant3$ MHz，耗散功率 $P_c<1$ W）
	C：PNP 型，硅材料	D：低频大功率管（截止频率 $f_a<3$ MHz，耗散功率 $P_c\geqslant1$ W）
	D：NPN 型，硅材料	A：高频大功率管（截止频率 $f_a\geqslant3$ MHz，耗散功率 $P_c<1$ W）
	E：化合物材料	K：开关管
		T：可控整流管

4. 晶体管的电流放大作用

（1）电流放大的条件

① 内部条件：晶体管内部结构的特点。

② 外部条件：要给晶体管加适合的工作电压，即发射结加正向电压，集电结加反向电压。

（2）电流分配关系　经实验可得出如下结论：

① 电流分配关系：$I_E=I_C+I_B$；

② 集电极电流受控于基极电流，基极电流的微小变化将会引起集电极电流较大的变化，这就实现了电流放大作用 $I_C=\beta I_B$，因此晶体管是一种电流控制器件；

③ 无论是 NPN 型还是 PNP 型晶体管，均符合这一规律。

5. 伏安特性曲线

（1）输入特性曲线　输入特性曲线是指集电极与发射极之间的电压 U_{CE} 为某一固定值时，输入回路中基极电流 I_B 和加在基极与发射极之间的电压 U_{BE} 的关系曲线。晶体管的输入特性曲线如图 5-12（a）所示。

从图中可见，晶体管的输入特性与二极管的正向伏安特性曲线相似，这是因为晶体管的输入回路中，发射结是个正向偏置的 PN 结。当 $U_{CE}\geqslant1$ V，不同的 U_{CE} 的输入曲线基本重合在一起。晶体管输入曲线中也存在死区，硅管的死区电压约为 0.5 V，锗管的死区电压约为 0.1 V，只有发射结电压超过死区电压(硅管 U_{BE} 为 0.6~0.7 V,锗管 U_{BE} 为 0.2~0.3 V),晶体管才能正常工作。

(2) 输出特性曲线　输出特性曲线是指 I_B 为某一固定值时,输出回路中 I_C 和 U_{CE} 之间的关系。晶体管的输出特性曲线如图 5-12(b)所示。

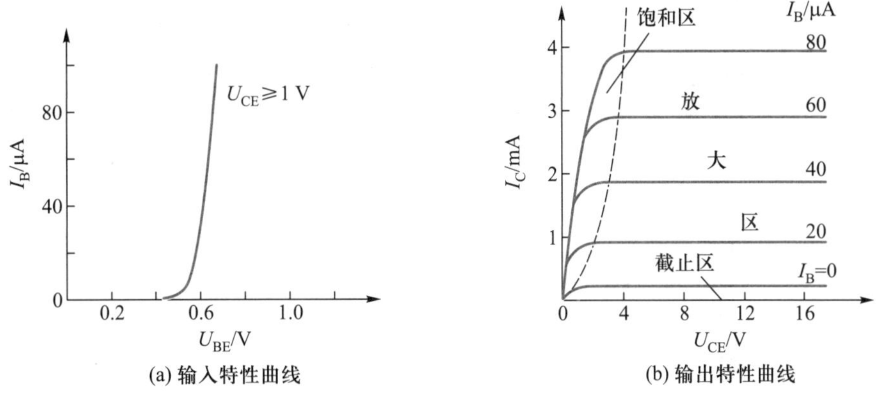

(a) 输入特性曲线　　(b) 输出特性曲线

图 5-12　晶体管的伏安特性曲线

① 截止区。

晶体管工作在截止区时,晶体管发射结和集电结都处于反向偏置,NPN 型晶体管,$U_B \leqslant U_E$,PNP 型晶体管与之相反。截止区具有以下特点:$I_B=0$,$I_C \approx 0$;晶体管的集电极和发射极之间电阻很大,相当于一个断开的开关。在此区域晶体管没有电流放大作用。

② 饱和区。

晶体管工作在饱和区时,发射结和集电结都处于正向偏置。即 NPN 型晶体管,$U_C \leqslant U_B$,PNP 型晶体管与之相反。饱和区具有以下特点:I_C 随 U_{CE} 的升高而增大,I_C 不受 I_B 的控制,晶体管没有电流放大作用;晶体管的集电极和发射极近似短接,晶体管类似于一个开关导通。

③ 放大区。

输出特性曲线近似平坦的区域称为放大区。晶体管工作在放大区时,具有电流放大作用,发射结处于正向偏置,集电结处于反向偏置。即 NPN 型晶体管,$U_C > U_B > U_E$,PNP 型晶体管与之相反。NPN 型硅晶体管,有发射结电压 $U_{BE} \approx 0.7$ V;NPN 型锗晶体管,有 $U_{BE} \approx 0.2$ V。

晶体管作为开关使用时,通常工作在截止和饱和导通状态;作为放大器件使用时,一般要工作在放大状态。

6. 晶体管的主要参数

(1) 电流放大系数

① 直流放大系数。集电极电流与基极电流之比,称为直流放大系数,用符号 $\overline{\beta}$ 表示。表达式为

$$\overline{\beta}=\frac{I_C}{I_B}$$

② 交流放大系数。集电极电流变化量与基极电流变化量之比,称为交流放大系数,用符号 β 表示。表达式为

$$\beta=\frac{\Delta I_C}{\Delta I_B}$$

（2）极限参数　极限参数是指晶体管在工作时不允许超过的极限数值。若超过这个数值，晶体管就可能发生永久性损坏。

① 集电极最大允许电流 I_{CM}。集电极电流过大时，晶体管的 β 值要降低，一般规定 β 值下降到正常值的 2/3 时的集电极电流为集电极最大允许电流。使用时一般 $I_C<I_{CM}$，否则管子易烧毁。选管时，$I_{CM}\geqslant I_C$。

② 集电极-发射极间的反向击穿电压 $U_{(BR)CEO}$。基极开路时，加在集电极与发射极间的最大允许电压。使用时一般 $U_{CE}<U_{(BR)CEO}$，否则易造成管子击穿。选管时，$U_{(BR)CEO}\geqslant U_{CE}$。

③ 集电极最大允许耗散功率 P_{CM}。集电极消耗功率的最大限额。根据晶体管的最高温度和散热条件来规定最大允许耗散功率 P_{CM}，要求 $P_{CM}\geqslant I_C U_{CE}$。

5.2.2 晶体管的检测

常用的小功率晶体管有金属外壳封装和塑料封装两种，可直接观测出 3 个电极 e、b、c。要判断管型和管子的好坏，一般可用万用表的“R×100”挡和“R×1k”挡来进行判别。

1. 晶体管的基极和管型的判断

将黑表笔任接一极，红表笔分别依次接另外两极。若在两次测量中表针均偏转很大（说明管子的 PN 结已通，电阻较小），则黑表笔接的电极为基极，同时该管为 NPN 型；反之，将表笔对调（红表笔任接一极），重复以上操作，则也可确定管子的基极，其管型为 PNP 型。

2. 晶体管的集电极和发射极的判断

（1）电阻挡判断　假设剩余的一极为集电极 c，用手捏住基极 b 和集电极 c（b 和 c 不能接触），测量 c、e 间的阻值，找出偏转大的一次假设正确。NPN 型的管子偏转大的一次，黑表笔所接为集电极 c，另一极为发射极 e。反之，PNP 型的管子偏转大的一次红表笔所接为集电极 c，另一极为发射极 e。原理如图 5-13 所示。

微课
晶体管的检测

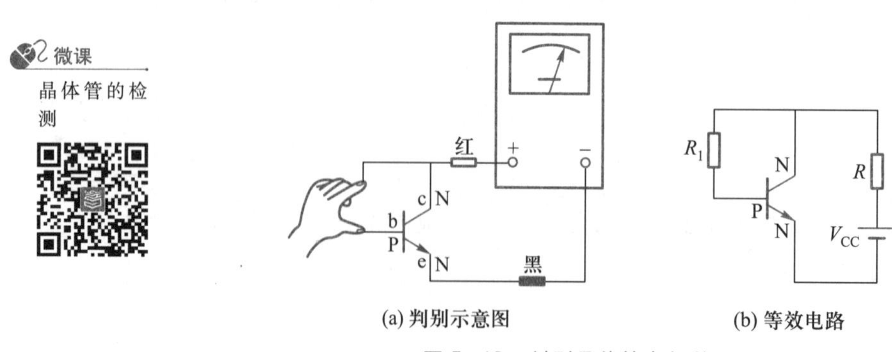

图 5-13　判别晶体管电极的原理

（2）h_{FE}挡判断　目前有些型号的万用表具有测量晶体管 h_{FE} 的刻度线及其测试插座，在测量晶体管 h_{FE} 的同时可以很方便地判别晶体管的管脚和管型。将万用表调零后，量程开关拨到

h_{FE}位置，两表笔分开，把被测晶体管插入测试插座，可从 h_{FE} 刻度线上读出管子的放大倍数，同时根据测试插座的显示可直接辨别出管脚和管型。

3. 晶体管质量好坏的判断

若在以上操作中无一电极满足上述现象，则说明管子已坏。当管型确定后，将晶体管插入“NPN”或“PNP”插孔，将万用表置于 h_{FE} 挡，若 $h_{FE}(\beta)$ 值不正常（如为零或大于 300），则说明管子已坏。

5.3 放大电路

由扩音器的例子可知，放大器大致可以分为：输入信号、放大电路、直流电源、输出信号等四部分。其中，放大电路是利用晶体管的控制作用，实现能量的控制和转换，即在输入小信号的作用下，将电源的能量转换为负载的能量，使输出端负载获得能量较大的信号的一种装置。对放大电路的基本要求：一是信号不失真，二是要放大。

放大电路框图如图 5-14 所示。

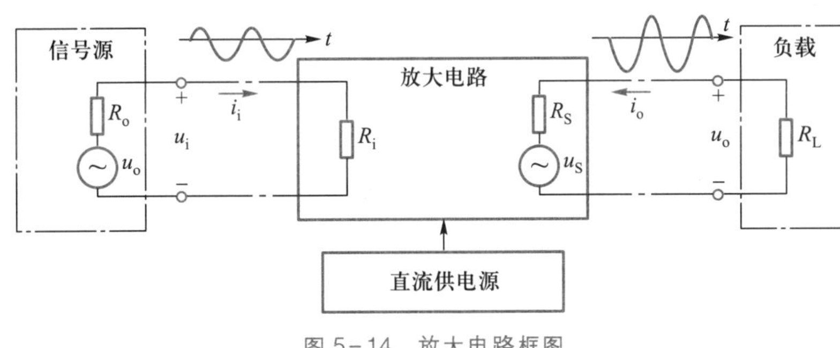

图 5-14 放大电路框图

微课
基本放大电路工作原理

5.3.1 放大电路的基本知识

1. 放大倍数

放大倍数是直接衡量放大电路放大能力的重要指标，其值为输出量 X_o（U_o 或 I_o）与输入量 X_i（U_i 或 I_i）之比。

（1）电压放大倍数：放大器输出电压与输入电压的比值，用符号 A_u 表示，$A_u=\dfrac{U_o}{U_i}$

（2）电压增益是放大电路对输入信号的放大能力，用符号 G_u 表示，单位是分贝（dB）。表达式为

$$G_u = 20\lg A_u = 20\lg \frac{U_o}{U_i}$$

电压放大倍数与电压增益对照见表 5-2。

表 5-2 电压放大倍数与电压增益对照

电压放大倍数 A_u	1	10	10^2	10^3	10^4	10^5
电压增益 G_u/dB	0	20	40	60	80	100

2. 输入电阻和输出电阻

电路如图 5-15 所示。

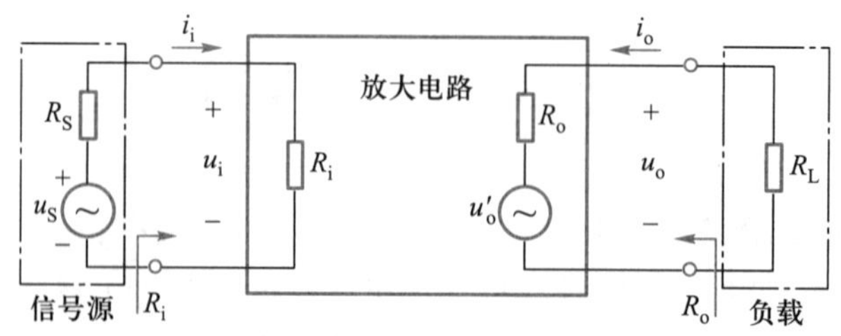

图 5-15 输入电阻和输出电阻电路

(1) 输入电阻 R_i 放大器的输入电阻是指从放大器的输入端看进去的交流等效电阻。

$$R_i = \frac{u_i}{i_i}$$

一般来说，输入电阻 R_i 以大为好，R_i 越大，放大电路受信号源的影响越小，信号源输出的电信号几乎全部送入电路进行放大，减少了信号的损耗。

(2) 输出电阻 R_o 放大器的输出电阻指从放大器输出端看进去的交流等效电阻。

$$R_o = \frac{u_o}{i_o}$$

输出电阻是表明放大电路带负载能力的，R_o 越小，负载电阻 R_L 变化时 u_o 的变化越小，放大电路带负载的能力越强，反之则差。

3. 通频带

通频带用于衡量放大电路对不同频率信号的放大能力。由于放大电路中电容、电感及半导体器件结电容等电抗元件的存在，在输入信号频率较低或较高时，放大倍数的数值会下降并产生相移。放大电路只适用于放大某一个特定频率范围内的信号。描述放大电路的幅值随频率变化的曲线，称为幅频特性曲线，如图 5-16 所示。

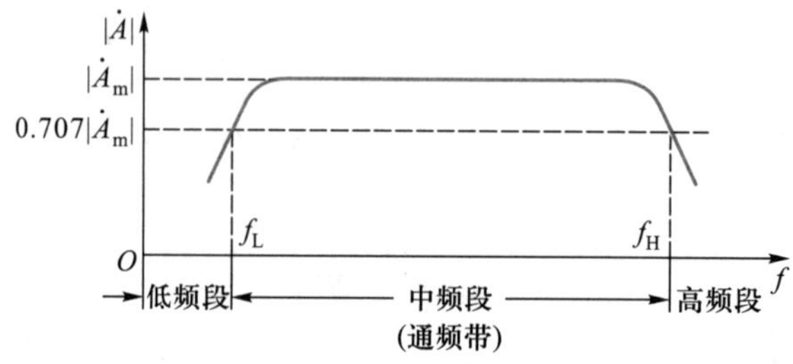

图 5-16 幅频特性曲线

通频带指上限频率与下限频率之间的范围，用 f_{BW} 表示，即

$$f_{BW}=f_H-f_L$$

5.3.2　共发射极放大电路

基本放大电路一般是指由一个晶体管与相应分立元件组成的三种基本组态（共发射极、共基极、共集电极）放大电路。本节将以 NPN 型晶体管组成的基本共发射极放大电路为例，阐明放大电路的组成、各元器件的作用和工作原理。

1. 放大电路组成

共发射极基本放大电路如图 5-17 所示。

（1）晶体管 VT 可以将微小的基极电流 I_B 转换成较大的集电极电流 I_C，具有电流放大作用，它是放大器的核心。

（2）基极偏置电阻 R_B 的作用是向晶体管提供正向偏置电流，并向发射极提供正向偏置电压。

（3）集电极电阻 R_C 的作用是将晶体管的电流放大作用变换成电压放大作用。

（4）直流电源 V_{CC} 有两个作用，一是为电路提供能源；二是为电路提供工作电压。

（5）输出耦合电容 C_1、C_2 的作用一是隔直流；二是通交流。

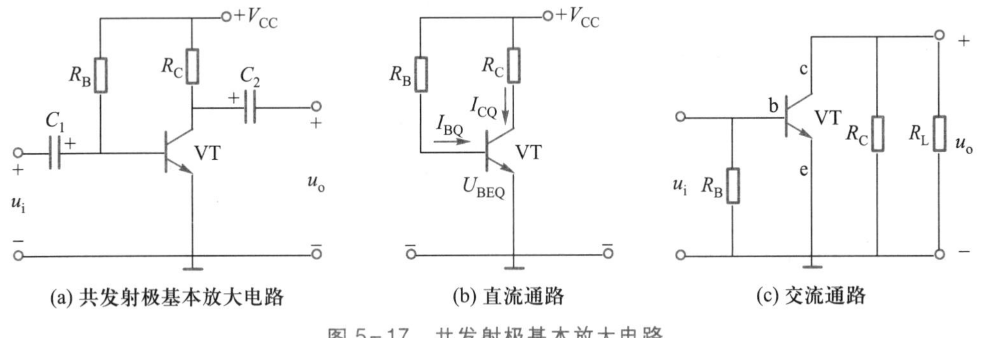

图 5-17　共发射极基本放大电路

2. 工作原理

（1）工作过程　当 $u_i=0$ 时，在接通直流电源 V_{CC} 后，由于基极偏流电阻 R_B 的作用，晶体管基极就有正向偏流 I_B 流过，参数选择正确，晶体管工作在放大区，那么集电极电流 $I_C=\beta I_B$，集电极电流在集电极电阻 R_C 上形成的压降为 $U_C=I_CR_C$，此时由于电容的隔直流作用，输出 $u_o=0$。

当 $u_i\neq0$ 时，在接通直流电源 V_{CC} 后，信号电压 u_i 经过耦合电容 C_1，与 U_{BE} 相串联作用于晶体管发射结上，发射结导通，产生基极电流 i_B，由于晶体管的电流放大作用，集电极电流 i_C 将随基极电流 i_B 变化，i_C 通过 R_C 转化为 u_o 输出。

（2）静态工作点的设置　放大电路输入端未加入交流信号（即 $u_i=0$）时的工作状态称为静态。当 V_{CC}、R_C、R_B 确定后，I_B、I_C、I_E、U_{BE}、U_{CE} 便确定，它们对应在晶体管的输入和输出特性曲线上一点 Q，如图 5-18 所示，Q 点便称为静态工作点。Q 点在输入、输出特性曲线上对应的上述四个

量分别用 I_{BQ}、I_{CQ}、U_{BEQ}、U_{CEQ} 表示。

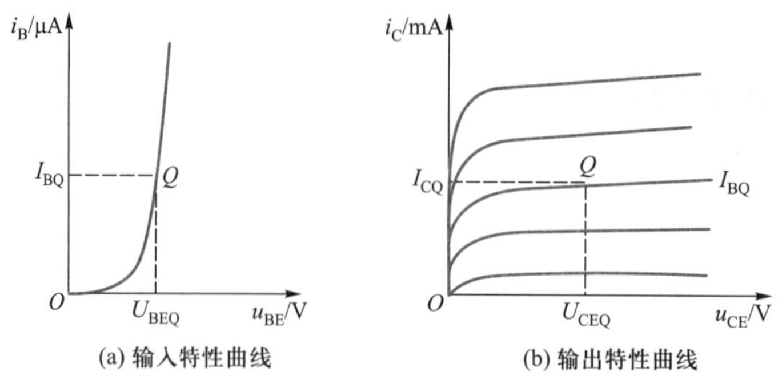

(a) 输入特性曲线　(b) 输出特性曲线

图 5-18 输入、输出特性曲线上的 Q 点

设置静态工作点的目的是使放大器能不失真放大交流信号。当输入 u_i 时，由于晶体管输入特性存在死区电压，只有当 u_i 的电压大于发射结死区电压时，发射结才会导通，产生基极电流 i_B，其他时间晶体管不导通，若不设置合适的静态工作点，输出信号有可能由晶体管的非线性特性产生失真，称为非线性失真。线性失真有截止失真、饱和失真。

截止失真是由于静态工作点 Q 设置过低，使信号进入截止区，输出波形正半周产生的失真。解决办法是减少偏置电阻 R_B 的值，使 I_{BQ} 增大，Q 点适当向上移而脱离截止区；或增大 R_C，使 U_{CEQ} 减小，Q 点适当向左移而脱离截止区。

饱和失真由于静态工作点 Q 设置过高，使信号进入饱和区，输出波形负半周产生的失真。解决办法是增大偏置电阻 R_C 的值，使 I_{BQ} 减少，Q 点适当向下移而脱离饱和区；或减少 R_C，使 U_{CEQ} 增大，Q 点适当向右移而脱离饱和区。

（3）放大电路静态工作点的估算　放大电路中直流电源的作用和交流信号的作用共存，一个是直流电源 V_{CC}，一个是输入交流信号 u_i，为便于分析，将它们分开作用，引入直流通路和交流通路的概念。

直流通路是指直流信号流通的路径，解决静态工作点问题。它的画法是把电路中的交流信号源置零，保留内阻，电容视为开路，电感视为短路。图 5-17(b) 为图 5-17(a) 的直流通路。

交流通路是指只允许交流信号流通的路径，反映交流信号的传输问题。它的画法是把电容视为短路，直流电源相当于短路（内阻为 0），电感视为开路，图 5-17(c) 为图 5-17(a) 的交流通路。

静态工作点 I_{BQ}、I_{CQ}、U_{CEQ} 可根据直流通路求得

$$I_{BQ}=\frac{V_{CC}-U_{BEQ}}{R_B}$$

$$I_{CQ}=\beta I_{BQ}$$

$$U_{CEQ}=V_{CC}-I_{CQ}R_c$$

（4）电压放大倍数的估算　放大器的交流通路如图 5-17(c) 所示，放大器的输入电阻就是 R_B 和 r_{be} 的并联值，由于 R_B 常为几十到几百千欧，而 r_{be} 约为一千欧，即 $R_B \gg r_{be}$，即

$$R_i = R_B // r_{be} \approx r_{be}$$

r_{be}为基极与发射极之间的等效电阻，可由经验公式计算得到

$$r_{be} = 300 + (1+\beta)\frac{26\ \text{mV}}{I_{EQ}\,\text{mA}}$$

放大器的输出电阻 $R_o = r_{ce} // R_C$，由于 r_{ce}数值较大，一般为几十至几百千欧，而 R_C一般为几千欧，即 $r_{ce} \gg R_C$，即

$$R_o \approx R_C$$

① 输出端带上负载。输出端的交流等效电阻

$$R'_L = R_L // R_C$$

输出电压 $u_o = -i_c R'_L$

输入信号 $u_i = i_i R_i$

由于 $R_i \approx r_{be}$，$i_i \approx i_b$，故有 $u_i \approx i_b r_{be}$

根据定义公式可得

$$A_u = \frac{u_o}{u_i} = \frac{-i_c R'_L}{i_b r_{be}} = -\beta\frac{R'_L}{r_{be}}$$

② 输出端没带上负载。

放大器没带上负载，输出电压变为 $u_o = -i_c R_C$

u_i保持不变，则电压放大倍数为

$$A_u = \frac{u_o}{u_i} = \frac{-i_c R_C}{i_b r_{be}} = -\beta\frac{R_C}{r_{be}}$$

3. 分压式共发射极偏置放大电路

共发射极的基本放大电路，结构简单，但由于电源 V_{CC}和 R_B是定值，所以提供的基极电流 I_{BQ}也是定值，电路本身不能自动调节静态工作点，故称为固定偏置放大电路。这种电路当外部因素（温度变化、电源电压波动和更换管子等）改变后，静态工作点也随之变化。当静态工作点变动到不合适的位置时，将引起放大信号的失真。

（1）静态工作点不稳定的原因　温度升高会使晶体管的参数 β 和 I_{CEO}增大，而 U_{BE}减小，由于 $I_C = \beta I_B + I_{CEO}$，使集电极电流 I_C增大；由于 $I_B = \frac{(V_{CC} - U_{BE})}{R_b}$，电源电压的变化会使管子的工作电压 U_{CE}和电流 I_C发生变化；维修时更换不同 β 值的管子或电路元件，老化参数的改变均会使静态工作点偏移。

分压式共发射极偏置放大电路本身是具有稳定静态工作点的电路，也就是说当外界条件发生变化时，而静态工作点还能基本稳定。

（2）分压式共发射极偏置放大电路的结构　分压式共发射极偏置放大电路如图 5-19 所示。

① 偏置电阻：R_{B1}为上偏置电阻，R_{B2}为下偏置电阻（它们取值均为几十千欧），电源 V_{CC}经 R_{B1}、R_{B2}分压后得到基极电压 U_{BQ}，提供基极偏流 I_{BQ}。

② 发射极电阻 R_E：R_E起到稳定静态电流 I_{EQ}的作用。

③ 旁路电容 C_E：C_E并联在 R_E两端，它的容量较大，对交流信号相当于短路，这样对交流信号的放大能力不因 R_E的接入而降低，从而免除了 R_E对动态参数的影响。

（3）稳定静态工作点的原理

由图 5-19（b）所示放大器的直流通路分析可得

$$U_B = \frac{R_{B2}}{R_{B1}+R_{B2}} V_{CC}$$

当温度升高，I_C随着升高，I_E也会升高，电流 I_E流经发射极电阻 R_E产生的压降 U_E也升高。又因为 $U_{BE}=U_B-U_E$，基极电位 U_B是恒定的，只跟偏置电阻阻值有关，与温度无关，则 U_{BE}会随 U_E的升高而减小，I_B也随之自动减小，结果使集电极电流 I_C减小，从而实现 I_C基本恒定的目的。如果用符号“ ↓ ”表示减小，用“ ↑ ”表示增大，则静态工作点稳定过程可表示为：

$$T\uparrow \rightarrow I_C\uparrow \rightarrow I_E\uparrow \rightarrow U_E\uparrow \xrightarrow{U_{BE}=U_B-U_E \text{ 且 } U_B \text{ 恒定}} U_{BE}\downarrow I_B\downarrow \rightarrow I_C\downarrow$$

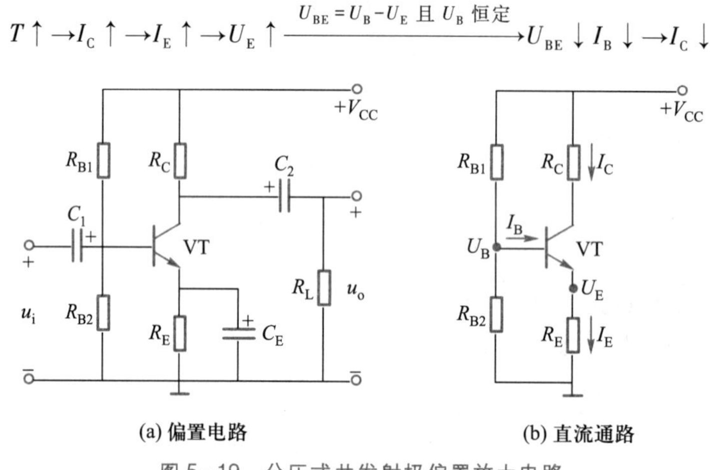

图 5-19 分压式共发射极偏置放大电路

5.3.3 负反馈放大电路

放大器中的反馈是指把放大器输出信号（电压或电流）的一部分或全部通过一定的电路，按照某种方式送回到输入端并与输入信号（电压或电流）叠加，从而改变放大器性能的一种方法。这种把电压或电流从放大器的输出端返送到输入端的过程称为反馈。

1. 反馈放大电路组成

反馈放大电路是由基本放大电路和反馈电路两部分组成，如图 5-20 所示。构成反馈电路的元件叫反馈元件，反馈元件联系着放大器的输出与输入，并影响放大器的输入。有反馈的放大器通常称为闭环放大器，而未引入反馈的放大器则称为开环放大器。

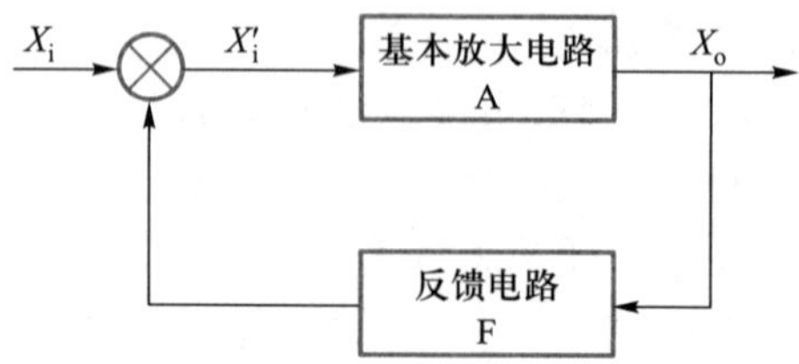

图 5-20 反馈放大电路框图

2. 反馈的分类

（1）正反馈和负反馈　正反馈的反馈信号 X_f 与输入信号 X_i 极性相同，使净输入信号 X'_i 加强，如图 5-21(a)所示。正反馈一般应用在振荡电路中。负反馈的反馈信号 X_f 与输入信号 X_i 极性相反，使净输入信号 X'_i 削弱，如图 5-21(b)所示。负反馈虽使放大倍数减小，但能改善放大器的性能，所以，大部分放大器都要引入负反馈。

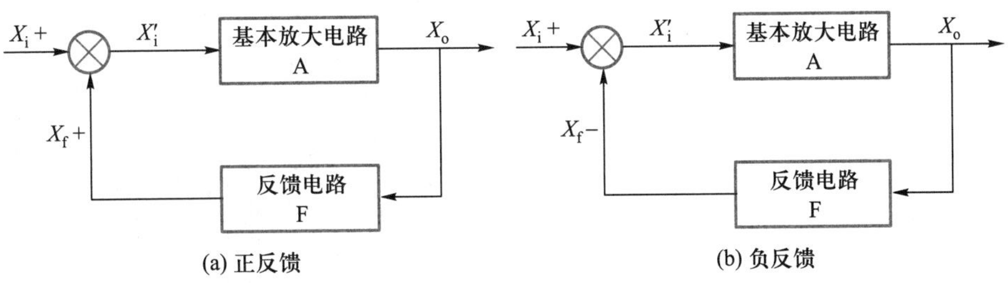

图 5-21　反馈分类

正、负反馈的判别用瞬时极性法，对于共发射极放大电路，判断方法如图 5-22 所示。

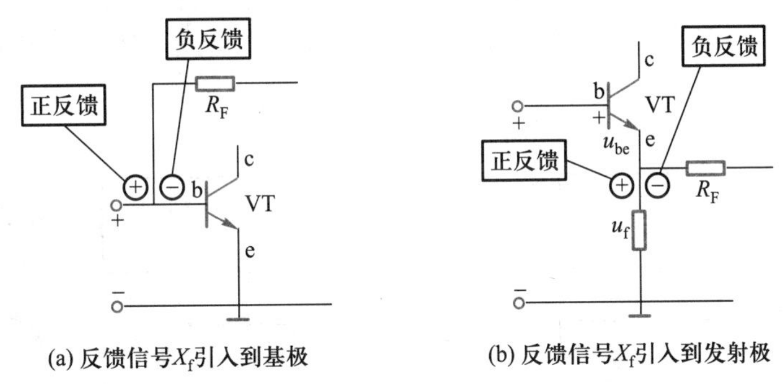

图 5-22　正反馈和负反馈的判断方法

当反馈信号 X_f 引入到输入端的基极 b 上，X_f 与 X_i 极性相同时为正反馈，不同为负反馈。如图 5-22(a)所示。

当反馈信号 X_f 引入到输入端的发射极 e 上，X_f 与 X_i 极性相同时为负反馈，不同为正反馈。如图 5-22(b)所示。

（2）电压反馈和电流反馈　电压反馈的反馈信号取自输出电压信号，电流反馈的反馈信号取自输出电流信号，如图 5-23 所示。

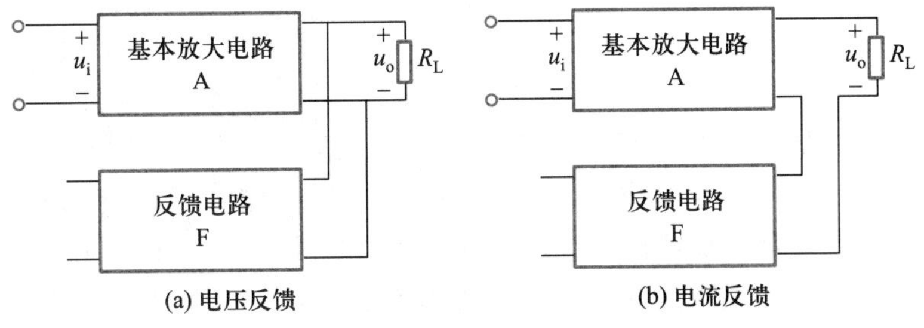

图 5-23　电压反馈和电流反馈

电压、电流反馈判断类型时看输出端，判断方法是将反馈放大电路输出端短接（使 $u_o=0$）。若反馈信号 X_f 随之消失，则为电压反馈（反馈信号与输出端并联）。若反馈信号 X_f 依然存在，则为电流反馈（反馈信号与输出端串联）。对于共发射极放大电路，判断方法如图 5-24 所示。反馈信号取自于集电极（c 极）是电压反馈，如图 5-24(a)所示，反馈信号取自于发射极（e 极）是电流反馈，如图 5-24(b)所示。

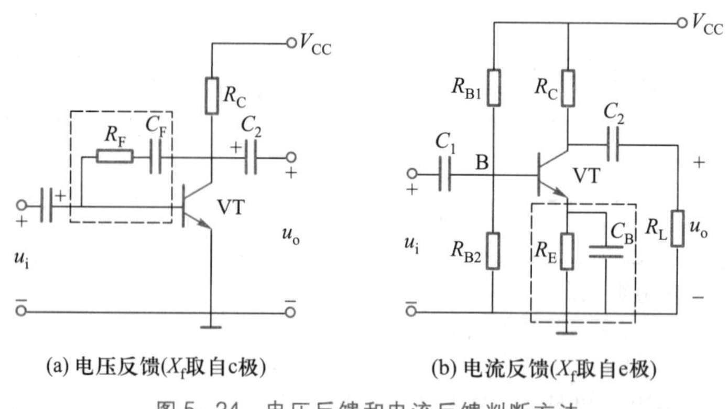

(a) 电压反馈(X_f取自c极)　(b) 电流反馈(X_f取自e极)

图 5-24　电压反馈和电流反馈判断方法

(3) 串联反馈和并联反馈　串联反馈的反馈信号与输入信号串联，并联反馈的反馈信号与输入信号并联，如图 5-25 所示。

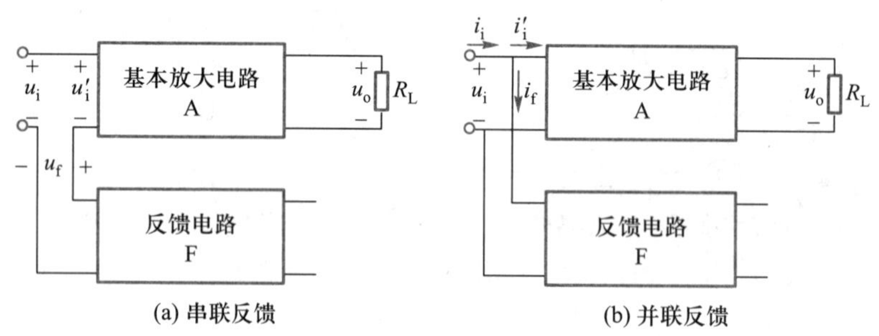

(a) 串联反馈　(b) 并联反馈

图 5-25　串联反馈和并联反馈

串联反馈和并联反馈判断类型时看输入端。判断方法是将反馈放大电路输入端短接（使 $u_i=0$），若反馈信号 X_f 随之消失，则为并联反馈（反馈信号与输入端并联）；若反馈信号 X_f 依然存在，则为串联反馈（反馈信号与输入端串联）。对于共发射极放大电路，判断方法如图 5-26 所示。反馈信号接在输入端晶体管的基极（b 极）是并联反馈。反馈信号接在输入端晶体管的发射极（e 极）是串联反馈。

3. 应用实例

如图 5-27 所示电路，试分析其反馈类型。

(1) 如图 5-27(a)所示的反馈类型是电压并联负反馈。把输出端短路，反馈信号消失（反馈信号取自于集电极 c），是电压反馈；把输入端短路，反馈信号消失（反馈信号接于基极 b），是并联反馈；反馈信号 X_f 引入到输入端的基极 b 上，且反馈信号是“-”，输入信号是“+”，两者极性相反，是负反馈。

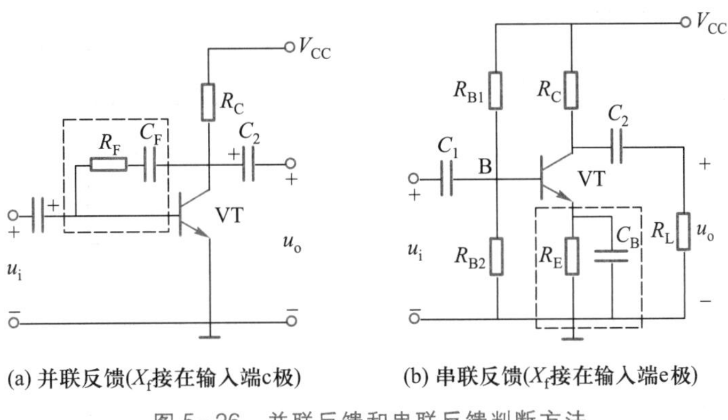

(a) 并联反馈(X_f接在输入端c极)　(b) 串联反馈(X_f接在输入端e极)

图 5-26　并联反馈和串联反馈判断方法

（2）如图 5-27(b)所示的反馈类型是电流并联负反馈。把输出端短路，反馈信号还在（反馈信号取自于发射极 e)，是电流反馈；把输入端短路，反馈信号消失（反馈信号接于基极 b)，是并联反馈；反馈信号 X_f 引入到输入端的基极 b 上，且反馈信号是“-”，输入信号是“+”，两者极性相反，是负反馈。

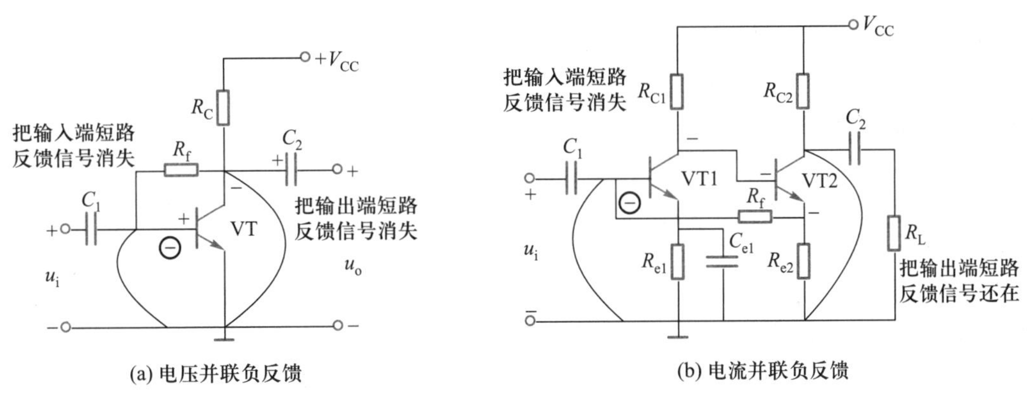

(a) 电压并联负反馈　(b) 电流并联负反馈

图 5-27　反馈类型判断实例

4. 负反馈放大器的四种基本类型

负反馈放大器有电压串联负反馈、电流串联负反馈、电压并联负反馈和电流并联负反馈四种基本类型，如图 5-28 所示。

5. 负反馈对放大电路的影响

（1）负反馈降低了放大倍数，但提高了放大倍数的稳定性。电压负反馈能稳定输出电压，电流负反馈能稳定输出电流。

（2）负反馈减小了非线性失真。引入负反馈并不能彻底消除非线性失真。如果输入信号本身就有失真，引入负反馈也无法改善，因为负反馈所能改善的只是放大器所引起的非线性失真。

（3）负反馈能改变输入、输出电阻。串联负反馈使输入电阻增大；并联负反馈使输入电阻减小；电压负反馈使输出电阻减小；电流负反馈使输出电阻增大。

（4）负反馈能展宽频带。

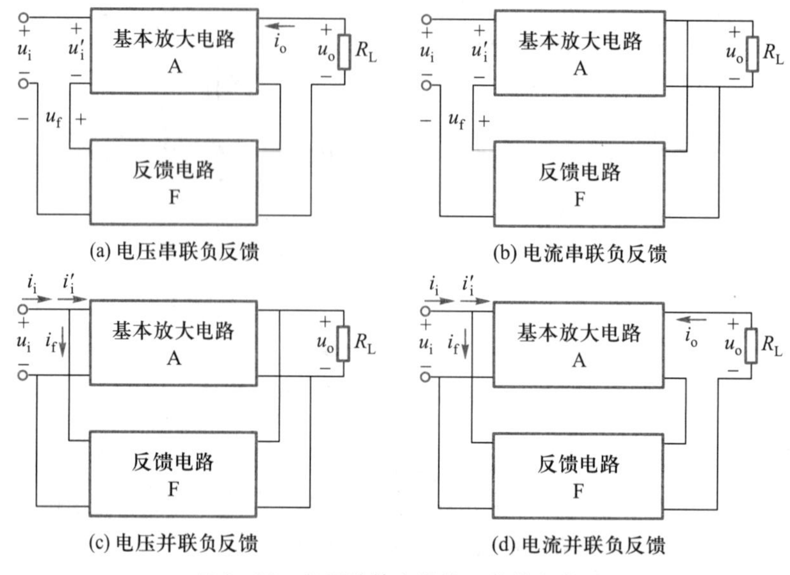

(a) 电压串联负反馈　(b) 电流串联负反馈　(c) 电压并联负反馈　(d) 电流并联负反馈

图 5-28　负反馈放大器的四种基本类型

（5）负反馈能减小内部的噪声。

5.3.4　功率放大电路

电子设备一般由多级放大电路构成，其前置级和中间级的主要任务是把微弱的信号电压放大，输出功率并不很大。但是多级放大电路输出级就必须能输出足够大的功率才能驱动负载正常工作。例如，控制电动机的转动，驱动扬声器发声等。这种向负载提供足够大功率的放大电路称为功率放大电路，简称功放。

功率放大电路和电压放大电路都是用晶体管来完成对信号的放大，但电压放大电路的主要任务是把微弱的信号电压进行放大，一般输入、输出电压和电流都比较小，是小信号的放大器。它消耗能量少、输出信号的功率小、失真小。功率放大电路的主要任务是不失真地放大信号功率，其输入、输出电压和电流都比较大，是大信号的放大器。它消耗能量多、输出信号的功率大、产生失真小。

（1）功率放大电路的基本要求　一个性能良好的功率放大电路应满足下列要求：

① 输出功率要足够大。为获得足够大的输出功率，功放管的电压和电流变化范围应很大。

② 效率要高。功率放大器实质上是一个能量转换器，它是将电源供给的直流能量转换成交流信号的能量输送给负载，因此，要求转换效率高，有

$$\eta=\frac{P_0}{P_E}\times100\%$$

式中，P_0为信号输出功率，P_E是直流电源向电路提供的功率。在直流电源提供相同直流功率的条件下，输出信号功率越大，电路的效率越高。

③ 非线性失真要小。功率放大器是在大信号状态下工作，电压、电流摆动幅度很大，而且由于晶体管是非线性器件，在大信号工作状态下，器件本身的非线性问题十分突出，因此，输出信号

不可避免地会产生一定的非线性失真。在实际应用中，要采取措施减少失真，使之满足负载要求。

④ 功放管散热性能良好。功放管工作时，集电结上有较大的功率损耗，使功放管温度升高，当功放管温度升高超过极限值时，将导致其损坏。因此，功放管通常采用金属壳封装或带金属散热片的塑料封装，以便于管子散热。

(2) 功率放大电路的分类

① 按功率放大电路工作状态分类。功率放大电路设置的晶体管静态工作点不同，功放管的工作状态也各不相同，按照功率放大电路工作状态可分为甲类、乙类和甲乙类三种，见表 5-3。

表 5-3　甲类、乙类、甲乙类功率放大电路

类型	特性	输出波形	应用
甲类功率放大电路	静态工作点在负载线性段的中点，在输入信号的整个周期内，晶体管均导通，有电流流过，功放的导通角 $\theta=360°$。输出波形是完整的正弦波	i_C　i_C　ωt　O　i_B　O　i_B　ωt	效率低，而且为了实现阻抗匹配，需要用变压器，而变压器具有体积大、质量重、频率特性差、耗费金属材料、加工制造麻烦等缺点，只用于小功率放大器中
乙类功率放大电路	静态工作点设置在截止区，在输入信号的整个周期内，晶体管仅在半个周期内导通，有电流流过，功放的导通角 $\theta=180°$。输出波形被削掉一半	i_C　i_C　O　i_B　O　ωt　O　i_B　ωt	一般应用在一些功率要求高而失真度要求不高的功放电路中
甲乙类功率放大电路	静态工作点设置在放大区内，但很接近截止区，即在甲类和乙类之间靠近乙类处。管子在大半周期间导通，有电流流过，功放的导通角 $180°<\theta<360°$。输出波形被削掉一部分	i_C　i_C　O　i_B　O　ωt　O　i_B　ωt	广泛应用在音频放大器中作为功放

② 按输出耦合方式分类。按照功率放大电路输出端与负载之间的耦合方式不同，功率放大电路可分为有输出变压器功率放大电路、无输出变压器功率放大电路（OTL）、无输出耦合电容功

率放大电路(OCL)、BTL功率放大电路。

5.4 集成运算放大器及其应用

在半导体制造工艺的基础上,把整个电路中的元器件制作在一块硅基片上,构成具有特定功能的电子电路,称为集成电路。

集成电路具有体积小、质量轻、引出线和焊接点少、寿命长、可靠性高、性能好等优点,同时成本低,便于大规模生产,因此其发展速度极为惊人。目前集成电路的应用几乎遍及所有产业的各种产品中。在军事设备、工业设备、通信设备、计算机和家用电器等中都采用了集成电路。

集成电路按其功能来分,有数字集成电路和模拟集成电路。模拟集成电路种类繁多,有运算放大器、宽频带放大器、功率放大器、稳压电源和音像设备中常用的其他模拟集成电路等。其中集成运算放大器(简称集成运放)是应用极为广泛的一种,也是其他各类模拟集成电路应用的基础。

5.4.1 集成运算放大电路的基本知识

集成运放实际上是一种高增益、高输入电阻和低输出电阻的多级直接耦合放大器,简称运放。由于最初主要用于模拟计算机中实现数值运算,故被称为运算放大器。实际上,目前集成运放的应用早已远远超出了模拟运算的范围。

1. 集成运放的电路结构

集成运放的类型很多,电路也不尽相同,但结构具有共同之处,其一般的内部组成原理框图如图5-29所示,它主要由输入级、中间级和输出级和偏置电路4个主要环节组成。

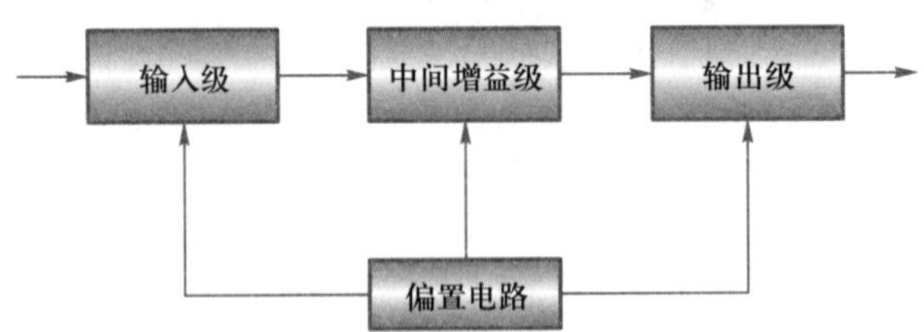

图5-29 集成运放的内部组成原理框图

(1) 输入级 输入级是提高运算放大器质量的关键部分,要求其输入电阻高,为了能减小零点漂移和抑制共模干扰信号,输入级都采用具有恒流源的差动放大电路,也称差动输入级。它的两个输入端分别构成整个电路的同相输入端和反相输入端。

(2) 中间级 中间级的主要作用是提供足够大的电压放大倍数,故也称电压放大级。要求中间级本身具有较高的电压增益,一般由一级或多级放大器构成。

(3) 输出级 输出级的主要作用是输出足够的电流以满足负载的需要,同时还需要有较低的输出电阻和较高的输入电阻,以起到将放大级和负载隔离的作用。一般由电压跟随器(电压缓冲放大器)或互补电压跟随器组成。

（4）偏置电路　偏置电路的作用是为各级（输入级、中间级、输出级）提供合适的工作电流，一般由各种恒流源电路组成。

为获得电路性能的优化，集成运放内部还增加了一些辅助环节，如电平移动电路、过载保护电路和频率补偿电路等。

2. 集成运放的电路符号与封装形式

集成运放的电路符号如图 5-30 所示，集成运放有两个输入端分别称为同相输入端 u_P 和反相输入端 u_N；一个输出端 u_O。其中的“-”“+”分别表示反相输入端 u_N 和同相输入端 u_P。在实际应用时，需要了解集成运放外部各引出端的功能及相应的接法，但一般不需要画出其内部电路。

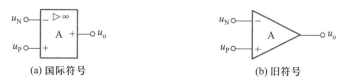

(a) 国际符号　(b) 旧符号

图 5-30　集成运放的电路符号

常见的集成运放有两种封装形式：金属圆壳式封装及塑料双列直插式封装，其外形如图 5-31所示。金属壳封装有 8、10、12 引脚等种类，双列直插式有 8、14、16 引脚等种类。

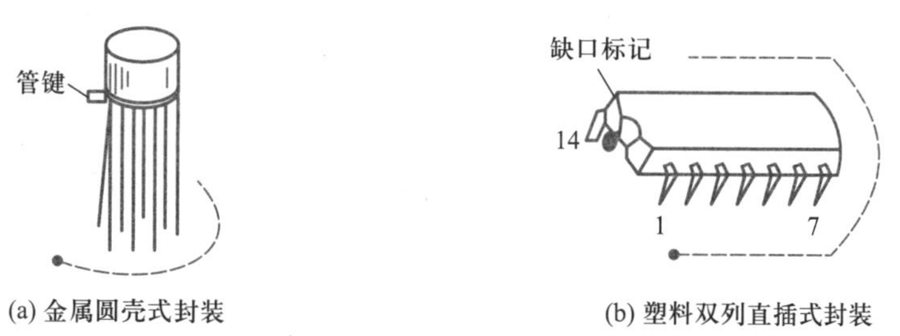

(a) 金属圆壳式封装　(b) 塑料双列直插式封装

图 5-31　集成运放的封装外形

金属封装器件是以管键为辨认标志。引脚朝向自己，引脚右方第一根引线为引脚 1，然后逆时针围绕器件，依次数出其余引脚。双列直插式器件，是以缺口作为辨认标志（有的产品是以商标方向来标记的）。由器件顶上向下看，标记朝向自己，缺口标记的左下角第一根引线为引脚 1，然后逆时针围绕器件，可依次数出其余引脚。

3. 零点漂移的抑制方法

（1）零点漂移的危害　产生零点漂移最主要的因素是温度的变化，因此，零点漂移也叫温漂。集成运算放大器的内部电路均采用直接耦合的方式，零点漂移在第一级产生的微弱变化，会在输出级变成很大的变化，会造成测量误差、系统发生错误动作、放大电路无法正常工作等后果，因此，必须抑制零点漂移。

（2）零点漂移的抑制方法　目前在集成运算放大器中最有效且广泛采用的抑制零点漂移的方法是输入级采用差分放大电路。

（3）差分放大电路

① 电路的构成及工作原理　基本差分放大电路如图 5-32 所示，它由两个完全对称（所有对

应元件的参数均相同)的单管放大电路连接而成,输入信号电压由两管的基极输入,输出电压从两管的集电极之间提取。在理想情况下,由于电路的对称性,输出信号电压采用从两管集电极间提取的双端输出方式,对于无论什么原因引起的零点漂移,均能有效地抑制。

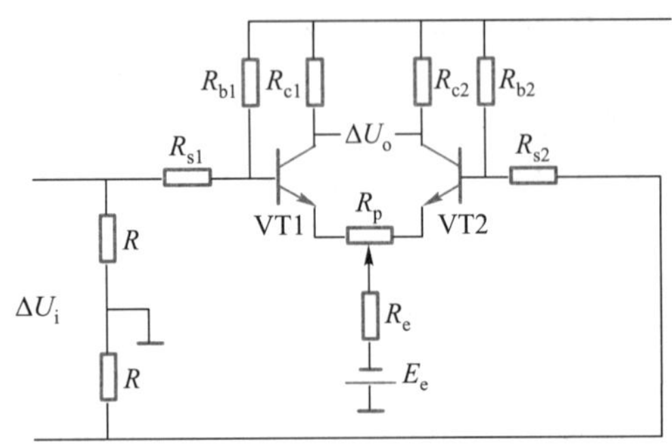

图 5-32 基本差分放大电路

② 差模输入。在电路的两个输入端输入大小相等但极性相反的信号电压,即 $u_{i1}=-u_{i2}$,这种输入方式称为差模输入。大小相等、极性相反的信号,称为差模信号。差分放大电路对差模信号具有与单管放大电路相同的放大功能。

③ 共模输入。在电路的两个输入端输入大小相等、极性相同的信号电压,即 $u_{i1}=u_{i2}$,这种输入方式称为共模输入。大小相等、极性相同的信号称为共模信号。因温度或电源电压等外界因素变化引起两管的零点漂移电压是大小相等、极性相同的。所以,零点漂移等效于共模信号作用的结果。

差分放大电路对共模信号无放大作用,即对共模信号的电压放大倍数为零。

4. 集成运放的主要参数

(1) 开环差模电压放大倍数 A_{uo} 开环差模电压放大倍数指在运放开环(无反馈)状态,工作在线性区时差模电压增益,即

$$A_{uo}=\frac{\Delta U_{Od}}{\Delta U_{id}}$$

集成运放的开环差模电压放大倍数较大,性能较好的集成运放的 A_{uo} 可达 140 dB 以上。

(2) 共模抑制比 K_{CMR} 共模抑制比指集成运放开环电压放大倍数与其共模电压放大倍数之间的比值。即

$$K_{CMR}=\left|\frac{A_{ud}}{A_{uc}}\right|$$

K_{CMR} 常用分贝来表示,表示运放对共模信号的抑制能力,其值越大越好,一般为 80 dB。

5.4.2 集成运算放大电路常用电路

集成运放的通用性很强,不仅可用于信号运算、变换和处理,还可用来产生正弦和非正弦信号;不仅在模拟电路中广泛应用,在数字电路中的应用也日益广泛。因此,它的应用电路种类繁多,下面仅介绍几种常用的电路。

1. 理想集成运放

具有理想参数的集成运放称为理想集成运放。

(1) 理想集成运放主要性能指标　在实际的电路设计或分析过程中常常把集成运放理想化。理想运放具有以下参数：

① 开环电压增益 $A_{ud}\to\infty$；

② 差模输入电阻 $R_{id}\to\infty$；

③ 输出电阻 $R_{od}=0$；

④ 共模抑制比 $K_{CMR}\to\infty$，即没有温度漂移；

⑤ 开环带宽 $f_H\to\infty$。

尽管理想运放并不存在，但由于集成运放的技术指标都比较接近理想值，在具体分析时将其理想化是允许的，这种分析所带来的误差一般比较小，可以忽略不计。

(2) 理想集成运放的特点　理想集成运放工作在线性区时有两个重要特点：

① 由于理想运放 $A_{uo}\to\infty$，则 $u_{id}=u_{od}/A_{ud}\approx 0$，由 $u_{id}=u_--u_+$ 得 $u_+=u_-$。由于两个输入端的电位相同（电压为零），所以称为虚假短路，简称"虚短"。

② 由于理想集成运放的输入电阻 $r_{id}\to\infty$，故可认为两个输入端不取电流，即 $i_+=i_-\approx 0$，流入集成运放同相端和反相端的电流几乎为零，所以称为虚假断路，简称"虚断"。

2. 反相比例运算电路

反相比例运算电路如图 5-33 所示，该电路输入信号加在反相输入端上，输出电压与输入电压的相位相反。在实际电路中，为减小温漂，提高运算精度，同相端必须加接平衡电阻 R_P 接地。R_P 的作用是保持运放输入级差分放大电路具有良好的对称性，减小温漂，提高运算精度，其阻值应为 $R_P=R_1 /\!/ R_f$。后面电路同理。

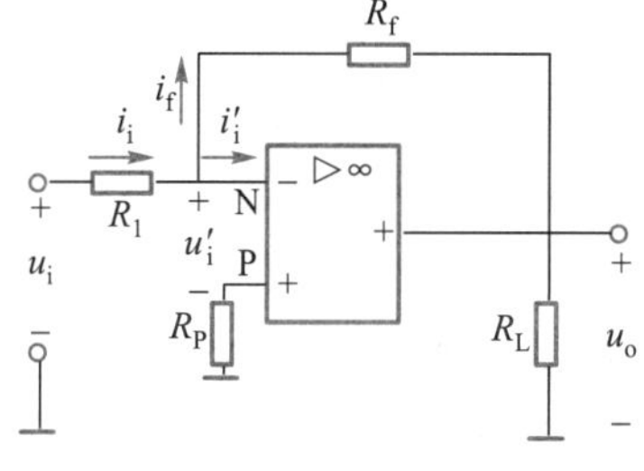

图 5-33　反相比例运算电路

由于运放工作在线性区，净输入电压和净输入电流都为零。

由"虚短"的概念可知，在 P 端接地时，$u_P=u_N=0$，称 N 端为"虚地"。

由"虚断"的概念可知 $i_i=i_f$，有

$$\frac{u_i}{R_1}=\frac{-u_o}{R_f}$$

该电路的电压增益

$$A_{uf}=\frac{u_o}{u_i}=-\frac{R_f}{R_1}$$

即

$$u_o=-\frac{R_f}{R_1}u_i$$

输出电压 u_o 与输入电压 u_i 之间成比例（负值）关系。

该电路引入了电压并联深度负反馈，电路输入阻抗（为 R_1）较小，但由于出现虚地，放大电路不存在共模信号，对运放的共模抑制比要求也不高，因此该电路应用场合较多。

3. 同相比例运算电路

同相输入比例运算电路如图 5-34 所示，由于输入信号加在同相输入端，输出电压和输入电压的相位相同，因此将它称为同相放大器。

由"虚断"的概念可知 $i_P=i_N=0$，由"虚短"的概念可知 $u_i=u_P=u_N$，其电压增益

$$A_{uf}=\frac{u_o}{u_i}=\frac{u_o}{u_f}=1+\frac{R_f}{R_1}$$

即

$$u_o=\left(1+\frac{R_f}{R_1}\right)u_i$$

同相输入电路为电压串联负反馈电路，其输入阻抗极高，但两个输入端均不能接地，放大电路中存在共模信号，不允许输入信号中包含有较大的共模电压，且对运放的共模抑制比要求较高，否则很难保证运算精度。

同相比例运算电路中，若 R_f 不接，R_1 开路，则组成如图 5-35 所示电路。此电路是同相比例运算的特殊情况，此时的同相比例运算电路称为电压跟随器。电路的输出完全跟随输入变化。$u_i=u_P=u_N=u_o$，$A_u=1$，具有输入阻抗大，输出阻抗小的特点，在电路中作用与分立元件的射极输出器相同，但是电压跟随性能好，常用于多级放大器的输入级和输出级。

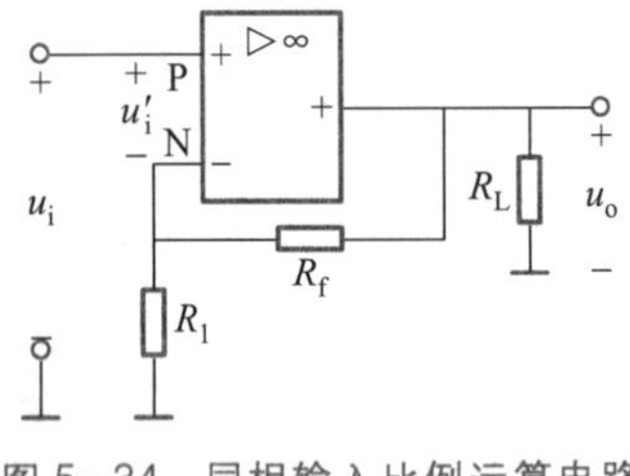

图 5-34 同相输入比例运算电路

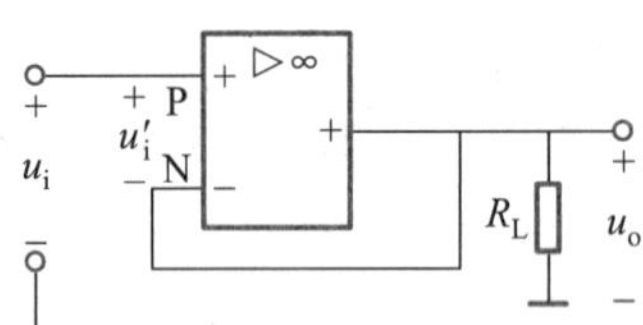

图 5-35 电压跟随器组成

4. 加法电路

若多个输入电压同时作用于运放的反相输入端或同相输入端，则实现加法运算；若多个输入电压有的作用于反相输入端，有的作用于同相输入端，则实现减法运算。

加法电路如图 5-36 所示，该电路可实现两个电压 u_{S1} 与 u_{S2} 相加。输入信号从反相端输入，同相端虚地。则有：$u_P=u_N=0$；又由"虚断"的概念可知 $i_i=0$，因此，在反相输入节点 N 可得节点电流方程

$$\frac{u_{S1}-u_N}{R_1}+\frac{u_{S2}-u_N}{R_2}=\frac{u_N-u_O}{R_f}$$

即

$$\frac{u_{S1}}{R_1}+\frac{u_{S2}}{R_2}=\frac{-u_O}{R_f}$$

整理可得

$$u_O=-\left(\frac{R_f}{R_1}u_{S1}+\frac{R_f}{R_2}u_{S2}\right)$$

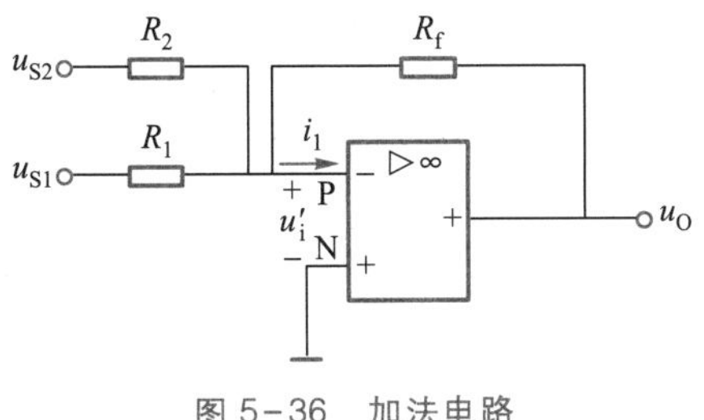

图 5-36 加法电路

若 $R_1=R_2=R_f$，则上式变为

$$u_O=-(u_{S1}+u_{S2})$$

实现了真正意义的反相求和。

加法电路也可以扩展到实现多个输入电压相加的电路。利用同相放大电路也可以组成加法电路。

5. 减法电路

减法电路如图 5-37 所示，电路第一级为反相比例放大电路，设 $R_{f1}=R_1$，则 $u_{O1}=-u_{S1}$。第二级为反相加法电路。

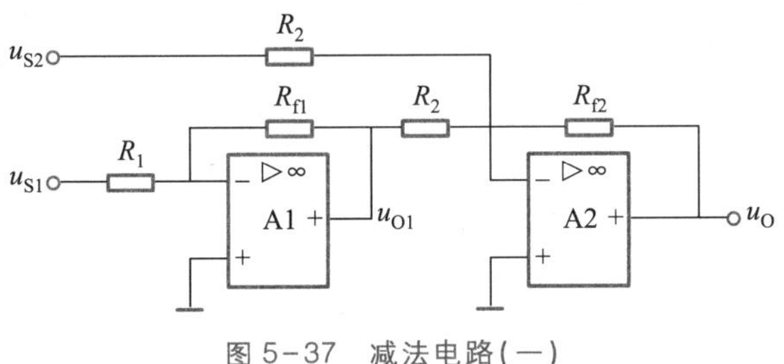

图 5-37 减法电路(一)

可导出

$$u_O=-\frac{R_{f2}}{R_2}(u_{O1}+u_{S2})$$

$$u_O=\frac{R_{f2}}{R_2}(u_{S1}-u_{S2})$$

若 $R_2=R_{f2}$，则

$$u_O=u_{S1}-u_{S2}$$

即实现了两信号 u_{S1} 与 u_{S2} 的相减。

此电路优点是调节比较灵活方便。由于反相输入端与同相输入端“虚地”，因此在选用集成运放时，对其最大共模输入电压的指标要求不高，此电路应用比较广泛。

如图 5-38 所示，该电路是反相输入和同相输入相结合的放大电路。

根据“虚短”和“虚断”的概念可知

$$u_P=u_N,\quad u_i=0,\quad i_i=0$$

并可得下列方程式

$$\frac{u_{S1}-u_N}{R}=\frac{u_N-u_O}{R_f}$$

$$\frac{u_{S2}-u_P}{R_2}=\frac{u_P}{R_3}$$

利用 $u_N=u_P$,可得

$$u_O=\left(\frac{R+R_f}{R}\right)\left(\frac{R_3}{R_2+R_3}\right)\quad u_{S2}-\frac{R_f}{R}u_{S1}$$

在上式中,若满足 $R_f/R=R_3/R_2$,则该式可简化为

$$u_O=\frac{R_f}{R}(u_{S2}-u_{S1})$$

当 $R_f=R$,有

$$u_O=u_{S2}-u_{S1}$$

上式表明,输出电压 u_O与两输入电压之差($u_{S2}-u_{S1}$)成比例,实现了两信号 u_{S2}与 u_{S1}的相减。

从原理上说,求和电路也可以采用双端输入(或称差分输入)方式,此时只用一个集成运放,即可同时实现加法和减法运算。但由于电路系数的调整非常麻烦,所以实际上很少采用。如需同时进行加法,通常宁可多用一个集成运放,而仍采用反相求和电路的结构形式。

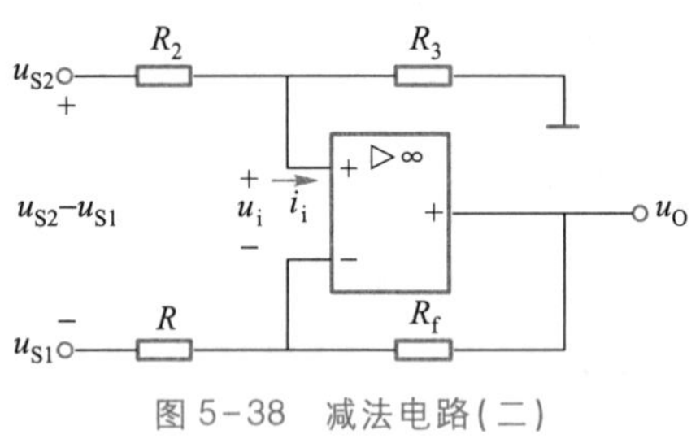

图 5-38 减法电路(二)

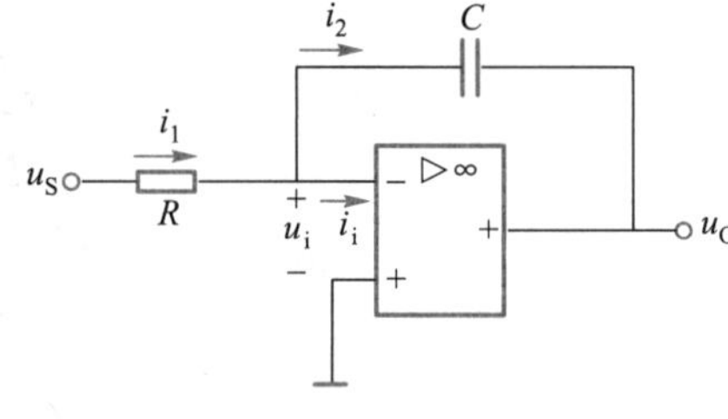

图 5-39 简单积分电路

6. 积分电路

在电子电路中,常用积分运算电路和微分运算电路作为调节环节,此外,积分运算电路还用于延时、定时和非正弦波发生电路中。积分电路有简单积分电路、同相积分电路、求和积分电路等。下面重点介绍简单积分电路。

简单积分电路如图 5-39 所示。反相比例运算电路中的反馈电阻由电容阻所取代,便构成了积分电路。根据"虚短"和"虚断"的概念有:$u_i=0, i_i=0, i_1=i_2=u_S/R$。电流 i_2对 C 进行充电,且为恒流充电(充电电流与电容 C 及电容上电压无关)。假设电容 C 初始电压为 0,则

$$u_O=-\frac{1}{C}\int i_2\mathrm{d}t=-\frac{1}{C}\int i_1\mathrm{d}t$$

$$u_O=-\frac{1}{C}\int\frac{u_S}{R}=-\frac{1}{RC}\int u_S\mathrm{d}t$$

上式表明,输出电压与输入电压的关系满足积分运算要求,负号表示它们在相位上是相反的。RC 称为积分时间常数,记为 τ。

实际的积分器因集成运算放大器不是理想特性和电容有漏电等原因而产生积分误差,严重

时甚至使积分电路不能正常工作。最简便的解决措施是，在电容两端并联一个电阻 R_f，引入直流负反馈来抑制上述各种原因引起的积分漂移现象，但 R_fC 的数值应远大于积分时间。通常在精度要求不高、信号变化速度适中的情况下，只要积分电路功能正常，对积分误差可不加考虑。若要提高精度，则可采用高性能集成运放和高质量积分电容器。

利用积分运算电路能够将输入的正弦电压，变换为输出的余弦电压，实现了波形的移相；将输入的方波电压变换为输出的三角波电压，实现了波形的变换；对低频信号增益大，对高频信号增益小，当信号频率趋于无穷大时增益为零，实现了滤波功能。

7. 微分电路

微分是积分的逆运算。将如图 5-39 所示积分电路的电阻和电容元件互换位置，即构成微分电路，微分电路如图 5-40所示。微分电路选取相对较小的时间常数 RC。

同样根据“虚地”和“虚断”的概念有：$u_i=0$，$i_i=0$，$i_1=i_2$。设 $t=0$ 时，电容 C 上的初始电压为 0，则接入信号电压 u_S时有

$$i_1=C\frac{du_S}{dt}$$

$$u_O=-i_2R=-RC\frac{du_S}{dt}$$

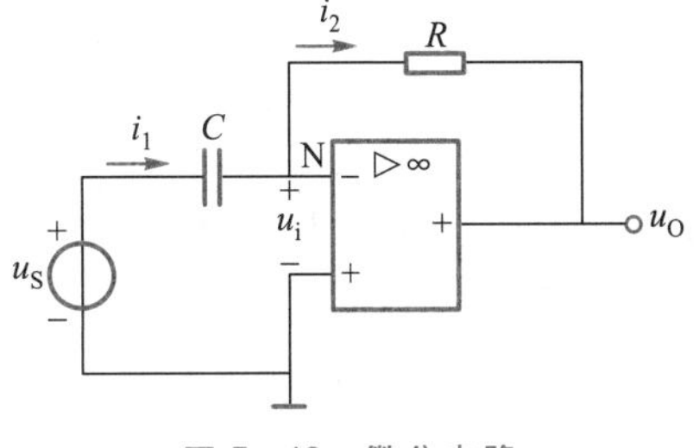

图 5-40　微分电路

上式表明，输出电压与输入电压的关系满足微分运算的要求。因此微分电路对高频噪声和突然出现的干扰（如雷电）等非常敏感，故它的抗干扰能力较差，限制了其应用。

5.5 波形发生电路

在电子电路中，常常需要各种波形作为测试或控制信号，波形发生电路就是用来产生一定频率、一定幅度和一定变化特性的交流信号的电路，它在测量、通信和自动控制领域有着广泛应用。波形发生电路包括正弦波振荡电路和非正弦波振荡电路。下面主要介绍正弦振荡电路的相关基本知识。

1. 自激振荡现象

当扩音器的音量开得很大时，会引起一阵刺耳的啸叫声。这种现象是由于当扬声器靠近话筒时，来自扬声器的声波激励话筒，话筒感应电压，输入放大器，然后扬声器又把放大了的声音再送回话筒，形成正反馈，如此反复循环，就形成了声电和电声的自激振荡啸叫声，扩音系统中的电声振荡如图 5-41 所示。

放大电路在没有输入信号的情况下有输出信号，即产生了自激振荡。其与放大器的区别在于无须外加激励信号，就能产生具有一定频率、波形和振幅的交流信号。

2. 产生自激振荡的条件

自激振荡电路无须外加输入信号而用反馈信号作为输入信号，要形成等幅振荡（即使外加输

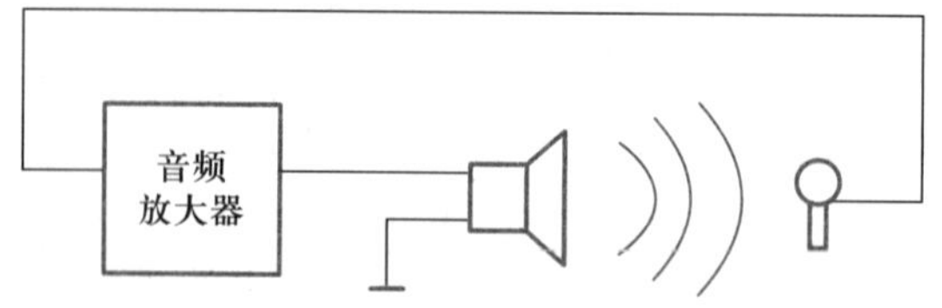

图 5-41 扩音系统中的电声振荡

入信号为零，输出也不会消失）必须保证每次回送的反馈信号与放大器净输入信号相位幅度相等。

（1）振幅平衡条件 设放大电路的电压放大倍数为 A，反馈系数为 F，根据反馈信号与输入信号大小相等的要求，则有 $u_f=AFu_i=u_i$，则

$$AF=1$$

一般取 $AF\geqslant 1$，这样便于电路的起振。

（2）相位平衡条件 根据反馈信号与输入信号相位相同的要求，基本放大电路与反馈网络的总相移等于 2π 的整数倍，即

$$\varphi=\varphi_A+\varphi_F=\pm 2n\pi$$

φ 是反馈电压 u_f 相对于输入电压 u_i 的总相移；φ_A 是放大电路产生的相移；φ_F 是反馈网络产生的相移。

3. 正弦波振荡电路的组成

正弦波振荡电路指电路无须外加输入信号，本身能产生正弦电压信号，称为自激正弦波振荡电路。它的频率范围很广，可以从一赫以下到几百兆赫以上；输出功率可以从几毫瓦到几十千瓦；输出的交流电能是从电源的直流电能转换而来的。

正弦波振荡电路由以下四部分组成：放大电路、正反馈网络、选频网络、稳幅电路。

（1）放大电路 放大电路保证电路具有足够大的放大倍数，能够在起振到动态平衡的过程中，使电路获得一定幅值的输出量。

（2）正反馈网络 正反馈网络引入正反馈，使放大电路的输入信号等于反馈信号，与放大电路共同满足振荡的条件。

（3）选频网络 选频网络确定电路的振荡频率，使电路实现单一频率振荡。选频网络往往由 R、L、C 等电抗性元件组成；反馈网络与选频网络可以是两个独立的网络，也可以合二为一。

（4）稳幅电路 稳幅电路改善振荡波形，使输出信号幅值稳定，一般采用非线性环节限幅。

4. 正弦波振荡的形成过程

放大电路在接通电源的瞬间，随着电源电压由零开始突然增大，电路受到扰动，在放大器的输入端产生一个微弱的扰动电压 u_i，经放大器放大、正反馈，再放大、再反馈……，如此反复循环，输出信号的幅度很快增加。这个扰动电压包括从低频到甚高频的各种频率的谐波成分。为了能得到我们所需要频率的正弦波信号，必须增加选频网络，只有在选频网络中心频率上的信号能通过，其他频率的信号被抑制，在输出端就能得到如图 5-42ab 段所示的起振波形。

那么振荡电路在起振以后，振荡幅度会不会无休止地增长下去呢？这就需要增加稳幅环节。当振荡电路的输出达到一定幅度后，稳幅环节就会使输出减小，维持一个相对稳定的稳幅

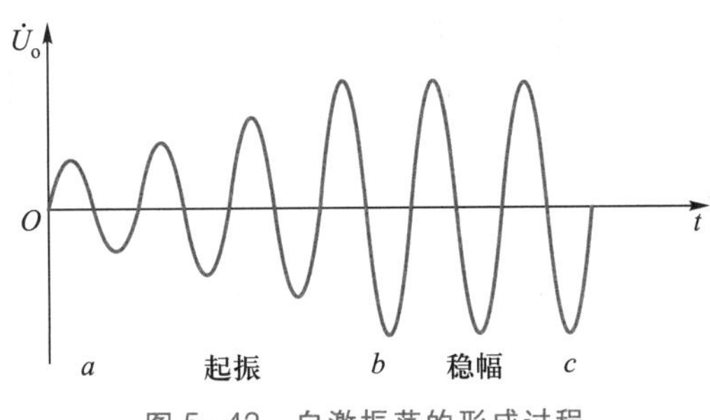

图 5-42　自激振荡的形成过程

振荡,如图 5-54 的 bc 段所示。即在振荡建立的初期,必须使反馈信号大于原输入信号,反馈信号一次比一次大,才能使振荡幅度逐渐增大;当振荡建立后,还必须使反馈信号等于原输入信号,才能使建立的振荡得以维持下去。

5. 正弦波振荡电路分析方法和步骤

(1) 观察电路是否包含振荡电路的四部分组成。

(2) 判断放大电路能否正常工作,即是否有合适的静态工作点,且动态信号是否能够输入、输出和放大。

(3) 判断电路能否振荡。关键是相位,若相位条件不满足,则电路肯定不是正弦波振荡器。相位平衡条件是判断振荡电路能否振荡的基本条件。可用瞬时极性判断方法。

(4) 估算振荡频率。振荡电路的振荡频率 f_0 是由相位平衡条件决定的。对 RC 选频网络,由网络频率特性求出 f_0;对 LC 选频网络,由谐振回路总电抗为零估算出 f_0。

(5) 分析起振条件(幅值条件)。欲使振荡电路能自行起振,须满足 $|AF|>1$ 的幅值条件。

(6) 稳幅及其办法。稳幅是指"起振→增幅→等幅"的振荡建立过程,也就是从 $|AF|>1$ 到达 $|AF|=1$(稳定)的过程。稳幅的办法可采用非线性元件来自动调节反馈的强弱以维持输出电压恒定。稳频是指维持输出信号频率恒定。可以采取提高回路 Q 值、减小回路损耗的办法稳频。

5.6 直流稳压电源

电子设备的出现为现代生活带来了极大的便利,如点读机、电动玩具、平板计算机、游戏机、智能手机等。各种各样的电子设备都需要在电源电路提供稳定电源的情况下工作。直流稳压电源是电源电路最基本的电路,广泛应用于国防、科研、大专院校、实验室、工矿企业等作为电解、电镀、充电装置等设备的直流供电。

能将交流电转变成稳定直流电压输出的电路称为直流稳压电源。直流稳压电源由电源变压器、整流电路、滤波电路和稳压电路组成。直流稳压电源的框图如图 5-43 所示。

电源变压器:将 220 V 电网电压变换为整流电路所要求的交流电压。

整流电路:将交流电压变换为脉动直流电压。

滤波电路:将脉动直流电变换为平滑的直流电。

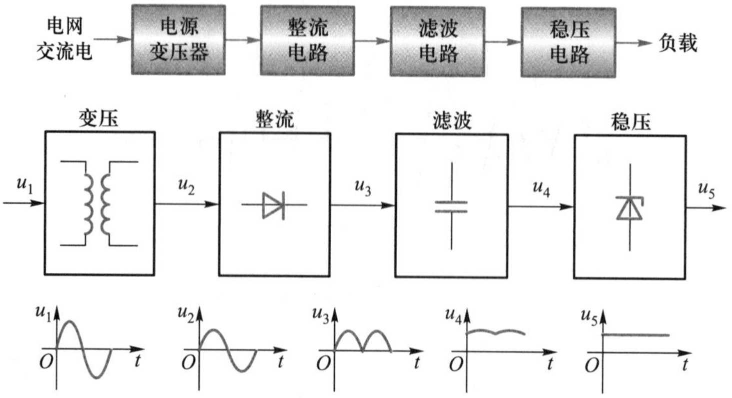

图 5-43 直流稳压电源的框图

稳压电路:使直流电源的输出电压稳定。

5.6.1 整流电路

整流电路是将交流电能转变成直流电能供电给直流用电设备的电路。整流电路按其整流的相数分为:单相整流电路和三相整流电路;按整流后的输出波形分为:半波整流电路和全波整流电路;按组成的元器件分为:不可控、可控和全控三种。

本书主要介绍单相不可控整流电路。

1. 单相半波整流电路

(1) 电路组成 单相半波整流电路是一个最简单的基本电路,由电源变压器 T 的二次绕组、整流二极管 VD 和负载 R_L串联组成,如图 5-44 所示。

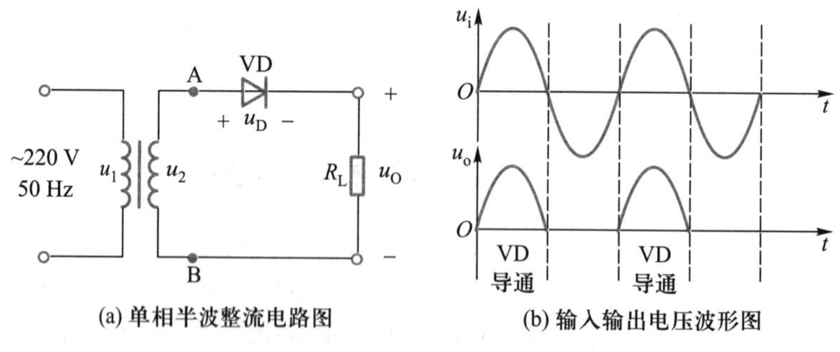

(a) 单相半波整流电路图 (b) 输入输出电压波形图

图 5-44 单相半波整流电路

(2) 工作原理 变压器 T 的作用是将电网电压 u_1 变换为所需要的交流电压 u_2。

当 u_2为正半周时,设 A 端为正,B 端为负,二极管 VD 正偏导通,电流由 A 端流出,经 VD、R_L回到 B 端。忽略二极管正向压降,负载两端电压 $u_O \approx u_2$。

当 u_2为负半周时,B 端为正,A 端为负,二极管反偏截止,负载无电流通过,$u_O = 0$。

半波整流利用二极管的单向导电性,在交流电的一个周期内,二极管半个周期导通,半个周期截止,输出的脉动直流电的波形是输入的交流电波形的一半,故称为半波整流。

输出电压平均值

$$U_O = 0.45U_2$$

负载电流平均值

$$I_L = \frac{U_O}{R_L} = \frac{0.45U_2}{R_L}$$

(3) 整流元件的选择

二极管导通后，流过二极管的平均电流 I_D 与负载 R_L 上流过的平均电流 I_L 相等，即

$$I_D = I_L = \frac{U_O}{R_L}$$

选用整流二极管时，二极管的最大整流电流 I_{DM} 必须满足：$I_{DM} \geqslant I_L$。

二极管所承受的最高反向工作电压 U_{RM} 为电源变压器二次侧电压的最大值，必须满足：$U_{RM} \geqslant \sqrt{2}U_2$。

2. 单相桥式整流电路

单相半波整流电路的结构简单，但输出的整流电压波动很大，整流效率低。因此在实际应用中比较少，单相桥式整流电路是最常用的一种整流电路。

(1) 电路组成　单相桥式整流电路由电源变压器 T 的二次绕组、四个整流二极管 VD1～VD4 和负载 R_L 串联组成，如图 5-45 所示。

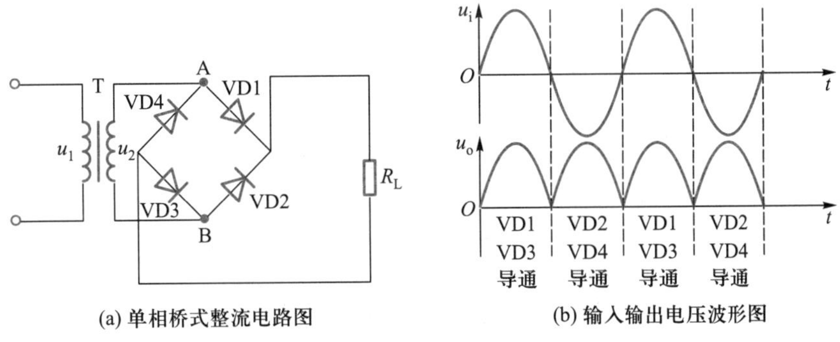

(a) 单相桥式整流电路图　(b) 输入输出电压波形图

图 5-45　单相桥式整流电路

(2) 工作原理　当 u_2 处于正半周时，二极管 VD1、VD3 正向电压，导通；VD2、VD4 反向电压，截止。电流通路为 A→VD1→R_L→VD3→B，$u_o \approx u_2$。

当 u_2 为负半周时，二极管 VD2、VD4 正向电压，导通；VD1、VD3 反向电压，截止，电流通路为 B→VD2→R_L→VD4→A，$u_o \approx -u_2$。

在交流电的一个周期内，四个二极管中，两个(VD1 和 VD3)、两个(VD2 和 VD4)交替轮流导通，输出的是全波的脉动直流电，属于全波整流。

单相桥式整流电路的特点是输出的整流电压波动小，整流效率高。

输出电压平均值

$$U_O = 0.9U_2$$

负载电流平均值

$$I_L = \frac{U_O}{R_L} = \frac{0.9U_2}{R_L}$$

（3）整流元件的选择　流过二极管的平均电流 I_D 是负载 R_L 上流过的平均电流 I_L 的一半，即：$I_D = \frac{1}{2}I_L$。

选用整流二极管时，二极管的最大整流电流 I_{DM} 必须满足：$I_{DM} \geqslant \frac{1}{2}I_L$。

二极管所承受的最高反向工作电压 U_{RM} 为电源变压器二次侧电压的最大值，必须满足：$U_{RM} \geqslant \sqrt{2}U_2$。

5.6.2 滤波电路

整流电路虽然可将交流电变成直流电，但其脉动成分较大，在一些要求直流电平滑的场合是不适用的，需加上滤波电路，以减小整流后直流电中的脉动成分。

滤波能让某种频率的电流通过或阻止某种频率的电流通过。滤波电路是尽可能减小脉动的直流电压中的交流成分，保留其直流成分，使输出电压波形变得比较平滑的电路。

最基本的滤波元件是电感、电容。常用的滤波电路如图 5-46 所示。

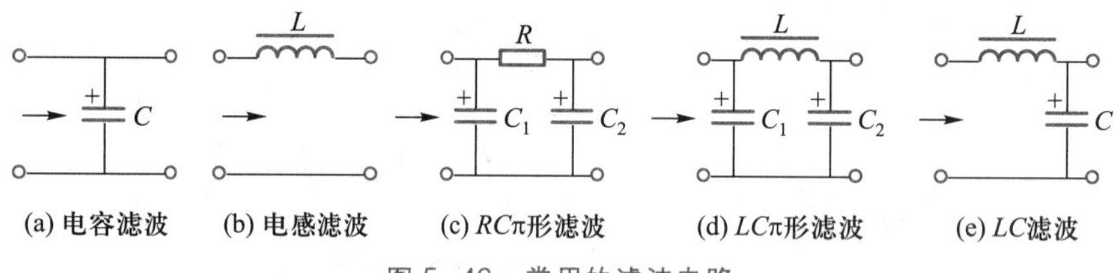

图 5-46　常用的滤波电路

1. 电容滤波电路

单相半波整流电容滤波电路是在整流电路负载电阻两端并联上滤波电容 C，其电路及输出波形如图 5-47 所示。

微课
电容滤波电路

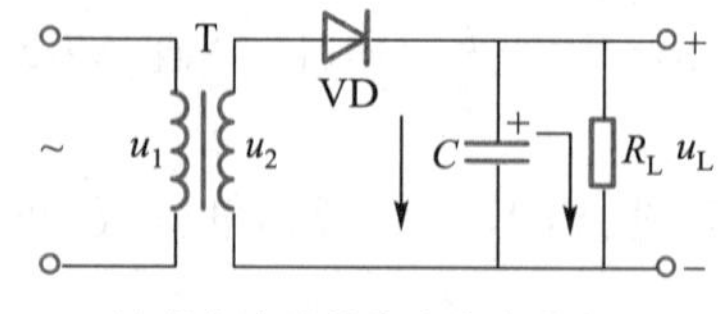

(a) 单相半波整流电容滤波电路

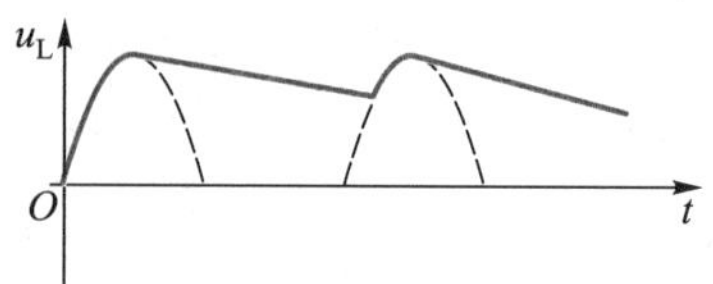

(b) 输出电压波形图

图 5-47　单相半波整流电容滤波电路

（1）电路工作原理　滤波电路是利用滤波电容充放电的特点，使滤波后输出的电压为稳定的直流电压。其工作原理是当整流电压高于电容电压时二极管 VD 导通，电容 C 充电；当整流电压低于电容电压时二极管 VD 截止，电容 C 通过负载 R_L 放电。在充放电的过程中，使输出电压变得平缓，平均值提高。C 越大，R_L 越大，τ 越大，放电越慢，曲线越平滑，脉动越小。

（2）输出电压平均值

① 半波整流电容滤波空载　$U_0=\sqrt{2}U_2$

② 半波整流电容滤波带负载　$U_0=U_2$

③ 全波整流电容滤波空载　$U_0=\sqrt{2}U_2$

④ 全波整流电容滤波带负载　$U_0=1.2U_2$

2. 电感滤波电路

单相桥式整流电感滤波电路是在整流电路负载电阻两端串联滤波电感 L，其电路结构如图 5-48所示。

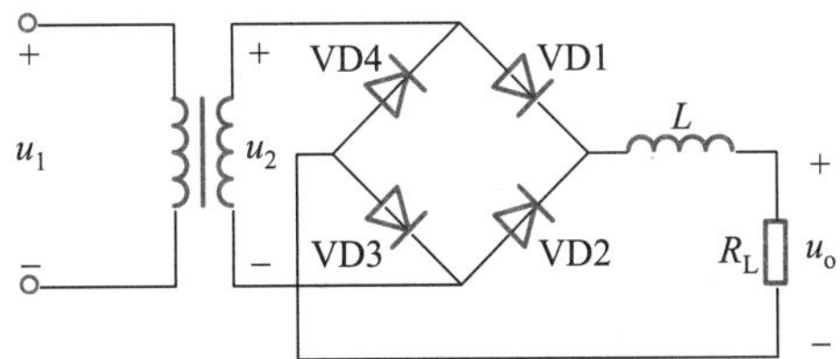

图 5-48　单相桥式整流电感滤波电路结构

当流过电感的电流发生变化时，线圈中产生感应电动势阻碍电流的变化，使负载电流和电压的脉动减小。对于直流分量，$X_L=0$，L 相当于短路，电压大部分降在 R_L上。对于交流量 f 越高，X_L越大，电压大部分降在 L 上。因此在负载上得到比较平滑的直流电压 $U_0=0.9U_2$。

3. 复式滤波电路

LC 滤波电路是在电感滤波电路的基础上，在负载 R_L上并联一个电容 C，如图 5-46(e)所示。脉动的直流电经过电感 L，交流成分被削弱，再经过电容滤波，将交流成分进一步滤除，就可在负载获得更加平滑的直流电压 $U_0=0.9U_2$。适合于负载电阻较小，负载电流较大的场合。用于高频时更为合适。

$LC\pi$ 形滤波器是在 LC 滤波电路的输入端再并联一个电容 C，如图 5-46(d)所示。由于电感 L 易于让直流通过，而对交流具有较大的电抗，所以可更有效地起滤波作用。其输出电压为 $U_0=1.2U_2$，主要适用于负载电流较大的场合。

$RC\pi$ 形滤波器利用 R 和 C_2 组成的低通电路，使 C_1 两端的电压中的大部分交流分量降落在电阻 R 两端，而电容 C_2 两端的交流分量较小，从而起到了滤波作用。R 越大，滤波效果越好。但 R 大将使直流压降增加，主要适用于负载电流较小而又要求输出电压脉动很小的场合，其输出电压为 $U_0=1.2U_2$。

5.6.3　稳压电路

交流电经整流和滤波后，输出电压中仍有较小的纹波，并且会随电网电压的波动和负载的变化而变化。稳压电路是当电网电压发生波动或负载电流变化比较大时，其输出电压保持稳定的电路。

按电压调整元件与负载的连接方式分，稳压电路可为并联型稳压电路和串联型稳压电路，如图 5-49 所示。按调整管的工作状态分可为线性稳压电路和开关稳压电路。开关稳压电路将在本章拓展介绍。

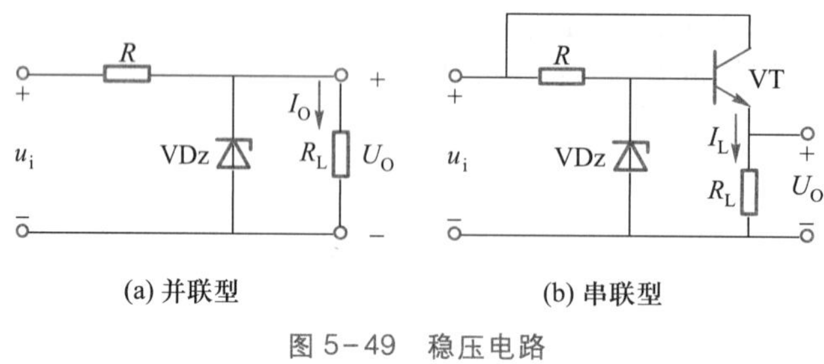

图 5-49 稳压电路

1. 并联型稳压电路

并联型稳压电路如图 5-50 所示，其调整元件是硅稳压管，与负载并联，工作在反向击穿状态，稳定输出电压。硅稳压管与限流电阻 R 串联，限流电阻的作用是限制电流和调节电压。

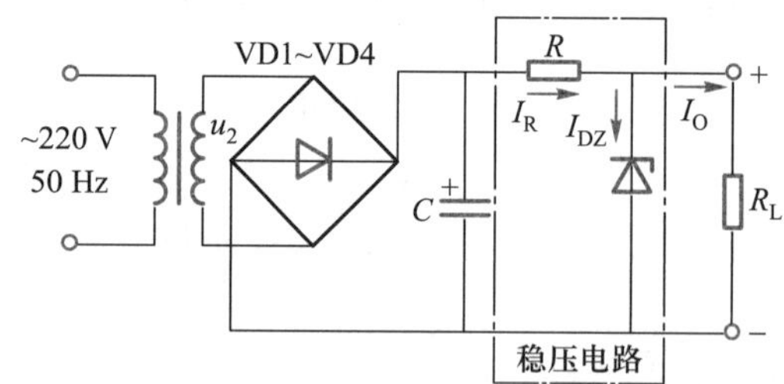

图 5-50 并联型稳压电路

硅稳压管稳压电路是利用稳压管反向击穿电流在较大范围内变化时，管子两端电压变化很小的特性进行稳压的，其稳压过程如下：设电网电压减小（或负载电流升高），使输出电压下降时，稳压管两端的电压 U_Z 跟随下降，其反向电流 I_Z 显著减少，导致通过限流电阻 R 的电流 I_R（$I_R=I_Z+I_L$）减小，电阻 R 的端电压 U_R（$U_R=I_RR$）下降。根据 $U_o=U_i-U_R$ 的关系，可知 U_o 的下降受到限制。上述过程可用符号表示为：

$$U_o\downarrow\rightarrow U_z\downarrow\rightarrow I_z\downarrow\rightarrow I_R\downarrow\rightarrow U_R\downarrow\rightarrow U_o\uparrow$$

2. 串联型稳压电路

串联型稳压电路的调整元件是晶体管，调整管与负载串联，工作在放大状态，稳定输出电压。串联型稳压电路目前较为通用的是带有放大环节的串联型稳压电路，由调整管、取样电路、基准电压电路和比较放大电路四部分组成，如图 5-51 所示。

（1）调整管 VT，调节输出电压，工作在放大状态。

（2）取样电路，取出一部分输出电压的变化量，加到比较放大电路进行比较放大。

（3）基准电压电路，稳压管 U_Z 的稳定电压作为基准电压，加到比较放大电路与取样电压进行比较。

（4）比较放大电路，将输出电压的微小变化量进行放大，再去控制 VT 的基极电位。

当由于电源电压或负载电阻的变化使输出电压 U_o 升高时,有如下稳压过程:

$$U_o\uparrow\rightarrow U_F\uparrow\rightarrow U_B\downarrow\rightarrow I_C\downarrow\rightarrow U_{CE}\uparrow\rightarrow U_o\downarrow$$

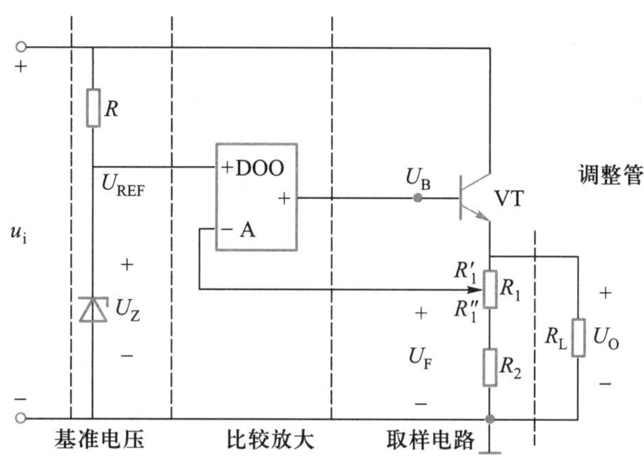

图 5-51 带有放大环节的串联型稳压电路

3. 集成稳压电路

把串联稳压电路中的取样、基准、比较放大、调整和保护环节等集成于一个半导体芯片上,构成集成稳压器。早期的集成稳压器外引线较多,现在的集成稳压器只有三个:输入端、输出端和公共端(或调整端),称为三端集成稳压器。三端集成稳压器主要有两种,一种输出电压是固定的,称为固定输出三端集成稳压器,另一种输出电压是可调的,称为可调输出三端集成稳压器。三端集成稳压器具有体积小、质量轻、使用方便、可靠性高等优点,因而得到广泛应用。

(1) 固定输出三端集成稳压器

① 型号表示意义。固定输出三端集成稳压器应用最广泛是 78××系列和 79××系列,前者输出电压为正,后者为负。××表示稳定输出的电压值,有 5 V、6 V、8 V、12 V、15 V、18 V 和 24 V。输出电流为 1 A。电路内部有限流、过流保护和热保护环节,输出电流也可扩大到 5 A。

② 引脚排列。固定输出三端集成稳压器有输入端、输出端和公共端三个引脚,如图 5-52 所示。

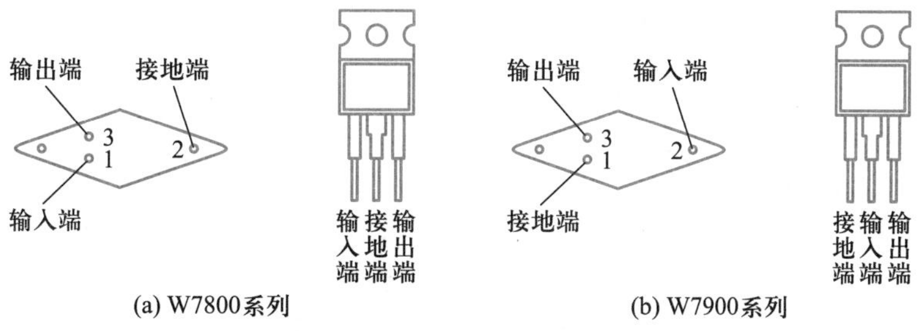

图 5-52 固定输出三端集成稳压器的外形与引脚排列

③ 基本应用电路。固定输出三端集成稳压器 7812 的电路,如图 5-53 所示。C_1抵消输入长接线的电感效应,防止自激。C_2、C_3 改善负载的瞬态响应,消除高频噪声;C_2 具有消振的作用,通常取 0.1 μF。VD 防止输入端短路时 C_3 反向放电损坏稳压器。

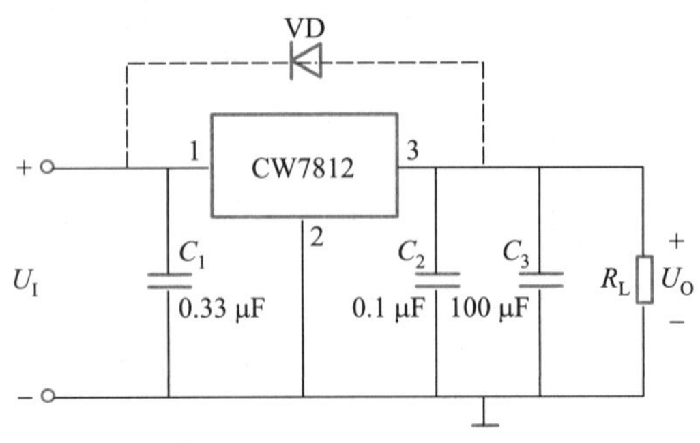

图 5-53 7812 集成稳压电路

④ 使用注意事项。固定输出三端集成稳压电路工作时,要求输入电压比输出电压至少高 2 V,使用调整管保证工作在放大区;防止输入端与输出端反接;防止稳压器的浮地故障,接地端必须可靠接地;防止输入端短路;防止瞬态过压。

(2) 可调输出三端集成稳压器 可调输出三端集成稳压器的输出电压为 1.2~37 V,连续可调。

① 型号表示意义。可调输出三端集成稳压器应用最经典是 X17 系列和 X37 系列,前者输出电压为正,后者为负。

② 引脚排列。CW117 系列和 CW137 系列引脚排列如图 5-54 所示。

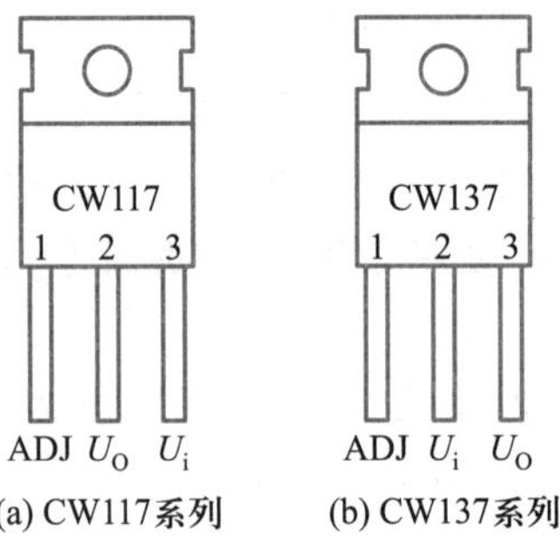

图 5-54 可调输出三端集成稳压器的外形与管脚排列

③ 基本应用电路。可调输出三端集成稳压器 CW317 的电路结构,如图 5-55 所示。VD1 防止输入端短路时,C_4 放电损坏稳压器;VD2 防止输出端短路时,C_2 通过调整端放电损坏稳压器。

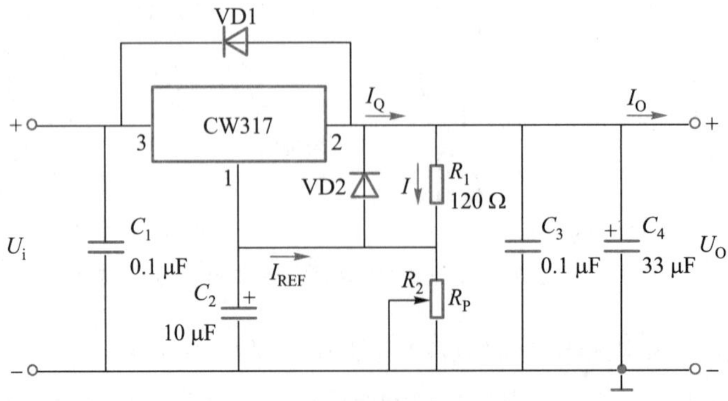

图 5-55 CW317 集成稳压电路

习题

1. 判断题

(1) 稳压管的符号和普通二极管的符号是相同的。(　　)

(2) 二极管两端加上正向电压就一定会导通。(　　)

(3) 晶体管有两个 PN 结,三个引脚、三个区域。(　　)

(4) 分压式偏置共发射极放大电路是一种能够稳定静态工作点的放大器。(　　)

(5) 共基极放大电路也有稳定静态工作点的效果。(　　)

(6) 放大电路的静态值变化的主要原因是温度变化。(　　)

(7) 负反馈能改善放大电路的性能指标,但放大倍数并没有受到影响。(　　)

(8) 分立元件的多级放大电路的耦合方式通常采用阻容耦合。(　　)

2. 选择题

(1) P 型半导体是在本征半导体(硅、锗,四价)中加入微量的(　　)价元素构成的。

A. 三价(硼)　　B. 四价　　C. 五价(磷)　　D. 六价

(2) 二极管正向偏置是指(　　)。

A. 正极接高电位,负极接低电位　　B. 正极接低电位,负极接高电位

C. 二极管没有正负极之分　　D. 二极管的极性任意接

(3) 当二极管外加电压时,反向电流很小,且不随(　　)变化。

A. 正向电流　　B. 正向电压　　C. 电压　　D. 反向电压

(4) 用万用表检测某二极管时,发现其正、反电阻均约等于 1 kΩ,说明该二极管(　　)。

A. 已经击穿　　B. 完好状态

C. 内部老化不通　　D. 无法判断

(5) 晶体管是由三层半导体材料组成的,有三个区域,中间的一层为(　　)。

A. 基区　　B. 栅区　　C. 集电区　　D. 发射区

(6) 晶体管超过(　　)所示极限参数时,必定被损坏。

A. 集电极最大允许电流 I_{CM}

B. 集-射极间反向击穿电压 $U_{(BR)CEO}$

C. 集电极最大允许耗散功率 P_{CM}

D. 管子的电流放大倍数

(7) 下列不属于放大电路的静态值为(　　)。

A. I_{BQ}　　B. I_{CQ}　　C. U_{CEQ}　　D. U_{CBQ}

(8) 如图 5-56 所示,已知 $V_{CC}=15$ V,$R_C=4$ kΩ,$R_B=400$ kΩ,$\beta=40$,则 I_{CQ} 为(　　)。

A. 4 mA　　B. 3 mA　　C. 2 mA　　D. 5mA

(9) 多级放大电路之间,常用共集电极放大电路,是利用其(　　)特性。

A. 输入电阻大、输出电阻大

B. 输入电阻小、输出电阻大

C. 输入电阻大、输出电阻小

D. 输入电阻小、输出电阻小

(10) 如图 5-57 所示，该电路的反馈类型为(　　)。

A. 电压串联负反馈　　B. 电压并联负反馈

C. 电流串联负反馈　　D. 电流并联负反馈

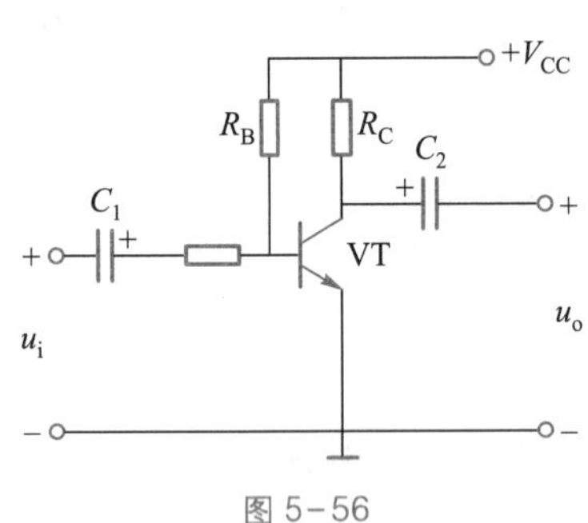

图 5-56

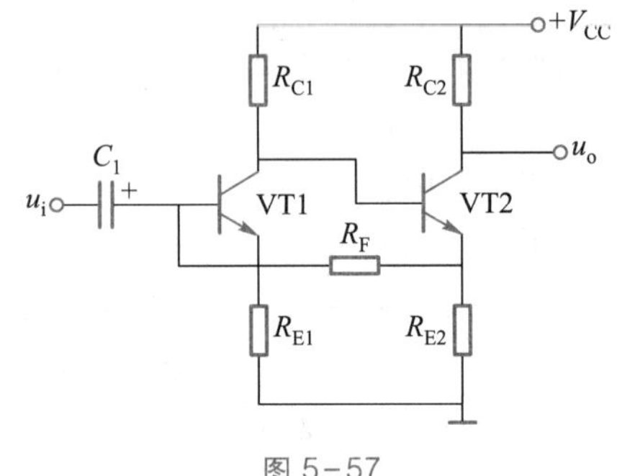

图 5-57

(11) *RC* 选频振荡电路适合(　　)kHz 以下的低频电路。

A. 1 000　　B. 200　　C. 100　　D. 50

(12) *LC* 选频振荡电路，当电路频率高于谐振频率时，电路性质为(　　)。

A. 电阻性　　B. 感性　　C. 容性　　D. 纯电容性

(13) 常用的稳压电路有(　　)等。

A. 稳压管并联型稳压电路　　B. 串联型稳压电路

C. 开关型稳压电路　　D. 以上都是

(14) 稳压二极管的正常工作状态是(　　)。

A. 导通状态　　B. 截止状态

C. 反向击穿状态　　D. 任意状态

3. 综合题

(1) 晶体管的发射极和集电极能否互换使用？为什么？

(2) 如图 5-58 所示电路中，设 $V_{CC}=12\ \text{V}$，各个电容的容量足够大，$R_{b1}=R_c=R_L=5\ \text{k}\Omega$，$R_{b2}=25\ \text{k}\Omega$，$R_e=1\ \text{k}\Omega$，$R_f=300\ \Omega$，晶体管的 $\beta=100$，$U_{BE}=0.7\ \text{V}$，$r_{bb'}=100\ \Omega$。

① 估算电路静态工作点；

② 计算电压放大倍数 A_u、输入电阻 R_i 和输出电阻 R_o。

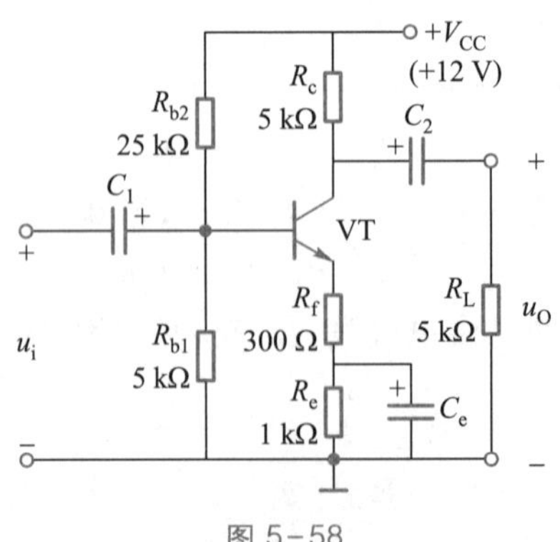

图 5-58

(3) 什么是零点漂移，产生的原因是什么，抑制零点漂移最有效的方法是什么？

(4) 电路如图 5-59 所示，集成运放均为理想运放，试写出输出电压 U_{o1}、U_{o2}、U_o 的表达式。

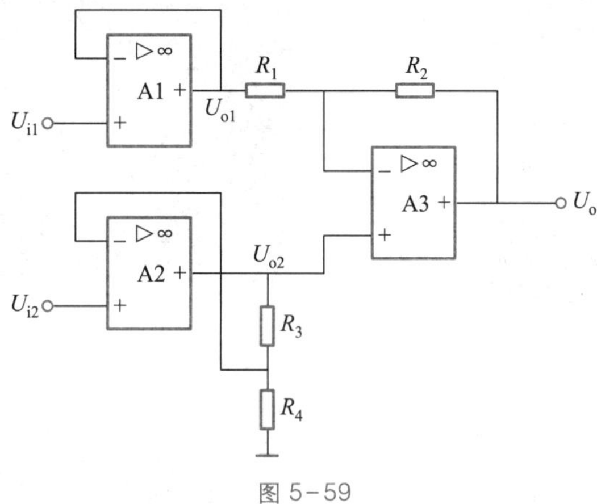

图 5-59

(5) 什么是交越失真，如何克服交越失真？

(6) 简述并联稳压电路中负载 R_L 变化时的稳压过程。

(7) 电路如图 5-60 所示，$u_2 = 10$ V，在下列情况下，测得输出电压平均值 U_O 的数值各为多少？① 正常情况时；② 电容虚焊时；③ R_L 开路时；④ 一只整流管和电容 C 同时开路时。

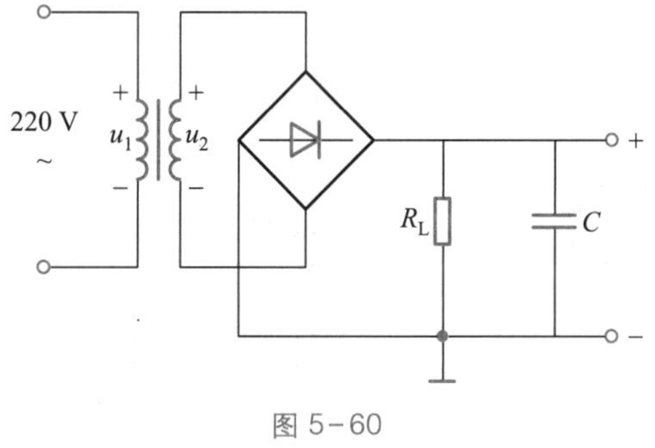

图 5-60

拓展延伸　开关稳压电源

稳压电源通常分为线性稳压电源和开关稳压电源。线性稳压电源在前面已做介绍，本拓展着重介绍开关稳压电源。

开关稳压电源，简称开关电源，是一种电压和功率的变换器，将直流电压和功率转换为脉冲电压，再整流成为另一种直流电压的装置，其外形如图 5-61 所示。

随着电力电子技术的发展和创新，使得开关电源技术也在不断地创新。目前开关电源以小型、轻量和高效率的特点被广泛应用于几乎所有的电子设备，包括工业自动化控制、军工设备、科研设备、LED 照明、工控设备、通信设备、电力设备、仪器仪表、医疗设备、半导体制冷制热、空气净化器、电子冰箱、液晶显示器、LED 灯具，视听产品、安防监控、数码产品和仪器类等领域，是当今电子信息产业飞速发展不可缺少的一种电源方式。

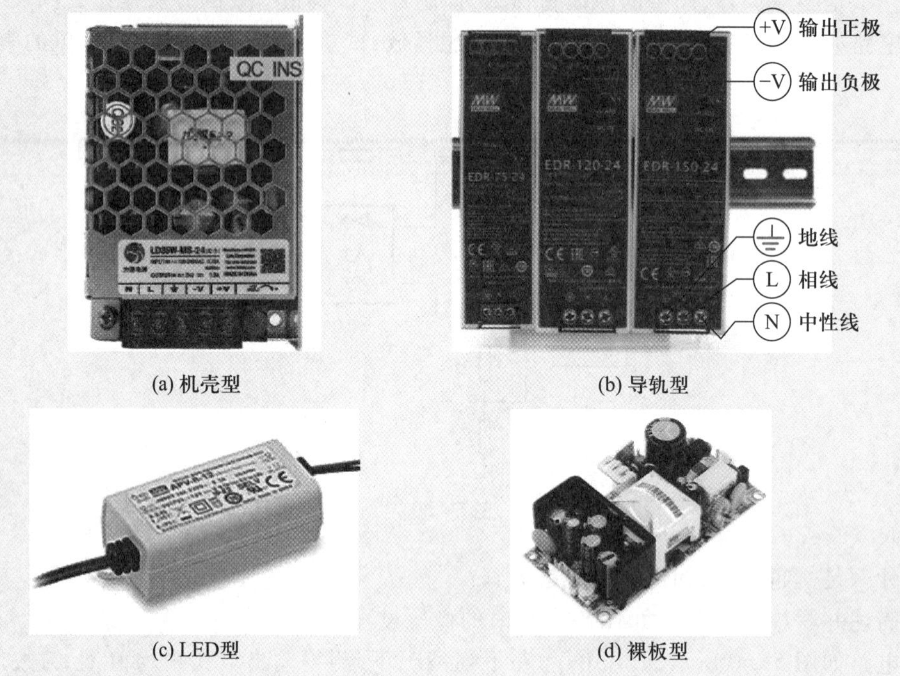

(a) 机壳型 (b) 导轨型

(c) LED型 (d) 裸板型

图 5-61 开关稳压电源外形

1. 基本组成与作用

开关稳压电源大致由主电路、控制电路、检测电路、辅助电源四大部分组成，如图 5-62 所示。

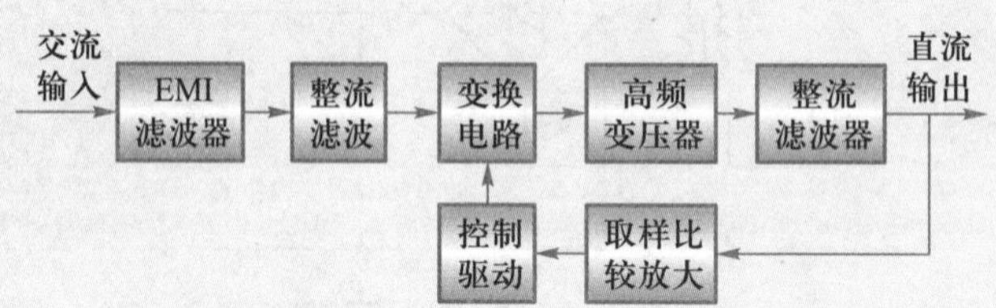

图 5-62 开关稳压电源组成框图

(1) 主电路

① EMI 防电磁干扰的电源滤波器滤波：滤除电源的高次谐波。

② 整流与滤波：将电网交流电压直接整流为较平滑的直流电压。

③ 变换电路：直流电压经变换电路变换为数十或数百千赫的高频方波或准方波电压。

④ 高频变压器：高频变压器隔离并降压（或升压）。

⑤ 输出整流与滤波：根据负载需要，提供稳定可靠的直流电源。

(2) 控制电路

电源接上负载后，通过取样电路获得其输出电压，将此电压与基准电压做比较后，将其误差值放大，用于控制驱动电路，控制变换器中功率开关管的占空比，使输出电压升高（或降低），以获得一稳定的输出电压。

(3) 检测电路

提供保护电路中正在运行的各种参数和各种仪表数据。

(4) 辅助电源

实现电源的软件(远程)启动,为保护电路和控制电路(PWM 等芯片)工作供电。

2. 分类

按照控制方式可分为:脉冲宽度调制式(PWM)、脉冲频率调制式(PWF)、混合式。

按照开关管的种类可分为:双极型晶体管、MOS 场效应管和可控硅开关管等。

根据开关管与负载的连接方式可分为:串联式、并联式、变压器式。

根据开关管的个数和连接方式可分为:单端式、推挽式、半桥式和全桥式。

根据激励方式可分为:自激式、他激式。在自激式开关电源中,由开关管和高频变压器构成正反馈环路来完成自激振荡,类似于间歇振荡器;而他激式开关电源必须附加一个振荡器,振荡器产生的开关脉冲加在开关管上,控制开关管的导通和截止,使开关电路工作并有直流电压输出。

按照输出直流值的大小可分为:升压式开关电源、降压式开关电源,也可分为高压开关电源、低压开关电源。

按照能量传递方式可分为:正激式和反激式。

按照输出波形可分为:矩形波和正弦波电路。

以上这些分类的组合可构成多种方式的开关型稳压电源。因此,设计者需根据各种方式的特征进行有效的组合,制作出满足需要的高质量开关型稳压电源。

3. 开关稳压电源的控制原理

开关稳压电源中,变换电路起着主要的调节稳压作用,这是通过调节功率开关管的占空比来实现的。设开关管的开关周期为 T, 在一个周期内,导通时间为 t_{on},则占空比定义为

$$D=\frac{t_{on}}{T}$$

在开关电源中,改变占空比的控制方式有两种,即脉冲宽度调制(PWM)和脉冲频率调制(PWF)。脉冲宽度调制,是保持开关频率(开关周期 T)不变,通过改变 t_{on} 来改变占空比 D,从而达到改变输出电压的目的的控制方式,即 D 越大,滤波后输出电压也就越大;D 越小,滤波后输出电压越小, 如图 5-63 所示。

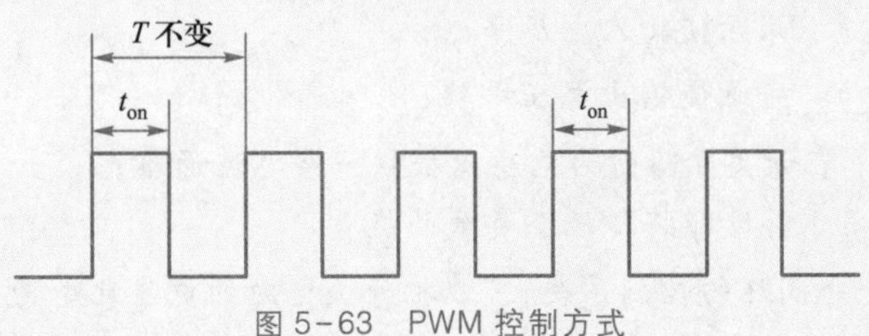

图 5-63 PWM 控制方式

脉冲频率调制,是保持导通时间 t_{on} 不变,通过改变频率(即开关周期 T)而达到改变占空比的一种控制方式。由于脉冲频率调制的工作频率是变化的,会造成后续电路滤波器的设计比较困难,因此,目前绝大部分的开关电源均采用 PWM 控制。

4. 开关稳压电源的特点

开关稳压电源具有如下的优点。

(1) 功耗小、效率高

开关管中的开关器件交替工作在导通—截止—导通的开关状态,转换速度快, 这使得功率

损耗小，电源的效率可以大幅度提高，可达 90%~95%。

(2) 体积小、质量轻

开关电源效率高，损耗小，可以省去较大体积的散热器；用起隔离作用的高频变压器取代工频变压器，可大大减小体积，减轻质量；因为开关频率高，输出滤波电容的容量和体积也可大为减小。

(3) 稳压范围宽

开关电源的输出电压由占空比来调节，输入电压的变化可以通过占空比的大小来补偿。这样，在工频电网电压变化较大时，它仍能保证有较稳定的输出电压。

(4) 电路形式灵活多样

设计者可以发挥各种类型电路的特长，设计出能满足不同应用场合的开关电源。

开关电源的缺点主要是存在开关噪声干扰。

5. 应用实例

(1) 简化的降压开关电源

简化的降压开关电源如图 5-64 所示，为了方便电路的分析，先不加入反馈控制部分。

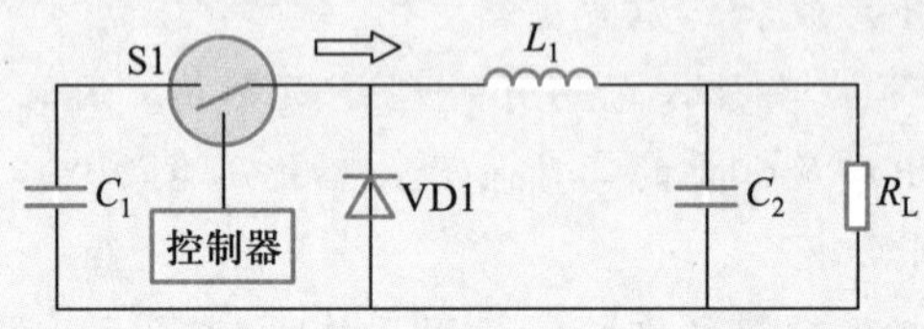

图 5-64 简化的降压开关电源

状态一：当 S1 闭合时，输入的能量从电容 C_1，通过 S1→电感器 L_1→电容器 C_2→负载 R_L 供电，此时电感器 L_1 同时也在储存能量。

状态二：当 S2 关断时，能量不再是从输入端获得，而是通过续流回路，从电感器 L_1 存储的能量→电容 C_2→负载 R_L→二极管 VD1。

经分析可得出 $U_o/U_i=D$，而 U_o 永远是小于 U_i 的，因为占空比 $D\leqslant1$。

各个器件的作用：

① 输入电容器(C_1) 用于使输入电压平稳；

② 输出电容器(C_2) 负责使输出电压平稳；

③ 二极管(VD1) 在开关开路时为电感器提供一条电流通路；

④ 电感器(L_1) 用于存储即将传送至负载的能量。

降压开关电源是一个闭环的控制系统，可以把开关电源的电流比喻为水流，输入电容就是一个大的蓄水池，输出电容是一个小的蓄水池，把一小杯一小杯的水从大水池传送到小水池，通过控制传送的间隔时间和水杯的水量从而实现小水池固定的水量，当输出的水量低了，就增加杯子的水量，当输出的水量高了，就减少杯子的水量。

(2) 单组输出的开关电源

在此以仪用 DC 24 V 开关电源为例介绍单组输出的开关电源。仪用 DC 24 V 开关电源经常作为压力、温度传感器、旋转编码器等检测仪器的专用稳定直流电源。

CL-A-35-24 仪用 DC 24 V 开关电源，是额定功率为 35 W，输出额定(可调整)电压为 DC 24 V 的开关电源产品，稳压精度较高，对过载、短路故障有较好的保护功能。

本电路中的开关变压器为降压变压器。整机电路由市电整流滤波电路、PWM 脉冲生成电路、逆变功率开关电路和开关变压器二次整流电路、稳压控制和过载保护电路组成。具体电路构成如图 5-65 所示。

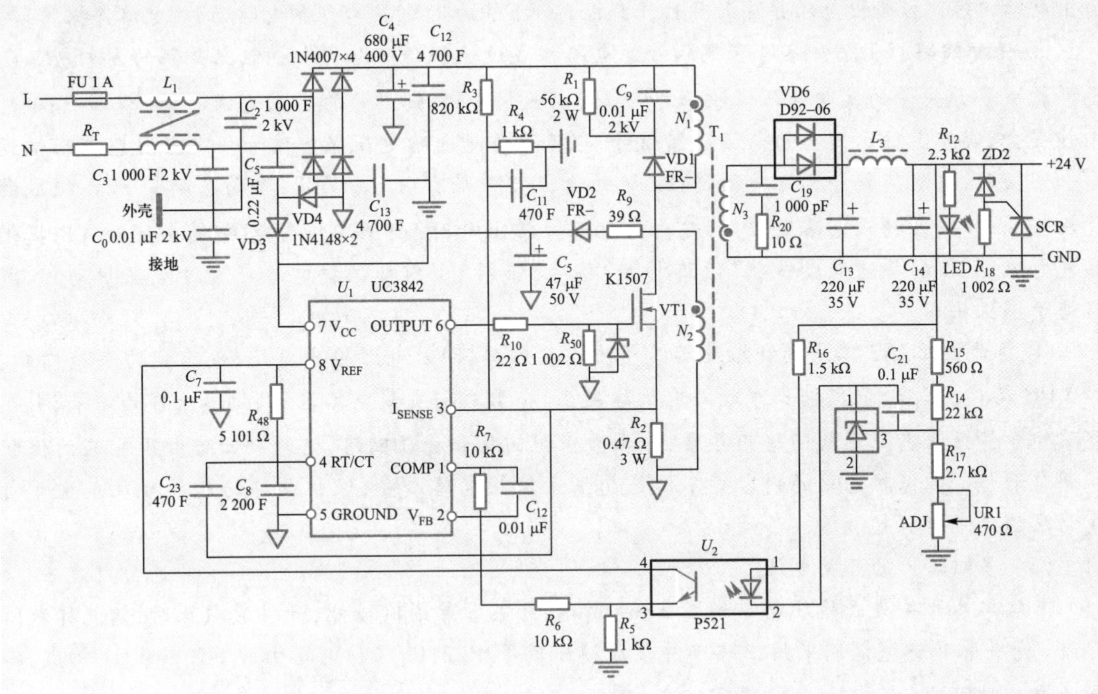

图 5-65 CL-A-35-24 仪用 DC 24 V 开关电源电路构成

电路以 UC3842 振荡芯片为核心,构成逆变、整流电路。AC 220 V 电源经共模滤波器 L1 引入,能较好地抑制从电网进入的和从电源本身辐射的高频干扰。交流电压经桥式整流电路、电容 C_4 滤波成为约 280 V 的不稳定直流电压,作为由振荡芯片 U1、开关管 VT1、开关变压器 T1 及其他元件组成的逆变电路。逆变电路,可以分为四个电路部分讲解其电路工作原理。

① 振荡回路:开关变压器的主绕组 N1、VT1 的漏-源极、R_2(工作电流检测电阻)为电源工作电流的通路;本机启动电路与其他开关电源(启动电路由降压限流电阻组成)有所不同,启动电路由 C_5、VD3、VD4 组成,提供一个“瞬态”的启动电流,二极管 VD2 吸收反向电压,VD3 具有整流作用,保障加到 U1 的 7 脚的启动电流为正电流;电路起振后,由 N2 自供电绕组、VD2、C_5 整流滤波电路,提供 U1 芯片的供电电压。这三个环节的正常运行,是电源能够振荡的先决条件。

当然,U1 的 4 脚外接定时元件 R_{48}、C_8 和 U1 芯片本身,也构成了振荡回路的一部分。

电容式启动电路,当过载或短路故障发生时,电路能处于稳定的停振保护状态,不像电阻启动电路,会再现“打嗝”式间歇振荡现象。工作电流检测从电阻 R_2 上取得,当故障状态引起工作过流异常增大时,U1 的 6 脚输出 PWM 脉冲占空比减小,N1 自供电绕组的感应电路也随之降低,当 U1 的 7 脚供电电压低于 10 V 时,电路停振,负载电压为 0,这是过流(过载或短路)引发 U1 内部欠电压保护电路动作导致的输出中止;工作电流异常增大时,R_2 上的电压降大于 1 V 时,内部锁存器动作,电路停振,这是由过流引发 U1 内部过流保护动作导致输出终止。

② 稳压回路:开关变压器的 N3 绕组、D6、C_{13}、C_{14}等元件组成的 24 V 电源,基准电压源 TL1、光

耦合器 U2 等元件构成了稳压控制回路。U1 芯片和 1、2 脚外围元件 R_7、C_{12}，也是稳压回路的一部分。实际上，TL1、U1 组成了外部误差放大器，将输出 24 V 的电压变化反馈回 U1 的反馈电压信号输入端。当 24 V 输出电压上升时，U1 的 2 脚电压上升，1 脚电压下降，输出 PWM 脉冲占空比下降，输出电路回落。当输出电压异常上升时，U1 的 1 脚下降为 1 V，内部保护电路动作，电路停振。

③ 保护回路：U1 芯片本身和 3 脚外围电路构成过流保护回路；N1 绕组上并联的 VD1、R_1、C_9 元件构成了开关管的反向电压吸收保护电路，以提供 VT1 截止时的反向电流通路，保障 TV1 的工作安全；实质上稳压回路的电压反馈信号，也可看作是一路电压保护信号——当反馈电压幅度达一定值时，电路实施停振保护动作；24 V 的输出端并联有由 R_{18}、ZD2、单向晶闸管 SCR 组成的过压保护电路，当稳压电路失常，引起输出电压异常上升时，稳压二极管 ZD2 的击穿为 VR 提供触发电流，SCR 的导通形成一个“短路电流”信号，强制 U1 内部保护电路产生过流保护动作，电路处于停振状态。

④ 负载回路：N3 二次侧绕组及后续整流滤波电路，即是电源输出电路，也可视为负载回路，如 VD6 或 C_{13}、C_{14} 任一元件击穿或漏电故障发生，即形成同负载电路过载、短路一样的结果，引发电路处于停振状态。负载回路的异常，会牵涉保护回路和稳压回路，使两个回路做出相应的保护和调整动作。但保护电路的内容并不仅是局限于保护电路本身，保护电路的起控往往是由于负载电路的异常所引起。

（3）多组输出的开关电源

三端单片开关集成稳压电源如图 5-66 所示，开关管导通时储能，开关管截止时，储能释放给负载。开关管和脉宽调制采用三端单片集成稳压器 TOP221P，保护电路由 R_3、C_1 和 VD1 构成，C_5 自动启动时间控制。

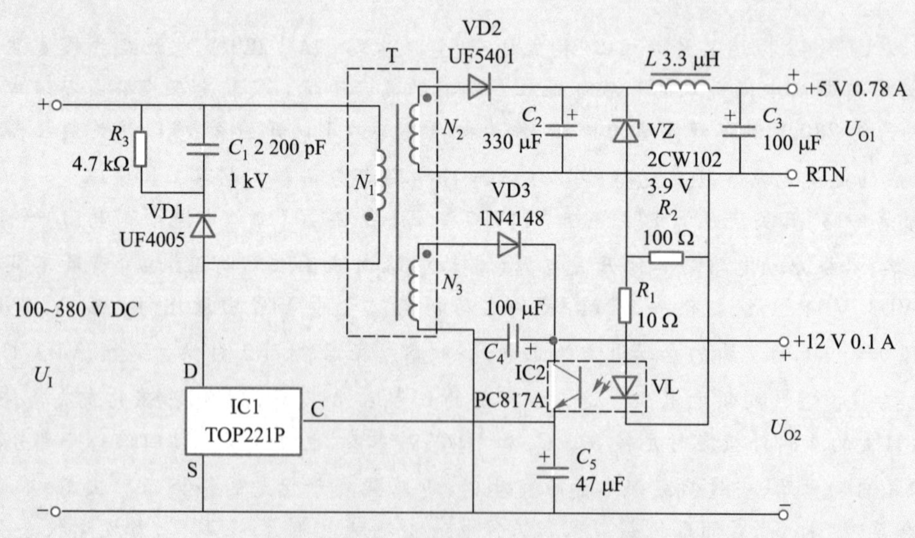

图 5-66 三端单片开关集成稳压电源

当 221P 内开关功率管导通时，N1 上产生上正下负电压，N1 储存能量。开关功率管截止时，N1 上产生上负下正电压，N2 产生上正下负电压，VD2 导通，经 C_2、L、C_3 滤波后提供+5 V 输出电压。$U_{O1} \approx U_Z+U_F$（LED 正向压降）。N3 上感应的交流电压经 VD3 整流、C_4 滤波，获+12 V 电压为 IC2 中的光电晶体管供电。

模块6 数字电路基础

学习目标

通过本模块的学习，使学生熟悉和掌握典型的数字逻辑电路的分析，理解简单数字逻辑电路的设计方法，使学生具有进一步学习相关专业知识的能力，为从事有关实际工作打下基础。

6.1 数字电路基础

随着电子技术的发展，数字化已成为当今电子技术的发展趋势和潮流，数字电路的应用范围广泛，城市轨道交通系统也大量应用各种数字化仪表和电脑控制，因此数字电子技术对于认知数码世界具有重要的现实意义。

6.1.1 数字电路概述

1. 模拟信号与数字信号

电子线路中的电信号有两大类：模拟信号和数字信号。

在数值上和时间上都是连续变化的信号，称为模拟信号，其波形如图 6-1(a)所示。例如生产中由传感器检测的某种物理量(速度、压力、温度、声音)转化成的电信号等。模拟电路是传输和处理模拟信号的电路。

在数值上和时间上不连续变化的信号，称为数字信号，其波形如图 6-1(b)所示。例如电子表的秒信号等。数字电路是传输和处理数字信号的电路。

为了使用方便，数字一般用高电平和低电平分别表示两个逻辑值(逻辑 **1** 和逻辑 **0**)。若规定高电平(3~5 V)为逻辑 **1**，低电平(0~0.4 V)为逻辑 **0**，则把这种逻辑为正逻辑；反之为负逻辑。

2. 脉冲

数字信号实质是一种脉冲信号，所谓脉冲信号指瞬间突然变化、作用时间极短的电压或电流信号。脉冲波形有多种，常见的有矩形波、锯齿波、钟形波、尖峰波、梯形波、阶梯波等，如图 6-2 所示。

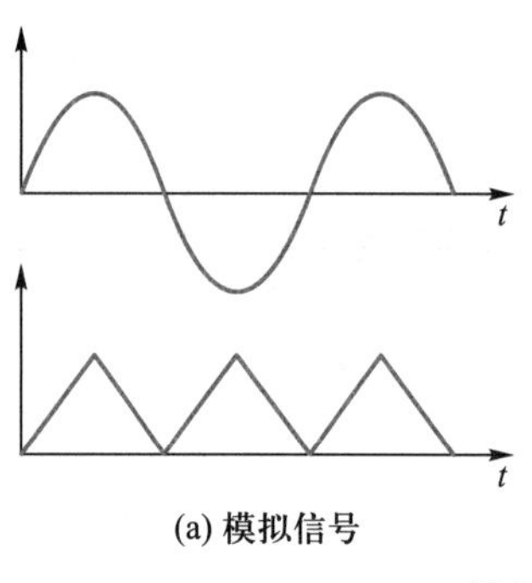

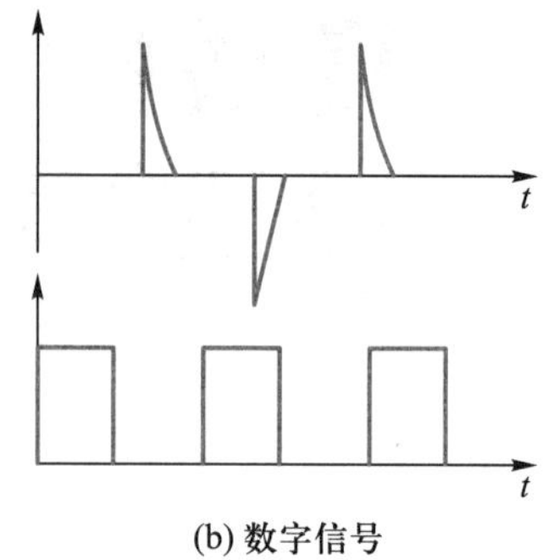

图 6-1 电信号波形

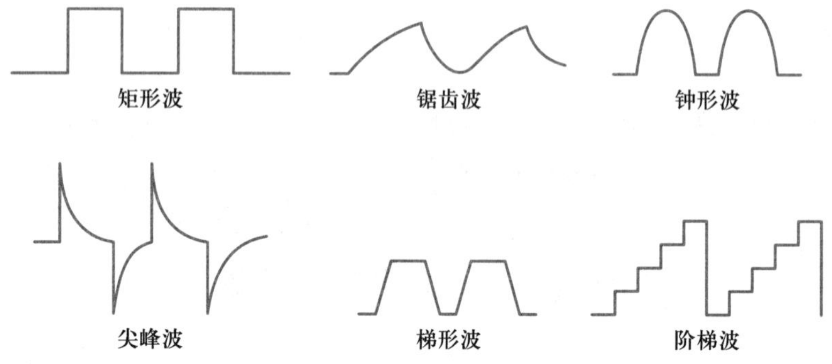

图 6-2 常见的脉冲波形

矩形脉冲波的参数：

① 脉冲幅度 V_m：脉冲电压的最大变化幅度。

② 脉冲上升沿时间 t_r：脉冲上升沿从 $0.1V_m$ 上升到 $0.9V_m$ 的时间。

③ 脉冲下降沿时间 t_f：脉冲上升沿从 $0.9V_m$ 下降到 $0.1V_m$ 的时间。

④ 脉冲宽度 t_W：脉冲前、后沿 $0.5V_m$ 处的时间间隔，说明脉冲持续时间的长短。

⑤ 脉冲周期 T：指周期性脉冲中，相邻的两个脉冲波形对应点之间的时间间隔。

⑥ 占空比 $D=\frac{t_w}{T}$：脉冲宽度与周期之比。

实际的矩形波波形如图 6-3 所示。

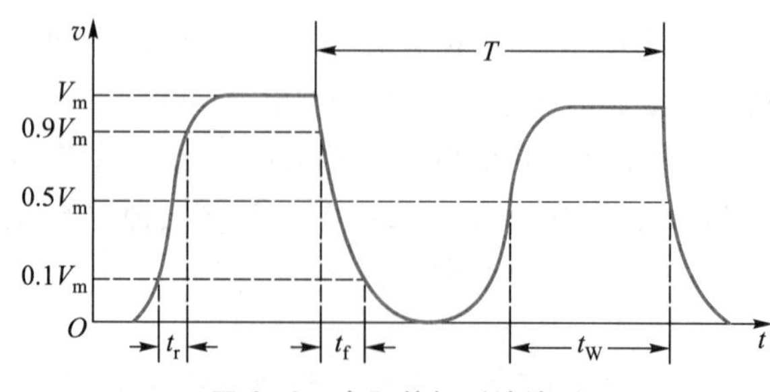

图 6-3 实际的矩形波波形

3. 数字电路的特点

① 数字信号是非连续变化的电信号，一般用 **1** 和 **0** 反映电路上的高电平和低电平。

② 晶体管处于开关工作状态，抗干扰能力强、精度高。

③ 结构简单、容易制造，便于集成及系列化生产，通用性强。

④ 数字电路研究对象是电路的输入和输出之间的逻辑关系，它能对输入的数字信号进行各种算术运算和逻辑运算、逻辑判断，故又称为数字逻辑电路。分析工具是逻辑代数，表达电路的功能主要用真值表、逻辑函数表达式及波形图等。

6.1.2　数制与代码

1. 数制

表示数时，仅用一位数码往往不够用，必须用进位计数的方法组成多位数码，且多位数码每一位的构成及低位到高位的进位都要遵循一定的规则，这种计数制度就称为进位计数制，简称数制。数字系统中最常用的计数制有十进制、二进制、八进制和十六进制。

进位制的基数，就是在该进位制中可能用到的数码个数。

在某一进位制的数中，每一位的大小都对应着该位上的数码乘上一个固定的数，这个固定的数称为这一位的“位权”，简称权。权是一个幂，以小数点为参考点，整数部分的权离小数点越近，权越小；小数部分的权离小数点越近，权越大。

任意一个计数制的数都可以表示为 n 位上的数码与其对应的权的乘积之和，称该表达式为权展开式。

（1）十进制数　十进制是日常生活中使用最广的计数制。十进制数有 0、1、2、3、4、5、6、7、8、9 共十个数码，基数为 10。十进制数作加法运算时遵循“逢十进一”，作减法运算时遵循“借一当十”的规则。十进制的权是以 10 为底的幂。如 524.12 的权大小顺序为 10^2、10^1、10^0、10^{-1}、10^{-2}。

例 1：把十进制数 632.34 表示为权展开式。

$$632.34=6\times10^2+3\times10^1+2\times10^0+3\times10^{-1}+4\times10^{-2}$$

在实际的数字电路中，一般不直接采用十进制，因为十进制有十个数码，要用十种不同的电路状态与之相对应，这在技术上实现起来比较困难，且不经济。

（2）二进制数　在数字电路中广泛采用二进制，二进制数仅有 **0** 和 **1** 两个不同的数码，容易通过电路或器件的状态来表示，如用开关的闭合和断开、晶体管的饱和和截止分别表示 **1** 和 **0**。二进制的基数为 2。二进制数的进位规则为“逢二进一”；借位规则为“借一当二”。其权是以 2 为底的幂，例如 101.11 的权大小顺序为 2^2、2^1、2^0、2^{-1}、2^{-2}。

例 2：把二进制数 **111.11** 表示为权展开式。

$$\mathbf{111.11}=1\times2^2+1\times2^1+1\times2^0+1\times2^{-1}+1\times2^{-2}$$

（3）十六进制　二进制虽然处理方便，表达容易，但当位数较多时，便难以读写。因此有时为减少位数，可将二进制数用十六进制来表示。十六进制数有 0、1、2、3、4、5、6、7、8、9、A(10)、B(11)、C(12)、D(13)、E(14)、F(15)共十六个数码，基数为 16。十六进制数的进位规律是“逢十六进一”，权是以 16 为底的幂。如 524.12 的权大小顺序为 10^2、10^1、10^0、10^{-1}、10^{-2}。

（4）八进制　八进制数有0、1、2、3、4、5、6、7共八个数码，基数为8。八进制数的进位规律是“逢八进一”。

2. 数制转换

（1）N进制数转换为十进制数　写出N进制数的权展开式，再将各数值按照十进制相加，即可得到等值的十进制数。

例3：把二进制数$(\mathbf{101.01})_2$转换为十进制数。

$$\mathbf{101.01}=1\times2^2+1\times2^0+1\times2^{-2}=4+1+0.75=5.75$$

（2）十进制数转换为N进制数　十进制数的整数部分除基数N倒取余法，小数部分乘基数N顺取整法。

例4：将十进制数$(25.638)_{10}$转换为二进制数。

整数部分解题步骤如图6-4(a)所示，$(25)_{10}=(\mathbf{11001})_2$

小数部分解题步骤如图6-4(b)所示，$(0.638)_{10}=(\mathbf{0.1010})_2$

故此$(25.638)_{10}=(\mathbf{11001.1010})_2$

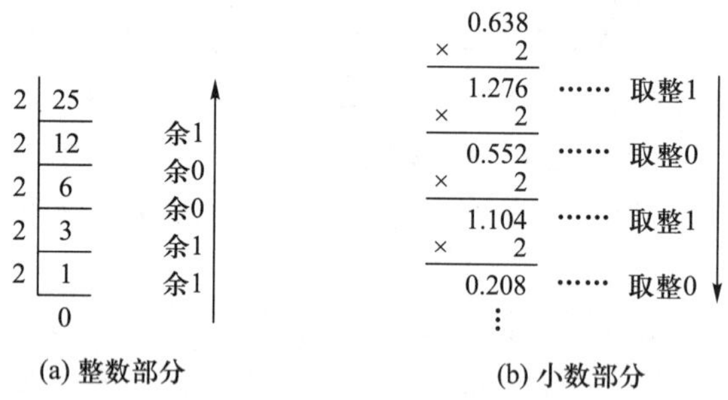

图6-4　十进制数转二进制数

（3）二进制、八进制与十六进制的互相转换　八进制数和十六进制数的基数分别为$8=2^3$，$16=2^4$，所以3位二进制数恰好相当一位八进制数，4位二进制数相当一位十六进制数，它们之间的相互转换是很方便的。

① 二进制数与八进制数的转换。二进制转换成八进制：整数部分从右向左每3位一组（不足3位左补0），小数部分从左向右每3位一组（不足3位右补0），转换成八进制。

八进制转换成二进制：用3位二进制数代替每一位八进制数。

例5：

$$(\mathbf{1101001})_2=(\mathbf{001,101,001})_2=(151)_8$$

$$(24.6)_8=(\mathbf{010,100.110})_2=(\mathbf{10100.110})_2$$

② 二进制数与十六进制数的转换。二进制转换成十六进制数方法同上，4位二进制数与1位十六进制数对应。

例6：

$$(\mathbf{110101.01111101})_2=(\mathbf{0011,0101.0111,1101})_2=(35.7\mathrm{D})_{16}$$

$$(4\mathrm{B}9\mathrm{E})_{16}=(\mathbf{0100,1011,1001,1110})_2=(\mathbf{100101110011110})_2$$

（4）几种数制的对照表　十进制与二进制、八进制、十六进制数的对应关系，见表6-1。

表 6-1　几种数制的对照表

十进制	二进制	八进制	十六进制	十进制	二进制	八进制	十六进制
0	**0000**	0	0	8	**1000**	10	8
1	**0001**	1	1	9	**1001**	11	9
2	**0010**	2	2	10	**1010**	12	A
3	**0011**	3	3	11	**1011**	13	B
4	**0100**	4	4	12	**1100**	14	C
5	**0101**	5	5	13	**1101**	15	D
6	**0110**	6	6	14	**1110**	16	E
7	**0111**	7	7	15	**1111**	17	F

3. BCD 码

数字系统只能识别 **0** 和 **1**，怎样才能表示更多的数码、符号和字母呢？用编码可以解决此问题。用一定位数的二进制数来表示十进制数码、字母、符号等信息称为编码。这一定位数的二进制数就称为代码。

BCD 码是用 4 位二进制数组成一组代码，表示 1 位十进制码。4 位二进制数共有 16 种组合，可从中任取 10 种可能表示十进制数 0~9，根据不同的选取方法，可以编制出多种 BCD 码，如 8421 码、余 3 码、2421 码、5421 码和 5211 码，见表 6-2。其中 8421 码最常用。

表 6-2　常见的 BCD 码

十进制种类	8421 码	余 3 码	2421 码	5421 码	5211 码
0	**0000**	**0011**	**0000**	**0000**	**0000**
1	**0001**	**0100**	**0001**	**0001**	**0001**
2	**0010**	**0101**	**0010**	**0010**	**0100**
3	**0011**	**0110**	**0011**	**0011**	**0110**
4	**0100**	**0111**	**0100**	**0100**	**0111**
5	**0101**	**1000**	**1011**	**1000**	**1000**
6	**0110**	**1001**	**1100**	**1001**	**1001**
7	**0111**	**1010**	**1101**	**1010**	**1100**
8	**1000**	**1011**	**1110**	**1011**	**1110**
9	**1001**	**1100**	**1111**	**1100**	**1111**
权	8421		2421	5421	5211

6.2 逻辑门电路

自然界中存在大量相互对立而在一定条件下可以相互转换的两种状态,如真与假,电位的高与低等。两种状态之间的相互关系有一定的因果关系,称为逻辑关系。由于数字电路能实现特定的逻辑关系,因此又称为逻辑电路。逻辑电路的基本单元是逻辑门电路,它们反映了基本的逻辑关系。

6.2.1 基本门电路

基本门电路有:**与**门、**或**门、**非**门。

1. 与门

(1) **与**逻辑关系 用串联开关说明**与**逻辑关系如图 6-5 所示,开关 A 与 B 串联在电路中,当两个开关都闭合时,灯泡 Y 点亮;若任意一个开关断开,灯泡 Y 不会亮。灯泡是否点亮与两个开关是否闭合之间的关系,即是**与**逻辑的关系。即"只有当决定一件事情的几个条件全部具备后,这件事情才能发生,否则不发生",这样的逻辑关系称为**与**逻辑关系。

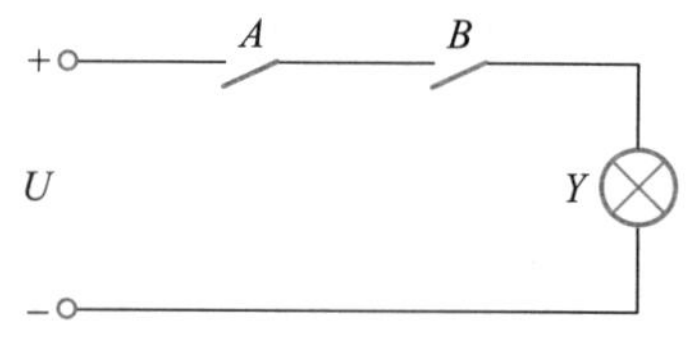

图 6-5 用串联开关说明与逻辑关系

与门逻辑函数表达式为 $Y=A\cdot B=AB$

表达式读作"Y 等于 A **与** B"或者"Y 等于 A 乘 B"。在逻辑运算中,**与**逻辑称为逻辑乘。其运算规则为

$$\mathbf{0\cdot 0=0 \quad 0\cdot 1=0 \quad 1\cdot 0=0 \quad 1\cdot 1=1}$$

(2) **与**门 能实现**与**逻辑关系的电路称为**与**逻辑门电路。**与**门具有两个或多个输入端,一个输出端。如图 6-6(a)所示是二极管与电阻构成的有两个输入端的**与**门电路,输入端为 A、B,输出端为 Y。其逻辑符号如图 6-6(b)所示。

微课 与逻辑

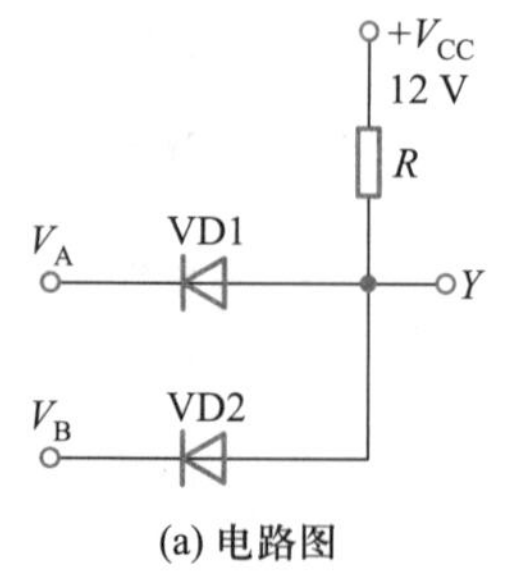

(a) 电路图

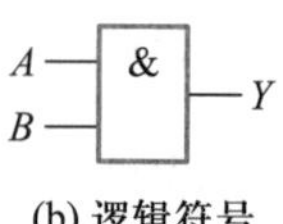

(b) 逻辑符号

图 6-6 两个输入端的与门电路

假设输入端高电平为 3 V,低电平为 0 V,根据 A、B 输入端 4 种不同的组合状态,由图 6-6(a)电路可知输出端的状态。

① 当 A、B 端全为 **1**(高电平 $V_A=V_B=3$ V)时,二极管 VD1、VD2 都导通,若忽略二极管正向

电压降，则输出端 Y 为 **1**（高电平约为 3 V）。

② 当 A 端为 **1**（高电平）、B 端为 **0**（低电平约为 0 V）时，二极管 VD1 截止、VD2 导通，若忽略二极管 VD2 正向电压降，则输出端 Y 为 **0**（低电平约为 0 V）。

③ 当 A 端为 **0**、B 端为 **1** 时，二极管 VD1 导通、VD2 截止，则输出端 Y 为 **0**。

④ 当 A、B 端全为 **0** 时，二极管 VD1、VD2 都截止，则输出端 Y 为 **1**。

用 **0** 和 **1** 表明逻辑门电路输入端状态和输出端状态逻辑对应关系的表，称为真值表，见表 6-3。

表 6-3　与门电路真值表

输入		输出
A	B	Y
0	**0**	**0**
0	**1**	**0**
1	**0**	**0**
1	**1**	**1**

与门逻辑功能为：有 **0** 出 **0**，全 **1** 出 **1**。输入端不论是几个，逻辑关系相同。

2. 或门

（1）**或**逻辑关系　用并联开关说明**或**逻辑关系如图 6-7所示。开关 A 与 B 并联在电路中，当两个开关任意一个闭合时，灯泡 Y 点亮。即"当决定一件事情的几个条件中只要有一个条件得到满足，这件事情就会发生"，这样的逻辑关系称为**或**逻辑关系。

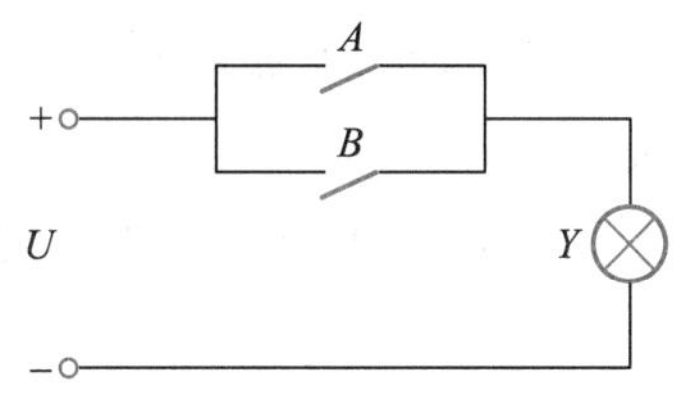

图 6-7　用并联开关说明或逻辑关系

或门逻辑函数表达式为　　$Y=A+B$

表达式读作"Y 等于 A 或 B"或者"Y 等于 A 加 B"。在逻辑运算中，**或**逻辑称为逻辑加。其运算规则是

$$\mathbf{0+0=0\quad 0+1=1\quad 1+0=0\quad 1+1=1}$$

（2）**或**门　能实现**或**逻辑关系的电路称为**或**逻辑门电路。如图 6-8（a）所示是二极管与电阻构成的有两个输入端的**或**门电路，输入端为 A、B，输出端为 Y。其逻辑符号如图 6-8（b）所示。

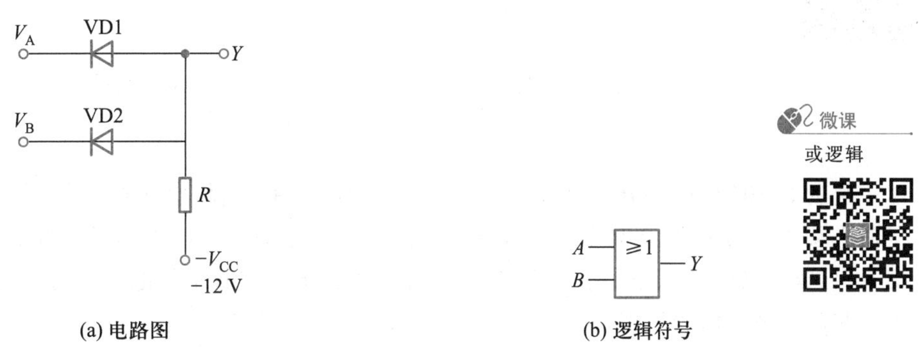

(a) 电路图　　(b) 逻辑符号

图 6-8　两个输入端的或门电路

由图 6-12(a)电路分析可得,只要输入端 A 或 B 有一处为高电平,则该输入端相连的二极管就高通,输出端 Y 即为高电平。运用分析**与**门的方法可得**或**门电路的真值表,见表 6-4。

表 6-4 或门电路真值表

输入		输出
A	*B*	*Y*
0	**0**	**0**
0	**1**	**1**
1	**0**	**1**
1	**1**	**1**

或门的逻辑功能为:全 **0** 出 **0**,有 **1** 出 **1**。

3. 非门

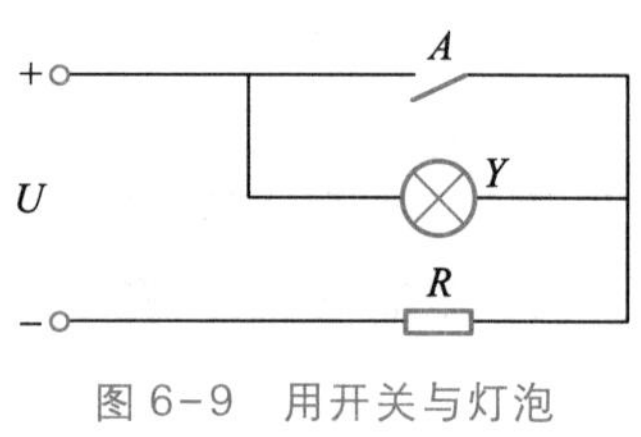

图 6-9 用开关与灯泡并联说明非逻辑关系

(1) **非逻辑关系** 用开关与灯泡并联说明**非**逻辑关系如图 6-9所示,开关 A 与灯泡并联在电路中,当开关闭合时灯泡灭,当开关断开时灯泡亮。按照习惯思维方式而言,开关的闭合与灯泡的亮灭关系即为**非**逻辑关系,即事情和条件总是相反状态。

非门逻辑函数表达式为 $Y=\overline{A}$

表达式读作"Y 等于 A **非**"。在逻辑运算中,**与**逻辑称为逻辑反。其运算规则是

$$\overline{\mathbf{0}}=\mathbf{1} \quad \overline{\mathbf{1}}=\mathbf{0}$$

(2) **非门** **非**门是指能实现**非**逻辑关系的电路。如图 6-10(a)所示是晶体管与电阻构成的**非**门电路,输入端为 A,输出端为 Y。逻辑符号如图 6-10(b)所示。

微课
非逻辑

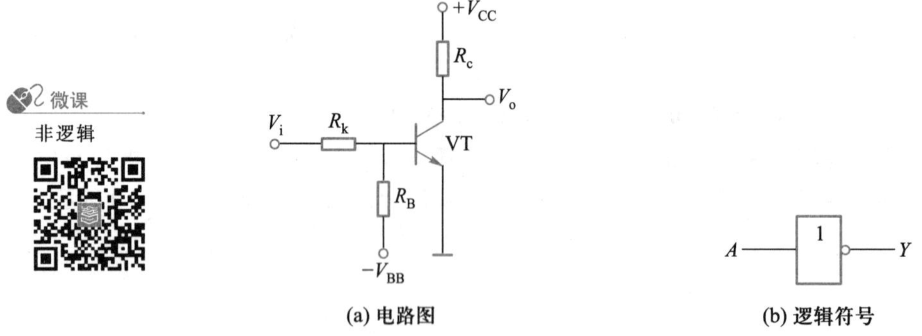

(a) 电路图 (b) 逻辑符号

图 6-10 非门电路

由图 6-10(a)电路分析可得,当输入端 A 为低电平,晶体管 VT 截止,输出端 Y 为高电平。当输入端 A 为高电平,晶体管 VT 导通,输出端 Y 为低电平。即电路的输出信号与输入信号反相,可见**非**门电路实际是一个反相器,只不过晶体管工作在截止与饱和导通状态。

非门电路真值表见表 6-5。

表 6-5　非门电路真值表

输入	输出
A	Y
0	**1**
1	**0**

非门逻辑功能是:有 **1** 出 **0**,有 **0** 出 **1**。

6.2.2　复合门电路

实际中常把**与**门、**或**门和**非**门组合起来使用,组成复合门电路,常见的复合门电路有**与非**门、**或非**门、**异或**门等。

1. 与非门

将一个**与**门和一个**非**门连接起来,就构成了一个**与非**门。**与非**门有多个输入端,一个输出端。二端输入**与非**门的逻辑符号如图 6-11(a)所示。

逻辑表达式为　$Y=\overline{AB}$

其逻辑功能是:有 **0** 出 **1**,有 **1** 出 **0**。

2. 或非门

把一个**或**门和一个**非**门连接起来就可以构成一个**或非**门。**或非**门也可有多个输入端和一个输出端。二端输入**或非**门的逻辑符号如图 6-11(b)所示。

逻辑函数表达式为　$Y=\overline{A+B}$

其逻辑功能是:有 **1** 出 **0**,全 **0** 出 **1**。

3. 异或门

当两个输入变量的取值相同时,输出变量取值为 **0**;当两个输入变量的取值相异时,输出变量取值为 **1**。这种逻辑关系称为**异或**逻辑。能够实现**异或**逻辑关系的逻辑门叫**异或**门。**异或**门只有两个输入端和一个输出端。

逻辑函数表达式为　$Y=\overline{A}B+A\overline{B}=A\oplus B$

逻辑功能是:相同出 **0**,不同出 **1**。逻辑符号如图 6-11(c)所示。

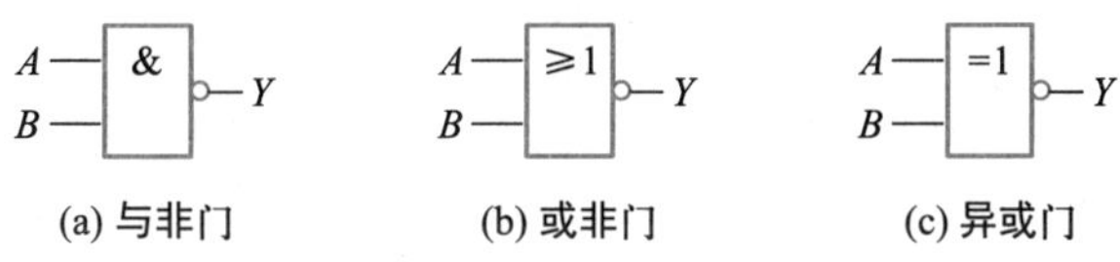

图 6-11　复合门电路逻辑符号

6.2.3 逻辑表达式的化简

数字电路中，同一逻辑关系往往可以有几种不同的逻辑表达式，表达式越简单，与之对应的电路也就越简单。因此为得到最简单的逻辑电路，必须对逻辑函数式进行化简。逻辑表达式化简就是将比较复杂的表达式转化为最简单的表达式。那什么是最简单的表达式？

最简单的表达式指是在不改变逻辑关系的情况下，乘积项的个数最少，其次是每一个乘积项中变量的个数最少。化简的方法有公式法化简和图解法（卡诺图法）。

1. 公式法化简

公式法化简指利用逻辑代数的基本定律将逻辑表达式转化为最简式。

（1）逻辑代数的基本定律　逻辑代数又称开关代数，是19世纪英国数学家布尔创立的，因此又称布尔代数。逻辑代数是按一定逻辑规律进行运算的代数，它是研究数字电路的数学工具，为分析和设计数字电路提供了理论基础。

逻辑代数的常量有两个：**1** 和 **0**；而逻辑代数的变量只能有两个取值：**1** 和 **0**。逻辑代数的 **1** 和 **0**，不是表示数量的大小，而是表示两种对立的逻辑状态（如真或假，高或低，开或关等）。

普通代数在运算时有一定的规律，逻辑代数也有一定的基本定律，见表6-6。

表6-6　逻辑代数的基本定律

名称	与（非）关系	或（非）关系	说明
01律	$A\cdot\mathbf{0}=\mathbf{0}$	$A+\mathbf{0}=A$	变量与常量的关系
	$A\cdot\mathbf{1}=A$	$A+\mathbf{1}=\mathbf{1}$	
交换律	$A+B=B+A$	$A\cdot B=B\cdot A$	和普通代数相似的规律
结合律	$A(BC)=(AB)C$	$A+(B+C)=(A+B)+C$	
分配律	$A(B+C)=AB+AC$	$A+(BC)=(A+B)(A+C)$	
互补律	$A\cdot\overline{A}=\mathbf{0}$	$A+\overline{A}=\mathbf{1}$	逻辑代数特殊规律
重叠律	$A\cdot A=A$	$A+A=A$	
吸收律	$A+AB=A$	$A(A+B)=A$	
反演律	$\overline{A\cdot B}=\overline{A}+\overline{B}$	$\overline{A+B}=\overline{A}\cdot\overline{B}$	
还原律	$\overline{\overline{A}}=\mathbf{0}$		

证明举例，有

$$AB+A\overline{B}=A(B+\overline{B})=A\cdot\mathbf{1}=A$$

$$A+\overline{A}B=A+AB+\overline{A}B=A+(A+\overline{A})B=A+\mathbf{1}\cdot B=A+B$$

逻辑代数中的基本公式只反映了变量之间的逻辑关系，而不是数量之间的关系。在运算中不能把初等代数的其他运算规律套用到逻辑代数中。例如，等式两边不允许移项，因为逻辑代数中没有减法和除法。在进行逻辑运算时，按先算括号、再算乘积、最后算加法的顺序进行，与普通代数是一样的。

（2）公式法　公式法化简常用的有：并项法、吸收法、消去法、配项法等。

① 并项法。利用互补律 $A+\overline{A}=\mathbf{1}$，并项后消去变量。

例如
$$A\overline{B}C+A\overline{B}\,\overline{C}=A\overline{B}(C+\overline{C})=A\overline{B}$$

② 吸收法。利用吸收律 $A+AB=A$，吸收多余项，消去多余变量。

例如
$$\overline{A}B+\overline{A}BC=\overline{A}B$$

③ 消去法。利用吸收律：$A+\overline{A}B=A+B$，消去多余因子。

例如
$$\overline{A}+AC+B\overline{C}D=\overline{A}+C+B\overline{C}D=\overline{A}+C+BD$$

④ 配项法。有些表达式不能直接利用公式化简，这是需要利用 $A+\overline{A}=\mathbf{1}$，$A+\mathbf{1}=\mathbf{1}$ 等，先把一项拆成二项，再重新与其他项组合化简，消去更多项。

例如

$$\begin{aligned}L&=A\overline{B}+B\overline{C}+\overline{B}C+\overline{A}B\\&=A\overline{B}(C+\overline{C})+(A+\overline{A})B\overline{C}+\overline{B}C+\overline{A}B\\&=A\overline{B}C+A\overline{B}\,\overline{C}+AB\overline{C}+\overline{A}B\overline{C}+\overline{B}C+\overline{A}B\\&=(A+1)\overline{B}C+A\overline{C}(\overline{B}+B)+\overline{A}B(\overline{C}+1)\\&=\overline{B}C+A\overline{C}+\overline{A}B\end{aligned}$$

2. 卡诺图法化简

数字电路中的逻辑函数往往不是最简的表达形式，而在使用代数法对逻辑函数化简时，会遇到很多困难，若用公式法化简要求对所有公式熟练掌握，加大了计算难度，代数化简方法技巧强，依赖于人的经验和灵活性，效率低。因此，对于自变量较少的逻辑函数，多采用卡诺图法化简，又称为图形化简法。该方法简单、直观、容易掌握，因而在逻辑设计中得到广泛应用。

将真值表按一定的规则转换成相应变量的方格图，称为卡诺图。在一个有 n 个变量的逻辑函数中，包括全部 n 个变量的乘积项（每个变量必须而且只能以原变量或反变量的形式出现一次），这样的乘积项称为最小项。卡诺图的各小方格对应于各变量不同的组合，而且上下左右在几何上相邻的方格内只有一个因子有差别，这个重要特点成为卡诺图化简逻辑函数的主要依据。

（1）卡诺图的画法

① 真值表画卡诺图。由真值表画卡诺图，方法如图 6-12 所示。

A	B	Y
0	**0**	Y_0
0	**1**	Y_1
1	**0**	Y_2
1	**1**	Y_3

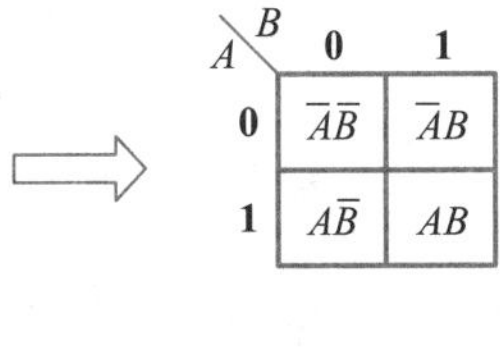

⇨

A \ B	**0**	**1**
0	$\overline{A}\overline{B}$	$\overline{A}B$
1	$A\overline{B}$	AB

图 6-12　真值表画卡诺图方法

② 由逻辑表达式画卡诺图。当逻辑函数为最小项表达式时，在卡诺图中找出和表达式中最小项对应的小方格填上 **1**，其余的小方格填上 **0**（有时也可用空格表示），就可以得到相应的卡诺

图。任何逻辑函数都等于其卡诺图中为**1**的方格所对应的最小项之和。

（2）卡诺图法化简　卡诺图法化简逻辑函数的步骤，有以下几步：

① 将逻辑函数写成最小项表达式。

② 按最小项表达式填卡诺图，式中包含了的最小项，其对应方格填**1**，其余方格填**0**。

③ 合并最小项，即将相邻的**1**方格圈成一组包围圈，每一组含 2^n 个方格，对应每个包围圈写成一个新的乘积项，如图 6-13 所示。

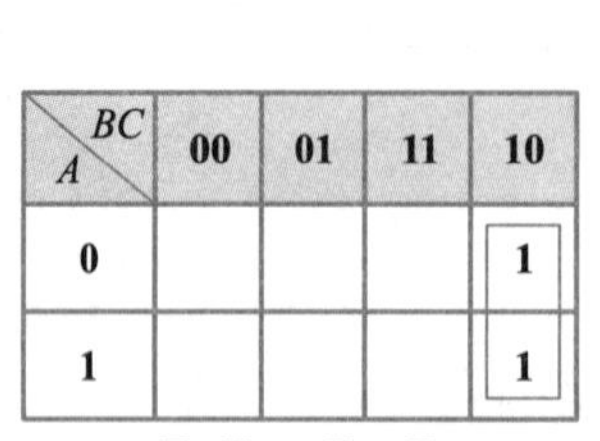

$\overline{A}B\overline{C}+AB\overline{C}=B\overline{C}$

AB \ CD	00	01	11	10
00	1	1		
01				
11				
10				

$\overline{A}\overline{B}\overline{C}\overline{D}+\overline{A}\overline{B}\overline{C}D=\overline{A}\overline{B}\overline{C}$

(a) 2个相邻最小项

A \ BC	00	01	11	10
0			1	1
1			1	1

$\overline{A}BC+\overline{A}B\overline{C}+ABC+AB\overline{C}=B$

AB \ CD	00	01	11	10
00	1			1
01				
11				
10	1			1

$\overline{A}\overline{B}\overline{C}\overline{D}+\overline{A}\overline{B}C\overline{D}+A\overline{B}\overline{C}\overline{D}+A\overline{B}C\overline{D}=\overline{B}\overline{D}$

(b) 4个相邻最小项

AB \ CD	00	01	11	10
00	1	1	1	1
01				
11				
10	1	1	1	1

$\overline{B}$

AB \ CD	00	01	11	10
00		1	1	
01		1	1	
11		1	1	
10		1	1	

D

(c) 8个相邻最小项

图 6-13　相邻最小项合并的表示方法

画包围圈时应遵循的原则：包围圈内的方格数一定是 2^n 个，且包围圈必须呈矩形；循环相邻特性包括上下底相邻、左右边相邻和四角相邻；同一方格可以被不同的包围圈重复包围多次，但新增的包围圈中一定要有原有包围圈未曾包围的方格；一个包围圈的方格数要尽可能多，包围圈的数目要尽可能少。

卡诺图上最小项的合并规律：任何两个（2^1 个）标**1**的相邻最小项，可以合并为一项，并消去一个变量(消去互为反变量的因子,保留公因子);任何 4 个(2^2个)标 **1** 的相邻最小项,可以合并为一项,并消去 2 个变量;任何 8 个(2^3个)标 **1** 的相邻最小项,可以合并为一项,并消去 3 个变量。

④ 将各个圈中化简的乘积项加起来得到最简的**与或**式。

6.3 组合逻辑电路

数字电路根据输入与输出之间的关系不同(输出端是否反馈输入端),可分为无记忆功能的组合逻辑电路和有记忆功能的时序逻辑电路。

组合逻辑电路指在任何时刻,输出信号仅取决于该时刻的输入信号,而与电路自身先前的状态无关,如编码器、译码器等。

6.3.1 组合逻辑电路的分析与设计

1. 组合逻辑电路的分析步骤

① 根据组合逻辑电路的逻辑图,逐级写出逻辑函数的表达式;

② 对表达式进行化简或变换,以得到最简的函数表达式;

③ 根据最简的函数表达式列出真值表;

④ 分析真值表确定电路的逻辑功能。

下面以如图 6-14 所示的组合逻辑电路为例,说明电路的分析过程。

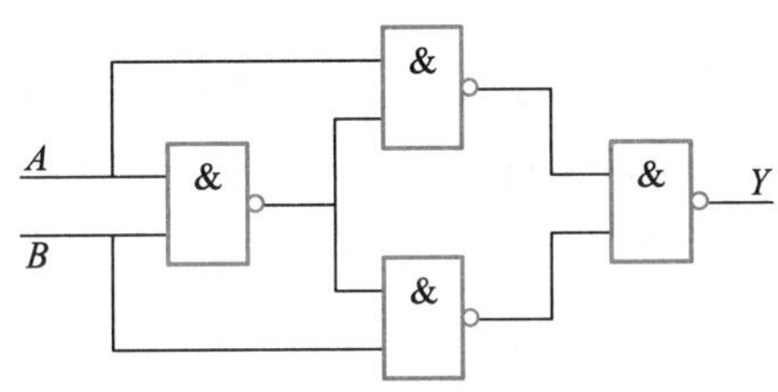

图 6-14　组合逻辑电路分析过程

分析过程如下。

① 根据组合逻辑电路写出逻辑表达式

方法:从前到后依次写出逻辑电路中的各门电路的逻辑表达式,依次将前一个门电路的逻辑表达式代入后一个门电路的表达式中,最终就能得到整个电路的表达式,即

$$Y=\overline{\overline{\overline{AB}\cdot A}\;\overline{\overline{AB}\cdot B}}$$

② 对表达式进行化简或变换,以得到最简式

$$Y=\overline{\overline{\overline{AB}\cdot A}\;\overline{\overline{AB}\cdot B}}=\overline{AB}\cdot A+\overline{AB}\cdot B$$

$$=A(\overline{A}+\overline{B})+B(\overline{A}+\overline{B})=A\overline{B}+\overline{A}B$$

③ 根据最简的函数表达式列出真值表

方法:将输入变量的各种可能值写入表格内,并根据表达式写出相应的输出值。上式中有三个变量,A、B、Y,真值表见表 6-7。

表 6-7 $Y=A\overline{B}+\overline{A}B$ 的真值表

A	B	Y
0	**0**	**0**
0	**1**	**1**
1	**0**	**1**
1	**1**	**0**

④ 分析真值表,确定电路的逻辑功能

从真值表可以看出,该电路的功能是:当 AB 相同时,输出为 **0**;当 AB 不相同时,输出为 **1**,是**异或**功能。

2. 组合逻辑电路的设计步骤

组合逻辑电路的设计,就是根据逻辑要求画出逻辑电路图的过程。因此组合逻辑电路的设计步骤与组合逻辑电路的分析步骤相反。

① 根据实际问题的逻辑关系,列真值表;

② 由真值表写出相应表达式;

③ 化简、变换逻辑表达式;

④ 画出逻辑图。

下面举例说明组合逻辑电路的设计。

某个运动会举行举重比赛,比赛有 A、B、C 三个裁判,A 为主裁判,B、C 为副裁判。当两名以上裁判(必须包括 A 在内)认为运动员举杠铃成功,按下面前的按钮时,表明"成功"的灯才亮。试设计一个逻辑电路来实现上述功能。

设计过程:

① 根据实际问题需要实现的功能,列真值表

根据上述问题,设 Y 为指示灯,**1** 表示灯亮为"成功";**0** 表示灯不亮为"不成功"。A 为主裁判,B、C 为副裁判,**1** 表示按下按钮,**0** 表示按钮未按下。列出真值表见表 6-8。

表 6-8 举重裁判判定问题的真值表

输入			输出
A	B	C	Y
0	**0**	**0**	**0**
0	**0**	**1**	**0**
0	**1**	**0**	**0**
0	**1**	**1**	**1**

续表

输入		输出	
A	B	C	Y
1	**0**	**0**	**0**
1	**0**	**1**	**1**
1	**1**	**0**	**1**
1	**1**	**1**	**1**

② 由真值表写出相应表达式

方法：① 从真值表中找出输出为 **1** 的各行，再把这些行的输入变量写成乘积的形式，如果变量值为 **0**，要在变量上加非；② 把以上各行的乘积项相加，写得出逻辑表达式为

$$Y=A\overline{B}C+AB\overline{C}+ABC$$

③ 化简、变换逻辑表达式

$$\begin{aligned}Y&=A\overline{B}C+AB\overline{C}+ABC\\&=A\overline{B}C+AB(\overline{C}+C)\\&=A\overline{B}C+AB\\&=A(\overline{B}C+B)\\&=A(B+C)\end{aligned}$$

④ 画出逻辑电路图

方法：当需要根据逻辑表达式设计逻辑电路时，首先观察逻辑表达式是否为最简表达式，如果不是，要将它化简成最简表达式，再依据最简式设计出逻辑电路。组合逻辑电路如图 6-15 所示。

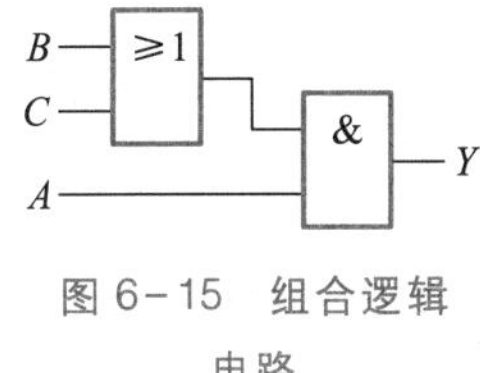

图 6-15　组合逻辑电路

6.3.2　编码器

编码指把二进制数码 **0** 和 **1** 按一定的规律编排成一组组代码，并使每组代码具有一定的含义（如代表某个十进制数）。能完成编码的数字电路称为编码器。

常见编码器有二进制编码器、二-十进制（BCD 码）编码器、优先编码器等。

1. 二进制编码器

将 2^n 个信号进行编码的电路，称为二进制编码器。

按编码输出二进制位数可分为 4 线-2 线编码器、8 线-3 线编码器、16 线-4 线编码器等。

试根据如图 6-16 所示的 8 线-3 线编码器框图，设计一个二进制编码器，I_0、I_1、…、I_7 表示输入信号，A_2、A_1、A_0 表示输出信号。任何时刻只对其中一个输入信号进行编码，即输入的信号互相是排斥的。假设输入高电平有效，则任何时刻只允许一个端子为 **1**，其余均为 **0**。

（1）真值表　根据要求，写出真值表，见表 6-9。

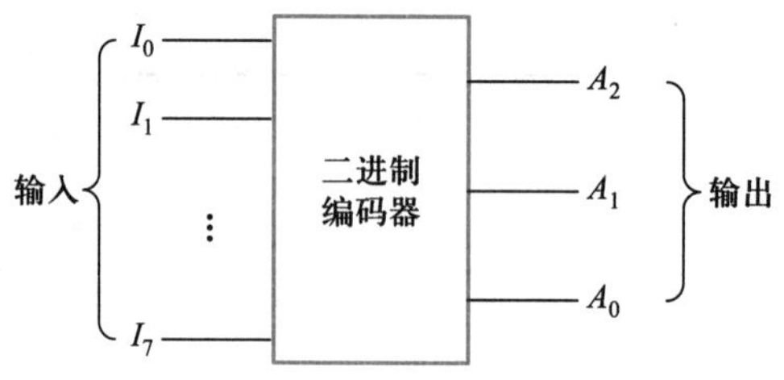

图 6-16　8 线-3 线编码器框图

表 6-9　二进制编码器真值表

输入								输出		
I_0	I_1	I_2	I_3	I_4	I_5	I_6	I_7	A_2	A_1	A_0
1	0	0	0	0	0	0	0	0	0	0
0	1	0	0	0	0	0	0	0	0	1
0	0	1	0	0	0	0	0	0	1	0
0	0	0	1	0	0	0	0	0	1	1
0	0	0	0	1	0	0	0	1	0	0
0	0	0	0	0	1	0	0	1	0	1
0	0	0	0	0	0	1	0	1	1	0
0	0	0	0	0	0	0	1	1	1	1

（2）逻辑表达式　由真值表写出各输出的逻辑表达式为

$$A_2=I_4+I_5+I_6+I_7=\overline{\overline{I_4}\,\overline{I_5}\,\overline{I_6}\,\overline{I_7}}$$

$$A_1=I_2+I_3+I_6+I_7=\overline{\overline{I_2}\,\overline{I_3}\,\overline{I_6}\,\overline{I_7}}$$

$$A_0=I_1+I_3+I_5+I_7=\overline{\overline{I_1}\,\overline{I_3}\,\overline{I_5}\,\overline{I_7}}$$

（3）逻辑电路图　根据逻辑表达式，画出逻辑电路，如图 6-17 所示。

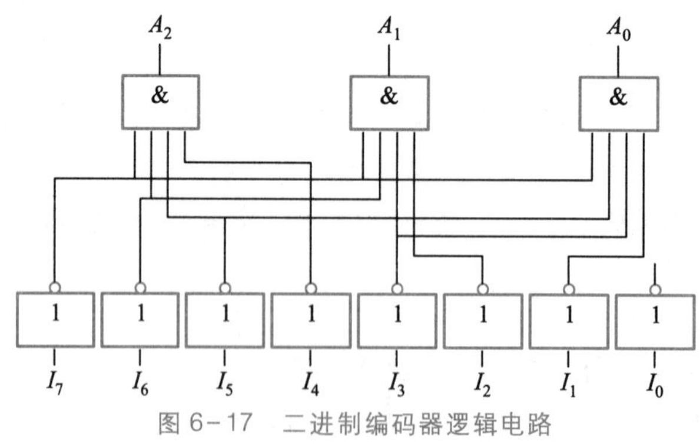

图 6-17　二进制编码器逻辑电路

2. 二-十进制编码器

二-十进制编码器是指用 4 位二进制代码表示 1 位十进制数(0~9)的编码电路，也称 10 线-4 线编码器。它有 10 个信号输入端和 4 个输出端。二-十进制编码器框图，如图 6-18 所示。

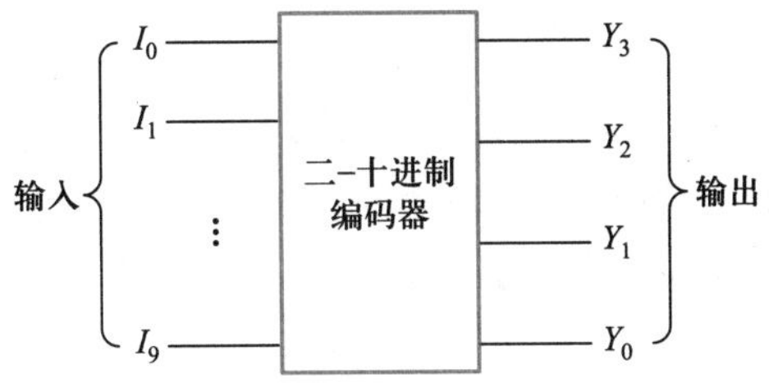

图 6-18　二-十进制编码器框图

10 线-4 线集成优先编码器常见型号为 54/74147、54/74LS147。现以集成 8421BCD 码优先编码器 74LS147 为例介绍二-十进制编码器。如图 6-19 所示为 74LS147 引脚排列图及逻辑符号。其功能真值表见表 6-10。

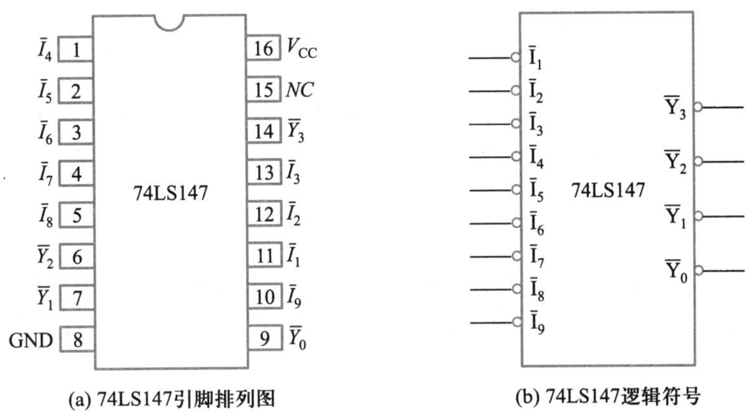

图 6-19　74LS147 引脚排列图及逻辑符号

表 6-10　74LS147 功能真值表

输入									输出			
$\overline{I_9}$	$\overline{I_8}$	$\overline{I_7}$	$\overline{I_6}$	$\overline{I_5}$	$\overline{I_4}$	$\overline{I_3}$	$\overline{I_2}$	$\overline{I_1}$	$\overline{Y_3}$	$\overline{Y_2}$	$\overline{Y_1}$	$\overline{Y_0}$
1	1	1	1	1	1	1	1	1	1	1	1	1
0	×	×	×	×	×	×	×	×	0	1	1	0
1	0	×	×	×	×	×	×	×	0	1	1	1
1	1	0	×	×	×	×	×	×	1	0	0	0
1	1	1	0	×	×	×	×	×	1	0	0	1
1	1	1	1	0	×	×	×	×	1	0	1	0
1	1	1	1	1	0	×	×	×	1	0	1	1
1	1	1	1	1	1	0	×	×	1	1	0	0
1	1	1	1	1	1	1	0	×	1	1	0	1
1	1	1	1	1	1	1	1	0	1	1	1	0

由真值表可知，74LS147 编码器由一组 4 位二进制代码表示 1 位十进制数。编码器有 9 个输入端$\overline{I_1}$~$\overline{I_9}$，低电平有效。其中$\overline{I_9}$优先级别最高，$\overline{I_1}$优先级别最低。4 个输出端$\overline{Y_3 Y_2 Y_1 Y_0}$，$\overline{Y_3}$为最高

位，$\overline{Y_0}$为最低位，反码输出。

当无信号输入时，9 个输入端都为 **1**，则$\overline{Y_3}\overline{Y_2}\overline{Y_1}\overline{Y_0}$输出反码 **1111**，即原码为 **0000**，表示输入十进制数是 0。当有信号输入时，根据输入信号的优先级别，输出级别最高信号的编码。例如，当$\overline{I_9}$、$\overline{I_8}$、$\overline{I_7}$为 **1**，$\overline{I_6}$为 **0**，其余信号任意时，只对$\overline{I_6}$进行编码，输出$\overline{Y_3}\overline{Y_2}\overline{Y_1}\overline{Y_0}$为 **1001**。其余状态以此类推。

6.3.3 译码器

将具有特定含义的二进制代码按其原意“翻译”出来，并转换成相应的输出信号的电路称为译码器，也叫解码器。它是编码的反操作。译码器在数字系统中的用途比较广泛，它不仅常用于代码的转换，终端的数字显示，还用于数据分配、脉冲分配、存储器寻址和组合逻辑信号的产生等场合。

常用的译码器电路有二进制译码器、二-十进制译码器、显示译码器等种类，不同的功能需求可选用不同种类的译码器来实现。

1. 二进制译码器

能将输入二进制代码译成相应输出信号的电路称为二进制译码器，如图 6-20 所示。电路有 2 个输入端 A、B，为二进制代码；4 个输出端 Y_3、Y_2、Y_1、Y_0，高电平有效，因此又称 2 线-4 线译码器。其真值表见表 6-11。

（1）逻辑电路图

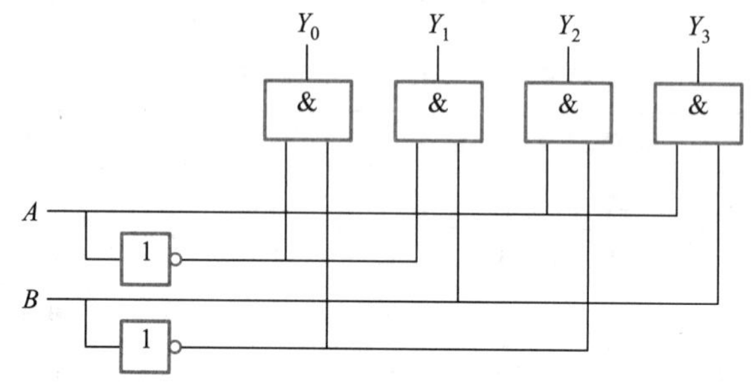

图 6-20 2 线-4 线译码器

（2）真值表

表 6-11 2 线-4 线译码器真值表

A	B	Y_0	Y_1	Y_2	Y_3
0	**0**	**1**	**0**	**0**	**0**
0	**1**	**0**	**1**	**0**	**0**
1	**0**	**0**	**0**	**1**	**0**
1	**1**	**0**	**0**	**0**	**1**

(3) 逻辑函数式

$$Y_0=\overline{A}\,\overline{B}\quad Y_1=\overline{A}B\quad Y_2=A\overline{B}\quad Y_3=AB$$

(4) 典型集成电路产品及应用

2 线-4 线译码器的典型产品有 74LS139、74LS155、74LS156。

74LS139 引线排列如图 6-21 所示。2 线-4 线译码器可以用于工业自动化控制。

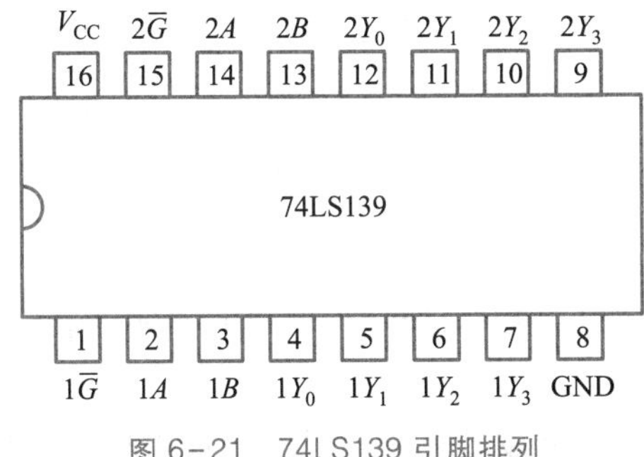

图 6-21　74LS139 引脚排列

2. 显示译码器

(1) 数码显示器　在数字系统中显示十进制数码通常采用七段数码显示器，主要有半导体数码显示器(LED)、液晶数码显示器(LCD)、等离子体显示板等。

① 半导体数码显示器。半导体数码显示器由七段可发光线段拼合组成，每个线段是一个发光二极管，当发光二极管正向导通时，发出红色、橙色、绿色、蓝色等颜色的光，可以显示出 0~9 十个数字的图形，如图 6-22 所示。

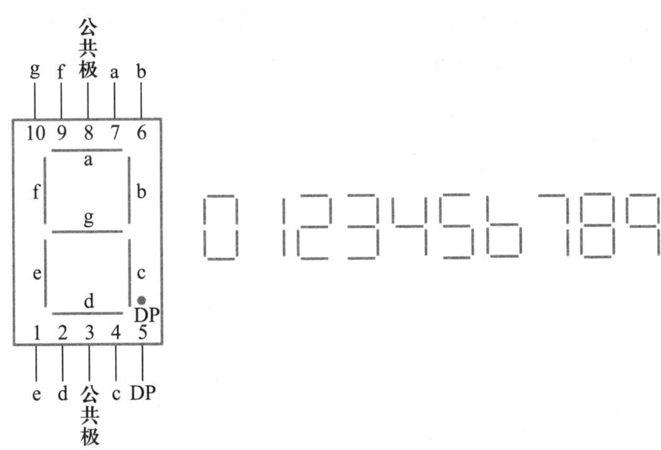

图 6-22　半导体数码显示器及显示的数字图形

七个发光二极管 a、b、c、d、e、f、g，有两种接法：一种是共阳极接法，如图 6-23(a)所示；另一种是共阴极接法，如图 6-23(b)所示。其中 DP 是小数点，也用一个发光二极管显示。

半导体数码显示器的工作电压低、体积小、寿命长、响应速度快、工作可靠性高、色彩鲜艳、显示清晰，但必须串接限流电阻使用。

② 液晶显示器。选择不同的电极组合，加上一定电压，就可以显示出数码的形状或者其他

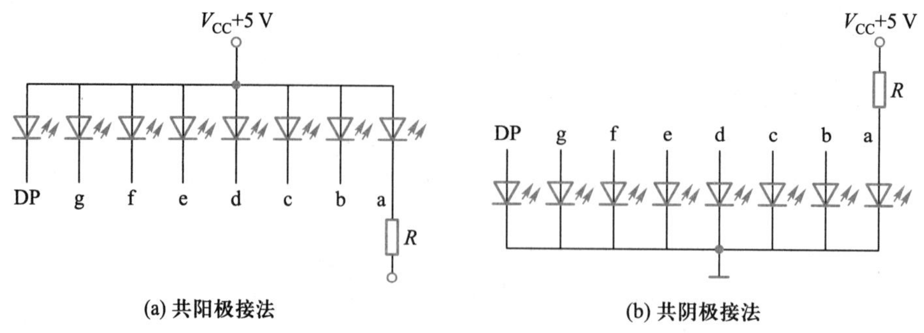

图 6-23 半导体数码显示器的内部接法

符号。

液晶显示器工作电压低，在 1 V 以下也能工作；功耗极小；辐射很小。缺点是响应速度慢，亮度较差。

③ 等离子体显示板。等离子体显示板是在显示平面上安装数以十万计的等离子管作为发光体。每个发光管有两个玻璃电极，内部充满氦、氖等惰性气体，其中一个玻璃电极上涂有三原色荧光粉。当两个电极间加上高电压时，引发惰性气体放电，产生等离子体。等离子产生的紫外线激发涂有荧光粉的电极而发出不同分量的由三原色混合的可见光，利用放电点的组合形成数码图形。

等离子体显示板与其他显示器相比，体积更小、质量更轻、显示平面大、清晰度高、辐射极小、工作可靠、发光明亮、颜色鲜艳、响应速度快、视野开阔（视角高达 160°），常用于车站、港口、机场等大型场所。

（2）显示译码器　常用的七段显示译码器有 4511、4513 等，4513 的引功能示意图如图 6-24 所示，它是共阴极显示译码器。其中 A_3、A_2、A_1、A_0是输入端，输入为 8421BCD 码；Y_a、Y_b、Y_c、Y_d、Y_e、Y_f、Y_g为输出端，高电平有效。4513 的功能表见表 6-12。

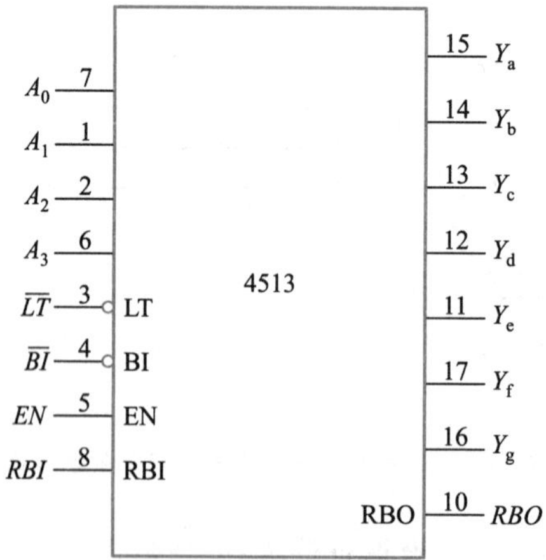

图 6-24 4513 的引脚功能示意图

表 6-12　4513 的功能表

$\overline{LT}$	$\overline{BI}$	EN	RBI	A_3	A_2	A_1	A_0	Y_a	Y_b	Y_c	Y_d	Y_e	Y_f	Y_g	显示
0	×	×	×	×	×	×	×	**1**	**1**	**1**	**1**	**1**	**1**	**1**	8
1	**0**	×	×	×	×	×	×	**0**	**0**	**0**	**0**	**0**	**0**	**0**	不显示
1	**1**	**0**	**1**	**0**	**0**	**0**	**0**	**0**	**0**	**0**	**0**	**0**	**0**	**0**	不显示
1	**1**	**0**	**0**	**0**	**0**	**0**	**0**	**1**	**1**	**1**	**1**	**1**	**1**	**0**	0
1	**1**	**0**	×	**0**	**0**	**0**	**1**	**0**	**1**	**1**	**0**	**0**	**0**	**0**	1
1	**1**	**0**	×	**0**	**0**	**1**	**0**	**1**	**1**	**0**	**1**	**1**	**0**	**1**	2
1	**1**	**0**	×	**0**	**0**	**1**	**1**	**1**	**1**	**1**	**1**	**0**	**0**	**1**	3
1	**1**	**0**	×	**0**	**1**	**0**	**0**	**0**	**1**	**1**	**0**	**0**	**1**	**1**	4
1	**1**	**0**	×	**0**	**1**	**0**	**1**	**1**	**0**	**1**	**1**	**0**	**1**	**1**	5
1	**1**	**0**	×	**0**	**1**	**1**	**0**	**0**	**0**	**1**	**1**	**1**	**1**	**1**	6
1	**1**	**0**	×	**0**	**1**	**1**	**1**	**1**	**1**	**1**	**0**	**0**	**0**	**0**	7
1	**1**	**0**	×	**1**	**0**	**0**	**0**	**1**	**1**	**1**	**1**	**1**	**1**	**1**	8
1	**1**	**0**	×	**1**	**0**	**0**	**1**	**1**	**1**	**1**	**0**	**0**	**1**	**1**	9
1	**1**	**0**	×	**1**	**0**	**1**	**0**	**0**	**0**	**0**	**0**	**0**	**0**	**0**	不显示
1	**1**	**0**	×	**1**	**0**	**1**	**1**	**0**	**0**	**0**	**0**	**0**	**0**	**0**	不显示
1	**1**	**0**	×	**1**	**1**	**0**	**0**	**0**	**0**	**0**	**0**	**0**	**0**	**0**	不显示
1	**1**	**0**	×	**1**	**1**	**0**	**1**	**0**	**0**	**0**	**0**	**0**	**0**	**0**	不显示
1	**1**	**0**	×	**1**	**1**	**1**	**0**	**0**	**0**	**0**	**0**	**0**	**0**	**0**	不显示
1	**1**	**0**	×	**1**	**1**	**1**	**1**	**0**	**0**	**0**	**0**	**0**	**0**	**0**	不显示
1	**1**	**1**	×	×	×	×	×	保持前一时刻($EN=0$)状态							

如图 6-27 所示，$\overline{LT}$为测试端，测试 LED 码段是否完好，它的优先级别最高；当$\overline{LT}=\mathbf{0}$ 时，不管其他输入端是什么状态，$Y_a \sim Y_g$都为高电平 **1**，应显示数字 8 的字形，以此测试码段是否完好。

$\overline{BI}$为消隐输入端，它的优先级别仅次于$\overline{LT}$；当$\overline{LT}=\mathbf{1}$，$\overline{BI}=\mathbf{0}$ 时，不管余下的所有输入端是什么状态，$Y_a \sim Y_g$都为低电平 **0**，不显示字形。

EN 是数据锁存输入端，当$\overline{LT}=\mathbf{1}$，$\overline{BI}=\mathbf{1}$ 时，若 $EN=\mathbf{1}$，输入代码 $A_3A_2A_1A_0$被锁存，七段显示译码器输出保持以前的状态；若 $EN=\mathbf{0}$，译码器正常工作，正常输出显示。EN 的优先级别仅次于$\overline{LT}$和$\overline{BI}$。

RBI 为灭零输入端，RBO 是灭零输出端。当$\overline{LT}=\mathbf{1}$，$\overline{BI}=\mathbf{1}$，$EN=\mathbf{0}$ 时，若 $RBI=\mathbf{1}$，输入代码 $A_3A_2A_1A_0=\mathbf{0000}$ 的输出字形将不显示，即输出的“0”被熄灭，此时 $RBO=\mathbf{1}$。当输入其他代码时，输出正常显示。

6.4 时序逻辑电路

时序逻辑电路是一种在任何时刻的输出，不仅取决于该时刻电路的输入，而且与电路过去的输入有关的逻辑电路。因此时序逻辑电路必须具有存储功能，如计数器、寄存器等。触发器是时序逻辑电路的基本单元。

6.4.1 触发器

触发器是能够存储 1 位二进制数字信号的电路，也是由各种逻辑门电路组成的，具有记忆功能，有两个稳定状态（**1** 态和 **0** 态）。

在没有外来信号作用时，触发器一直处于某一种稳定状态；只有在一定的输入信号控制下，才有可能从一种稳定状态转换到另一种稳定状态，并保持这一状态不变，直到下一个输入信号使它翻转为止。

触发器的控制信号有置位信号、复位信号、时钟脉冲信号 *CP*、外部激励信号。

触发器根据有无时钟脉冲触发可分为两类：无时钟触发器与时钟控制触发器。

触发器根据电路结构不同可分为 3 类：同步 *RS* 触发器、主从触发器和边沿触发器；

触发器根据逻辑功能不同可分为 5 类：*RS* 触发器、*JK* 触发器、*D* 触发器、*T* 触发器和 *T′* 触发器。

1. *RS* 触发器

(1) 基本 *RS* 触发器　*RS* 触发器是触发器中最基本的组成环节。将两个**与非**门的输入、输出交叉相连，就组成了一个基本 *RS* 触发器。

基本 *RS* 触发器的逻辑图与逻辑符号如图 6-25 所示，*S*、*R* 是它的两个输入端，上面加“-”表示低电平有效，也称低电平触发，反之则称为高电平触发。*Q* 和 $\overline{Q}$ 是它的两个输出端。

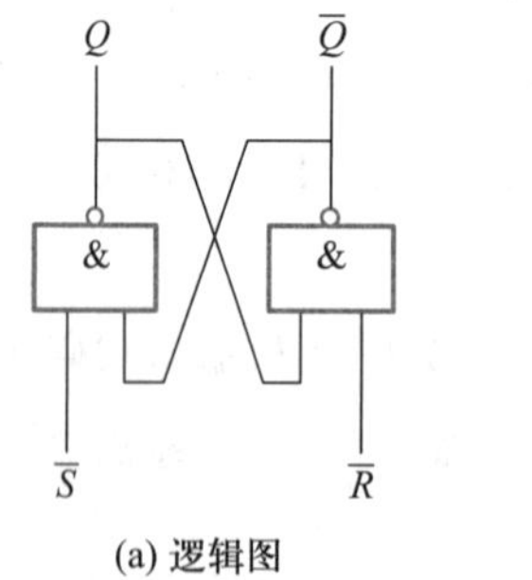

(a) 逻辑图

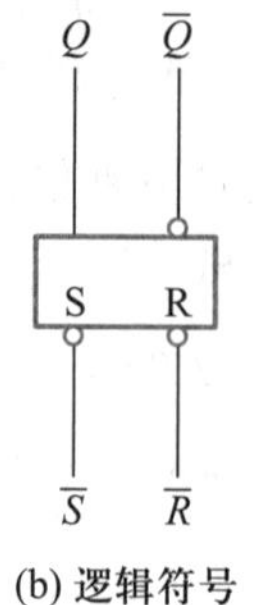

(b) 逻辑符号

图 6-25　基本 *RS* 触发器

一般规定，当 $Q=\mathbf{1}$，$\overline{Q}=\mathbf{0}$ 时称触发器处于 **1** 态；当 $Q=\mathbf{0}$，$\overline{Q}=\mathbf{1}$ 时称触发器为 **0** 态。把触发信号输入前，触发器所处的稳定状态称为“现态”，用 Q^n 表示；触发信号输入后，触发器所处的稳定状态叫“次态”，用 Q^{n+1} 表示。

根据电路结构（逻辑图），通过分析、建立输入与输出之间的逻辑关系，总结出 *RS* 触发器的逻辑功能。

① 真值表。基本 *RS* 触发器真值表见表 6-13。

表 6-13 基本 *RS* 触发器真值表

输入信号		输出状态	功能说明
$\overline{S}$	$\overline{R}$	Q^{n+1}	
0	**1**	**1**	置 **1**
1	**0**	**0**	置 **0**
1	**1**	Q^n	保持
0	**0**	不定	禁止

② 逻辑功能。*RS* 触发器的逻辑功能为：

$\overline{S}=\mathbf{0}$，$\overline{R}=\mathbf{1}$，触发器被置为 **1** 态；

$\overline{S}=\mathbf{1}$，$\overline{R}=\mathbf{0}$，触发器被置为 **0** 态；

$\overline{S}=\mathbf{1}$，$\overline{R}=\mathbf{1}$，触发器保持原状态不变；

$\overline{S}=\mathbf{0}$，$\overline{R}=\mathbf{0}$，触发器状态不确定。

③ 特征方程。

RS 触发器特征方程

$$\begin{cases} Q^{n+1}=S+\overline{R}Q^n \\ \overline{R}+\overline{S}=1 \end{cases}$$

（2）同步 *RS* 触发器　同步 *RS* 触发器如图 6-26 所示。G_1 和 G_2 分别是两个输入信号 *S* 和 *R* 的控制门。

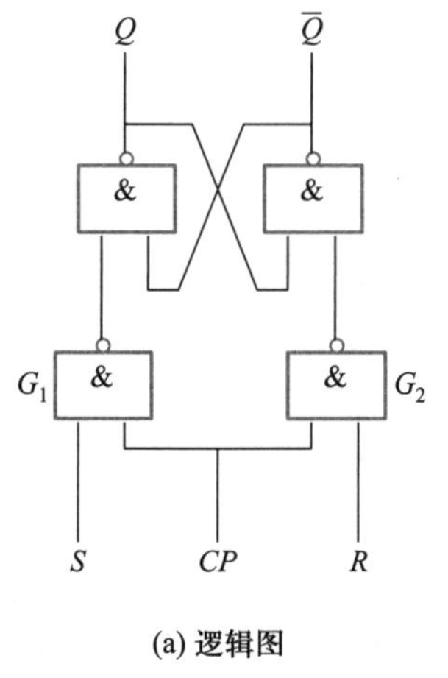

(a) 逻辑图

(b) 逻辑符号

图 6-26 同步 *RS* 触发器

① 真值表。同步 *RS* 触发器真值表见表 6-14。

表 6-14 同步 *RS* 触发器真值表

输入信号		输出状态	功能说明
R	*S*	Q^{n+1}	
0	**0**	Q^n	保持
0	**1**	**0**	置 **0**
1	**0**	**1**	置 **1**
1	**1**	不定	允许

② 逻辑功能。当 *CP* 脉冲为 **0** 时，G_1 和 G_2 输出为 **1**，两个控制门关闭，输入信号 *R* 和 *S* 不能进入触发器令其翻转。

当 *CP* 脉冲为 **1** 时，G_1、G_2 两个控制门打开，输入信号 *R* 和 *S* 进入触发器令其翻转。

同步 *RS* 触发器与基本 *RS* 触发器比较，其逻辑功能完全一样，只是由于两个控制门 G_1 和 G_2 是**与非**门，有反相作用，所以在时钟脉冲有效期间（$CP=1$），输入端 *R*、*S* 为高电平有效。

③ 特征方程。同步 *RS* 触发器特征方程

$$Q^{n+1}=S+\overline{R}Q^n$$
$$R\cdot S=0$$

(3) 主从 *RS* 触发器　主从 *RS* 触发器如图 6-27所示。*CP* 脉冲输入端的“∧”符号，表示有效时间是从 *CP* 脉冲由 **0** 跳变为 **1** 的时候触发，这种触发方式称为上升沿触发（或正沿触发）；如果再加小圆圈，则表示有效时间是从 *CP* 脉冲由 **1** 跳变为 **0** 的时候触发，称为下降沿触发（或负沿触发）。

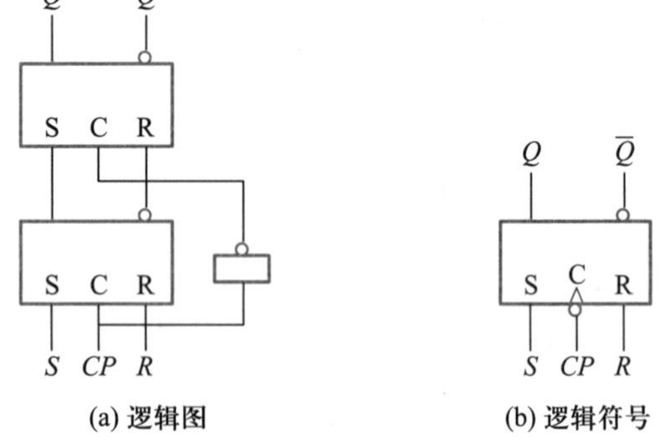

(a) 逻辑图　(b) 逻辑符号

图 6-27 主从 *RS* 触发器

① 真值表。主从 *RS* 触发器的真值表、特征方程和同步 *RS* 触发器相同。

② 逻辑功能

当 $CP=\mathbf{1}$ 时，主触发器工作，输入信号 *RS* 可以进入主触发器并影响其输出；此时从触发器关闭，其输出端不受影响。

当 $CP=\mathbf{0}$ 时，主触发器关闭，输入信号 *RS* 不能进入主触发器；此时从触发器打开，从触发器以主触发器的输出为输入信号进行翻转。

当主从 *RS* 触发器用作计数翻转功能时，在 $CP=\mathbf{1}$ 期间，虽然主触发器已翻转，但主触发器输出信号并不能通过从触发器返回到输入端，因而不会出现空翻现象。

2. *JK* 触发器

RS 触发器由于存在不定状态而制约了它的应用，而 *JK* 触发器则解决了这一问题。*JK* 触发器如图 6-28 所示，由一个主从 *RS* 触发器和两个**与**门组成。

JK 触发器由主从 *RS* 触发器变换而来，它利用了触发器输出信号 *Q* 和 $\overline{Q}$ 的互补性，把两个输出信号引回到主从 *RS* 触发器的输入端作为控制信号，避免了主从 *RS* 触发器两个输入端同时

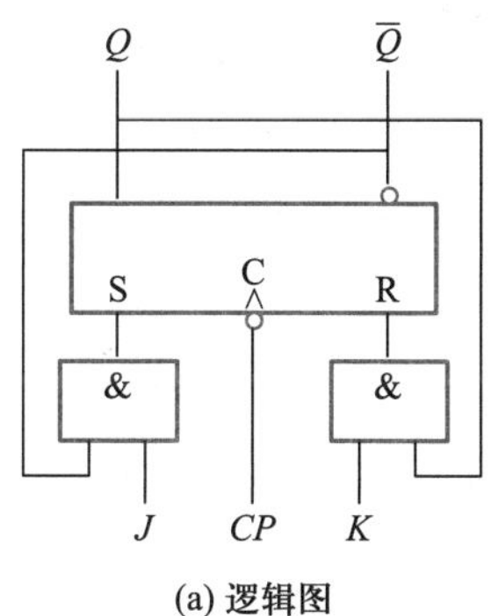

(a) 逻辑图

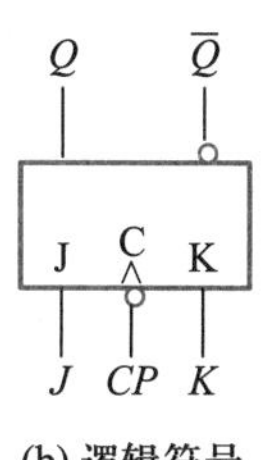

(b) 逻辑符号

图 6-28　*JK* 触发器

为 **1** 的情况出现，从而解决了 *RS* 触发器的不定状态问题。

（1）真值表与功能说明　*JK* 触发器真值表，见表 6-15。

表 6-15　*JK* 触发器真值表

输入信号		输出状态	功能说明
J	*K*	Q_{n+1}	
0	**0**	Q_n	保持
0	**1**	**0**	置 **0**
1	**0**	**1**	置 **1**
0	**0**	$\overline{Q_n}$	翻转（计数）

（2）特征方程　*JK* 触发器特征方程　　$Q^{n+1}=J\overline{Q^n}+\overline{K}Q^n$

3. *D* 触发器

D 触发器如图 6-29 所示，把 *JK* 触发器的 *J* 端信号通过**非**门接到 *K* 端即构成 *D* 触发器。

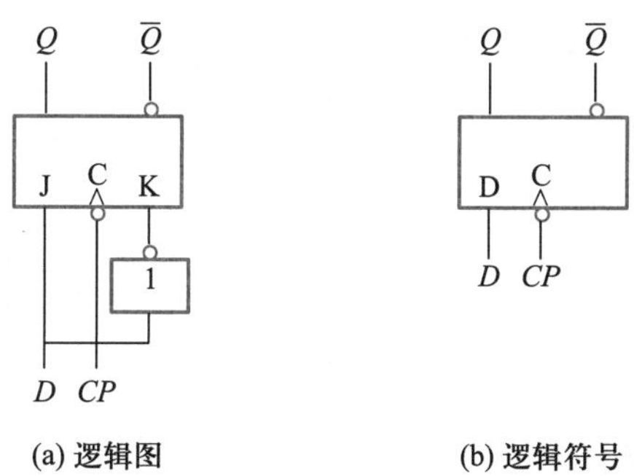

(a) 逻辑图　　(b) 逻辑符号

图 6-29　*D* 触发器

从逻辑图可以看出，*D* 触发器限定了两个输入端 *J* 和 *K* 不能相同。与 *JK* 触发器的逻辑功能相比较，*D* 触发器只应用了其中的置 **0** 和置 **1** 两个功能。

（1）真值表与功能说明　*D* 触发器真值表，见表 6-16。

表 6-16　D 触发器真值表

输入状态	输出状态	功能说明
D	Q_{n+1}	
0	**0**	置 **0**
1	**1**	置 **1**

（2）特征方程　D 触发器特性方程　　$Q^{n+1}=D$

4. T 触发器

T 触发器如图 6-30 所示，把 JK 触发器的输入端 J 和 K 直接连接在一起，即构成 T 触发器。

从逻辑图可以看出，T 触发器限定了两个输入端 J 和 K 必须完全相同。与 JK 触发器的逻辑功能相比较，T 触发器仅仅应用了其中的保持和计数两个功能。

（1）真值表与功能说明　T 触发器真值表，见表 6-17。

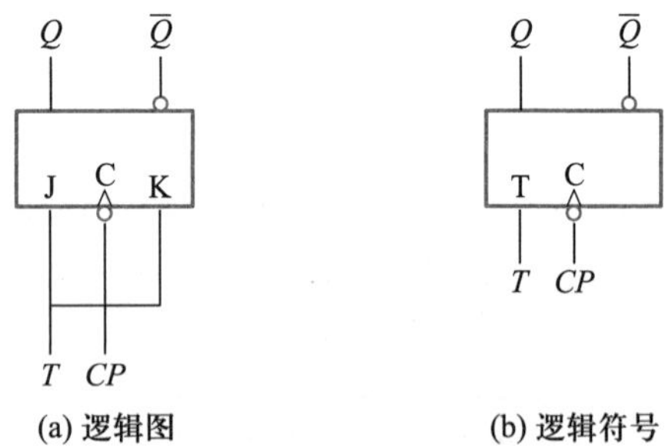

图 6-30　T 触发器

表 6-17　T 触发器真值表

输入状态	输出状态	功能说明
T	Q_{n+1}	
0	Q_n	保持
1	$\overline{Q_n}$	翻转（计数）

（2）特征方程　T 触发器特征方程　　$Q^{n+1}=T\overline{Q^n}+\overline{T}Q^n$

5. T′触发器

T′触发器如图 6-31 所示，可以由 JK 触发器、T 触发器、D 触发器分别构成。

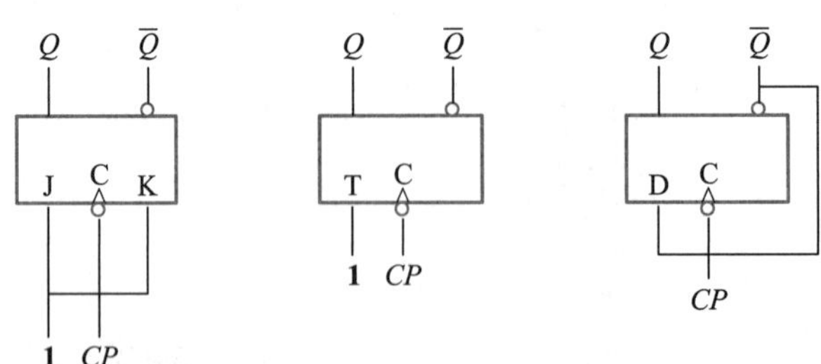

图 6-31　T′触发器

由 T′触发器的构成可以看出，T′触发器只有计数翻转功能。

（1）真值表与功能说明。T′触发器真值表，见表 6-18。

表 6-18　T'触发器真值表

输入状态	输出状态	功能说明
T'	Q_{n+1}	
1	$\overline{Q_n}$	翻转(计数)

(2) 特征方程。T'触发器特征方程　　$Q^{n+1}=\overline{Q^n}$

6.4.2　计数器

在数字系统中,计数器是指利用触发器的计数翻转功能来实现累计和记忆输入脉冲个数的逻辑部件。计数器是由触发器和门电路组成的。计数器在数字系统中应用广泛,能实现测量、计数和控制的功能,同时兼有分频功能,如在数字仪器中对脉冲的计数等。

按数码进制计数器可分为二进制计数器、十进制计数器、N 进制计数器。

按计数方式计数器可分为加法计数器、减法计数器和可逆计数器。

按触发器翻转方式计数器分为同步计数器、异步计数器。

1. 二进制计数器

(1) 二进制异步加法计数器　所谓“异步”是指计数器中各电路没有统一的时钟脉冲控制,或者没有时钟脉冲控制,因此各触发器状态变化不是发生在同一时刻。

与“异步”相对的是“同步”,同步是指计数器中的各触发器都受到同一个时钟脉冲控制,所有触发器的状态变化发生在同一时刻。

异步二进制加法计数器的逻辑图如图 6-32 所示。

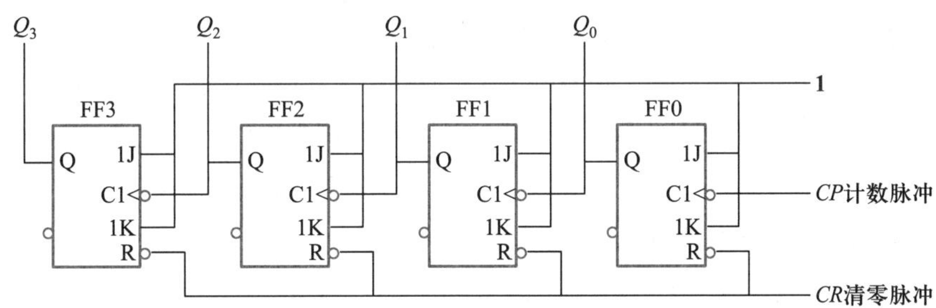

图 6-32　异步二进制加法计数器的逻辑图

该计数器是一个 4 位异步二进制加法计数器,由 4 个下降沿触发的 JK 触发器组成。其中 JK 触发器都接成 T'触发器(即 $J=K=1$)。最低位触发器 FF0 的时钟脉冲输入端接计数脉冲 CP,其他触发器的时钟脉冲输入端接相邻低位触发器的 Q 端。

该电路的时序图如图 6-33 所示,状态图如图 6-34 所示。由状态图可见,从初态 **0000**(由清零脉冲所置)开始,每输入一个计数脉冲,计数器的状态按二进制加法规律加 **1**,所以是二进制加法计数器(4 位)。又因为该计数器有 **0000~1111** 共 16 个状态,所以也称十六进制(1 位)加法计数器或模 16($M=16$)加法计数器。

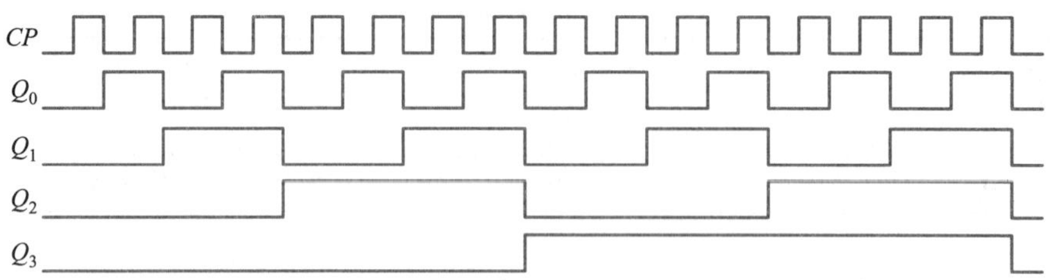

图 6-33 4 位异步二进制加法计数器的时序图

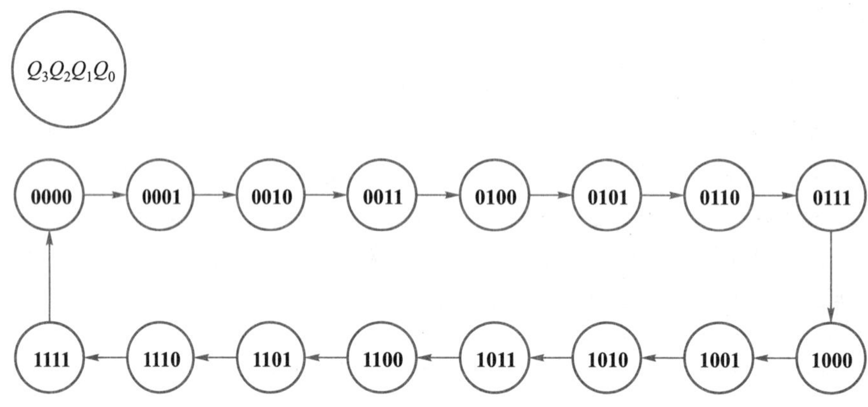

图 6-34 4 位异步二进制加法计数器的状态图

另外，从时序图可以看出，Q_0、Q_1、Q_2、Q_3的周期分别是计数脉冲（CP）周期的 2 倍、4 倍、8 倍、16 倍，也就是说，Q_0、Q_1、Q_2、Q_3分别对 CP 波形进行了二分频、四分频、八分频、十六分频，因而计数器也可作为分频器。

异步二进制计数器结构简单，改变级联触发器的个数，可以很方便地改变二进制计数器的位数，n 个触发器构成 n 位二进制计数器或模 2^n 计数器，或 2^n 分频器。

（2）二进制异步减法计数器 4 位异步二进制减法计数器的逻辑图如图 6-35 所示。该计数器是一个 4 位异步二进制减法计数器，用 4 个上升沿触发的 D 触发器组成，它是将在前面介绍的 4 位异步二进制加法计数器中的 FF1、FF2、FF3 的时钟脉冲输入端改接到相邻低位触发器的 $\overline{Q}$ 端就可构成二进制异步减法计数器。

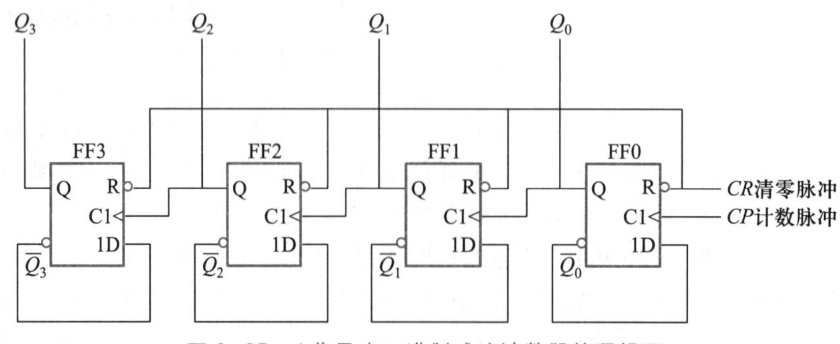

图 6-35 4 位异步二进制减法计数器的逻辑图

用 *JK* 触发器和 *D* 触发器都可以很方便地组成异步二进制计数器。方法是先将触发器都接成 *T'* 触发器，然后根据加、减计数方式及触发器为上升沿还是下降沿触发来决定各触发器之间的连接方式。其时序图与状态图如图 6-36、图 6-37 所示。

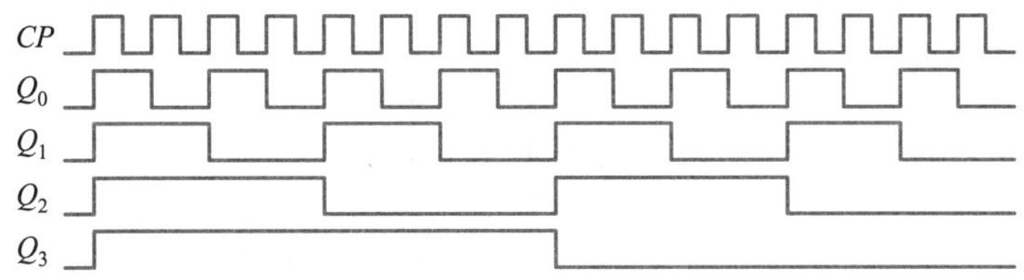

图 6-36　4 位异步二进制减法计数器的时序图

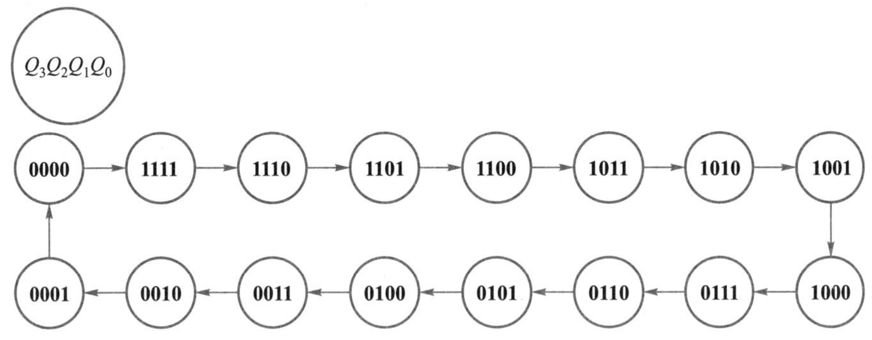

图 6-37　4 位异步二进制减法计数器的状态图

在二进制异步计数器中，高位触发器的状态翻转必须在相邻触发器产生进位信号（加计数）或借位信号（减计数）之后才能实现，所以异步计数器的工作速度较低。为了提高计数速度，可采用同步计数器。

（3）二进制同步计数器　4 位同步二进制加法计数器的逻辑图如图 6-38 所示。该计数器是一个 4 位同步二进制加法计数器，由 4 个 *JK* 触发器组成。图中各触发器的时钟脉冲输入端接同一计数脉冲 *CP* 端，计数脉冲到来时，各触发器同时工作，这是一个同步时序电路。

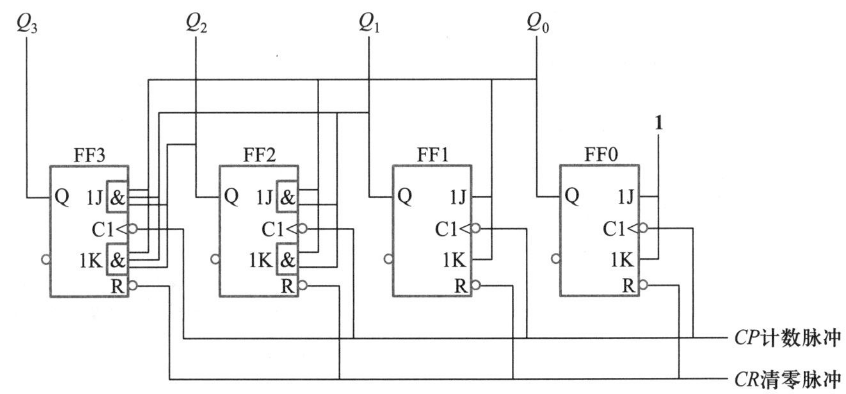

图 6-38　4 位同步二进制加法计数器的逻辑图

根据 4 位同步二进制加法计数器逻辑图，可写出状态表见表 6-19。

表 6-19 4 位同步二进制加法计数器的状态表

计数脉冲序号	电路状态				等效十进制数
	Q_3	Q_2	Q_1	Q_0	
0	**0**	**0**	**0**	**0**	0
1	**0**	**0**	**0**	**1**	1
2	**0**	**0**	**1**	**0**	2
3	**0**	**0**	**1**	**1**	3
4	**0**	**1**	**0**	**0**	4
5	**0**	**1**	**0**	**1**	5
6	**0**	**1**	**1**	**0**	6
7	**0**	**1**	**1**	**1**	7
8	**1**	**0**	**0**	**0**	8
9	**1**	**0**	**0**	**1**	9
10	**1**	**0**	**1**	**0**	10
11	**1**	**0**	**1**	**1**	11
12	**1**	**1**	**0**	**0**	12
13	**1**	**1**	**0**	**1**	13
14	**1**	**1**	**1**	**0**	14
15	**1**	**1**	**1**	**1**	15
16	**0**	**0**	**0**	**0**	0

由于同步计数器的计数脉冲 *CP* 同时接到各触发器的时钟脉冲输入端，当计数脉冲到来时，应该翻转的触发器同时翻转，所以速度比异步计数器高，但电路结构比异步计数器复杂。

2. 十进制计数器

在实际工作中，为了便于直接读取数据，常采用十进制计数器，下面介绍用得最多的 8421BCD 码同步十进制加法计数器，其逻辑图如图 6-39 所示。

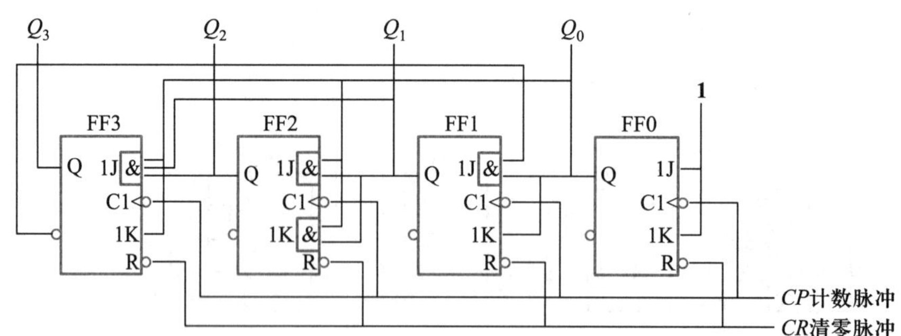

图 6-39 8421BCD 码同步十进制加法计数器的逻辑图

该计数器是一个由 4 个下降沿触发的 *JK* 触发器组成的 8421BCD 码同步十进制加法计数器。

电路中有 4 个触发器，它们的状态组合共有 16 种，而在 8421BCD 码计数器中只用了 10 种，称为有效状态，其余 6 种状态称为无效状态。其状态表见表 6-20，状态图与时序图如图 6-40、图 6-41 所示。

表 6-20　8421BCD 码同步十进制加法计数器的状态表

计数脉冲序号	现态				次态			
	Q_3^n	Q_2^n	Q_1^n	Q_0^n	Q_3^{n+1}	Q_2^{n+1}	Q_1^{n+1}	Q_0^{n+1}
0	0	0	0	0	0	0	0	1
1	0	0	0	1	0	0	1	0
2	0	0	1	0	0	0	1	1
3	0	0	1	1	0	1	0	0
4	0	1	0	0	0	1	0	1
5	0	1	0	1	0	1	1	0
6	0	1	1	0	0	1	1	1
7	0	1	1	1	1	0	0	0
8	1	0	0	0	1	0	0	1
9	1	0	0	1	0	0	0	0

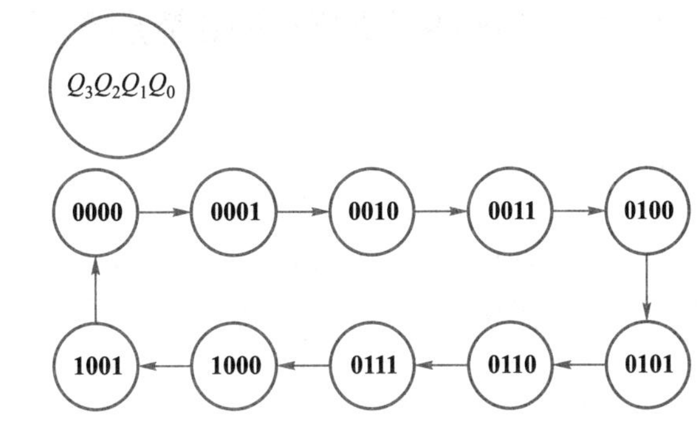

图 6-40　8421BCD 码同步十进制加法计数器的状态图

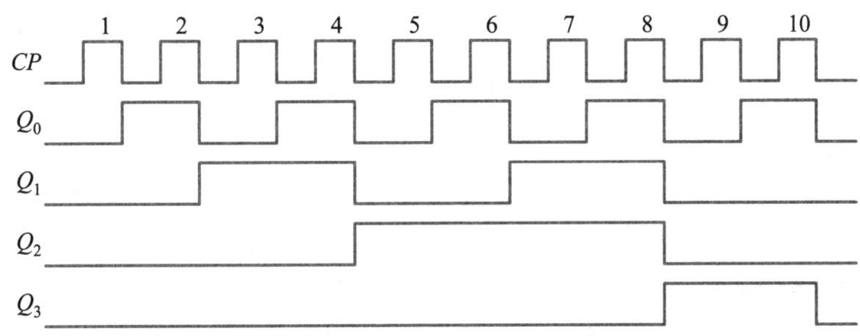

图 6-41　8421BCD 码同步十进制加法计数器的时序图

3. 任意（N）进制计数器

在实际生活中，除了有二进制计数和十进制计数，还有其他进制的计数，如时钟的小时是十二进制,分、秒是六十进制。任意进制计数器利用其清零端或预置数端,外加适当的门电路连接而成。

下面以具有同步清零端的集成计数器为例说明。六进制计数器电路图如图 6-42(a)所示,是用集成计数器 74163 和与非门组成的,其状态图如图 6-42(b)所示。

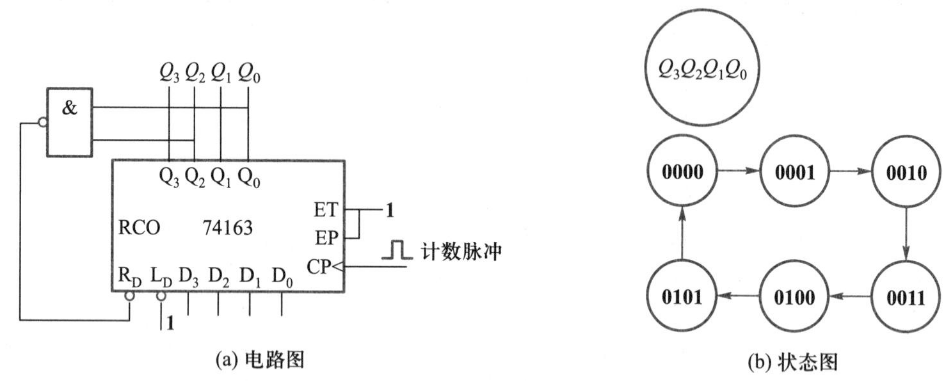

图 6-42 同步清零法组成六进制计数器

6.5 脉冲波形发生和整形电路

在数字电路或系统中,常常需要各种脉冲波形,例如时钟脉冲、控制过程的定时信号等。这些脉冲波形的获取,通常采用两种方法:一种是利用脉冲信号产生器直接产生;另一种则是通过对已有信号进行变换,使之满足系统的要求。本章以中规模集成电路 555 定时器为典型电路,主要讨论 555 定时器构成的施密特触发器、单稳态触发器、多谐振荡器以及 555 定时器的典型应用。

6.5.1 555 定时器

555 定时器是一种应用极为广泛的中规模集成电路。该电路使用灵活、方便,只需外接少量的阻容元件就可以构成单稳、多谐和施密特触发器。因而广泛用于信号的产生、变换、控制与检测。

目前生产的定时器有双极型和 CMOS 两种类型,其型号分别有 NE555(或 5G555)和 C7555 等多种。它们的结构及工作原理基本相同。通常,双极型定时器具有较大的驱动能力,而 CMOS 定时器具有低功耗、输入阻抗高等优点。555 定时器工作的电源电压很宽,并可承受较大的负载电流。双极型定时器电源电压范围为 5~16 V,最大负载电流可达 200 mA;CMOS 定时器电源电压范围为 3~18 V,最大负载电流在 4 mA 以下。

1. 电路组成

555 定时器内部电路可分为电阻分压器、电压比较器、基本 *RS* 触发器和输出缓冲级等部分,如图 6-43 所示。

(1) 由三个阻值为 5 kΩ 的电阻组成的分压器；

(2) 两个电压比较器 C1 和 C2；

(3) 基本 RS 触发器；

(4) 放电晶体管 VT 及缓冲器 G。

微课

555 定时器工作原理

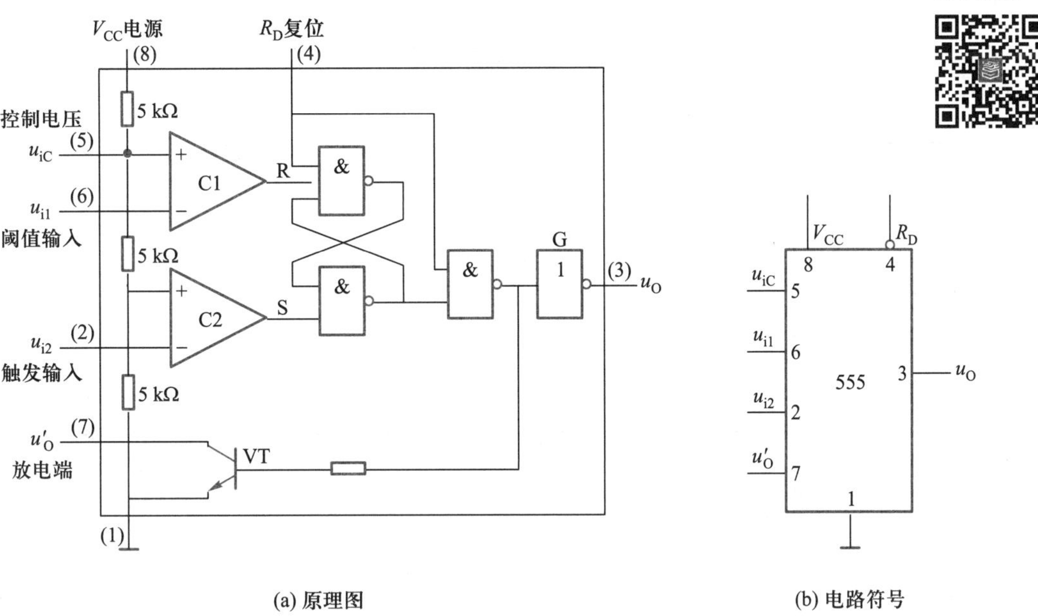

图 6-43　555 定时器的电气原理图和电路符号

2. 基本功能

当 5 脚悬空时，比较器 C1 和 C2 的比较电压分别为$\frac{2}{3}V_{CC}$和$\frac{1}{3}V_{CC}$。

(1) 当 $u_{i1}>\frac{2}{3}V_{CC}$，$u_{i2}>\frac{1}{3}V_{CC}$时，比较器 C1 输出低电平，C2 输出高电平，基本 RS 触发器被置 **0**，放电晶体管 T 导通，输出端 u_O为低电平。

(2) 当 $u_{i1}<\frac{2}{3}V_{CC}$，$u_{i2}<\frac{1}{3}V_{CC}$时，比较器 C1 输出高电平，C2 输出低电平，基本 RS 触发器被置 **1**，放电晶体管 T 截止，输出端 u_O为高电平。

(3) 当 $u_{i1}<\frac{2}{3}V_{CC}$，$u_{i2}>\frac{1}{3}V_{CC}$时，比较器 C1 输出高电平，C2 也输出高电平，即基本 RS 触发器 $R=\mathbf{1}$，$S=\mathbf{1}$，触发器状态不变，电路亦保持原状态不变。

由于阈值输入端(u_{i1}) 为高电平$\left(>\frac{2}{3}V_{CC}\right)$时，定时器输出低电平，因此也将该端称为高触发端(TH)。

因为触发输入端(u_{i2})为低电平$\left(<\frac{1}{3}V_{CC}\right)$时，定时器输出高电平，因此也将该端称为低触发端(TL)。

如果在电压控制端(5 脚)施加一个外加电压(其值在 0 ~ V_{CC}之间),比较器的参考电压将发生变化,电路相应的阈值、触发电平也将随之变化,并进而影响电路的工作状态。另外,R_D为复位输入端,当 R_D为低电平时,不管其他输入端的状态如何,输出 u_O为低电平,即 R_D的控制级别最高。正常工作时,一般应将其接高电平。555 定时器功能表见表 6-21。

表 6-21 555 定时器功能表

阈值输入(u_{i1})	触发输入(u_{i2})	复位(R_D)	输出(u_O)	放电管 T
×	×	0	0	导通
$<\frac{2}{3}V_{CC}$	$<\frac{1}{3}V_{CC}$	1	1	截止
$>\frac{2}{3}V_{CC}$	$>\frac{1}{3}V_{CC}$	1	0	导通
$<\frac{2}{3}V_{CC}$	$>\frac{1}{3}V_{CC}$	1	不变	不变

由电路框图和功能表可以得出如下结论:

(1) 555 定时器有两个阈值,分别是$\frac{2}{3}V_{CC}$和 $\frac{1}{3}V_{CC}$。

(2) 输出端 3 脚和放电端 7 脚的状态一致,输出低电平对应放电管饱和,在 7 脚外接有上拉电阻时,7 脚为低电平。输出高电平对应放电管截止,在有上拉电阻时,7 脚为高电平。

(3) 输出端状态的改变有滞回现象,回差电压为$\frac{1}{3}V_{CC}$。

(4) 输出与触发输入反相。掌握这四条,对分析 555 定时器组成的电路十分有利。

6.5.2 施密特触发器

脉冲整形电路的功能是对脉冲信号进行整形、延时等处理,使得到的脉冲信号满足要求。常见的脉冲整形电路有施密特触发器、单稳态触发器等。

施密特触发器是数字系统中常用的电路之一,它可以把变化缓慢的脉冲波形变换成为数字电路所需要的矩形脉冲。施密特电路的特点在于它也有两个稳定状态,但与一般触发器的区别在于这两个稳定状态的转换需要外加触发信号,而且稳定状态的维持也要依赖于外加触发信号,因此它的触发方式是电平触发。

1. 电路组成及功能

只要将 555 定时器的 2 号脚和 6 号脚接在一起,就可以构成施密特触发器。我们简记为“二六搭一”,电路如图 6-44 所示。

(1) u_i=0 V 时,u_{O1}输出高电平。

(2) 当 u_i上升到$\frac{2}{3}V_{CC}$时,u_{O1}输出低电平。当 u_i由$\frac{2}{3}V_{CC}$继续上升,u_{O1}保持不变。

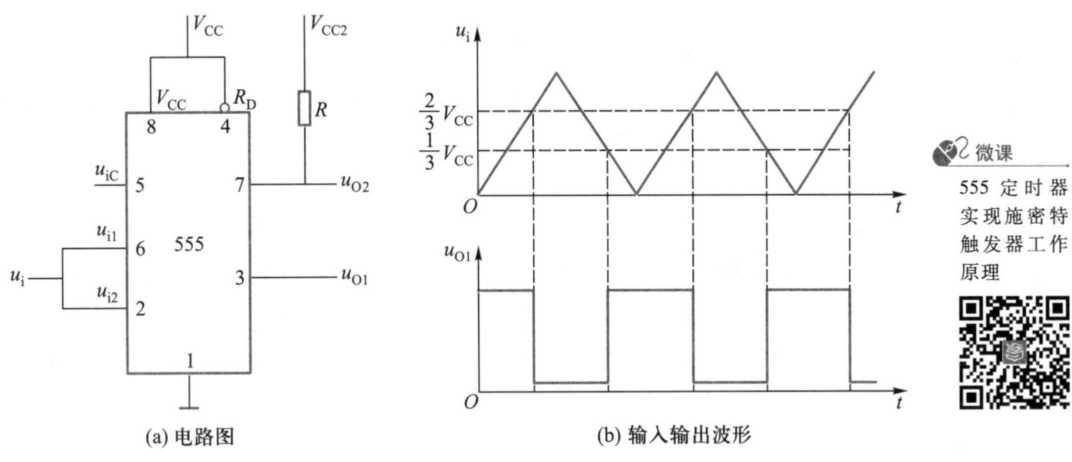

图 6-44　555 定时器构成的施密特触发器

(3) 当 u_i 下降到 $\frac{1}{3}V_{CC}$ 时，电路输出跳变为高电平。而且在 u_i 继续下降到 0 V 时，电路的这种状态不变。

图中，R、V_{CC2} 构成另一输出端 u_{O2}，其高电平可以通过改变 V_{CC2} 进行调节。

2. 电压滞回特性和主要参数

施密特触发器的电路符号和电压传输特性如图 6-45 所示。

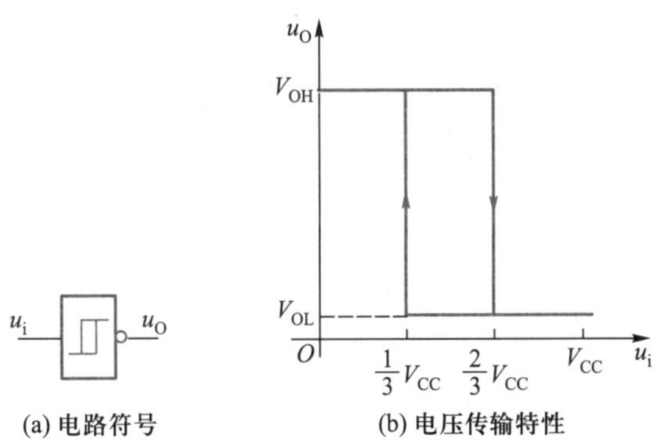

图 6-45　施密特触发器的电路符号和电压传输特性

主要静态参数：

(1) 上限阈值电压 U_{T+}。u_i 上升过程中，输出电压 u_O 由高电平 V_{OH} 跳变到低电平 V_{OL} 时，所对应的输入电压值。$U_{T+}=\frac{2}{3}V_{CC}$。

(2) 下限阈值电压 U_{T-}。u_i 下降过程中，u_O 由低电平 V_{OL} 跳变到高电平 V_{OH} 时，所对应的输入电压值。$U_{T-}=\frac{1}{3}V_{CC}$。

(3) 回差电压 ΔU_T

回差电压又叫滞回电压，定义为：$\Delta U_T = U_{T+} - U_{T-} = \frac{1}{3}V_{CC}$。

若在电压控制端 U_{IC}(5 脚)外加电压 U_S，则将有 $U_{T+} = U_S$、$U_{T-} = U_S/2$、$\Delta U_T = U_S/2$，而且当改变 U_S时，它们的值也随之改变。

3. 施密特触发器的应用举例

施密特触发器的应用广泛，可用做系统接口电路、整形电路和鉴别脉冲幅度，如图 6-46 所示。

(1) 可用做系统接口电路：将缓慢变化的输入信号，转换成为符合 TTL 系统要求的脉冲波形。

(2) 可用做整形电路：把不规则的输入信号整形成为矩形脉冲。

(3) 可用于鉴别脉冲幅度：将幅值大于 U_{T+}的脉冲选出。

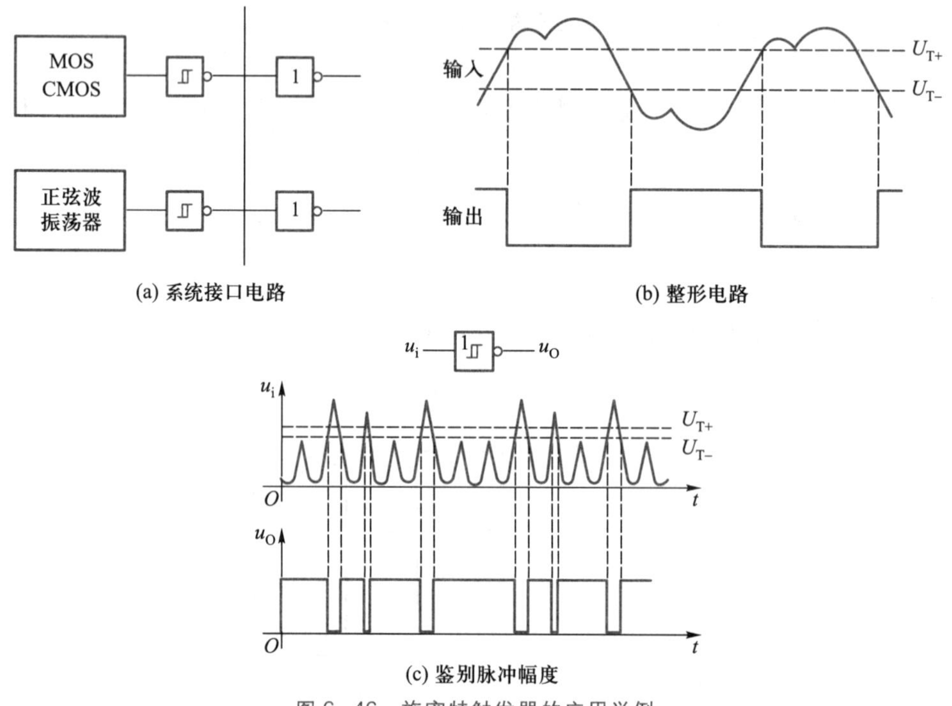

图 6-46 施密特触发器的应用举例

6.5.3 单稳态触发器

单稳态触发器具有下列特点：它有一个稳定状态和一个暂稳状态；在外来触发脉冲作用下，能够由稳定状态翻转到暂稳状态；暂稳状态维持一段时间后，将自动返回到稳定状态，而暂稳状态时间的长短，与触发脉冲无关，决定于电路本身的参数。

1. 电路组成及其工作原理

由 555 定时器构成的单稳态触发器如图 6-47 所示，将 555 的 6 脚和 7 脚接在一起，并添加一个电容和一个电阻，就可以构成单稳态触发器。简记为“七六搭一，上 R 下 C”。

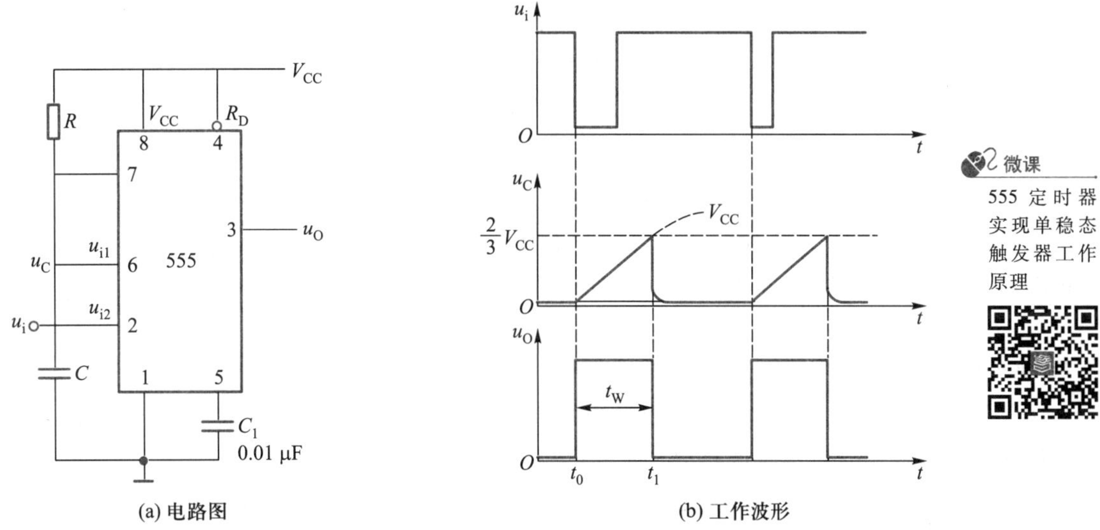

(a) 电路图　　(b) 工作波形

图 6-47　由 555 定时器构成的单稳态触发器

（1）无触发信号输入时电路工作在稳定状态　当电路无触发信号时，u_i保持高电平，电路工作在稳定状态，即输出端 u_O保持低电平，555 内放电晶体管 T 饱和导通，引脚 7“接地”，电容电压 u_C为 0 V。

（2）u_i下降沿触发　当 u_i下降沿到达时，555 触发输入端（2 脚）由高电平跳变为低电平，电路被触发，u_O由低电平跳变为高电平，电路由稳态转入暂稳态。

（3）暂稳态的维持时间　在暂稳态期间，555 内放电晶体管 T 截止，V_{CC}经 R 向 C 充电。其充电回路为 $V_{CC}\to R\to C\to$地，时间常数 $\tau_1=RC$，电容电压 u_C由 0 V 开始增大，在电容电压 u_C上升到阈值电压$\frac{2}{3}V_{CC}$之前，电路将保持暂稳态不变。

（4）自动返回（暂稳态结束）时间　当 u_C上升至阈值电压$\frac{2}{3}V_{CC}$时，输出电压 u_O由高电平跳变为低电平，555 内放电晶体管 T 由截止转为饱和导通，引脚 7“接地”，电容 C 经放电晶体管对地迅速放电，电压 u_C由$\frac{2}{3}V_{CC}$迅速降至 0 V（放电晶体管的饱和压降），电路由暂稳态重新转入稳态。

（5）恢复过程　当暂稳态结束后，电容 C 通过饱和导通的晶体管 T 放电，时间常数 $\tau_2=R_{CES}C$，式中 R_{CES}是 T 的饱和导通电阻，其阻值非常小，因此 τ_2的值也非常小。经过（3～5）τ_2后，电容 C 放电完毕，恢复过程结束。

2. 主要参数估算

输出脉冲宽度 t_W，就是暂稳态维持时间，也就是定时电容的充电时间。由图 6-47（b）所示电容电压 u_C的工作波形不难看出 $u_C(0^+)\approx 0$ V，$u_C(\infty)=V_{CC}$，$u_C(t_W)=\frac{2}{3}V_{CC}$，代入 RC 过渡过程计算公式，可得

$$
\begin{aligned}
t_W &= \tau_1 \ln \frac{u_C(\infty)-u_C(0^+)}{u_C(\infty)-u_C(t_W)} \\
&= \tau_1 \ln \frac{V_{CC}-0}{V_{CC}-\frac{2}{3}V_{CC}} \\
&= \tau_1 \ln 3 \\
&= 1.1RC
\end{aligned}
$$

上式说明，单稳态触发器输出脉冲宽度 t_W 仅决定于定时元件 R、C 的取值，与输入触发信号和电源电压无关，调节 R、C 的取值，即可方便的调节 t_W。

3. 单稳态触发器的应用

（1）延时　如图 6-48 所示，u'_O的下降沿比 u_i的下降沿滞后了时间 t_W，即延迟了时间 t_W。单稳态触发器的这种延时作用常被应用于时序控制中。

（2）定时　在图 6-48 中，单稳态触发器的输出电压 u'_O，用作**与**门的输入定时控制信号，当 u'_O为高电平时，**与**门打开，$u_O=u_F$，当 u'_O为低电平时，**与**门关闭，u_O为低电平。显然**与**门打开的时间是恒定不变的，就是单稳态触发器输出脉冲 u'_O的宽度 t_W。

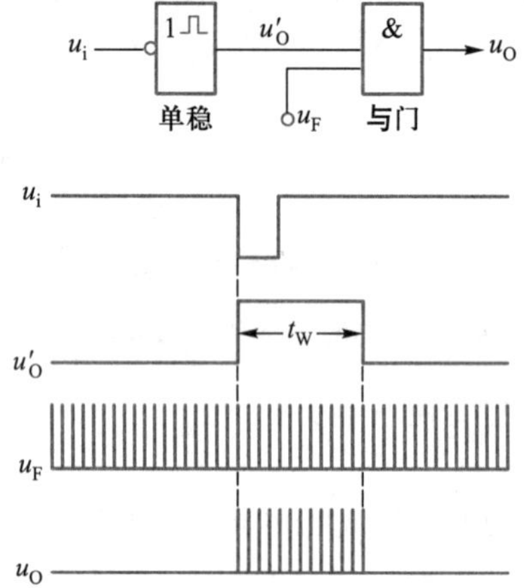

图 6-48　单稳态触发器用于脉冲的延时与定时

（3）整形　单稳态触发器能够把不规则的输入信号 u_i，整形成为幅度和宽度都相同的标准矩形脉冲 u_O。u_O的幅度取决于单稳态电路输出的高、低电平，宽度 t_W取决于暂稳态时间。如图 6-49 所示是单稳态触发器用于波形的整形的一个简单例子。

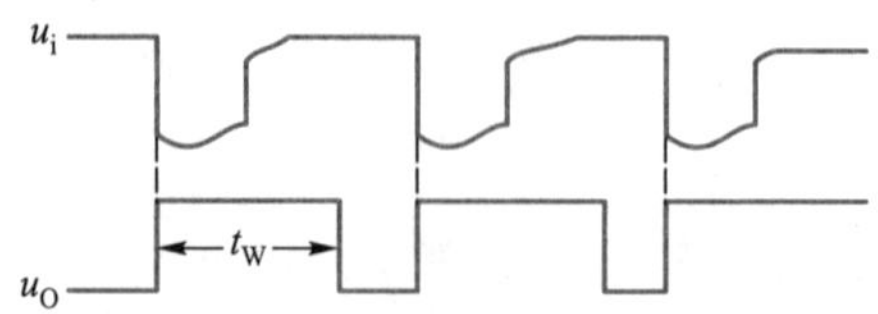

图 6-49　单稳态触发器用于波形的整形

6.5.4 多谐振荡器

在数字电路中，常常需要一种不需外加触发脉冲就能够产生具有一定频率和幅度的矩形波的电路。即产生矩形脉冲波的自激振荡器。由于矩形波中除基波外，还含有丰富的高次谐波成分，因此我们称这种电路为多谐振荡器。它常常用作脉冲信号源。多谐振荡器没有稳态，只具有两个暂稳态，在自身因素的作用下，电路就在两个暂稳态之间来回转换。

1. 电路组成及其工作原理

555 定时器构成的多谐振荡器如图 6-50 所示，接通 V_{CC}后，V_{CC}经 R_1 和 R_2 对 C 充电。当 u_C 上升到 $2V_{CC}/3$ 时，$u_O=0$，T 导通，C 通过 R_2 和 T 放电，u_C 下降。当 u_C 下降到 $V_{CC}/3$ 时，u_O 又由 **0** 变为 **1**，T 截止，V_{CC}又经 R_1 和 R_2 对 C 充电。如此重复上述过程，在输出端 u_O 产生了连续的矩形脉冲。

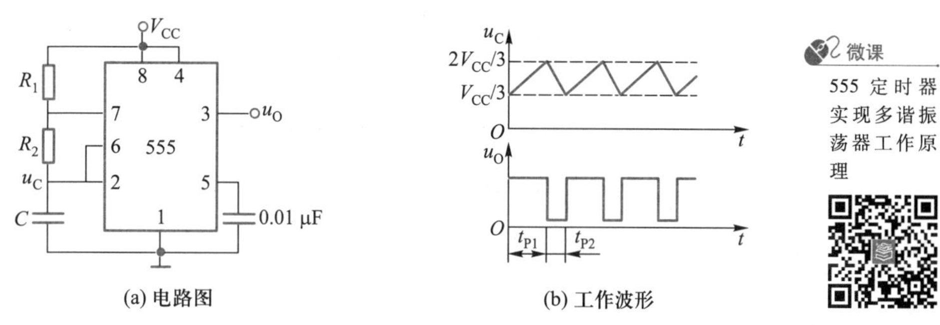

图 6-50 555 定时器构成的多谐振荡器

2. 振荡频率的估算和占空比可调电路

电容 C 充电时间 $t_{W1}=0.7(R_1+R_2)C$

电容 C 放电时间 $t_{W2}=0.7R_2C$

电路谐振频率 f 的估算：

振荡周期为 $T=0.7(R_1+2R_2)C$

振荡频率为

$$f=\frac{1}{T}=\frac{1}{0.7(R_1+2R_2)}\approx\frac{1.43}{(R_1+2R_2)C}$$

占空比

$$D=\frac{t_{W1}}{T}=\frac{0.7(R_1+R_2)C}{0.7(R_1+2R_2)}=\frac{R_1+R_2}{R_1+2R_2}$$

3. 多谐振荡器的应用

（1）模拟声响电路 模拟声响电路如图 6-51 所示。

将振荡器 I 的输出电压 u_{O1}，接到振荡器 Ⅱ 中 555 定时器的复位端(4 脚)，当 u_{O1}为高电平时振荡器 Ⅱ 振荡，为低电平时 555 定时器复位，振荡器 Ⅱ 停止震荡。

（2）水位监控报警电路 水位监控报警电路如图 6-52 所示。

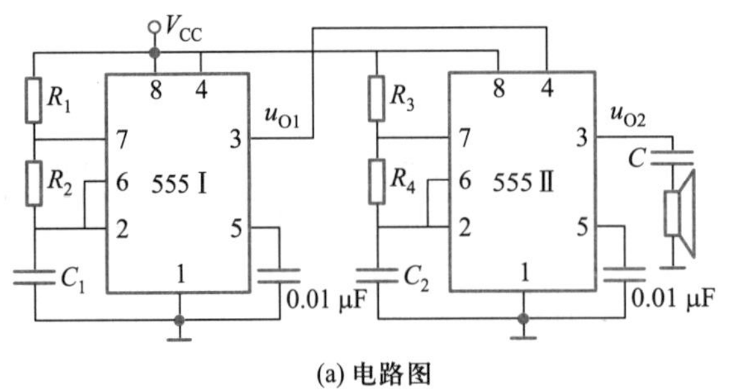

(a) 电路图

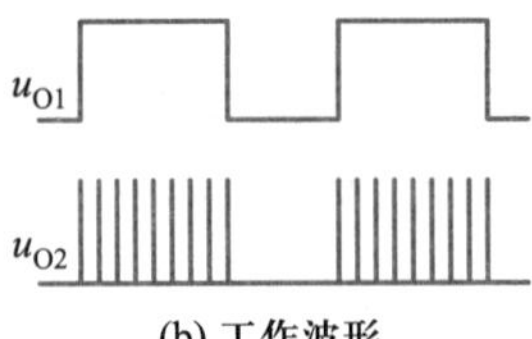

(b) 工作波形

图 6-51 模拟声响电路

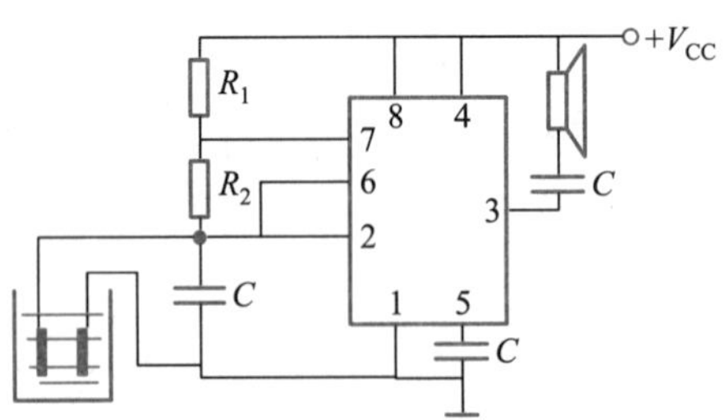

图 6-52 水位监控报警电路

水位正常情况下，电容 C 被短接，扬声器不能发音；水位下降到探测器以下时，555 定时器构成的多谐振荡器工作，驱动扬声器发出声音报警。

习题

1. 判断题

(1) 若 $ABC=ADC$，则 $B=D$。(　　)

(2) 复合逻辑门电路有：**与**门、**或**门、**非**门。(　　)

(3) 逻辑函数中，$L=ABC$ 可以写成 $L=A+B+C$。(　　)

(4) **与非**门的逻辑功能是：有 **0** 就出 **1**，全 **1** 才出 **0**。(　　)

(5) 逻辑运算 $L=A+B$ 含义是：L 等于 A 与 B 的和，而当 $A=1$，$B=1$ 时，$L=A+B=1+1=2$。(　　)

(6) 用 **1** 表示高电平，用 **0** 表示低电平的逻辑关系称为正逻辑。(　　)

(7) 十六进制的 A 等于十进制的 10，也跟二进制的 **1010** 相等。(　　)

(8) 八进制的 19 比十进制的 18 大。(　　)

(9) 卡诺图的包围圈越大越好，个数越少越好，同一个 **1** 方块允许圈多次。(　　)

(10) 译码器、编码器、加法器和数值比较器都是组合逻辑电路。(　　)

(11) 译码器的输入是二进制数码，输出是与输入数码相对应的具有特定含义的逻辑信号。(　　)

(12) 同步计数器是用来进行加法计数的电路，异步计数器是用来进行减法计数的电路。(　　)

(13) 所谓计数器就是具有计数功能的时序逻辑电路。(　　)

2. 选择题

(1) 符合有 **0** 得 **0**,全 **1** 得 **1** 的逻辑关系的逻辑门是(　　)。

A. 或门　　B. 与门　　C. 非门　　D. 或非门

(2) 设计组合逻辑电路的目的是要得到(　　)。

A. 逻辑电路图　　B. 逻辑电路功能

C. 逻辑表达式　　D. 逻辑电路真值表

(3) 在下列逻辑电路中,不是组合逻辑电路的是(　　)。

A. 译码器　　B. 编码器　　C. 全加器　　D. 运算放大器

(4) 下列逻辑电路不具有记忆功能的是(　　)。

A. 编码器　　B. RS 触发器　　C. 寄存器　　D. 计数器

(5) 对于 T 触发器,若原态 $Q^n=\mathbf{0}$,欲使新态 $Q^{n+1}=\mathbf{1}$,应使输入 $T=$(　　)。

A. **0**　　B. **1**　　C. Q　　D. $\overline{Q}$

(6) 对于 JK 触发器,若 $J=K$,则相当于(　　)触发器的逻辑功能。

A. RS　　B. D　　C. T　　D. T'

(7) 触发器工作时,时钟脉冲作用是(　　)。

A. 输入信号　　B. 清零信号　　C. 抗干扰信号　　D. 控制信号

(8) 一个二-十进制译码器(　　)。

A. 输入为 2,输出为 10

B. 输入为 10,输出为 12

C. 输入为二进制数码,输出为十进制数码

D. 输入为 4 位二进制代码,输出是与十进制 10 个数字相对应的独立信号

(9) 同步计数器和异步计数器的区别在于(　　)。

A. 前者为加法计数器,后者为减法计数器

B. 前者为二进制计数器,后者为十进制计数器

C. 前者各触发器由相同脉冲控制,后者的不是由相同脉冲控制

D. 后者各触发器由相同脉冲控制,前者的不是由相同脉冲控制

(10) 多谐振荡器可产生(　　)。

A. 正弦波　　B. 矩形脉冲　　C. 三角波　　D. 锯齿波

(11) 555 定时器不可以组成(　　)。

A. 多谐振荡器　　B. 单稳态触发器　　C. 施密特触发器　　D. RS 触发器

(12) 多谐振荡器的充电回路是(　　)。

A. $V_{CC}—R_1—R_2—C$　　B. $V_{CC}—R_1—C$

C. $V_{CC}—R_2—C$　　D. $V_{CC}—R_2—R_1—C$

3. 综合题

(1) 数制转换(要求写出过程):

$(43)_{10}=(\qquad\qquad)_8$　　$(\mathrm{D6})_{16}=(\qquad\qquad)_8$

(2) 试证明 $\overline{AB+\overline{A}C}=A\,\overline{B}+\overline{A}\,\overline{C}$等式成立。

(3) 用卡诺图法化简 $L=\overline{AB}+\overline{\overline{A}+B}$。

(4) 一个三输入端的**或**门,其 3 个输入端 A、B、C 的波形如图 6-53 所示,试画出输出端 Y 的波形。

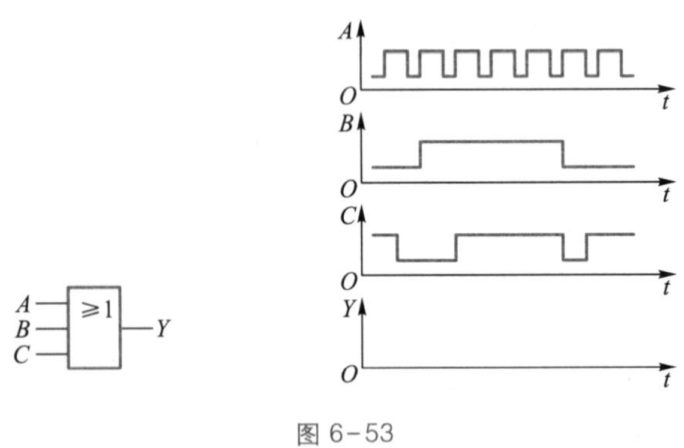

图 6-53

(5) 设计一个故障显示电路,控制要求如下:两台电动机同时工作,绿灯亮;其中一台电动机有故障时,黄灯亮;两台电动机都有故障时,红灯亮。现要求:① 列出真值表;② 写出逻辑式;③ 画出逻辑电路图。

(6) 用**与非**门设计一个安全启动系统。设电路有三个阀门 A、B、C,只有当两个或两个以上阀门都关闭时,系统 F 才能启动,现要求:① 列出真值表;② 写出逻辑式并化简;③ 画出逻辑图。

(7) 如图 6-54 所示的 JK 触发器的初态为 **0**,请画出 J、K 和 CP 信号作用下触发器 Q 端的波形。

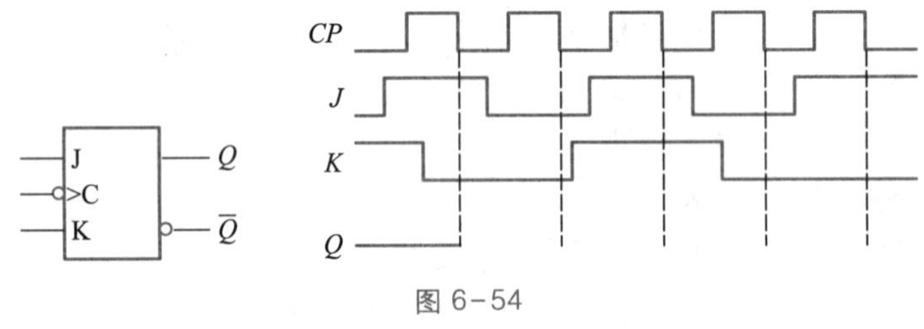

图 6-54

拓展延伸　城市轨道交通车站 BAS 系统

为了满足轨道交通的运营要求,在车站设置了保障正常运营的照明设备、通风空调设备、给排水设备、屏蔽门系统、自动扶梯等机电设备;同时,为满足在紧急状态的报警、乘客疏散、救灾等要求,在轨道交通车站还设置了火灾报警系统、水消防系统、气体灭火系统、防排烟系统、防烟设备等机电设备和系统。为了实施这些系统和设备相互间的有序联动控制和监视,在轨道交通线上设置了称之为环境与设备监控系统(Electrical and Mechanical Control System,EMCS 或 Building Automatic System,BAS)的自动控制系统。

1. BAS 系统设计与构成原则

BAS 系统设计应遵循以下原则:

(1) 应针对地铁的特点和各城市的气候环境、经济情况,设置不同水平的 BAS 系统;

(2) 分散控制、集中管理、资源共享;

(3) 应满足地铁运营管理的需要;

(4) BAS 设备应选择具备可靠性、容错性、可维护性和工业级控制产品;

(5) 事故通风与排烟系统的监控宜采取冗余措施。

BAS 系统的构成:

(1) 采用分布式计算机系统,即"三层、两库、一支撑",三层包括中央管理层、车站监控层、现场控制层,两库包括实时数据库、历史数据库,一支撑即相关的通信骨干网;

(2) 在地下线路为四站三区间及以上时,必须设中央管理级系统,区间列车火灾由中央级控制相邻两站的隧道排烟设备执行相应排烟模式;

(3) 在地下线路为三站二区间或以下时,可不设置中央管理级系统,仅设车站管理级工作站,区间列车火灾可由车站级工作站控制相邻两站的隧道排烟设备执行相应排烟模式。

2. BAS 系统基本功能

(1) 机电设备监控功能

BAS 系统具有中央和车站二级监控功能;BAS 控制命令应能分别从中央工作站、车站工作站和车站紧急控制盘(IBP)人工发布或由程序自动判定执行,并具有越级控制功能,以及所需的各种控制手段;对设备操作的优先级遵循人工高于自动的原则;具备注册和权限设定功能等。

(2) 执行防灾及阻塞模式功能

BAS 系统能接收 FAS 系统车站火灾信息,执行车站防烟、排烟模式;能接收列车区间停车位置信号,根据列车火灾部位信息,执行隧道防排烟模式;能接收列车区间阻塞信息,执行阻塞通风模式;能监控车站逃生指示系统和应急照明系统;能监视各排水泵房危险水位等。

(3) 环境监控与节能运行管理功能

通过对环境参数的检测,对能耗进行统计分析,控制通风、空调设备优化运行,调节地铁整体环境的舒适度,降低能源消耗。

BAS 系统能对车站环境等参数进行统计;能对设备的运行状况进行统计,据此优化设备的运行,实施维护管理趋势预告,提高设备管理效率。

3. BAS 系统的监控对象

(1) 通风空调系统

通风空调系统涉及隧道通风系统以及车站空调通风系统,包括下述系统:区间隧道通风系统、车站隧道通风系统、车站公共区通风空调系统(大系统)、设备用房通风空调系统(小系统)、冷水系统。

(2) 给排水系统

监控对象(设备):电动蝶阀(市政引入管、区间给水管)、各类水泵(排水泵、污水泵、雨水泵、废水泵)、液位传感器。

(3) 电扶梯系统

监控对象(设备):自动扶梯(站台、出入口)、电梯。

接口:电扶梯系统与 bas 之间通过硬线连接。

(4) 照明系统

监控对象(设备):节电照明、工作照明、广告照明、出入口照明、区间照明回路事故照明电源；使用PLC进行监控照明回路接触器。

接口：事故照明电源与bas之间通过RS-485通信传输数据。

(5) 屏蔽门系统

监控对象(设备)：屏蔽门(上行线、下行线)。

信息内容：屏蔽门开关状态、系统故障、电源故障。

接口：通过RS-485通信传输数据。

4. BAS系统与FAS、PSCADA的关系

(1) 当BAS与FAS独立设置(即不采用综合集成方案，两系统的监控平台独立)时，系统之间应设置高可靠性通信接口，防排烟系统与正常通风系统合用的设备由BAS统一监控，FAS负责报警，发送火灾模式号给BAS系统启动车站防排烟模式，排除烟雾。FAS系统启动气体灭火系统灭火，BAS负责火灾时停止环控设备工作，火灾后的排气。

(2) BAS、FAS综合集成时，集成平台宜为车站及以上平台。

模块7 照明电路的安装

学习目标

电气照明是城市轨道交通中用电的一个重要组成部分,通过本模块的学习,使学生具备能根据工作场合对照明要求的不同,合理选择照明灯具,满足照明要求,保证安全生产,提高工作和学习效率及保护工作人员安全的能力以及对城轨车站内照明设备故障处理和设备维护的综合能力。

7.1 电气照明的方式和种类

电气照明是工厂供电以及日常生活用电的一个重要组成部分,根据工作场合对照明要求的不同,合理选择照明灯具,满足照明要求,是保证安全生产,提高工作和学习效率及保护视力的必要条件。

7.1.1 照明方式

(1) 工作照明是指用来保证在照明场所正常工作时所需的照度适合视力要求的照明。

(2) 应急照明是指当工作照明由于电气事故而熄灭后,为了继续工作或疏散人员而设置的照明。

(3) 值班照明是指在重要的车间和场所设置的供值班人员使用的照明,值班照明可利用正常照明中能单独控制的一部分,或应急照明中的一部分。

(4) 障碍照明是指装设在高层建筑物或构筑物上,作为航空障碍标志(信号)用的照明,并应执行民航和交通部门的有关规定。障碍照明应采用能穿透雾气的红光灯具。

(5) 标志照明是指借助照明以图形式告知人们通道、位置、场所、设施等信息的照明。

(6) 景观照明包括装饰照明、庭院照明、外观照明、节日照明、喷泉照明等,用于烘托气氛和美化环境。

7.1.2 照明光源的选择

电气照明的光源应根据照明要求和使用场所的特点来选择,一般应遵循以下原则:

(1) 对开关频繁,或因频闪效应影响视觉效果的需要防止电线波干扰的场所,宜采用白炽灯或卤钨灯。

(2) 对颜色的区别要求较高的场所,宜采用白炽灯、卤钨灯或日光色荧光灯。

(3) 对震动较大的场所,宜采用荧光高压汞灯或高压汞灯。

(4) 对需要大面积照明的场所,宜采用金属卤钨灯、高压钠灯或长弧氙灯。

(5) 对于一种光源不能满足需求的场所,宜采用两种或两种以上的光源进行混合照明。

(6) 对于功率较小的室内和局部照明可采用节点型的高频供电的荧光灯或冷光束卤钨灯。

7.1.3 常用照明灯具介绍

1. 白炽灯

白炽灯是第一代的电光源。由于白炽灯的发光不需要其他电气元件的配合且光线比较柔和,所以是较为常见的照明光源之一。如图 7-1 所示,白炽灯由灯丝、玻璃壳、玻璃支架、引线等组成。当电流通过白炽灯灯丝时,由于灯丝热效应使白炽灯发出连续可见的红外线。由于输入白炽灯的电能大部分变成热能辐射,因此白炽灯的发光效率较低、寿命较短,一般用于室内照明或局部照明。

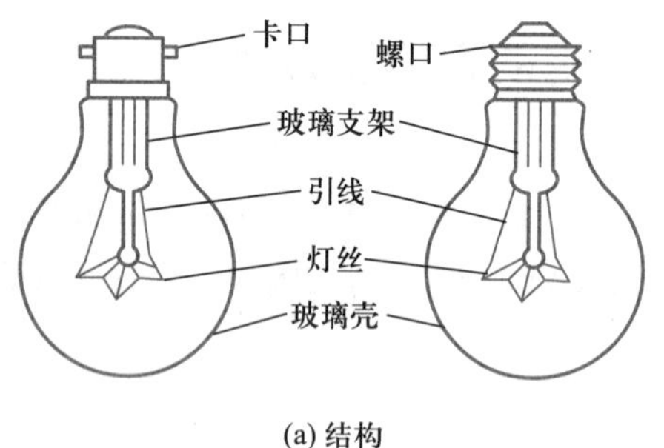

(a) 结构

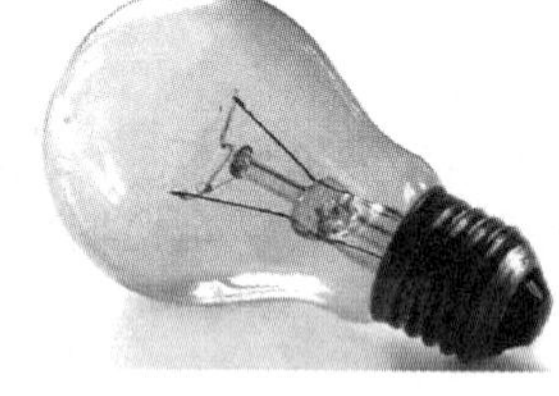

(b) 实物

图 7-1 白炽灯

白炽灯按其额定电压分为 6 V、12 V、24 V、36 V、110 V 和 220 V 6 种。就其额定电压来说有 6~36 V 的安全照明灯泡,作局部照明用,如手提灯、车床照明灯等;有 220~230 V 的普通白炽灯泡,作一般照明用。按其用途可分为普通照明用白炽灯、投光型白炽灯、低压安全灯、红外线灯及各类信号指示灯等。

白炽灯灯座是供普通照明用白炽灯泡和气体放电灯管与电源连接的一种电气装置,按与灯泡的连接方式,分为螺旋式(又称螺口式)和卡口式两种,如图 7-2 所示。

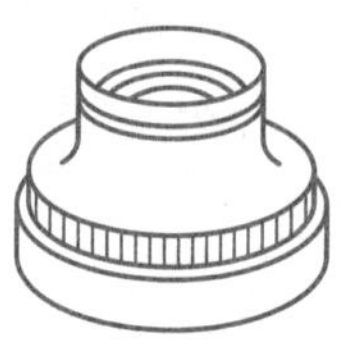

图 7-2 白炽灯灯座

2. 荧光灯

荧光灯又叫日光灯，由于它的发光效率大大高于白炽灯，因此应用比较普遍，一般用于室内照明，如办公室、教室、商场等场合。

荧光灯是气体放电光源，它利用汞（水银）蒸气在外加电压作用下产生弧光放电时发出可见光和紫外线，紫外线又激励管内壁的荧光粉而发出大量可见光。荧光灯电路主要由灯管、镇流器和启辉器组成，如图 7-3 所示。

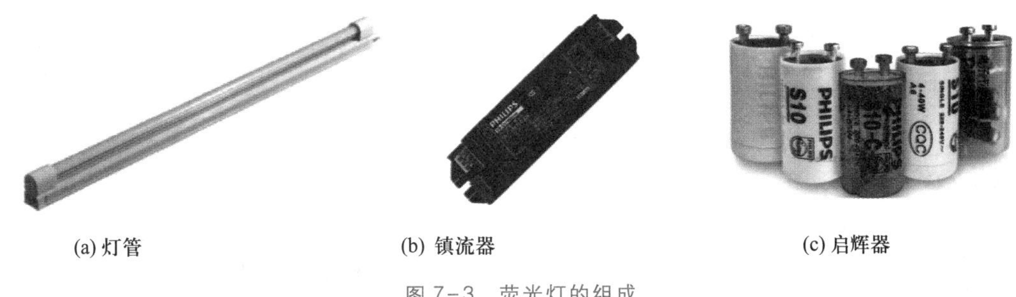

(a) 灯管　(b) 镇流器　(c) 启辉器

图 7-3　荧光灯的组成

灯管：由玻璃管、灯丝和灯丝引脚等组成。玻璃管内抽成真空后充入少量汞和氩等惰性气体，管壁涂有荧光粉，在灯丝上涂有电子粉。

镇流器：电感式镇流器是带铁芯的电感线圈，启辉器断开瞬间，镇流器产生的自感电动势使荧光灯灯管内汞蒸气放电点燃。荧光灯点亮后，它又可限制灯管电流。

启辉器：用来启燃荧光灯，其密封玻璃壳内装有双金属片和静触点，并充有惰性气体（氖气）。当电压低时，启辉器处于断开状态。当电压高于 150 V 时启辉器处于辉光放电状态。启辉器的两端通常并联一只电容器，用以消除对无线电设备的干扰。

现代荧光灯越来越多地使用电子镇流器，轻便小巧，甚至可以将电子镇流器与灯管等集成在一起；同时，电子镇流器通常可以兼具启辉器功能，故可省去单独的启辉器。

3. 节能灯

节能灯又叫紧凑型荧光灯，由于工作时灯丝的温度比白炽灯工作时温度低，所以它的寿命大大提高（是普通灯泡的 8 倍），又由于它不存在白炽灯那样的电流热效应，因此发光效率较高（是普通灯泡的 5 倍）。正是由于节能灯具有结构紧凑、光效高、寿命长等优点，从而越来越多地被广泛应用。

图 7-4　自镇流荧光灯

节能灯可分为自镇流荧光灯（电子节能灯）和单端荧光灯（PL 插拔式节能管灯）两大类。自镇流荧光灯自带高频电子镇流器控制电路，这种一体化紧凑型节能灯可直接安装在标准的白炽灯灯座上，直接替换白炽灯，使用比较方便，如图 7-4 所示。

单端荧光灯指的是单灯头低压汞蒸气放电灯，大部分光是由放电产生的紫外线激活荧光粉涂层而发射出来的，如图 7-5 所示。它可以从灯具中拆卸下来，用于专门设计的灯具之中；借助与灯具合成一体的控制电路，达到装饰或优化照明功能的设计目的。灯头有两针（2P）和四针（4P）两种，两针的灯头中含有启辉器和抗干扰电容,而四针的灯头中没有任何电路元件。

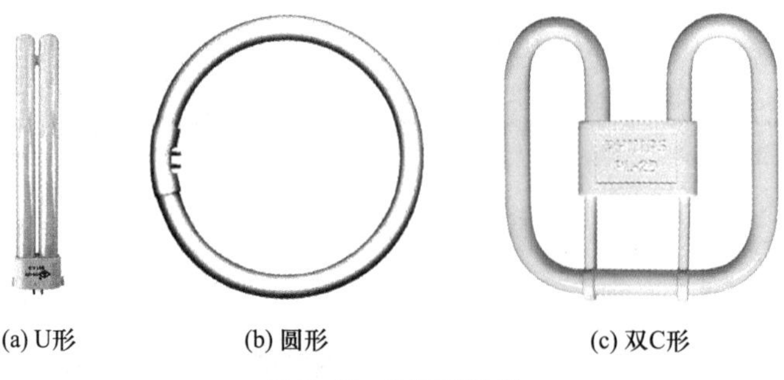
(a) U形　(b) 圆形　(c) 双C形

图 7-5　单端荧光灯

4. 高压汞灯

高压汞灯又叫高压水银灯,“高压”是指工作时内部汞蒸气压力高,由于其光效更高、寿命长,因此被广泛应用于室内外的工业照明及道路照明等,高压汞灯分为镇流式和自镇流式。

高压汞灯从启动到正常工作需要一段时间,通常为 4~10 min。因此,使用时要注意熄灯后不能立即再启燃,必须冷却 5~10 min,待灯管内汞蒸气压力降低后才能再次开灯,以免损坏灯泡。

5. 高压钠灯

高压钠灯是利用高压钠蒸气放电而发光的灯具,具有发光效率高、耗电少、透雾能力强等优点,适用于街道、机场、车站、码头港口以及体育馆等场所照明。它主要由发光管、软连接丝、芯柱、消气剂环、外玻壳、灯头等构成,如图 7-6 所示。

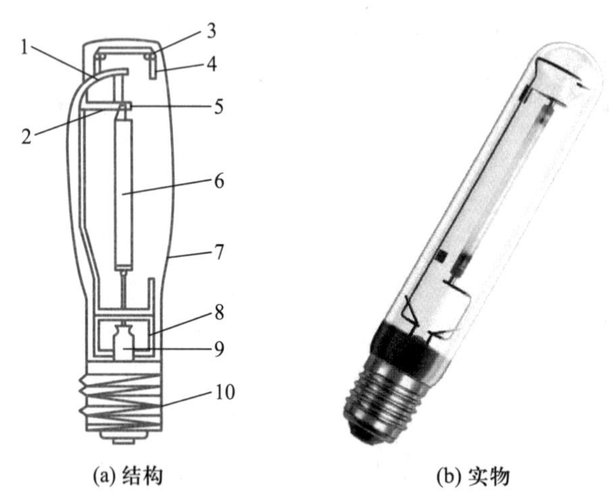

(a) 结构　(b) 实物

图 7-6　高压钠灯

1—软连接丝;2—固定圈;3—弹簧片;4—支架;5—陶瓷封接;
6—氧化铝陶瓷管(发光管);7—外玻壳;8—消气剂环;9—芯柱;10—灯头

高压钠灯启动时,需要有 3 000 V 左右的启动电压,根据启动形式高压钠灯分为内启动式和外启动式两种。

6. LED 灯

LED 灯是一块电致发光的半导体材料芯片，用银胶或白胶固化到支架上，然后用银线或金线连接芯片和电路板，四周用环氧树脂密封，起到保护内部芯线的作用，最后安装外壳，所以 LED 灯的抗震性能好。

（1）原理 LED（Light Emitting Diode），发光二极管，是一种能够将电能转化为可见光的固态半导体器件。如图 7-7 所示，LED 的核心是一个半导体晶片，由两部分组成，一部分是 P 型半导体，里面主要是空穴，另一部分是 N 型半导体，里面主要是电子，这样就形成了一个 PN 结。

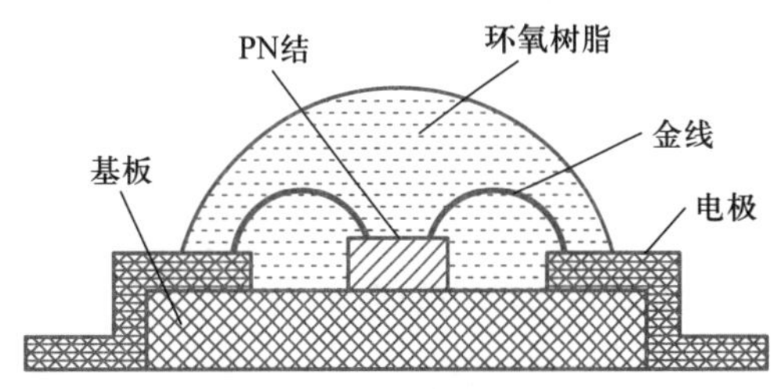

图 7-7　LED 的灯珠结构图

晶片附在一个支架上，一端是负极，另一端连接电源的正极，整个晶片被环氧树脂封装起来。当电流通过导线作用于这个晶片时，电子将被推向 P 区，跟空穴复合，然后以光子的形式发出能量，这就是 LED 发光的原理。而光的波长也就是光的颜色，由形成 PN 结的材料决定。

LED 灯可以直接发出红、黄、蓝、绿、青、橙、紫、白色的光。

（2）LED 特点

① LED 的内在特征决定了它是代替传统光源的理想光源，有着广泛的用途。

② LED 基本上是一块很小的晶片被封装在环氧树脂里面，所以它体积小，非常轻。

③ LED 耗电非常低，一般来说 LED 的工作电压是 2~3.6 V，工作电流是 0.02~0.03 A，它消耗的电不超过 0.1 W。

④ 使用寿命长，在恰当的电流和电压下，LED 的使用寿命可达 10 万小时。

⑤ 亮度高但是发热量低。

⑥ LED 是由无毒的材料作成，不像荧光灯含水银会造成污染，同时 LED 也可以回收再利用。

⑦ LED 被完全封装在环氧树脂里面，它比灯泡和荧光灯管都坚固，灯体内也没有松动的部分，这些特点使得 LED 不易损坏。

7.2　常用照明电路材料及选用

根据灯具的不同、铺设方式的不同、控制线路功能等，选用合适的线槽、线管、电线电缆、开关等材料。

7.2.1　低压断路器

低压断路器又称自动空气开关，其主要功能是，当电路中出现工作电流超过额定电流、短路、失压等情况时，自动切断电路。如图 7-8 所示为常见的低压断路器。漏电保护器则可在设备线路漏电时，及时切断电源，从而保护人身和设备安全。

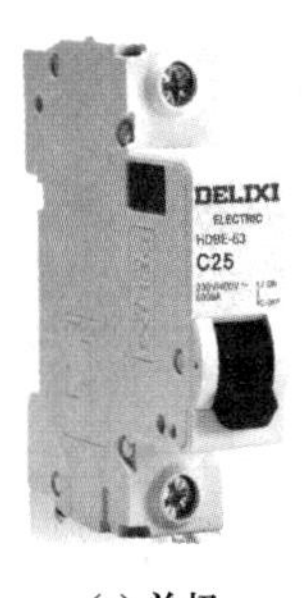

(a) 单极

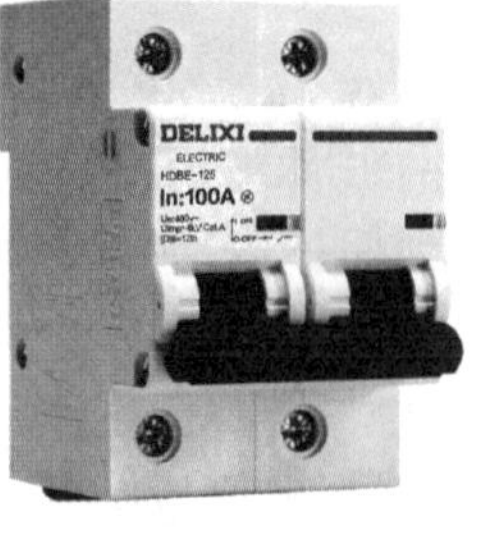

(b) 二极

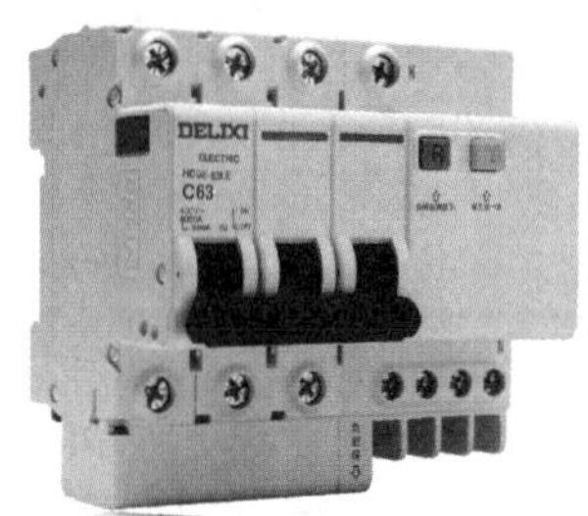

(c) 三级带漏电保护器

图 7-8 常见的低压断路器

1. 工作原理

低压断路器结构如图 7-9 所示。

微课
低压断路器原理

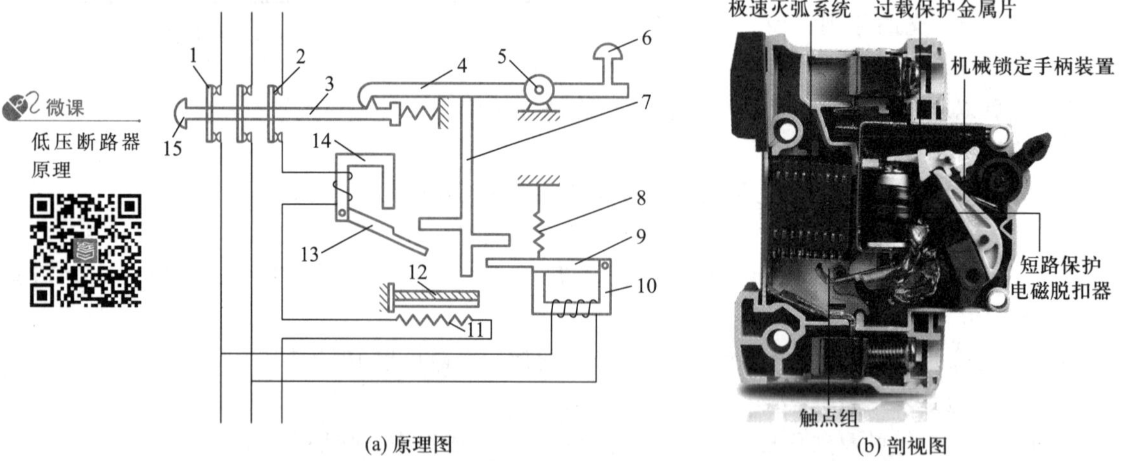

(a) 原理图 (b) 剖视图

图 7-9 低压断路器结构

（1）正常接通和断开　15↓→3 和 4 锁上→1 和 2 闭合电路接通。6↓→3 和 4 解锁→1 和 2 分断电路被切断。

（2）短路保护　短路时电流特别大→14 产生足够大的磁场→14 吸合 13→13 推 7 向上→3 和 4 解锁→1 和 2 分断电路被切断。

（3）过载保护　过载时电流过大→11 发热→12 受热膨胀弯曲→12 慢慢推 7 向上移动→3 和 4 解锁→1 和 2 分断电路被切断。

（4）欠压或失压保护　380 V 变为 220 V 或 0 V 时→10 产生的磁场减弱或消失→8 把 9 往上拉→9 往上推 7→3 和 4 解锁→1 和 2 分断电路被切断。

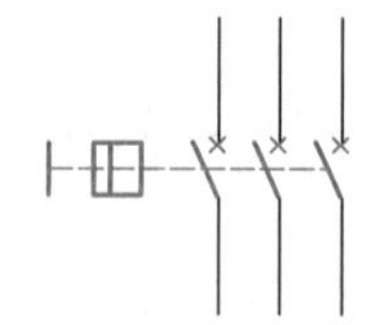
图 7-10 低压断路器的图形符号

2. 低压断路器的图形符号

低压断路器的图形符号如图 7-10 所示。

3. 低压断路器的选用原则

① 断路器的额定工作电压≥电路额定电压；

② 断路器的额定电流>电路实际工作电流；

③ 热脱扣器的整定电流=所控制负载的额定电流；

④ 电磁脱扣器的瞬时脱扣整定电流>负载电路正常工作时的峰值电流$I_z \geq KI_{st}$，K 可取 1.5～1.7，I_{st}为电动机的启动电流。

⑤ 断路器的极限通断能力≥电路最大短路电流。

7.2.2　熔断器

熔断器是串接在电路中，用作电路和设备短路和过载保护的电器，当电路或电气设备的电流超过熔断器规定值时，熔丝产生的热量使自身熔化而切断电路，起到保护作用。熔断器由熔体和安装熔体的熔管或熔座等部分组成。常用低压熔断器按其结构分为半封闭插入式、螺旋式、有填料封闭管式和自复式插入式熔断器等，如图 7-11 所示。

(a) RC1A系列瓷插入式熔断器

(b) RL系列螺旋式熔断器

(c) NG30系列有填料封闭管式圆筒帽形熔断器

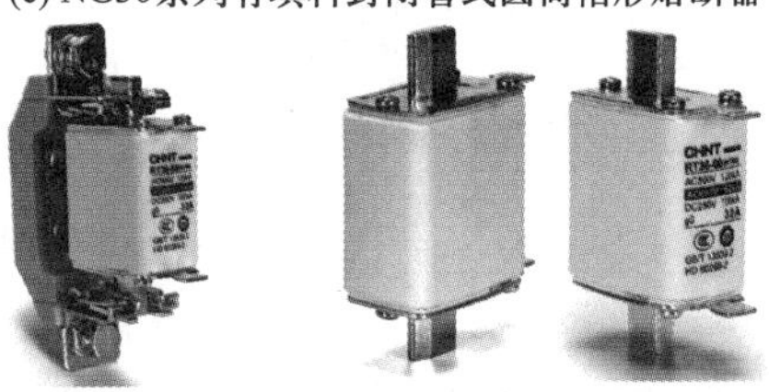

(d) RT系列有填料封闭式熔断器

图 7-11　常用低压熔断器

熔断器的图形符号如图 7-12 所示。

熔断器类型选择

图 7-12 熔断器的图形符号

(1) 根据使用环境和负载性质选择 对于容量较小的照明电路或电动机的保护,宜采用 RC1A 系列插入式熔断器;对于短路电流较大的电路或有易燃气体的场合,宜采用具有高分断能力的 RL 系列螺旋式熔断器或 RT 系列有填料封闭式管式熔断器;对于保护硅整流器件及晶闸管等电子电路的场合,宜采用 RLS、RS 系列快速熔断器。

(2) 熔体额定电流/电压的选择

① 电阻性负载或照明电路,这类负载起动过程很短,运行电流较平稳,一般按负载额定电流的 1~1.1 倍选用熔体的额定电流,进而选定熔断器的额定电流。

② 电动机等感性负载,这类负载的起动电流为额定电流的 4~7 倍,一般选择熔体的额定电流为电动机额定电流的 1.5~2.5 倍。一般来说,熔断器难以起到过载保护作用,而只能用作短路保护,过载保护应用热继电器才行。

7.2.3 开关

开关的作用是接通和断开电路,按安装条件可分为明装式和暗装式;按操作方法,分为跷板式、倒扳式、拉线式、按钮式、推移式、旋转式、触摸式和感应式;按构造分为单联、双联和三联开关以及声控光电开关;按外壳防护形式还可分为普通式、防水防尘式、防爆式等。如图 7-13 所示为常见开关外形。

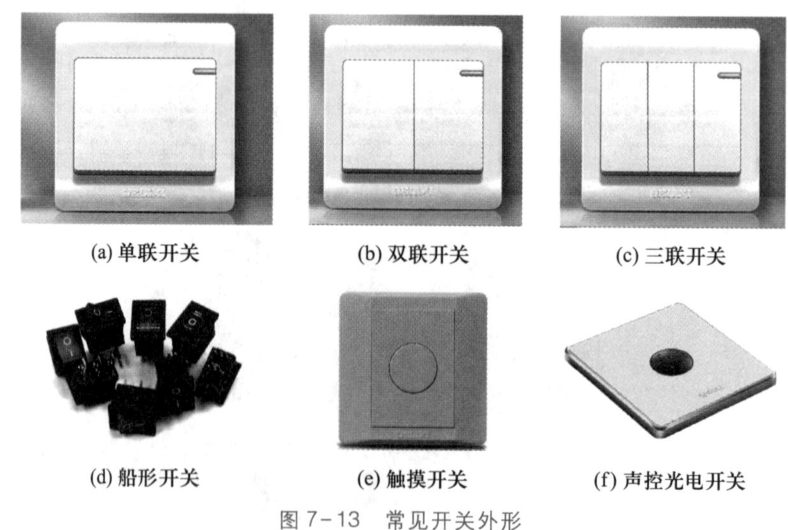

图 7-13 常见开关外形

所谓"联",又称位,就是指在一个面板上有几个开关功能模块。"单联"就是有一个开关;"双联"就是有两个开关。

所谓"控",即一个开关选择性地控制几条线路。"单控"是指只能控制一条线路的通和断,单控开关有两个接线端。"双控"是指能控制两条线路的通断,但两条线路不会同时开启,也不

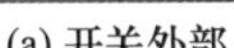

(a) 开关外部

(b) 开关内部

图 7-14　双控开关

会同时断开，双控开关有三个接线端，中间为公共接线端，上、下两个为开关控制接线端，如图 7-14 所示。双控开关特点：上通下断或下通上断。

7.2.4　插座

插座的作用是供移动式灯具或其他移动式电气设备接通电路所用，按结构可分为单相双孔、单相带接地线三孔和三相带接地线四孔的插座；按安装方式可分为明装和暗装两种；按防护方式可分为普通式、防水防尘式、防爆式。规格以额定电压和额定电流来表示，单相插座的额定电压一般为 250 V，三相插座的额定电压一般为 450 V。如图 7-15 所示为常见插座。

(a) 三相带接地线四孔

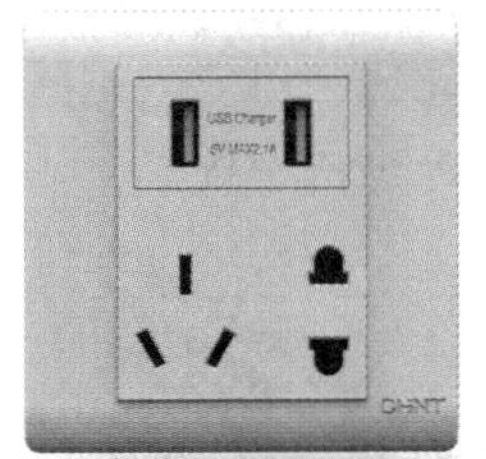

(b) 五孔插座带USB接口

(c) 移动多用途插座

图 7-15　常见插座

7.2.5　电线电缆

常用电线电缆分为裸线、电磁线、绝缘电线电缆和通信电缆四种。其中绝缘电线电缆，按其绝缘材料可分为橡皮绝缘线和塑料绝缘线；按线芯材料可分为铜芯线和铝芯线；按线芯根数可分为单股线和多股线；按绝缘层外有无保护套线可分为有保护套线和无保护套线；按绝缘导线的柔软程度又可分为软线和硬线等几种，常见电线电缆如图 7-16 所示。

(a) 塑料绝缘线

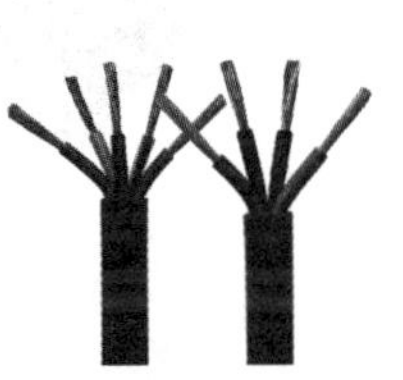

(b) 电缆

(c) 多股线　　(d) 硬线

图 7-16　常见电线电缆

7.2.6 线槽

线槽又名走线槽、配线槽、行线槽，主要用途是用来将电源线、数据线等线材规范地整理，固定在墙上或者天花板上的一种电工材料。在室内照明中，布线方式主要分为明线和暗线，其中明线一般采用 PVC 矩形线槽，暗线则采用塑料线管。塑料线槽的种类很多，应根据不同的场合合理选用。常见线槽与线管如图 7-17 所示。

(a) PVC明装电线槽 　　(b) PVC配线槽 　　(c) 弧形线槽

(d) 金属线槽 　　(e) 金属线管 　　(f) 梯式电缆桥架

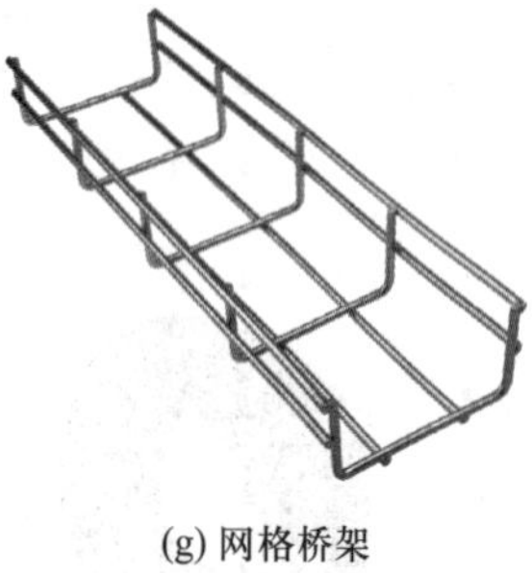

(g) 网格桥架 　　(h) PVC线管 　　(i) 密封式PVC线槽

图 7-17　常见线槽与线管

7.3 照明电路的安装与维修

室内照明电路的配线分为明配线和暗配线两种。导线沿着墙壁、天花板、房梁以及柱子等明敷设的配线称为明配线；导线穿入管中并埋设在墙壁内、地坪内或装设在顶棚内的配线，称为暗配线。

7.3.1 电路的安装

1. 护套线配线

（1）塑料护套线大部分用来直敷明设，一般用钢筋扎头固定，如图 7-18 所示。其施工步骤如下：

① 划线，用粉线袋按导线敷设线径弹出水平和垂直施工基准线，同时每隔 150～200 mm 划出固定钢筋扎头的位置，标出所有线路装置和用电器具的安装位置；

② 固定钢筋扎头；

③ 放线；

④ 敷设导线；

⑤ 安装各种用电装置和线路装置；

⑥ 检查线路的安装质量。

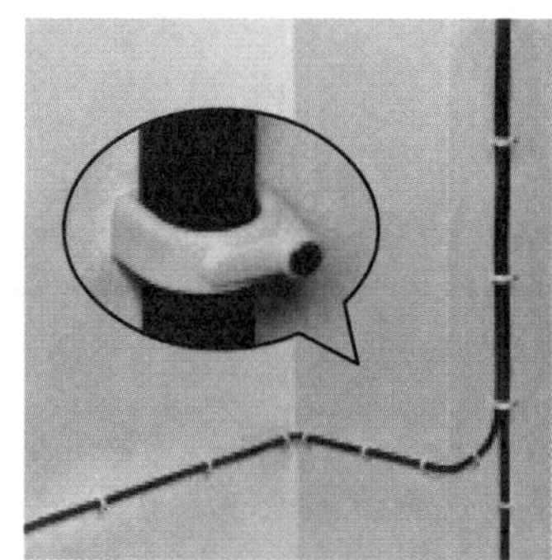

图 7-18　塑料护套线

（2）安装护套线线路的技术要求

① 室内使用时，铜芯导线不得小于 1 mm，铝芯导线不得小于 1.5 mm。

② 护套线敷设时，不可采用线与线的直接缠绕连接方法，而应采用接线盒或借用其他电气装置的接线端子来连接线头。

③ 护套线可用塑料钢钉电线夹等进行支持。

④ 护套线支持点定位的规定：直线部分，两支持点之间的距离一般为 0.2 m；转角部分，转角前后各应安装一个支持点；两根护套线十字交叉时，叉口处的四方各应安装一个支持点；进入接线盒应安装一个支持点。

⑤ 护套线在同一墙面上转弯时，必须保持垂直。

⑥ 护套线线路的离地最小距离不得小于 0.15 m。

2. PVC 矩形线槽配线

PVC 矩形线槽分槽底和槽盖，施工时先把槽底用螺钉固定在墙面上，放入导线后再把槽盖盖上。槽内导线最好无接头，每槽只准嵌入一根导线。各种转角、三通、连接盒、接线盒、灯头盒等附件如图 7-19 所示。

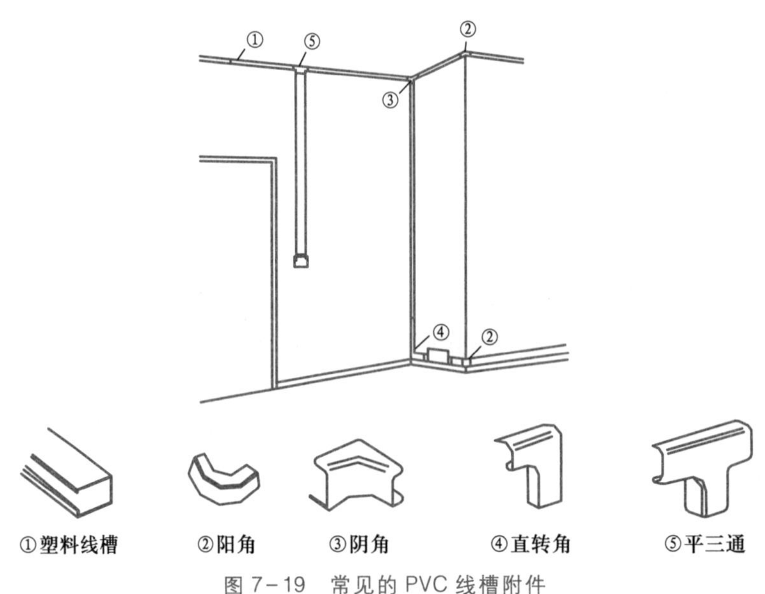

图 7-19 常见的 PVC 线槽附件

3. 线管配线

线管配线有耐潮、耐腐、导线不易受机械损伤等优点，但安装和维修不便，且造价较高，适用于室内外照明和动力线路的配线。为了使导线不被损坏，也便于日后维修、更换，一般把导线穿在管子里。所用管材有钢管和塑料管。

线管配线的注意事项：

① 穿管导线的绝缘强度不低于 500 V；导线最小截面积规定为铜芯线 1 mm^2，铝芯线 2.5 mm^2。

② 线管内导线不准有接头，也不准穿入绝缘破损后经过包缠恢复绝缘的导线。

③ 管内导线（包括绝缘层）的总截面积不应大于管子有效截面积的 40%；不同电压和不同回路的导线不得穿在同一根管内。而一台电动机包括控制和信号回路的所有导线，同一台设备的多台电动机线路，或供电电压在 65 V 及以下及同类照明的几个回路等，允许穿在同一根线管内。

④ 除直流回路导线和接地线外，不得在钢管内穿单根导线。

⑤ 线管配线应尽可能少转角或弯曲，因转角越多，穿线越困难。为了便于穿线，规定线管超过下列长度，必须加装接线盒：无弯曲转角时，不超过 45 m；有一个弯曲转角时，不超过 30 m；有两个弯曲转角时，不超过 20 m；有三个弯曲转角时，不超过 12 m。

⑥ 在混凝土内暗线敷设的线管，必须使用壁厚为 3 mm 的线管，当线管的外径超过混凝土厚度的 1/3 时，不准将线管埋在混凝土内，以免影响混凝土的强度。

4. 低压断路器(带漏电保护)的接线与安装

(1) 漏电保护器应安装在进户线截面较小的配电盘上或照明配电箱内。安装在电度表之后,熔断器之前。所有照明线路导线(包括中性线在内),均必须通过漏电保护器,且中性线必须与地绝缘,应垂直安装,倾斜度不得超过 5°。

安装低压断路器后,不能拆除单相闸刀开关或熔断器等,这样一是维修设备时有一个明显的断开点;二是闸刀开关或熔断器起着短路或过负荷保护作用。

(2) 电源进线必须接在低压断路器的正上方,即外壳上标有“电源”或“进线”端;出线均接在下方,即标有“负载”或“出线”端。倘若把进线、出线接反了,将会导致保护器动作后烧毁线圈或影响保护器的接通、分断能力。

5. 熔断器的安装

熔断器的安装要点:安装熔断器时必须在断电情况下操作。安装位置及相互间距应便于更换熔体。应垂直安装,并应能防止电弧飞溅在临近带电体。螺旋式熔断器在接线时,为了更换熔断管时安全,下接线端应接电源,而连螺口的上接线端应接负载。瓷插式熔断器安装熔丝时,熔丝应顺着螺钉旋紧方向绕过去,同时注意不要划伤熔丝,也不要把熔丝绷紧,以免减小熔丝截面尺寸或拉断熔丝。有熔断指示的熔管,其指示器方向应装在便于观察侧。更换熔体时应切断电源,并应换上相同额定电流的熔体,不能随意加大熔体。熔断器应安装在线路的各相线(火线)上,在三相四线制的中性线上严禁安装熔断器;单相二线制的中性线上应安装熔断器。

6. 开关的安装与接线

照明开关是控制灯具的电气元件,起控制照明电灯的亮与灭的作用(即接通或断开照明线路)。开关有明装和安装之分,现家庭一般是暗装开关。注意:相线(火线)进开关。

7. 灯座(灯头)的安装

插口灯座上的两个接线端子,可任意连接中性线和来自开关的相线;但是螺口灯座上的接线端子,必须把中性线连接在连通螺纹圈的接线端子上,把来自开关的相线连接在连通中心铜簧片的接线端子上。

7.3.2　照明电路的常见故障

(1) 断路　相线、中性线均可能出现断路。断路故障发生后,负载将不能正常工作。三相四线制供电线路负载不平衡时,如中性线断线会造成三相电压不平衡,负载大的一相相电压低,负载小的一相相电压增高,如负载是白炽灯,则会出现一相灯光暗淡,而接在另一相上的灯又变得很亮,同时中性线断路负载侧将出现对地电压。

产生断路的原因:主要是熔丝熔断、线头松脱、断线、开关没有接通、铝线接头腐蚀等。

(2) 短路　短路故障表现为熔断器熔丝爆断;短路点处有明显烧痕、绝缘碳化,严重的会使导线绝缘层烧焦甚至引起火灾。

造成短路的原因:用电器具接线不好,以致接头碰在一起;灯座或开关进水;螺口灯头内部松动或灯座顶芯歪斜碰及螺口，造成内部短路；导线绝缘层损坏或老化，并在中性线和相线的绝缘处碰线。当发现短路打火或熔丝熔断时应先查出发生短路的原因，找出短路故障点，处理后更换熔断器，恢复送电。

（3）漏电　漏电保护装置一般采用漏电保护器。当漏电电流超过整定电流值时，漏电保护器动作切断电路。漏电不但造成电力浪费，还可能造成人身触电伤亡事故。产生漏电的原因：主要有相线绝缘损坏而接地；用电设备内部绝缘损坏使外壳带电等。

漏电故障的检查：若发现漏电保护器动作，则应查出漏电接地点并进行绝缘处理后再通电。照明电路的接地点多发生在穿墙部位和靠近墙壁或天花板等部位，查找接地点时，应注意查找这些部位。

7.3.3 照明平面图识图

1. 常用电气设备在平面图上的图形符号

常用电气设备在平面图上的图形符号见表 7-1。

表 7-1　常用电气设备在平面图上的图形符号

名称	图形符号	说明	名称	图形符号	说明
断路器			双控开关		单相三线
照明配电箱			带指示灯开关		
单相插座		依次表示明装、暗装、密闭、防爆	多拉开关		如用于不同照度
			插座		
单极开关		依次表示明装、暗装、密闭、防爆	开关		开关一般符号
双极开关		依次表示明装、暗装、密闭、防爆	单相三孔插座		依次表示明装、暗装、密闭、防爆
多个插座		3 个	三相四孔插座		依次表示明装、暗装、密闭、防爆
单极拉线开关			三极开关		依次表示明装、暗装、密闭、防爆
单极双控拉线开关					

续表

名称	图形符号	说明	名称	图形符号	说明
带开关插座		装一单极开关	吸顶灯		
灯			壁灯		
荧光灯		单管或三管灯	花灯		

2. 照明平面图

在照明平面图中，清楚地表现了灯具、开关、插座的具体位置、安装方式。灯具和插座并联接于电源进线的两端，相线必须经过开关后再进入灯座，中性线直接进入灯座，保护接地线与灯具的金属外壳相连。

在一个建筑物内，有许多灯具和插座，一般有两种接线方法：一种是直接接线法，开关、灯具、插座直接从电源干线上引接；另一种是导线中间允许有接头的安装接线方法，如瓷夹配线、瓷柱配线等。

目前工程广泛用的是线管配线、塑料护套线配线及槽板配线，线管内不准有接头，导线的分路接头只能在开关盒、灯头盒、接线盒中引出，这种接线法称为共头接线法。这种接线法比较可靠，但耗用导线较多，变化复杂。当灯具和开关的位置改变，进线方向改变，开关的位置改变，都会使导线根数变化。因此要真正看懂照明平面图，就必须了解导线根数变化的规律，掌握照明线路的基本环节。弄懂平面图、系统图、接线图的共同点和区别后，再看复杂的平面图就容易懂了。

在实际施工中，关键是掌握线路接线图，不论灯具、开关位置如何变动，线路接线图始终不变，而透视接线图随开关位置、灯具位置、线路并头位置的变动而变动，所以一定要理解线路图，才能看懂任何复杂的平面图和系统图。

在一个房间内，一只开关控制一盏灯，如图 7-20 所示。这是最简单的照明布置图，采用线管配线，图 7-20(a)所示为照明平面图，到灯座的导线和灯座与开关之间的导线都是两根，但其意义不同。图 7-20(b)所示为系统图，简单明了；图 7-20(c)所示为透视接线图，到灯座的两根导线，一根为中线(N)，一根为控制线(G)；图 7-20(d)所示为原理图，分析其原理。在实际中要注意导线根数的变化。

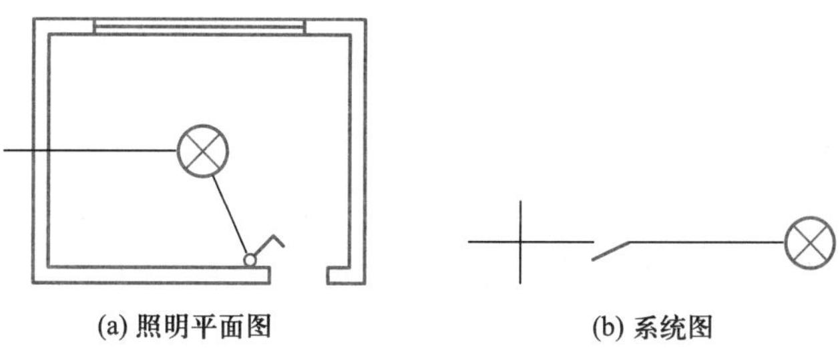

(a) 照明平面图　　(b) 系统图

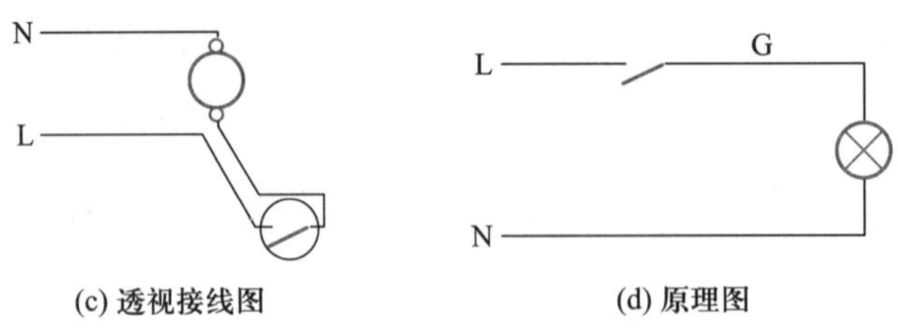

(c) 透视接线图 (d) 原理图

图 7-20 一只开关控制一盏灯

习题

1. 判断题

(1) 熔断器应串接在线路中。( )

(2) 开关可接在相线上,也可以接在中性线上。( )

(3) 低压断路器是一种重要的控制和保护电器,断路器都装有灭弧装置,因此可以安全地带负荷合、分闸。( )

(4) 检查熔断器时,只要检查电压是否符合要求即可。( )

(5) 白炽灯属热辐射光源。( )

2. 选择题

(1) 日光灯属于( )光源。

A. 气体放电 B. 热辐射 C. 生物放电

(2) 事故照明一般采用( )。

A. 荧光灯 B. 白炽灯 C. 高压汞灯

(3) 家庭电路中,造成电流过大的原因,不可能的是( )。

A. 火线与中性线短路 B. 用电器与电路接线不良

C. 接入了大功率的用电器 D. 电路中总电阻过小

(4) 安装家庭电路时,下列几种做法中,正确的是( )。

A. 将各盏电灯串联

B. 将插座和电灯串联

C. 将熔断器装在总开关的前面

D. 中性线直接进灯座,相线经过开关再进灯座

(5) 如图 7-21 所示电路,当开关 S 接通后,电灯不发光,若用测电笔在 A、B、C、D 各点测试,发现在 A、B、C 三点氖泡都发光,在 D 点泡不发光,可以判断线路的故障( )。

A. 在 AB 段断路

B. 在 BC 段断路

C. 在 CD 段断路

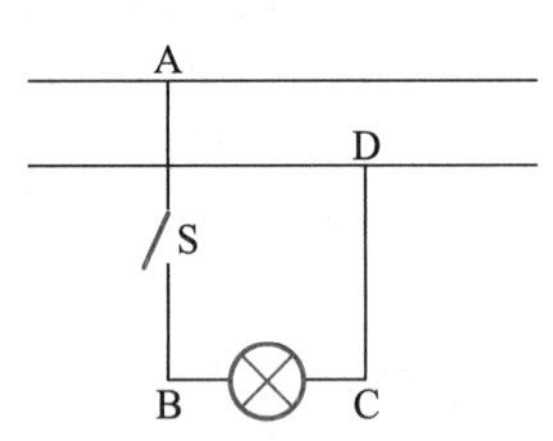

图 7-21 电路图

(6) 家庭电路中的熔断器熔丝烧断了,其原因可能是( )。

A. 开关里的两个线头相碰了

B. 灯座里的两个线头相碰了

C. 室内所有灯都开了

D. 进户线的绝缘皮破了，两条导线相碰

(7) 照明电路中，合上开关，熔断器熔丝烧断，说明线路中发生了（　　）。

A. 开路　　B. 短路

C. 漏电　　D. 接触不良

(8) 用试电笔测灯座的两极，发现两极都不亮，则说明（　　）。

A. 中性线断路　　B. 相线断路

C. 灯丝未接触　　D. 相线短路

(9) 一位演员在铺有塑料地毯的舞台上表演不怕电的功夫。他将一盏普通的灯泡接到两导线头 A、B 之间，灯泡正常发光，随后将灯泡取下，演员两手分别抓住两导线头 A、B，如图 7-22 所示，其助手用试电笔分别测试 A、B 及演员的皮肤，发现试电笔的氖管发光，对此合理的解释是（　　）。

A. 演员有特异功能

B. 演员两手均带有绝缘手套

C. 在人灯交替的过程中，助手将中性线断开了

D. 在人灯交替的过程中，助手将相线断开了

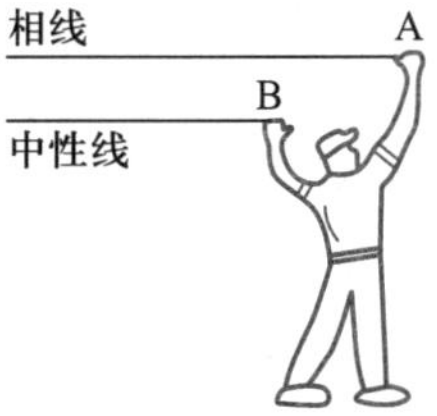

图 7-22

3. 问答题

(1) 请将图 7-23 中的螺丝口电灯、开关、熔断器、插座（准备接大功率用电器）和三孔插座，正确地接入家庭电路。

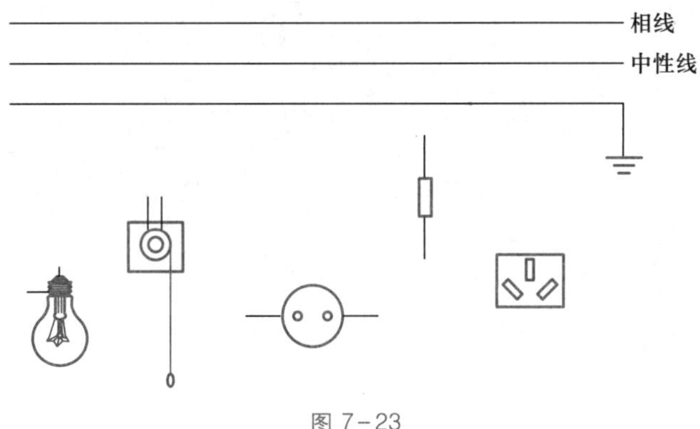

图 7-23

(2) 有 6 台电脑每台 200 W，2 台 2 200 W 的电磁炉，3 台电风扇每台 60 W，3 台电视机每台 150 W，要用什么型号的断路器？

4. 讨论

(1) 组织学生观察手中的低压断路器，仔细读识断路器上的型号、参数等信息并小组讨论：

① 该断路器的型号是什么？型号所代表的含义？

② 该断路器其他参数含义分别是什么？

③ 选用断路器的主要参数是哪些？

④ 绘制出断路器的六个接线柱以及接线的方式。

(2) 组织学生观察手中的熔断器，仔细读识熔断器上的型号参数等信息，并小组讨论：

① 该熔断器的型号是什么？

② 该熔断器其他参数含义分别是什么？

③ 绘制出熔断器的符号。

④ 熔断器是如何接入电路的？

⑤ 如何在断电情况简单检测熔断器的好坏？

拓展延伸　城市轨道交通中的照明系统

1. 照明系统的功能

地铁车站中的地下光环境较为特别，主要表现为长期没有自然光，导致车站内外光度差异大。因此，地下照明需经过细致的设计，以保证乘客的舒适性及环境的明亮。同时，车站照明应能够辅助乘客更好地完成乘车等活动，并能够保证在特殊、危险时刻的疏散。另外，地铁日益成为人们文化生活的一个部分，车站的功能也不单纯是输送乘客，不同地区的车站也需具备一定的艺术感染力和文化性，如图 7-24 所示为某地铁站灯光照明。总之，地铁照明系统在车站设备当中起到至关重要的作用。

图 7-24　某地铁站灯光照明

2. 照明系统的设计原理

鉴于对地铁照明功能的多方要求，因此在设计的过程中，需注意以下基本原则：

① 避免使出入地铁的人员感受过大的亮度差别。

② 保证停留在地铁内的人员的安全和舒适的感觉。

③ 光源的光色和灯具的安装位置都不能导致与信号图案相混淆。

④ 照明方式按照视觉工作程度、照度、显色性、配光及布置方法等因素选择。

⑤ 照度标准表见表 7-2。

⑥ 灯具布置按照照度充足均匀、维修方便、安全等因素选择。

⑦ 灯泡安装容量小，布置整齐美观，与建筑空间协调，光照射向适当，无眩光、无阴影。

⑧ 安全节能，并具有一定的设计感，反映车站主题和文化。

表7-2 照度标准表

序号	类别	参考平面及其高度	平均照度/lx			应急照明/lx
			低	中	高	
1	变电站控制室	距地 1.2 m 盘面	150	200	300	20
2	计算机房	0.75 m 水平面	150	200	300	
3	售票处	台面	150	200	300	
4	检票处	台面	150	200	300	5
5	行车调度、电力调度、配电等控制室	距地 1.2 m 盘面	100	150	200	20
6	站台、站厅	地面	100	150	200	5
7	办公室	台面	100	150	200	5
8	站内楼梯、自动扶梯	地面	75	100	150	5
9	通道	地面	75	100	150	5
10	休息室	0.75 m 水平面	75	100	150	5
11	视频控制室	距地 1.2 m 盘面	75	100	150	
12	行车值班室	距地 1.2 m 盘面	75	100	150	
13	通信信号机房等	距地 1.2 m 盘面	50	75	100	5
14	变电设备室,风机房	0.75 m 水平面	50	75	100	5
15	出入口门厅、楼梯、自动扶梯	地面	50	75	100	5
16	厕所	地面	20	30	50	
17	渡线、岔线、折返线轨面	轨道平面	5	10	15	1~2
18	区间隧道	轨道平面或地面	2	3	5	0.5

注:对于有特殊照明要求的地铁车站站台、站厅的照度水平可提高至300 lx。

3. 照明系统的组成

车站照明系统采用380 V三相五线制、220 V单相三线制方式供电。系统范围为车站低压所变压器后的照明设备、设施及线路,大致包括站台层、站厅层公共区的工作照明,节电照明(包括站名牌标识照明),事故照明(包括疏散引导指示照明),广告照明和设备及管理用房的一般照明、事故照明,出入口的疏散引导指示照明、工作照明与事故照明,电缆廊道的一般照明及区间隧道的一般照明、事故照明。

为了便于运营和管理,原则上在车站站台层和站厅层的两端各设置一间照明配电室,上下两层配电室一般是对齐的,这样便于对本层用电设备的管理和上下层电缆的敷设。室内集中安装各类照明配电控制箱,便于控制。

4. 照明负荷的等级

根据各场所照明负荷的重要性,照明负荷可分为三个等级:应急照明、地下车站站厅站台照明、地下区间照明为一级负荷,应急照明为特别重要负荷;地下车站站厅站台照明、附属房间照明为二级负荷;广告照明为三级负荷。

5. 照明系统的配电原则和方式

照明系统的配电采用放射式和树干式相结合的方式,配电原则是按照照明电源均由降压变电所相应回路提供。公共区域照明按一级负荷供电,由车站内降压变电所两段一级负荷母线上各引一路低压电源交叉供电,设备区室内照明由一路低压电源供电。插座均由单独回路供电,并设漏电保护开关。站台板下的电缆通道内均设安全照明,安全照明电源采用交流 36 V 供电。

照明系统根据其属性、用途及重要性的不同,配电方式也多有不同。

(1) 站台站厅等工作照明、节电照明的配电　工作照明、节电照明、设备及管理用房照明电源分别由降压所的低压柜两段母线各馈出一路电源,输送至设于照明配电室的两个配电箱后,以交叉供电方式供电。

(2) 应急照明的配电　在地铁车站站台、站厅、楼梯通道、出入口等处应设应急照明和疏散照明。疏散照明由出口标志灯、指向标志灯、疏散照明灯等组成。应急照明和疏散照明作为车站发生突发状况的“救命灯”,保证其正常的供电尤为重要。应急照明采用由双电源切换+EPS 集中供电应急电源的方式供电。

(3) 导向照明的配电　地铁站内导向标识牌分别是由各车站配电室内的导向配电箱集中控制,标识牌采用交流 220 V 电源供电。导向照明的主要功能是向乘客表明某处的位置以及需要辨别的位置,如向乘客标识地铁车站出入口、站名和站内的各种设施;在地铁内向乘客提供清晰的进出站、闸机的方向指示;向乘客传达地铁内乘客感兴趣的关于地铁系统内的整体信息,包括乘客现在的位置、地铁运行的时间、票价、地铁线路覆盖的区域、各车站的公交换乘情况以及该站的周边环境街道等。

(4) 广告照明配电　广告照明分布于站台、站厅公共区,采用荧光灯灯箱的形式。由降压所的低压柜引三类负荷电源馈出送至照明配电室内广告照明配电箱后统一分配供给。三级负荷的广告照明与正常的其他照明的供电电源是分开的。

(5) 区间隧道照明配电　区间隧道照明分工作照明和事故照明。工作照明由降压所的低压柜引一、二类负荷电源至站台配电室的区间隧道照明总配电箱后配出,事故照明由 EPS 电源装置引电源至事故照明总配电箱后配出。区间隧道照明一般均安装在行车方向的左侧隧道壁上,区间隧道的工作照明和事故照明相间交叉布置,一般每间隔 10 m 一个,照明灯一般为 36 W 荧光灯或 11 W 节能灯;高架区间照明只有工作照明,安装在接触网的立柱上,一般为 70 W 高压钠灯。

6. 地铁照明配电箱设备编码说明

在轨道交通行业照明配电箱的表示形式为 ALxabc。其中,字母 AL 表示照明配电箱,字母 x 用以表示区分照明的属性(工作照明、节电照明等);字母 a 表示车站的层代号(站台或站厅);字母 b 表示车站的方位代号(南北或东西);字母 c 表示配电箱序号。

7. 照明系统的控制

车站照明系统的控制总的来说分为三级控制:就地级控制、照明配电室控制、集中控制(自动控制)。

(1) 就地级控制　各设备及管理用房进门处设有就地开关盒,可控制相应设备及管理用房的一般照明。区间隧道工作照明设于隧道入口处或由站台配电室的区间隧道照明配电箱控制。

(2) 照明配电室控制　照明配电室设有相应照明场所的照明配电箱,可在室内集中控制相应场所的一般照明、节电照明、事故照明及广告照明。正常情况下,配电箱所有开关均应全部合上,以便通过就地控制级控制和站控室集中控制控制相应场所照明。

(3) 集中控制(自动控制)　集中控制主要指通过车站控制室的BAS系统实现控制,在监控系统上可监控站台层、站厅层、公共区一般照明、节电照明、广告照明的工作状态(手动/停/自动)。

除了以上所讲控制方式,在各个控制照明的配电箱,低压配电室的开关柜也可以对照明系统进行控制。

8. 车站照明常用灯具的选择

灯具选择过程当中根据亮度的要求、颜色以及节能的角度来考虑。地下车站照明以荧光灯为主,事故照明采用节能灯。区间照明及站台下、折返线检查坑、车辆段检查坑内的安全照明采用白炽灯。随着科技的发展,LED灯具也日益发挥其节能耐用的优势,得到了越来越多的应用。另外,不同位置的照明需要具备其自身的特点进行特别设计。以下即为不同区域的常用灯具及要求说明:

① 区间照明灯具应具有防水、防尘、耐腐蚀的特点,并应具有一定的遮光性能。光源一般采用节能型荧光灯。

② 车站照明站厅、站台公共区照明以嵌入式格栅灯和筒灯为主。

③ 无吊顶房间照明采用管吊式荧光灯和筒灯为主。

④ 有吊顶房间照明采用嵌入式格栅灯、筒灯和吸顶灯。

⑤ 有火灾危险的场所照明采用防爆灯。

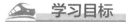

模块8
三相异步电动机

学习目标

电动机是一种将电能转换为机械能的动力设备，在城轨设备中的应用也十分广泛。按所需电源的不同，电动机分为交流电动机和直流电动机。交流电动机按工作原理不同分为同步电动机和异步电动机。因为异步电动机具有结构简单、价格低廉、耐用、维护方便等优点，所以应用最为广泛。通过本模块的学习了解三相异步电动机的结构、工作原理及特性参数，掌握三相异步电动机的简单安装和检测方法，掌握三相异步电动机的使用、接线、选择和维护方法。

8.1 三相异步电动机的结构

三相异步电动机由两个基本部分组成：固定部分称为定子，主要由机座、定子铁芯、定子绕组等组成；旋转的部分称为转子，主要由转子铁芯、转子绕组和转轴等组成。转子装载于定子腔内，为了保证转子能在定子内自由转动，定、转子之间必须有一定间隙，称为气隙。此外，还有一些其他零部件，如端盖、轴承、轴承盖、风扇、风罩等。

8.1.1 三相异步电动机定子

电动机的静止部分称为定子，其组成部分主要包括定子铁芯、定子绕组、机座等部分，如图 8-1 所示。

微课
三相异步电动机的结构

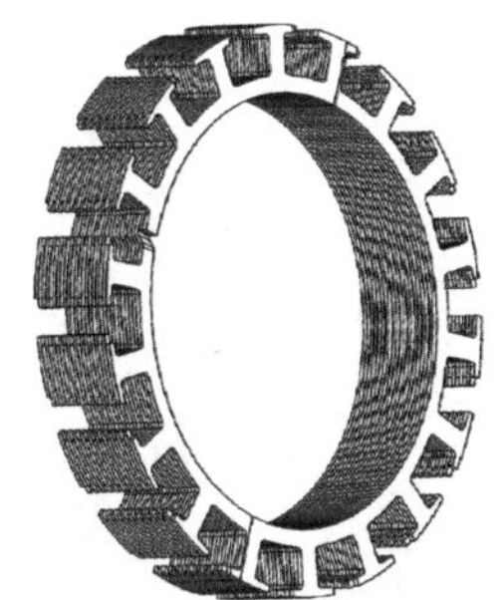

图 8-1　三相异步电动机定子

1. 定子铁芯

定子铁芯的作用是作为电动机磁路的一部分，并在其上放置定子绕组。定子铁芯一般由0.35～0.5 mm厚的表面涂有绝缘漆的环状冲片槽硅钢片叠压而成。

2. 定子绕组

定子绕组是电动机的电路部分，通入三相交流电，产生旋转磁场。

小型号异步电动机定子绕组通常用高强度漆包线（铜线或铝线）绕制成各种线圈后，在嵌放在定子铁芯槽内。大中型电动机则用各种规格的铜条经过绝缘处理后，再嵌放在定子铁芯槽内。为了保证绕组的各导电部分与铁芯之间的可靠绝缘以及绕组本身之间的可靠绝缘，故在定子绕组制造过程中采取了许多绝缘措施，三相异步电动机定子绕组的主要绝缘项目有以下三种：

① 对地绝缘：定子绕组整体与定子铁芯之间的绝缘。

② 相间绝缘：各相定子绕组之间的绝缘。

③ 匝间绝缘：每相定子绕组各线匝之间的绝缘。

定子三相绕组的槽内嵌放完毕后共有六个出线端引到电动机机座的接线盒内，可按需要将三相绕组接成星形（Y）接法或三角形（△）接法，如图 8-2 所示。

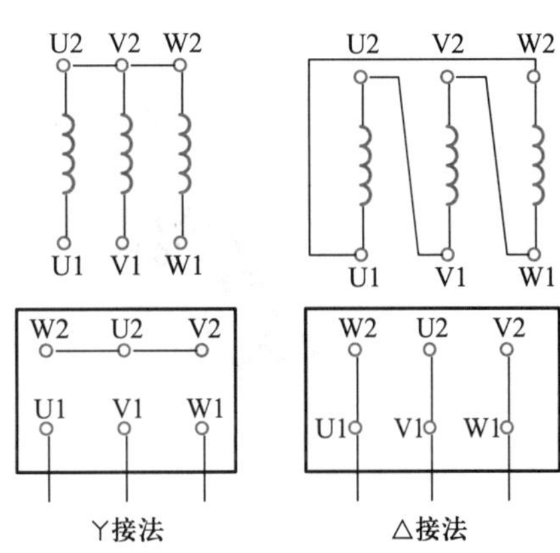

图 8-2　定子三相绕组的接线方式

3. 机座

机座的作用是固定定子铁芯和定子绕组，并以两个端盖支承转子，同时保护整台电动机的电磁部分和散发电动机运行中产生的热量，一般由铁或铝铸造而成。

8.1.2　三相异步电动机转子

转子是电动机的旋转部分，包括转子铁芯、转子绕组和转轴等部分。

1. 转子铁芯

转子作为电动机磁路的一部分，并在其上放置转子绕组。一般由 0.5 mm 厚的硅钢片冲制叠压而成。

2. 转子绕组

转子绕组作用为切割定子磁场，产生感应电动势和电流，并在旋转磁场的作用下受力使转子转动。根据构造的不同可分为鼠笼式和绕线式转子两种类型。

（1）鼠笼式转子　它的结构是转子铁芯的槽沟内插入铜条，在铜条两端焊接两个铜环，如图 8-3所示，这样转子绕组好像一个鼠笼。为了节约铜材和便于制造，目前绝大部分鼠笼式转子均采用铝代替。

（2）绕线式转子　绕线式转子绕组也和定子绕组一样做成三相对称绕组，经过适当的排列

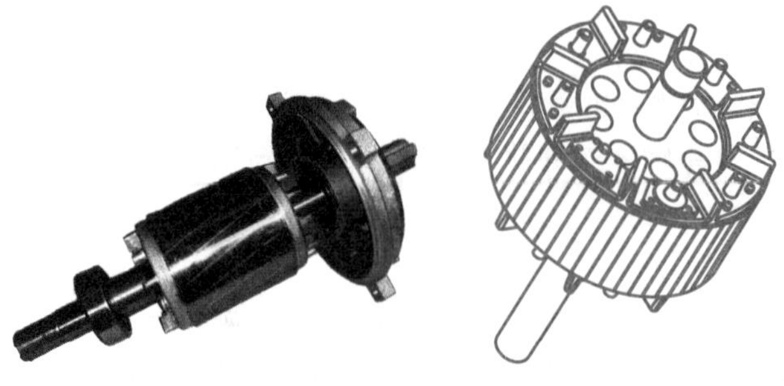

图 8-3 鼠笼式转子

和组合，嵌入并固定于转子铁芯槽内，最后使三组绕圈接成星形联结，三个引出线分别接到固定的转轴上的三个铜滑环上，在各个环上，分别放置着固定不动的电刷，通过电刷与滑环的接触，使转子绕组与外加变阻器接通，启动电动机。绕线式转子如图 8-4 所示。

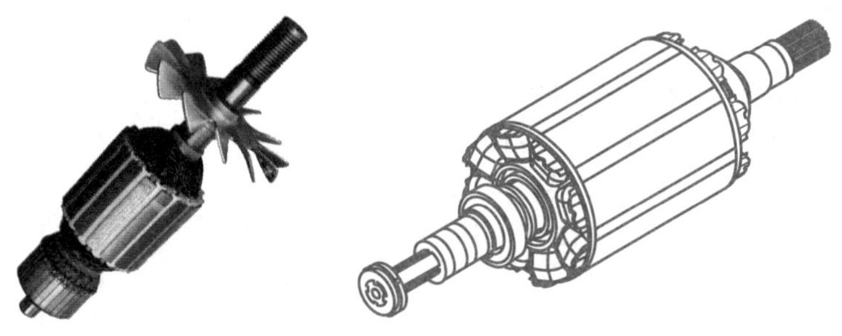

图 8-4 绕线式转子

3. 转轴

转轴用以传递转矩及支承转子的重量，一般都由中碳钢或合金钢制成。

8.2 三相异步电动机的工作原理

三相异步电动机是根据电磁感应原理而工作的，当定子绕组通入三相对称交流电时，则在定子与转子间产生旋转磁场，该旋转磁场切割转子绕组，在转子回路中产生感应电动势和电流，转子导体的电流在旋转磁场的作用下，受到力的作用而使转子旋转。

8.2.1 旋转磁场的产生原理

三相异步电动机的定子铁芯中放置三相结构完全相同的绕组 U、V、W，各相绕组在空间上互差 120°电角度，向这三相绕组通入对称的三相交流电，如图 8-5(b)所示。下面以两极电动机为例说明电流在不同时刻时，磁场在空间的位置。

假设电流的瞬时值为正时从各绕组的首端流入，(用⊗表示)，末端流出(用⊙表示)，当电流为负值时，与此相反。

在 $\omega t=0$ 的瞬间，$i_u=0$，i_v 为负值，i_w 为正值，V 相电流从 V2 流进，V1 流出，而 W 相电流从 W1 流进，W2 流出。利用安培右手定则可以确定 $\omega t=0$ 瞬间由三相电流所产生的合成磁场方向，如图 8-5(d)①所示。可见这时的合成磁场是一对磁极，磁场方向与纵轴线方向一致，上方是北极，下方是南极。

在 $\omega t=\pi/2$ 时，经过了四分之一周期，i_u 由零变为最大值，电流由首端 U1 流入，末端 U2 流出；i_v 仍为负值，V 相电流方向与①时一样；i_w 也变为负值，W 相电流由 W1 流出，W2 流入，其合成磁场方向如图 8-5(d)②所示，可见磁场方向已经较 $\omega t=0$ 时按顺时针方向转过 90°。

应用同样的分析方法可画出 $\omega t=\pi$，$\omega t=\frac{2}{3}\pi$，$\omega t=2\pi$ 时的合成磁场，分别如图 8-5(d)③、④、⑤所示，由图中可明显地看出磁场的方向逐步按顺时针方向旋转，共计转过 360°，即旋转了一周。

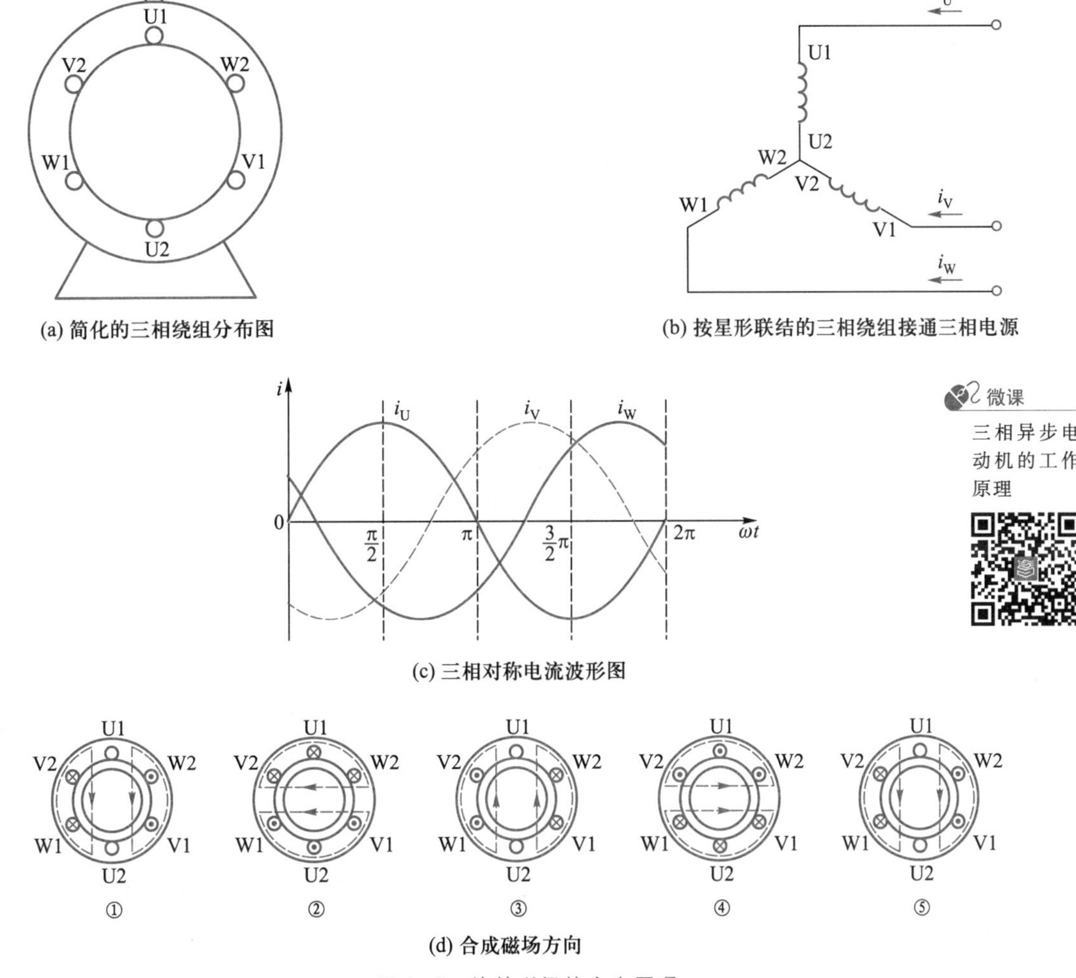

图 8-5　旋转磁场的产生原理

由此可以得出如下结论：在三相交流电动机定子上布置有结构完全相同，空间位置各相差 120°电角度的三相绕组，分别接入三相对称交流电，则在定子与转子间所产生的合成磁场是沿定子内圆旋转的，我们称此为旋转磁场。

可以看出，三相交流电按 U-V-W 相序变化，则产生的旋转磁场在空间上以顺时针方向旋转。若我们任意对调电动机两相绕组的电流相序，如：U-W-V 相序，则由理论分析和实践证明，产生的旋转磁场将以逆时针方向旋转。由此可知，旋转磁场的旋转方向取决于通入绕组中的三相交流电源的相序，只要任意对调电动机的相序，就可改变旋转磁场的方向。

8.2.2 旋转磁场的速度

四极旋转磁场，应把线圈的数目增加一倍，其布置图如图 8-6(a)所示，并按上述方法分析得出，合成磁场在空间的示意图如图 8-6(b)所示。

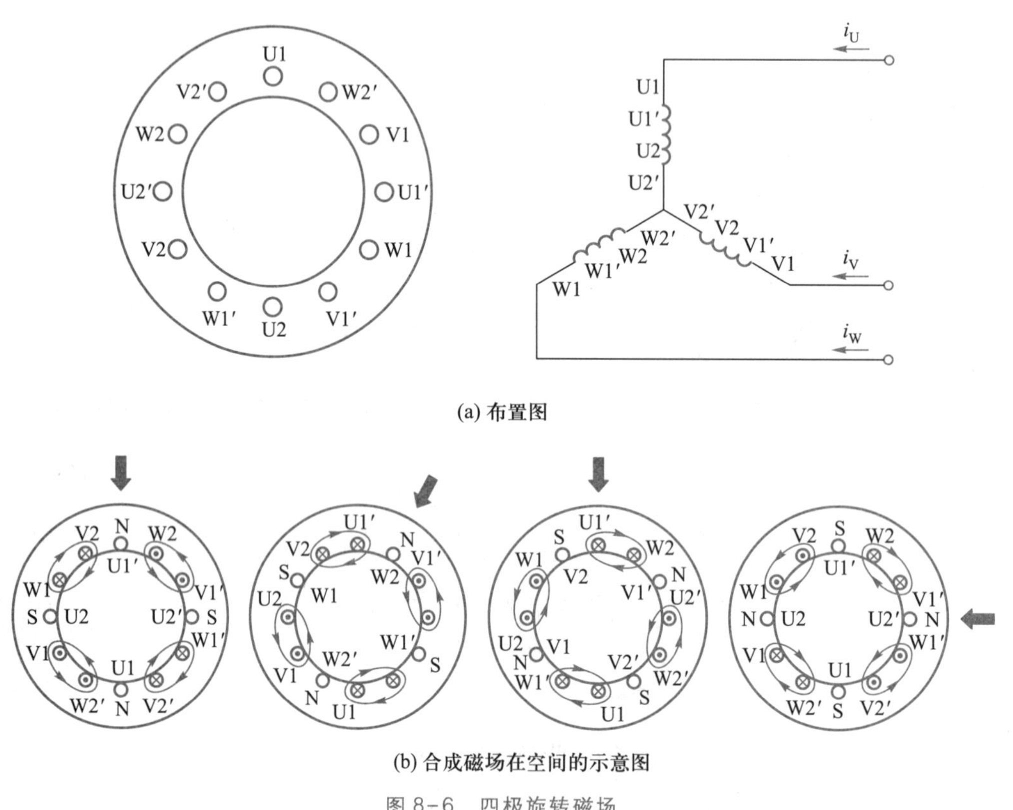

(a) 布置图

(b) 合成磁场在空间的示意图

图 8-6 四极旋转磁场

我们比较一下图 8-6 和图 8-5 中磁场的旋转速度，不难得出：旋转磁场的速度不仅与电流的频率有关，还与磁极对数有关。在图 8-5 中，当三相交流电变化一周后（即每相经过 360°电角度），其所产生的旋转磁场也正好旋转一周。故在两极电动机中旋转磁场的转速等于三相交流电的变化速度，即 $n_1=60f_1=3\ 000$ r/min。

图 8-6 中，旋转磁场的速度等于三相交流电变化速度的一半，即 $n_1=(60/2)f_1=1\ 500$ r/min。故当磁极对数增加一倍，则旋转磁场的速度减少一半。

同理，通过理论分析可得出旋转磁场的转速为：$n_1=60f_1/P$，n_1：表示旋转磁场的转速，单位 r/min；f_1：表示三相交流电源的频率，单位 Hz；P：表示磁极对数；60：表示 1 min 的 60 s。

旋转磁场的转速 n_1 又称为同步转速。我国三相交流频率规定为 50 Hz(每秒 50 次交变)，因此两极旋转速度是 3 000 r/min，四极的为 1 500 r/min，六极为 1 000 r/min 等。

如图 8-7 所示的三相异步电动机工作原理，当电动机定子绕组接通三相电源后，绕组中便有三相交流电流通过，并在空间产生一个旋转磁场。设旋转磁场按顺时针方向旋转，则静止的转子同旋转磁场之间就有了相对运动，转子导体因切割磁力线而产生感应电动势。

由于转子导体构成闭合回路。因此在这电动势的作用下，转子导体内就有感应电流产生，此电流又与旋转磁场相互作用而产生电磁力，这样转子就顺着旋转磁场的旋转方向转动起来。

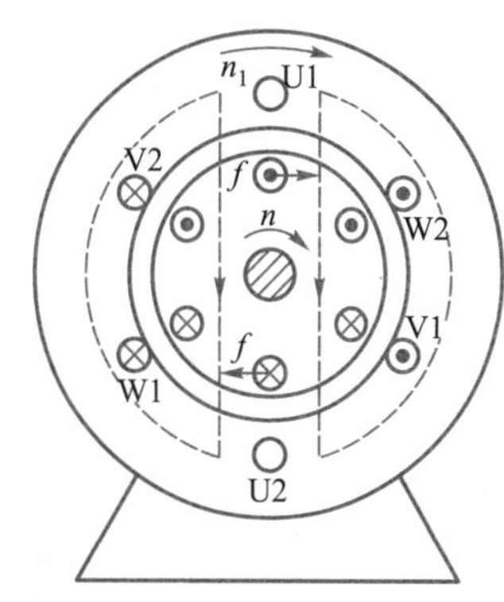

图 8-7　三相异步电动机工作原理

上述工作原理中转子的速度总是小于同步转速，否则，转子导体与磁场之间无相对运动，也就无感应电流产生，转子也转不起来。正因为如此，我们才把这种交流电动机称为异步电动机。又因为这种电动机的转子电流是由电磁感应产生的，所以又把它称为感应电动机。

电动机旋转磁场转速 n_1 与转子实际转速 n 之差(n_1-n)称为旋转差，转速差与同步转速之比的百分比称为转差率，用符号 S 表示。转差率计算公式为：$S=(n_1-n)/n_1\times100\%$。

转差率是异步电动机的一个重要参数，习惯上用转差率的大小来说明电动机的运行速度。电动机空载时转差率很小，即转子的转速接近同步转速。随着负载的增加，转差率也增大，就是说，转子的转差速随负载而变。三相异步电动机的额定负载运行时，其转差率很小，约为 2%～6%。

8.3　三相异步电动机的机械特性

机械特性是异步电动机的主要特性，它是指电动机的转速 n 与电磁转矩 T_{em} 之间的关系，即 $n=f(T_{em})$。

固有机械特性是指异步电动机工作在额定电压和额定频率时的机械特性。如图 8-8 所示，机械特性曲线被 T_m 分成两个性质不同的区域，即 ab 段和 bc 段。

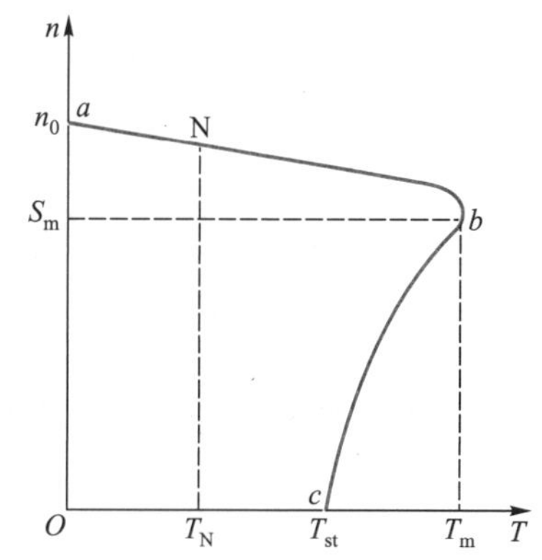

图 8-8　三相异步电动机的机械特性曲线

当电动机起动时，只要起动转矩 T_{st} 大于阻力矩 T_L，电动机便转动起来。电磁转矩 T 的变化沿曲线 bc 段运行。随着转速的上升，bc 段中的 T 一直增大，所以转子一直被加速使电动机很快越过 cb 段而进入 ab 段，在 ab 段随着转速上升，电磁转矩下降。当转速上升某一定值时，电磁转矩 T 与阻转矩 T_L 相等，此时，转速不再上升，电动机就稳定运行在 ab 段，所以 bc 段称为不稳定区，ab 段成为稳定区。

电动机一般都工作在稳定区域 ab 段上，在这区域里，负载转矩变化时，异步电动机的转速变化不大，电动机转速随转矩的增加而略有下降，这种机械特性称为硬特性。三相异步电动机的这种硬特性很适用于一般金属切削机床。

8.4 三相异步电动机的起动

由电动机所拖动的各种生产、运输机械及电气设备经常需要进行起动和停止,所以电动机的起动、调速和制动性能的好坏,对这些机械或设备的运行影响很大,三相鼠笼式异步电动机的起动方式有两类,即在额定电压下的直接起动和降低起动电压的降压起动,它们各有优缺点,应按具体情况正确选用。

8.4.1 三相异步电动机的起动方式

1. 直接起动

所谓直接起动即是将电动机三项定子绕组直接接到额定电压的电网上,因此又称为全压起动。一台异步电动机能否采用直接起动,应视电网的容量(变压器的容量)、电网允许干扰的程度及电动机的型式、起动次数等许多因素决定,究竟多大容量的电动机能够直接起动呢? 通常认为只需满足下述三个条件中的一条即可:

① 容量在 7.5 kW 以下的三相异步电动机一般均可采用直接起动。

② 当电动机起动时在电网上引起的电压降不超过 10%~15%时,就允许直接起动。

③ 由独立的动力变压器供电时,允许直接起动的电动机容量不超过变压器容量的 20%。即

$$\frac{I_{st}}{I_N}=\frac{3}{4}+\frac{\text{电源总容量 } S_N}{4\times\text{电动机容量 } P_N}$$

直接起动的优点是所需设备简单、起动时间短,缺点是对电动机及电网有一定的冲击。在实际使用中的三相异步电动机,只要允许采用直接起动,则应优先考虑使用直接起动。

2. 降压起动

电动机起动瞬间,产生的起动电流为额定电流的 5~7 倍,这样的电流对电动机本身和电网都不利,会造成电源电压瞬间下降以及电动机起动困难、发热,甚至烧毁电动机,所以一般对容量比较大的电动机必须采取限制起动电流的方法。因此,在起动时为了减小起动电流和减少对电网冲击,其起动电压要比额定电压低,当转速接近额定时再切换到额定电压工作,这个起动过程叫降压起动。

降压起动虽然能起到降低电动机起动电流的目的,但由于电动机的转矩与电压的平方成正比,因此降压起动时电动机的转矩减小较多,故降压起动一般适用于电动机空载或轻载起动。

8.4.2 异步电动机定子绕组的降压起动

常用的定子绕组的降压起动有Y-△降压起动、串电阻(电抗)降压起动、自耦变压器降压起动及软起动器起动。

1. 串电阻(电抗)降压起动

如图 8-9 所示,电动机起动时在定子绕组中串联电阻器降压,起动结束后再用开关 S 将电阻器短路,全压运行。

由于串电阻起动时,在电阻上有能量损耗而使电阻发热,故一般常用铸铁电阻片。有时为了减小能量损耗,也可用电抗器代替。

串电阻降压起动具有起动平稳、工作可靠、起动时功率因数高等优点,另外,改变所串入的电阻值即可改变起动时加在电动机上的电压,从而调整电动机的起动转矩,不像Y-△降压起动那样,只能获得一种降压值。但由于其所需设备比Y-△降压起动要多,投资相应较大,同时电阻器上有功率损耗,不宜频繁起动,一般使用电抗器以减少电能的损耗,但电抗器体积、成本较大,故本方法已经很少采用。

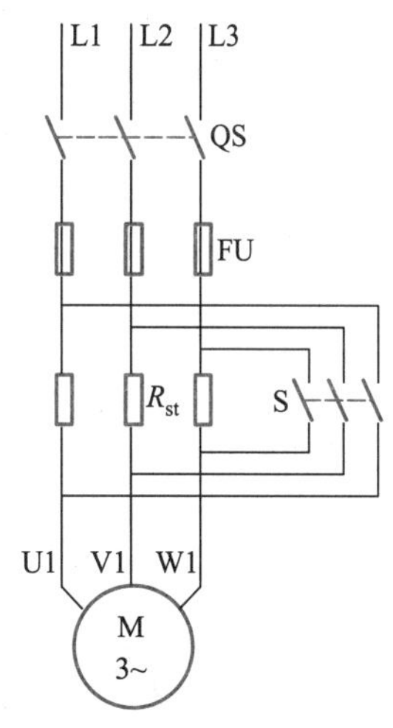

图 8-9　串电阻降压起动

2. Y-△降压起动

起动时,先把定子三相绕组作Y联结,待电动机转速升高到一定值后,再改接成△联结。因此这种降压起动方法只能用于正常运行时作△联结的电动机上。其原理及电路如图 8-10 所示。

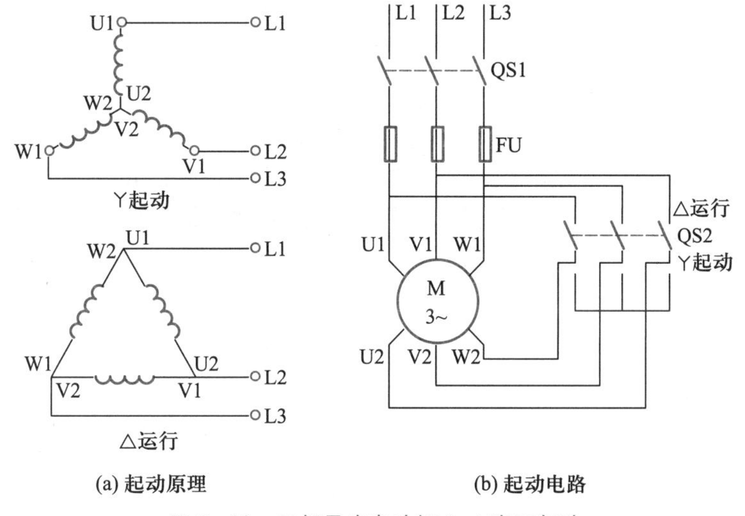

(a) 起动原理　　(b) 起动电路

图 8-10　三相异步电动机Y-△降压起动

起动时将Y-△转换开关 QS2 的手柄置于起动位,则电动机定子三相绕组的末端 U2、V2、W2 连成一个公共点,三相电源 L1、L2、L3 经开关 QS1 向电动机定子三相绕组的首端 U1、V1、W1 供电,电动机以Y联结起动。加在每相定子绕组上的电压为电源线电压 U_1 的 $1/\sqrt{3}$,因此起动电流较小。待电动机起动即将结束时,再把开关 QS2 手柄转到运行位,电动机定子三相绕组接成△联结,这时加在电动机每相绕组上的电压即为线电压 U_1,电动机正常运行。

用Y-△降压起动时,起动电流为直接采用△联结时起动电流的 1/3,所以对降低起动电流很有效,但起动转矩也只有△联结直接起动时的 1/3,即起动转矩降低很多,故只能用于轻载或空载起动的设备上。这种方法的最大优点是所需设备较少、价格低,因而获得了较为广泛的采用。

3. 自耦变压器降压起动

自耦变压器减压起动的最主要特点就是在相同的起动电流下，电动机的起动转矩相应较高，它是利用自耦变压器来降低起动时加在定子三相绕组上的电压，如图 8-11 所示。起动时，先合上开关 QS，再将补偿起动器控制手柄（即开关 S）扳到起动位，这时经过自耦变压器降压后的交流电压加到电动机三相定子绕组上，电动机开始降压起动，待电动机转速升高到一定值后，再把 S 扳到运行位，电动机就在全压下正常运行。此时自耦变压器已从电网上被切除。

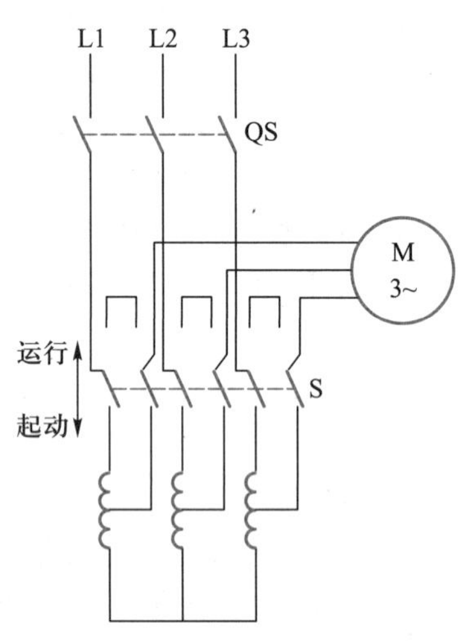

图 8-11 自耦变压器降压起动电路

自耦变压器二次绕组有 2~3 组抽头，其电压可以分别为电源线电压 U_1 的 80%、65%或 80%、65%、50%。在实际使用中都把自耦变压器、开关触点、操作手柄等组合在一起构成自耦补偿起动器。

这种起动方法的优点是可以按允许的起动电流和所需的起动转矩来选择自耦变压器的不同抽头实现降压起动，而且不论电动机定子绕组采用Y联结或△联结都可以使用。其缺点是设备体积大、投资较贵、不能频繁起动，主要用于带一定负载起动的设备上。

4. 软起动器起动

软起动器起动又称智能电动机控制器 SMC 起动，软起动器实际上就是由微处理器来控制双向晶闸管交流调压的装置。通过控制双向晶闸管的导通角来改变三相异步电动机起动时加在三相定子绕组上的电压，以控制电动机的起动特性，常用的控制模式是限流软起动控制模式。软起动时 SMC 的输出电压由零迅速增加，使输出电流（即电动机的起动电流）很快上升到 3~4 倍电动机的额定电流，然后保持输出电流基本不变，而电压则逐步上升，使电动机的转矩和电流与要求得到较好的匹配。最后使电动机加速到额定转速，起动完毕，接触器触点 KM 闭合，将晶闸管短接，电动机实现全压运行。其电路如图 8-12 所示。

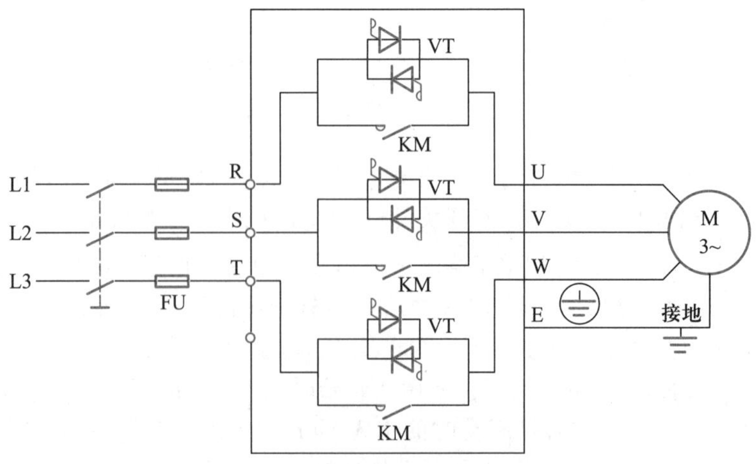

图 8-12 软起动器起动电路

8.5 三相异步电动机的选用与维护

根据实际工况选择一台合适的电动机直接关系到生产机械的运行安全和经济效益。如果选用性能过剩的电动机,投资费用较大,而且电动机长期处于低效率、低功率因数点运行,不合理,也不经济;如果选用性能不足的电动机,电动机经常过载运行,长期温升过高,加速其老化,增加故障率,维护维修成本也会大大提高。

8.5.1 三相异步电动机的分类

常见三相异步电动机如图 8-13 所示,其按照防护形式可分为:防滴式、封闭式、防爆式几类。防滴式异步电动机应用于一般场所;封闭式异步电动机应用于灰尘较多、水土飞溅的场所;防爆式异步电动机应用于易燃易爆的场所。

(a) 防爆式电动机　(b) 变频式电动机

(c) 立式电动机　(d) 卧式电动机

图 8-13　常见三相异步电动机

三相异步电动机按照转子结构形式可分为:鼠笼式和绕线式两类。鼠笼式比绕线式异步电动机的价格便宜,其结构简单、维护方便,在一般性的生产机械中应用最为广泛。但是一般单鼠笼式的异步电动机起动转矩较小,为了满足高起动扭矩的生产机械(如碾砂机)的要求,可采用双鼠笼或深槽鼠笼式异步电动机。

对于某些生产要求气动性能平稳的机械(如吊车),可采用绕线式异步电动机,利用逐级切除转子电阻的方法来达到平稳起动与调速的目的。

三相异步电动机按照安装方式可分为:立式、卧式两类。应根据各种生产机械的结构要求,适当选择异步电动机的安装方式。常用的卧式电动机,其机座带底脚,机身平装在基座上。立式异步电动机机座不带底脚,其机身是靠凸缘式端盖立起来安装的,如立式钻床、铣床、摇臂钻床、搅拌机等用的异步电动机均属于此类。

8.5.2 三相异步电动机的主要参数

三相异步电动机的铭牌上面标明了该电动机的一些主要技术参数,这些参数包括电动机的型号、额定功率、额定电流、额定电压、转速、接线方法、防护等级数据。

熟悉异步电动机的铭牌参数,对正确使用及维修电动机将起到很大的帮助。

三相异步电动机铭牌如图 8-14 所示:

三相异步电动机			
型号:Y112M-4		编号	
4.0 kW		8.8 A	
380 V	1440 r/min	LW 82 dB	
接法 △	防护等级 IP44	50 Hz	45 kg
标准编号	工作制 SI	B级绝缘	2000年8月
中原电机厂			

图 8-14 三相异步电动机铭牌

电动机型号:三相异步电动机型号是表示电动机的品种、规格、磁极数等的一种产品代号。国产异步电动机的种类很多,常用国产异步电动机有 Y、J、JO、JR 等系列。

Y 系列电动机型号组成及参数含义如下:

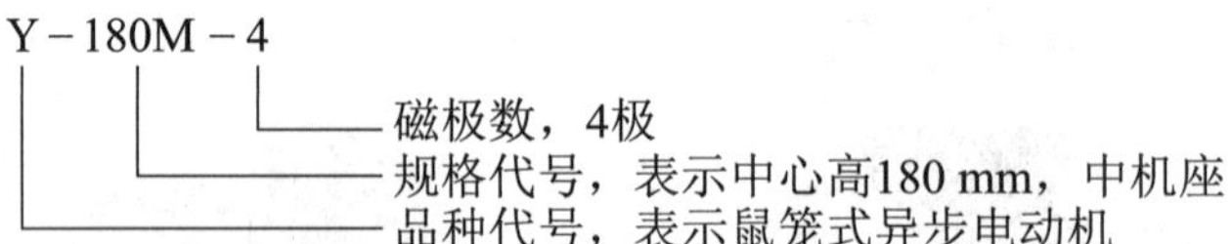

8.5.3 三相异步电动机的选用原则

1. 根据供电电源的电压和频率来选择

电动机的电压必须与供电电源一致。我国 Y 及 Y2 系列鼠笼式电动机的供电电压为 380 V。电动机的频率必须与供电电源的频率一致,我国为 50 Hz,国外有些为 60 Hz。

2. 根据电动机的工作环境来选择

一般三相异步电动机的外壳防护形式有开启式(IP11)、防护式(IP23)和封闭式(IP44)。目前生产的主要是防护式和封闭式两类,在比较干燥,尘土较少,不会有水滴、杂物等浸入的场合可选用防护式,因为这种电动机的价格较便宜、通风良好。与上述使用环境不相符的电动机可选用封闭式,如在水中工作的可选用水密式或潜水式。在特殊场合,如易燃、易爆工厂及矿井等环境下使用的电动机应选择防爆式。

3. 根据负载情况来选择

(1) 电动机功率的选择 电动机的功率要满足负载的需要。一般来说,电动机的额定功率要比负载大些，以留有余地；但也不能太大，避免造成“大马拉小车”的现象，这样不仅增加了设备投资成本，而且使电动机工作式效率及功率因数也较低，造成浪费。反之，如果选择电动机的功率比负载功率小，有可能使电动机长期过载运行，即所谓“小马拉大车”现象，电动机会因绝缘老化而容易烧损，这更不可取。

（2）电动机工作制的选择　一般电动机均可长期连续工作，故应选用连续工作制（S1），对驱动某些特殊负载的电动机，例如起重机械、空气压缩机等，可用短时工作制的电动机。

4. 根据电动机的转速来选择

各种负载都有一定的转速要求，选用电动机时必须满足这些要求。若电动机转速和负载转速要求不一致时，可用带轮或齿轮等装置进行变速。一般情况下以选用四极三相异步电动机为宜。因为在功率相同的情况下，二极电动机机械磨损大，起动电流也相应较大，而起动转矩较小；如果电动机极数过多，则转速低、电动机体积尺寸大、价格贵，且效率也较低。

8.5.4　三相异步电动机的维护与维修

1. 三相异步电动机使用前的检查

对新安装或长时间使用的三相异步电动机，在通电使用前必须先做下述检查工作，以验证该电动机是否能通电运行。

（1）看该电动机外部是否清洁　对长期搁置未使用的开启式或防护式电动机，如内部有灰尘或脏物时，则应先将电动机拆开，用不大于 2 个大气压的干燥压缩空气吹净各部分的污物。如无压缩空气也可用手风箱（俗称皮老虎）吹，或用干抹布去抹，不应用湿布或沾有汽油、煤油、机油的布擦拭电动机的内部。

（2）拆除该电动机出线端子上的所有外部接线及出线端子本身之间的连接线　用兆欧表测量电动机各相绕组之间及每相绕组与机壳之间的绝缘电阻，看是否符合要求。按要求，电动机每 1 kV 工作电压，绝缘电阻不得低于 1 MΩ，一般额定电压为 380 V 的三相异步电动机，用 500 V 的兆欧表测量绝缘电阻应大于 0.5 MΩ 才可使用。如发现绝缘电阻较低，则为电动机受潮所致，可对电动机进行烘干处理，然后再测绝缘电阻，合格后才可通电使用。绝缘电阻测试合格后，再将所有的接线复原。

（3）对照电动机铭牌标明的额定数据　检查电源电压、频率是否合适，定子绕组的连接方法是否正确（Y联结还是△联结）。

（4）检查电动机轴承的润滑脂（油）是否正常　观察是否有泄漏的印痕。用手转动电动机转轴（俗称盘车），看转动是否灵活，有无摩擦声或其他异声。

（5）检查电动机与安装座墩　看之间的固定是否牢固，有无松动现象，检查电动机的接地装置是否良好。

（6）检查电动机的辅助设备　检查熔断器有无熔断，熔丝的规格是否合格，电动机的传动装置及所带动的负载是否良好，起动设备是否良好。

2. 三相异步电动机运行中的监视与维护

三相异步电动机在运行时，要通过听、看、闻等方法及时监视电动机，确保当电动机在运行中

出现不正常的现象时,能及时切断电动机的电源,以免故障扩大,具体项目如下:

(1) 听电动机在运行时发出的声音是否正常。电动机正常运行时,发出的声音应该是平稳、轻快、均匀和有节奏的。如果出现尖叫、沉闷、摩擦、撞击或振动等异响,应立即断电检查。

(2) 经常检查、监视电动机的温度,观察电动机的通风是否良好。

(3) 注意电动机在运行中是否发出焦臭味,如有则说明电动机温度过高,应立即断电检查,必须找出原因后才能再通电使用。

(4) 要保持电动机的清洁,特别是接线端和绕组表面的清洁。不允许水滴、油污及杂物落到电动机上,更不能让杂物和水滴进入电动机内部。要定期检修电动机,清扫内部,更换润滑油等。

(5) 要定期测量电动机的绝缘电阻,特别是电动机受潮时,如发现绝缘电阻过低,要及时进行干燥处理。

(6) 鼠笼式异步电动机采用全压起动时,起动次数不宜过于频繁。

习题

1. 判断题

(1) 电动机异常发响发热的同时,转速急速下降,应立即切断电源,停机检查。( )

(2) 电动机检修,经各项检查合格后,就可对电动机进行空载试验和短路试验。( )

(3) 使用改变磁极对数来调速的电动机一般都是绕线式转子电动机。( )

(4) 异步电动机的转差率是旋转磁场的转速与电动机转速之差与旋转磁场的转速之比。( )

(5) 对绕线式异步电动机应经常检查电刷与集电环的接触及电刷的磨损、压力、火花等情况。( )

(6) 改变转子电阻调速这种方法只适用于绕线式异步电动机。( )

(7) 电动机在正常运行时,如闻到焦臭味,则说明电动机速度过快。( )

(8) 带电动机的设备,在电动机通电前要检查电动机的辅助设备和安装底座、接地等,正常后再通电使用。( )

(9) 对电动机各绕组的绝缘检查,如测出绝缘电阻不合格,不允许通电运行。( )

(10) 用Y-△降压起动时,起动电流为直接采用△联结时起动电流的1/2。( )

2. 选择题

(1) 降压起动是指起动时降低加在电动机( )绕组上的电压,起动运转后,再使其电压恢复到额定电压正常运行。

A. 转子　　B. 定子　　C. 定子及转子

(2) 电动机在额定工作状态下运行时,定子电路所加的( )叫额定电压。

A. 线电压　　B. 相电压　　C. 额定电压

(3) Y-△降压起动,是起动时把定子三相绕组作( )联结。

A. △　　B. Y　　C. 延边△

(4) 对电动机内部的脏物及灰尘清理,应用( )。

A. 布上沾汽油、煤油等抹擦　　B. 湿布抹擦

C. 用压缩空气吹或用干布抹擦

(5) 对电动机各绕组的绝缘检查，如测出绝缘电阻为零，在发现无明显烧毁的现象时，则可进行烘干处理，这时(　　)通电运行。

A. 允许　　B. 不允许　　C. 烘干好后就可

(6) 三相鼠笼式异步电动机的起动方式有两类，即在额定电压下的直接起动和(　　)起动。

A. 转子串频敏变压器　　B. 转子串电阻　　C. 降低起动电压

(7) 异步电动机在起动瞬间，转子绕组中感应的电流很大，使定子流过的起动电流也很大，约为额定电流的(　　)倍。

A. 2　　B. 4~7　　C. 9~10

(8) 旋转磁场的旋转方向取决于通入定子绕组中的三相交流电源的相序，只要任意调换电动机(　　)所接交流电源的相序，旋转磁场即反转。

A. 一相绕组　　B. 两相绕组　　C. 三相绕组

(9) 鼠笼式异步电动机采用电阻降压起动时，起动次数(　　)。

A. 不宜太少　　B. 不允许超过 3 次/小时

C. 不宜过于频繁

(10) 对照电动机与其铭牌检查，主要有(　　)、频率、定子绕组的连接方法等。

A. 电源电压　　B. 电源电流　　C. 工作制

3. 问答题

(1) 转子串电阻起动的优缺点是什么?

(2) 为什么要进行降压起动?

(3) 降压起动的方式有哪些?

(4) 请描述Y-△降压起动的工作原理。

(5) 新装或未用过的电动机，在通电前，必须先做哪些检查工作?

拓展延伸　电动门在城轨车站中的应用

电动门，就是通过电动机驱动的各种门。按电动机类型分为直流门和交流门；按门体结构分为电动伸缩门、电动折叠门、悬浮门、常规电动门；按电动类型分为普通型、机电一体化型、智能一体化型。

伸缩门及大型平移门(铁制或不锈钢)应用于企业、厂房、小区等出入大门口；旋转门及轻型平移门(感应门)一般应用于星级宾馆等高档大楼的出入口；在轨道交通行业用到的门主要有电动伸缩门、伸缩门、卷帘门、工业门。

所有具有电动、手动提升，折叠功能的门体，称之为卷帘门。卷帘门是以多关节活动的门片串联在一起，在固定的滑道内，以门上方卷轴为中心转动上下的门。卷帘门同墙一样起到水平分隔的作用，它由帘片、座板、导轨、底座、卷轴、控制箱、限位器、控制按钮和保险装置等部分组成，如图 8-15 所示，一般安装在不便采用墙分隔的部位。

1. 卷帘门

电动卷帘门内部结构如图 8-16 所示。

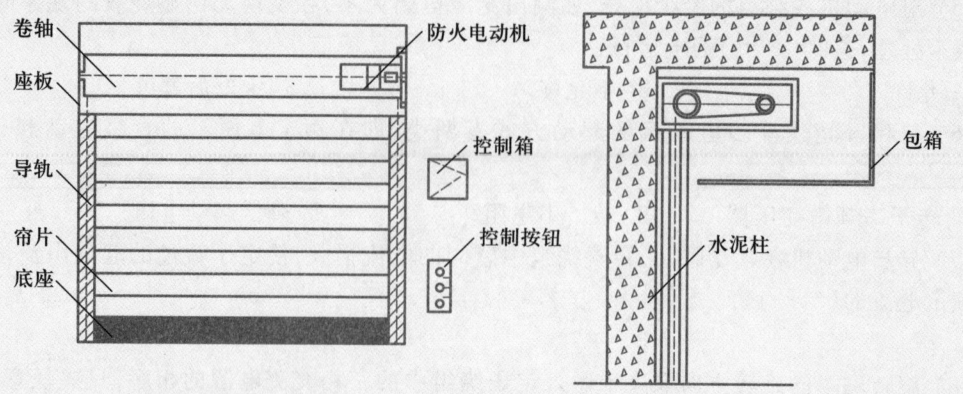

图 8-15 卷帘门结构示意图及构件图

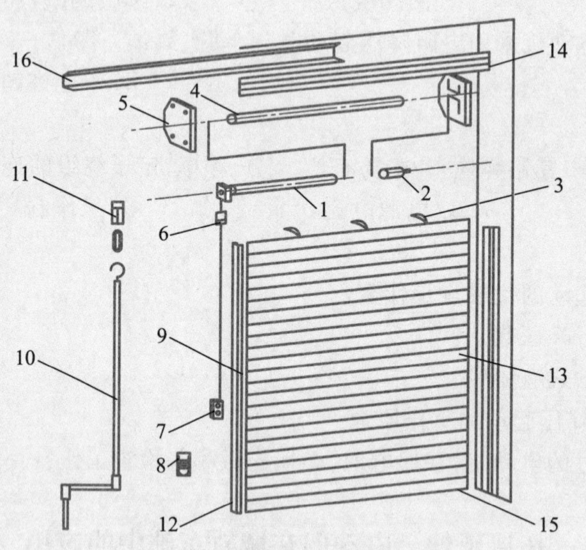

图 8-16 电动卷帘门内部结构图

1—管状马达;2—尾插;3—连接片;4—传动管;5—支架;6—遥控接收器;7—墙体开关;8—遥控发射器;9—手动钥匙;10—手摇杆;11—手摇杆接头;12—导轨;13—门体;14—挡板;15—底梁;16—外罩

卷帘门按开启形式分为手动卷帘门及电动卷帘门,手动卷帘门借助卷帘中心轴上的扭簧平衡力量,达到手动拉动卷帘的目的。电动卷帘门是用专用电动机带动卷帘中心轴转动,达到卷帘开关,当转动到电动机设定的上下限位时自动停止。卷帘门专用电动机有:外挂卷门机、澳式卷门机、管状卷门机、防火卷门机、无机双帘卷门机、快速卷门机等。按门片材质分为无机布卷帘门,网格卷帘门、铝合金卷帘门、水晶卷帘门、不锈钢卷帘门、彩钢板卷帘门、加强抗风卷帘门。按安装形式分为墙中、墙侧(或称洞内、洞外)两种。按开启方向分为上卷和侧卷两种。按用途分为普通卷帘门、防风卷帘门、防火卷帘门、快速卷帘门、电动澳式(静音)卷帘门。按防火等级分为 F1、F2、F3、F4 四级,其中 F1、F2 级为普通钢质卷帘,耐火时间为 F1 级 1.50 h、F2 级 2.0 h;F3、F4 级为复合型钢质卷帘,耐火时间为 F3 级 2.50 h、F4 级 3.00 h。

轨道交通应用的卷帘门为普通卷帘门和防火卷帘门。普通卷帘门主要安装在地铁车站的出入口和设备房,主要用途是避免个别人员进入车站内,破坏、盗窃站内设施设备,影响地铁正常检修和运营。

防火卷帘门是一种适用于建筑物较大洞口处的防火、隔热设施，产品在设计上采用了卷轴内藏的特点，结构合理紧凑。防火卷帘面通过传动装置和控制系统达到帘面的升降，起到防火、隔热、隔烟的作用，有抑制火灾蔓延、保护人员疏散的特殊功能。防火卷帘门主要安装在地铁车站的商业区的防火分区和站台两端的迂回风道，其帘板为 1.5 mm 厚的冷轧带钢轧制成 C 形板重叠联锁，也可采用钢质 r 形串联式组合结构，具有刚度好、密封性能优的特点。防火卷帘门各结构部件按功能可分为电控系统、传动装置、卷轴系统、帘门系统、包箱五个部分。

(1) 电控系统由电控箱、电动控制按钮盒组成。电动控制按钮盒通过电控箱来实现对卷帘门的升、降及停止位置的控制；电控箱带有与消防控制中心联网的功能，实现对卷帘门的遥控。

(2) 传动装置由启闭机和减速链传动系统组成，是卷帘门升、降的动力来源。

(3) 卷轴系统由卷轴（带左、右轴头）和左、右支座组成，主要作用是支撑帘门和安装固定。

(4) 帘门系统由帘面和导轨组成，无机布复合帘面在发生火灾时，帘面下落将整个洞口封闭，起隔断火源的作用。导轨的作用是限制帘面上下运动轨迹。

(5) 包箱主要用来包装卷轴系统和传动系统，起美观作用。

2. 卷帘门常见的故障及处理方法

(1) 电动机不动或转速慢

故障原因：线路断路；电动机烧损；停止按钮没复位；限位开关动作；负载较大等。

处理方法：检查线路、并接通；更换烧损电动机；更换按钮或重复按动几次；拨动限位开关滑块使它脱离微动开关触点，并调整微动开关位置；检查机械部分有无卡阻，若有则消除卡阻清理障碍物。

(2) 控制失效

故障原因：继电器（接触器）触点黏死；行程微动开关失效或触片变形；滑块紧固螺钉松；靠板螺丝松使靠板移位，使滑块或螺母不能随丝杆转动而移动；限位器传动齿轮破损；按钮上、下键卡死。

处理方法：更换继电器（接触器）；更换微动开关或触片；紧固滑块螺钉并使靠板复位；更换限位器传动齿轮；更换按钮。

(3) 手拉链不动

故障原因：环形链条堵住十字槽；棘爪无脱离棘轮；压链架卡死。

处理方法：理顺环形链条；调整棘爪与压链架相对位置；更换或润滑销轴。

(4) 电动机振动或噪声较大

故障原因：刹车盘不平衡或断裂；刹车盘无紧固；轴承失油或失效；齿轮啮合不顺、失油或磨损严重；电动机电流声或振动。

处理方法；更换刹车盘或重新调整平衡；紧固刹车盘螺母；更换轴承；修配电动机轴输出端齿轮、润滑或更换；检查电动机，如电动机坏损则更换。

(5) 电动机更换安装　电动卷帘门的电动机与卷筒芯轴之间是由传动链条来连接，电动机地脚用螺钉固定在链轮支架板上。更换电动机前，必须将卷帘门降至最低端或用支架将卷帘门撑住。这是因为一是卷帘门的制动是靠电动机本体上的制动器来起作用，电动机拆除后，卷帘门则没有制动而自动下滑；二是可以使传动链条放松，方便将链条取下。更换电动机的步骤：将电动机接线做好标记然后拆除，将电动机地脚螺钉拧松将传动链条摘下，最后将电动机地脚螺钉拆除，将电动机取出。新电动机安装顺序相反，但要注意，电动机安装好后，其本体上的环形手拉链条应自然垂直向下，不得有卡阻现象。

(6) 限位调试　电动机更换完毕后，检查线路、机械机构均无问题，卷帘门下方无障碍物，门下禁止通行，确认后开始试车调试限位。卷帘门的限位机构安装在电动机外壳上，称为限位螺套。试机前应先松开限位机构上的锁紧螺钉，然后用手拉动环形链条使门帘离地面 1 m 左右，先试“上”“停”“下”按键，观察卷门升、停、降各功能是否灵敏可靠，若正常即可将门帘上升或下降到确定的位置，然后旋转限位螺套，调整碰至微动开关滚轮，听到“滴答”声后，拧紧锁紧螺钉。反复调试，使限位达到最佳位置时，再将锁紧螺钉用力旋紧即可。

模块9 低压电器与基本控制电路

学习目标

电力拖动是指用电动机拖动生产机械的工作机构使之运转的一种拖动方式，由于电力在生产、传输、分配、使用和控制等方面的优越性，使得电力拖动具有方便、经济、效率高、调节性能好、易于实现生产过程自动化等特点，所以电力拖动在生产实际中获得了广泛应用。例如风机应用在地铁车站中的车站通风系统和隧道通风系统，以及防排烟系统。通过本模块的学习熟练掌握常见低压电器的电路图形符号、文字符号，动作原理及其用途，掌握三相异步电动机的正反转、顺序控制等基本控制原理安装和调试能力。

9.1 常见的低压配电电器

低压配电电器是指用于低压配电系统中，对电器及用电设备进行保护和通断、转换电源或负载的电器，如刀开关、熔断器、低压断路器、组合开关等。

9.1.1 刀开关

刀开关是一种配电电器，在供配电系统和设备自动系统中刀开关通常用于电源隔离，有时也可用于不频繁接通和断开小电流配电电路或直接控制小容量电动机的起动和停止。刀开关的种类很多，通常将刀开关和熔断器合二为一，组成具有一定接通分断能力和短路分断能力的组合式电器，其短路分断能力由组合电器中熔断器的分断能力来决定。在电力设备自动控制系统中，使用最为广泛的有胶壳刀开关、铁壳开关和组合开关。

1. 胶壳刀开关

胶壳刀开关也称为开启式负荷开关，是一种结构简单、应用广泛，主要用作电源隔离开关和小容量电动机不频繁起动与停止的控制电器。

胶壳刀开关由操作手柄、熔丝、静触点（触点座）、动触点（触刀片）、底座和胶盖组成，如图 9-1所示。其中，胶盖使电弧不致飞出灼伤操作人员，防止极间电弧短路；熔丝对电路起短路保护作用。

微课
刀开关外形

(a) 实物

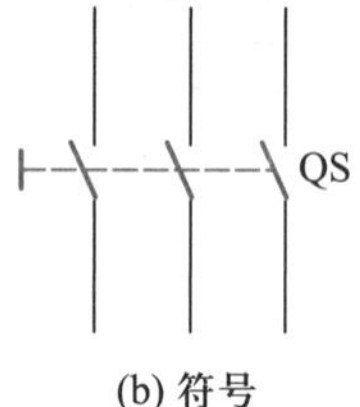

(b) 符号

图 9-1 胶壳刀开关

2. 铁壳开关

铁壳开关也称为半封闭式负荷开关,主要用于配电电路,作电源开关、隔离开关和应急开关之用;在控制电路中,也可用于不频繁起动 28 kW 以下三相异步电动机。

铁壳开关由钢板外壳、动触点、触刀、静触点(夹座)、储能操作机构、熔断器及灭弧机构等组成,如图 9-2 所示。铁壳开关的操作机构有以下特点:一是采用储能合、分闸操作机构,当扳动操作手柄时通过弹簧储存能量,当操作手柄扳动到一定位置时,弹簧储存的能量瞬间爆发出来,推动触点迅速合闸、分闸,因此触点动作的速度很快,并且与操作速度无关。二是具有机械连锁,当铁盖打开时,不能进行合闸操作;而合闸后不能打开铁盖。

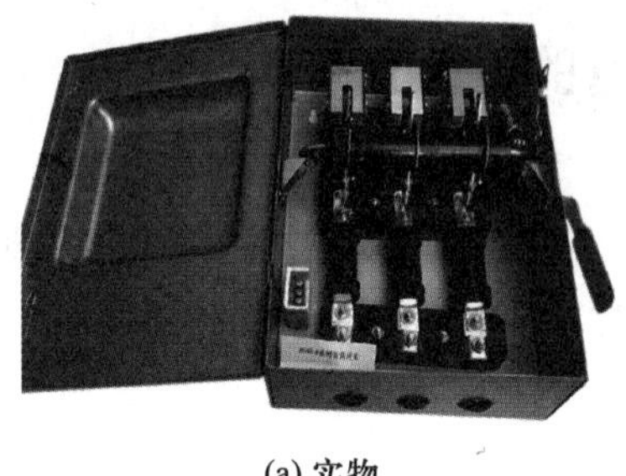

(a) 实物

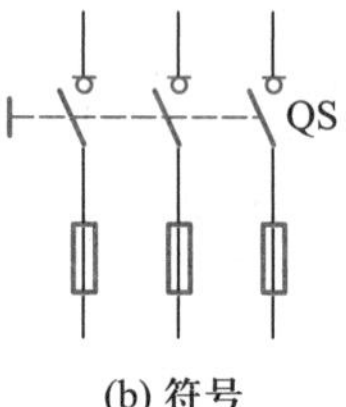

(b) 符号

图 9-2 铁壳开关

9.1.2 组合开关

组合开关是刀开关的另一种结构形式,在设备自动控制系统中,主要用在交流 50 Hz、380 V 以下,直流 220 V 及以下作电源开关,也可以作为 5 kW 以下小容量电动机的直接起动控制,以及电动机控制电路及机床照明控制电路中,如图 9-3 所示。

1. 组合开关的组成

组合开关由动触点、静触点、方形转轴、手柄、定位机构和外壳等组成,如图 9-3 所示。它的触点分别叠装在数层绝缘座内,动触点与方轴相连。当转动手柄时,每层的动触点与方轴一起转动,使动、静触点接通或断开。之所以叫组合开关是因为绝缘座的层数可以根据需要自由组合,最多可达 6 层。组合开关采用储能和分闸两种操作机构,能快速闭合或分断触点,使开关的闭合和分断速度与手动操作速度无关,提高了开关的通断能力。

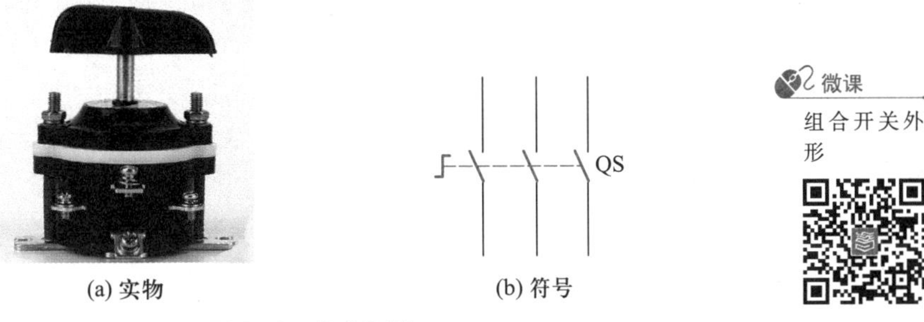

(a) 实物　(b) 符号

图 9-3　组合开关

2. 组合开关的选择

(1) 用于照明或电热电路。组合开关的额定电流应等于或大于被控制电路中各负载电流的总和。

(2) 用于电动机电路。组合开关的额定电流一般取电动机额定电流的 1.5~2.5 倍。

9.1.3　端子排

端子排为承载多个或多组相互绝缘的端子组件并用于固定支持件的绝缘部件。端子排的作用就是将屏内设备和屏外设备的线路相连接,起到信号(电流电压)传输的作用。有了端子排,使得接线美观,维护方便。

端子排的单位是“位”,一个接线位就是 1“位”,通常所谓的表格就是端子的序号,这些序号在不同的运用场合有不同的定义。常见端子排如图 9-4 所示。

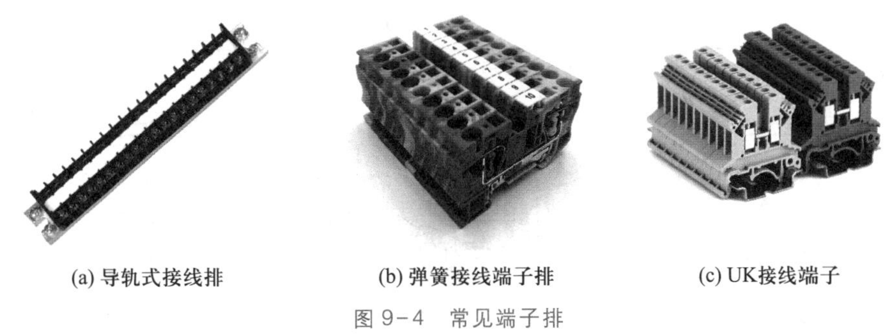
(a) 导轨式接线排　(b) 弹簧接线端子排　(c) UK接线端子

图 9-4　常见端子排

通常的端子按数量分有 2 位、3 位、4 位、6 位、12 位等,按容量分有 10 A、20 A、40 A 等。

端子排的符号为 XT。

9.2 常见的低压控制电器

低压控制电器是指用于低压电力传动、自动控制系统和用电设备中,使其达到预期的工作状态的电器、如主令电器、接触器、继电器等。

9.2.1 主令电器

主令电器:在自动控制系统中发指令信号实现闭合、断开控制电路,以发出命令或信号,达到对电力传动系统的控制或实现程序控制。

1. 按钮

按钮开关又称控制按钮或按钮,如图 9-5 所示,是一种短时接通或断开小电流电路的手动控制电器。通常用于电路发出起动或停止等指令,以控制电磁起动器、接触器、继电器等电器线圈电流的接通和断开,再由它们去控制主电路。控制按钮也可用于信号装置的控制。按钮的结构和符号见表 9-1。

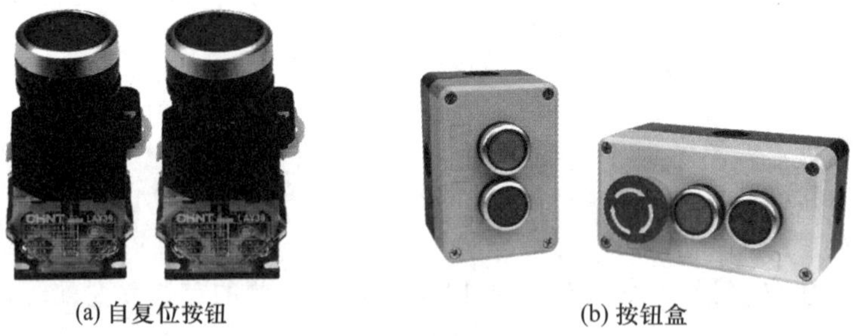

(a) 自复位按钮 (b) 按钮盒

图 9-5 按钮开关

表 9-1 按钮的结构和符号

名称	常闭按钮(停止按钮)	常开按钮(起动按钮)	复合按钮
结构	1 2	3 4	1 2 3 4
符号	E-/ SB	E-\ SB	E-\--/ SB

2. 按钮工作原理

当用手按下按钮,动断(常闭)触点断开,动合(常开)触点闭合,当松开按钮,在复位弹簧的作用下，触点复位。

3. 按钮开关选择

按钮开关的主要技术要求：规格、结构、类型、触点对数和按钮颜色。通常所选用的规格为交流额定电压 500 V，允许持续电流为 5A。结构类型有多种，适用于以下各种场合：紧急式—装有突出的蘑菇形钮帽，以便紧急操作；旋钮式—用手旋转进行操作；指示灯式—在透明的按钮内装入信号灯，以作信号显示；钥匙式—为使用安全起见，须用钥匙插入方可旋转操作等。按钮的颜色有红、绿、黑、黄、白、蓝等种，供不同场合选用。如铸工车间灰尘较多，不宜选用 LA18 和 LA19 型按钮；高温场合易使塑料按钮变形老化，引起接线螺钉间相碰短路，应加装紧固圈和套管。

9.2.2　行程开关

行程开关是依照生产机械的行程发出命令以控制其运动方向或行程长短的主令电器。行程开关主要用于将机械位移转变为电信号，以实现对生产机械的电气控制。它的种类很多：按运动形式可分为直动式和转动式；按结构可分为直动式、滚轮式和微动式；按触点性质可分为有触点式和无触点式。常见行程开关如图 9-6 所示。

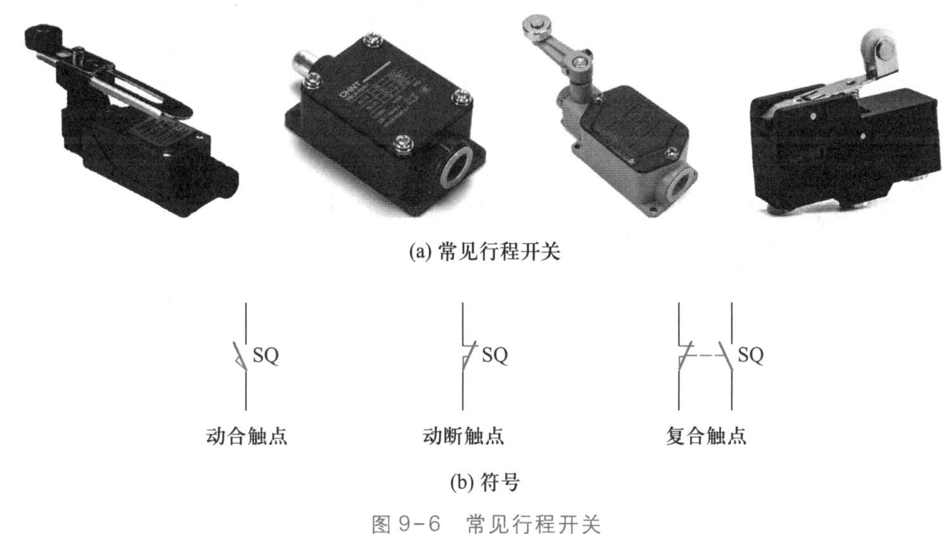

(a) 常见行程开关

(b) 符号

图 9-6　常见行程开关

1. 直动式行程开关

如图 9-7 所示为直动式行程开关。其动作原理与按钮相同，即当撞块压下推杆时，行程开关的动断触点断开，动合触点闭合；当撞块离开推杆时，触点在弹簧作用下恢复原状。这种行程开关结构简单、价格便宜，但它的缺点是触点分断速度取决于生产机械的移动速度，当移动速度低于 0.4 m/min 时，触点分断太慢，易受电弧烧损。

2. 滚轮式行程开关

如图 9-8 所示为滚轮式行程开关。其动作原理为：当撞块自右向左推动滚轮时，上转臂以中间支点为中心向左转动，由盘形弹簧带动下转臂向右转动，于是滑轮向右滚动，此时压缩弹簧被压缩而储存能量。当下转臂转过中点并推开压板时，横板在压缩弹簧的作用下，迅速作顺时针转动，从而使动断触点断开、动合触点闭合。当撞块离开滚轮后，在恢复弹簧作用下，触点恢复原位。

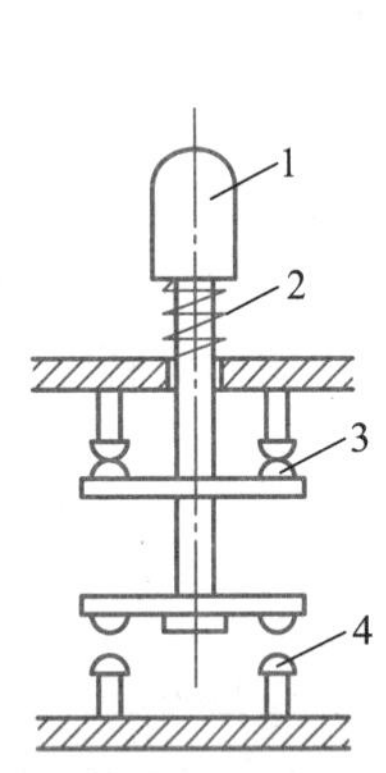

图 9-7 直动式行程开关

1—推杆；2—弹簧；3—动断触点；4—动合触点

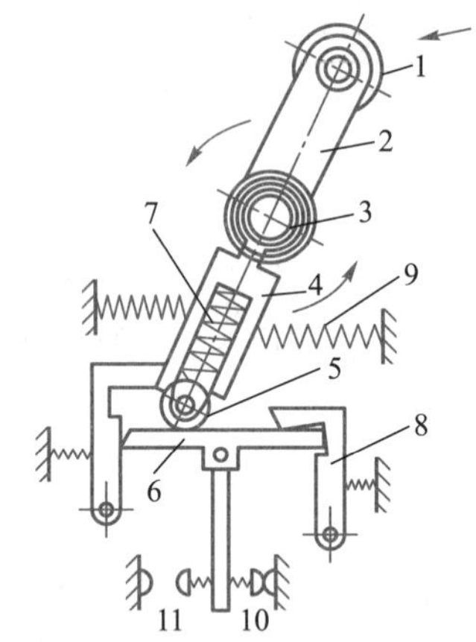

图 9-8 滚轮式行程开关

1—滚轮；2—上转臂；3—盘形弹簧；4—下转臂；5—滑轮；6—横板；7—压缩弹簧；8—压板；9—恢复弹簧；10—动断触点；11—动合触点

这种行程开关的优点是触点分断速度不受生产机械的影响，动作快。缺点是价格较贵、结构复杂。

3. 微动式行程开关

如图 9-9 所示为微动式行程开关(也称微动开关)。当撞块压下推杆时，片状弹簧变形，从而使触点动作；当撞块离开推杆时，片状弹簧恢复，触点复位。

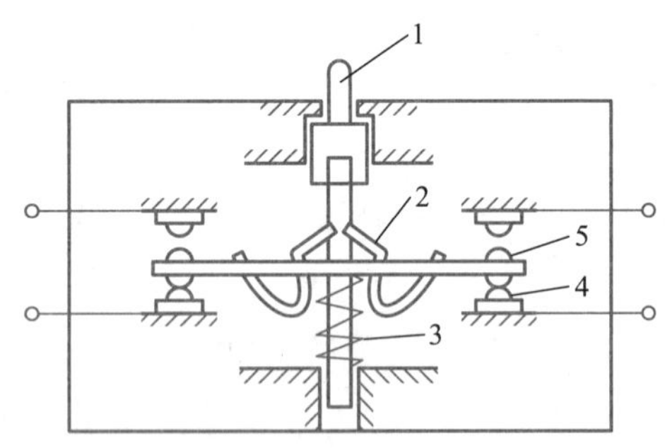

图 9-9 微动式行程开关

1—推杆；2—片状弹簧；3—复位弹簧；4—动断触点；5—动合触点

微动式行程开关的特点是操作力小、操作行程短。其已广泛用于机械、纺织、轻工、电子仪器等各种机械设备和家用电器中，作行程、位置和状态控制、信号转换、限位保护和联锁之用。

4. 接近开关

为了克服有触点行程开关可靠性较差、使用寿命短和操作频率低的缺点，可采用无触点式行程开关，也叫接近开关。目前小功率晶体管和大功率晶闸管无触点电子开关正获得越来越广泛的应用。

接近开关大多由一个高频振荡器和一个整形放大器组成。振荡器振荡后，在开关的感应面上产生交变磁场，当金属物体接近感应面时，金属体产生涡流，吸收了振荡器的能量，使振荡减弱以致停振。振荡与停振两种不同状态，由整形放大器转换成二进制的开关信号，从而达到检测位置的目的。

9.2.3　接触器

接触器是一种用来远距离、频繁地接通和分断交直流主电路及大容量控制电路的电器。其主要控制对象是电动机，也可用于其他电力负载，如电热器、电焊机、电炉变压器、电容器组等。接触器具有强大的执行机构、大容量的主触点及迅速熄灭电弧的能力。当系统发生故障时，能根据故障检测元件所发出的动作信号，迅速、可靠地切断电源，并有低压释放功能。与保护电器组合可构成各种电磁起动器，用于电动机的控制及保护。它是电力拖动控制系统中最重要也是最常用的控制电器。常见接触器如图 9-10 所示。

图 9-10　常见接触器

1. 接触器种类

接触器的种类很多，按操作方式可分为电磁接触器、气动接触器及液压接触器；按工作电压种类可分为交流接触器和直流接触器；另外还有建筑用接触器、机械联锁接触器、混合式接触器和智能接触器等，其中应用最广泛的是电磁式交流接触器和电磁式直流接触器。

2. 电磁式交流接触器原理与结构

电磁式交流接触器主要由触点系统、电磁机构和灭弧装置组成，其结构如图 9-11 所示。

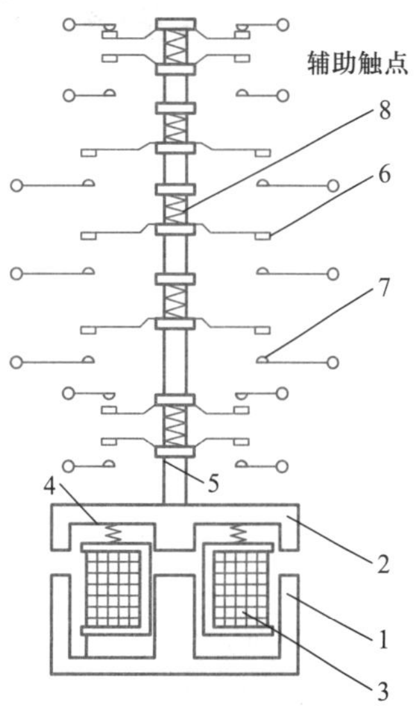

图 9-11　电磁式接触器结构

1—铁芯；2—衔铁；3—线圈；4—复位弹簧；5—绝缘支架；6—动触点；7—静触点；8—复位弹簧

当线圈接通电源时，流过线圈中的电流在铁芯和衔铁组成的磁路中产生磁通，此磁通使铁芯与衔铁之间产生足够的电磁吸力，以克服复位弹簧的反作用力，将衔铁向下吸合，并带动绝缘支架上的动触点与静触点闭合，从而接通主电路；另一方面，动断辅助触点断开，动合辅助触点闭合。当线圈断电时，电磁吸力消失，衔铁在复位弹簧的作用下释放而恢复原位，并带动绝缘支架上的动触点与静触点分离，从而使主电路断开，动合辅助触点恢复断开，动断辅助触点恢复闭合。

由此看出，只要控制线圈的通电与断电，就能控制触点的闭合与断开，控制线圈的通断可由人工操作，也可由其他电器自动操作。

3. 交流接触器图形符号

交流接触器图形符号如图 9-12 所示。

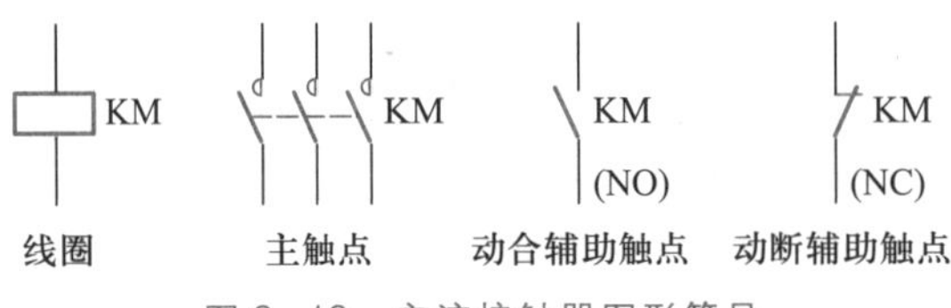

图 9-12 交流接触器图形符号

4. 辅助触点

辅助触点主要用于交流 50 Hz，额定工作电压 660 V 及以下，直流额定工作电压 220 V 及以下的控制电路中作运动，也可按 GB 14048.4—2010 的要求，接入主电路作接触器用，如图 9-13 所示。

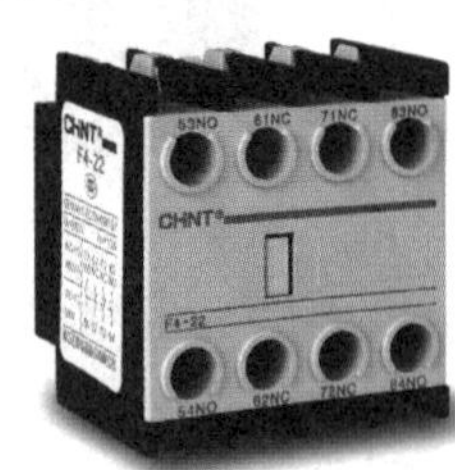

图 9-13 辅助触点

5. 交流接触器的安装与使用

(1) 安装前的检查

① 检查接触器铭牌与线圈的技术数据（U、I）是否符合实际要求；

② 检查接触器外观应无机械损伤，动作灵活；

③ 清除铁芯面上的油污；

④ 测量线圈电阻和绝缘电阻。

(2) 安装

① 交流接触器应垂直安装，倾斜度不得超过 5°；

② 安装和接线时，注意不要将零件失落或掉入接触器内部；

③ 安装完毕，检查接线正确无误后，主触点不带电操作几次，测量动作值和释放值。

(3) 日常维护

① 定期检查和定期清扫；

② 拆装时注意不要损坏灭弧罩。

9.2.4　继电器

继电器是一种根据外界输入信号(电信号或非电信号)来控制电路“接通”或“断开”的一种自动电器,主要用于控制、线路保护或信号转换,如图 9-14 所示。

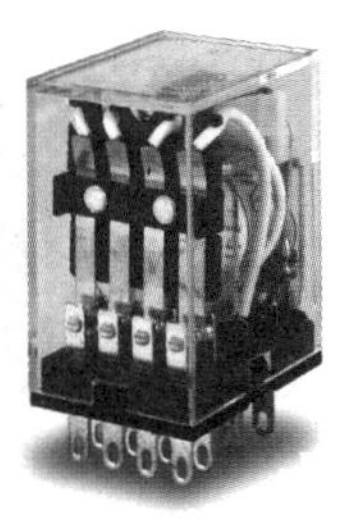

图 9-14　电磁式继电器

电磁式继电器的结构、工作原理与接触器相似,由电磁系统、触点系统和反力系统三部分组成,其中电磁系统为感测机构,由于其触点主要用于小电流电路中(电流一般不超过 10 A),因此不专门设置灭弧装置。

如图 9-15 所示,当线圈通电(或电流、电压达到一定值)时,衔铁运动驱动触点动作。通过调节复位弹簧的弹力、止动螺钉的位置或非磁性垫片的厚度,可以达到改变电器动作值和释放值的目的。

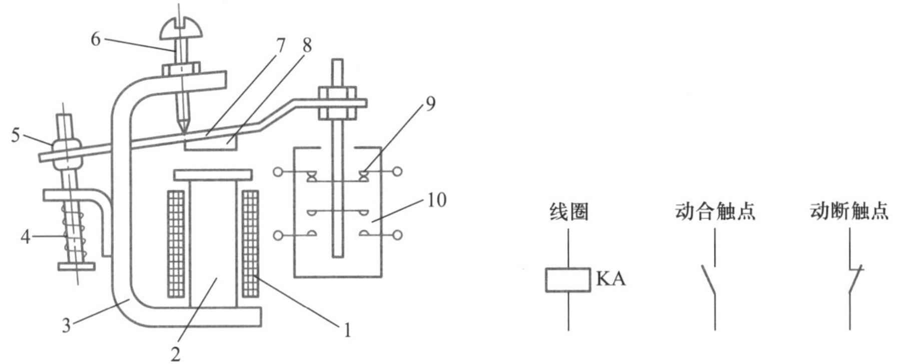

图 9-15　电磁式继电器结构图及符号

1—线圈;2—铁芯;3—环形极靴;4—复位弹簧;5—调节螺母;6—止动螺钉;
7—衔铁;8—非磁性垫片;9—动断触点;10—动合触点

继电器的种类很多,分类方法也比较多。按用途来分,可分为控制继电器和保护继电器;按反映的信号来分,可分为电压继电器、电流继电器、时间继电器、热继电器和速度继电器等;按动作原理来分,可分为电磁式继电器、电子式继电器和电动式继电器等。

9.2.5　时间继电器

时间继电器作为辅助元件,用于各种继电保护和自动控制装置中,获得所需的延时以控制动作时间。当它的感测系统接收输入信号后，需经过一定的时间，执行系统才会动作并输出信号，进而操纵控制电路。因此时间继电器具有延时的功能，它被广泛应用于控制生产过程中按时间原则制订的工艺程序，如鼠笼式异步电动机的几种降压起动和顺序起动均可由时间继电器发出自动转换信号。

常见时间继电器如图 9-16 所示。

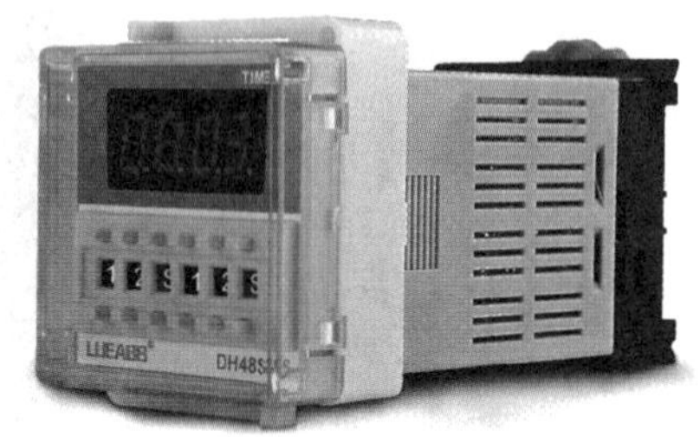

图 9-16 常见时间继电器

时间继电器电路图形符号如图 9-17 所示。

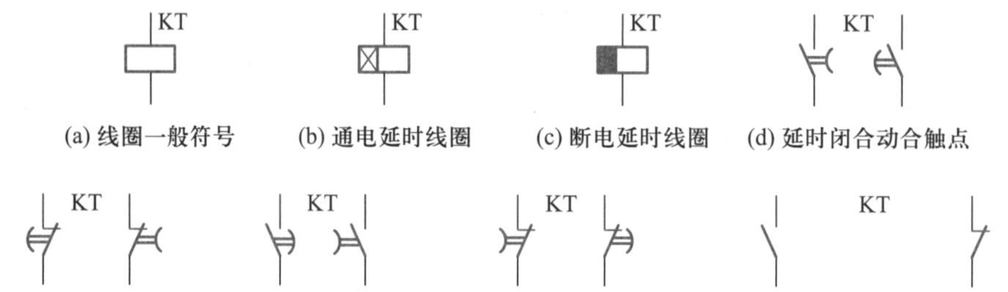

图 9-17 时间继电器电路图形符号

时间继电器是一种利用电磁原理或机械原理实现延时控制的控制电器。它的种类很多，根据工作原理有空气阻尼式、电动式、电磁式和电子式等，其中电子式时间继电器应用越来越广泛，精确度高，延时时间长且价格低廉。根据延时方式又有通电延时型和断电延时型两种。

9.2.6 热继电器

热继电器是利用电流的热效应而工作的电器，它主要用于电动机的过载保护、断相及电流不平衡运行的保护。常见热继电器如图 9-18 所示。

图 9-18 常见热继电器

热继电器电路图形符号如图9-19所示。

图9-19　热继电器电路图形符号

热继电器有双金属片式、热敏电阻式及易熔合金式。其中使用最普遍的是双金属片式热继电器，它具有结构简单、体积较小、成本较低及在选用适当的热元件的基础上能够获得较好的反时限保护特性等特点。

双金属片式热继电器结构上由双金属片、热元件、动作机构、触点系统、整定调整装置和温度补偿元件等部分组成，如图9-20所示。采用复合加热式热继电器的双金属片和加热元件串接在电动机的主电路中，其触点则串接在电动机的控制电路中。当电动机在正常工作电流时，双金属片吸收的热量不足以使其产生变形，热继电器不动作。当电动机发生过载且过载电流超过允许值时，双金属片受热向左弯曲，导板向左推动补偿双金属片，使它绕轴顺时针方向转动，固定于其上的推杆也随着顺时针方向转动。于是推杆向右推动片簧1，当片簧1向右达一定位置后，弓簧2的作用方向就发生变化，使弓簧2向左运动，将动断触点断开。用此触点控制电路断电，使接触器断电释放，切断电动机的电源，从而保护了电动机。

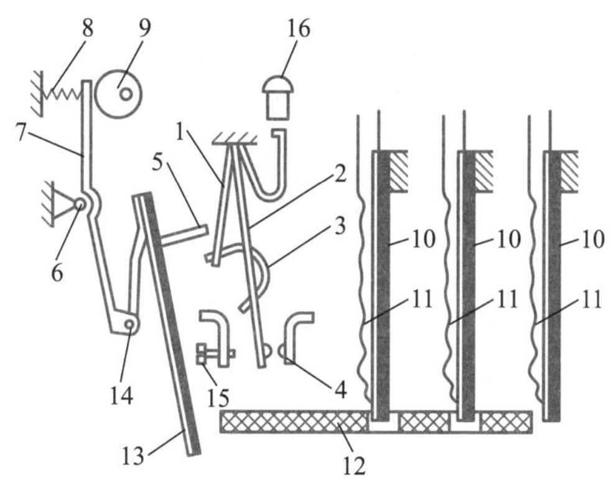

图9-20　双金属片式热继电器结构原理图

1、2—片簧；3—弓簧；4—触点；5—推杆；6—轴；7—杠杆；8—压簧；9—调节凸轮；10—双金属片；11—热元件；12—导板；13—补偿双金属片；14—轴；15—调节螺钉；16—手动复位按钮

热继电器整定电流的调整通过调节凸轮9实现。旋转调节凸轮使杠杆7位置改变，补偿双金属片13与导板12之间的距离便随之改变，这样就改变了热继电器动作所需的双金属片挠度，即调整了热继电器的整定电流值。

热继电器动作后，经过一段时间应能可靠地手动或自动复位。如要求手动复位，则按下手动复位按钮，迫使片簧1退回原位，弓簧2随之向右跳动，使动断触点恢复闭合。如要求自动复位，则将调节螺钉向右旋转一定位置即可。

热继电器的选用原则：

① 根据电动机的额定电流选择热继电器的规格；

② 根据需要的整定电流值选择热元件的编号和电流等级，热元件的整定电流一般为电动机额定电流的0.95~1.05倍；

③ Y联结电动机选普通三相结构的热继电器，△联接的电动机选三相结构带断相保护装置的热继电器。

9.3 电气控制电路的识读和安装

电气原理图是用于描述电气控制电路的工作原理以及各电气元件的作用和相互关系，而不考虑各电路元器件实际的位置和实际连线情况的图样，原理图可以帮助分析电路的作用、构成和工作原理。

9.3.1 电气原理图的绘制和识读

原理图一般由主电路、控制电路和辅助电路三部分组成，绘制和阅读电气原理图，一般遵循下面的规则。

(1) 主电路就是从电源到电动机绕组的大电流通过的路径；控制电路是指控制主电路工作状态的电路；辅助电路包括照明电路、信号电路及保护电路等；信号电路是指显示主电路工作状态的电路；照明电路是指实现机械设备局部照明的电路；保护电路是实现对电动机的各种保护。控制电路和辅助电路一般由继电器的线圈和触点、接触器的线圈和触点、按钮、照明灯、信号灯、控制变压器等电气元件组成。这些电路通过的电流都较小。

如图 9-21 所示，一般主电路用粗实线表示，画在左边(或上部)，电源电路画成水平线，三相交流电源相序 L1、L2、L3 由上而下依次排列画出，经电源开关后用 U、V、W 或 U、V、W 后加数字标志，每经过一个电气元件后编号要递增，对多台电动机引出线的编号可在字母前加不同的数字加以区别。中性线 N 和保护地线 PE 画在相线之下，直流电源则正端在上、负端在下画出；辅助电路用细实线表示，画在右边(或下部)。

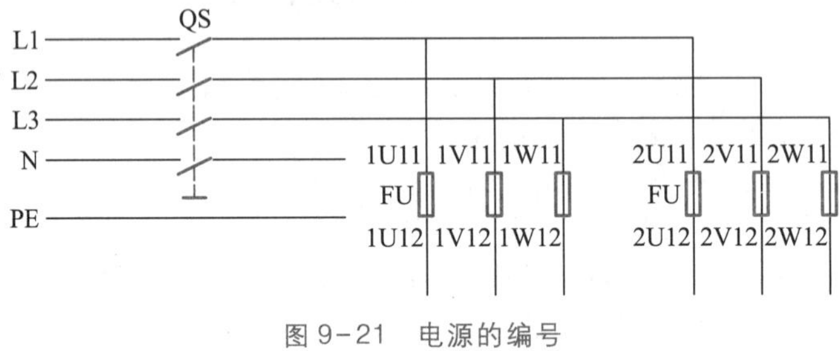

图 9-21 电源的编号

电动机定子三相绕组首端分别用 U、V、W 标记，尾端分别用 U′、V′、W′标记。双绕组的中点则用 U″、V″、W″标记。

(2) 所有的电气元件都采用国家标准规定的图形符号和文字符号来表示。属于同一器件的线圈和触点，都要用同一文字符号表示。当使用相同类型器件时，可在文字符号后加注阿拉伯数字序号来区分，例如两个接触器用 KM1、KM2 表示，或用 KMF、KMR 表示。

(3) 同一器件的不同部件，常常不绘在一起，而是绘在它们各自完成作用的地方，但它们的动作却是关联的。例如接触器的主触点通常绘在主电路中，而吸引线圈和辅助触点则绘在控制电路中，但它们都用 KM 表示。

(4) 所有器件触点都按没有通电或没有外力作用时的常态绘出。如继电器、接触器的触点，按线圈未通电时的状态画；按钮、行程开关的触点按不受外力作用时的状态画等。

(5) 如图9-22所示,在表达清楚的前提下,尽量减少线条,避免交叉线的出现。两线需要交叉连接时需用黑色实心圆点表示,两线交叉不连接时则不画小圆点。

(a) 有直接电联系的交叉导线连接点要用小圆点　　(b) 无直接电联系的交叉导线则不画小圆点

图9-22 交叉点的绘制

(6) 无论是主电路还是辅助电路,各电气元件一般应按动作顺序从上到下、从左到右依次排列,可水平或垂直布置。

(7) 如图9-23所示,为了方便线路投入运行后的日常维护和排除故障,必须按规定给原理图标注线号。控制电路按"等电位"原则从上至下、从左至右的顺序用数字依次编号,每经过一个电气元件后,编号要依次递增,标注时应做到每段导线均有线号,并且一线一号,不得重复。

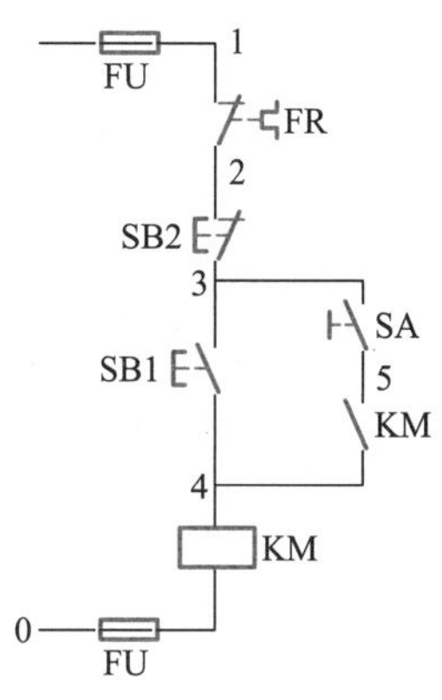

图9-23 电气元件编号

(8) 阅读电气原理图的步骤:一般先看主电路,再看控制电路,最后看信号及照明等辅助电路。先看主电路有几台电动机,各有什么特点,例如是否有正、反转,采用什么方法起动,有无制动等;看控制电路时,一般从主电路的接触器入手,按动作的先后次序(通常自上而下)一个一个分析,搞清楚它们的动作条件和作用。控制电路一般都由一些基本环节组成,阅读时可把它们分解出来,便于分析,此外还要看有哪些保护环节。

电气原理图如图9-24所示,工作原理分析如下:

合上QF,按下SB1→KM线圈得电→KM主触点闭合,同时辅助动合触点也闭合自锁→使电动机M连续运转;

按下SB2→KM线圈失电→KM主触点复位断开,同时辅助动合触点也断开→使电动机M停止运转;

合上QF,按下SB3→KM线圈得电→KM主触点闭合,同时辅助动合触点也闭合自锁,但是SB2按下动合触点闭合前,动断触点先断开,松开SB3后自锁回路无法实现自锁→只能使电动机M实现点动。

保护环节:短路保护-FU;过载保护-FR-欠压失压保护-KM自锁环节。

这是一个较为简单的电气原理图,在实际生产实践中阅读电气原理图之前,还必须对控制对象有所了解,尤其对于机、液(或气)、电配合得比较密切的生产机械,单凭电气原理图往往不能完全看懂其控制原理,只有了解了有关的机械传动和液(气)压传动后,才能搞清全部控制过程。

9.3.2 绘制布置图

布置图是根据元器件在控制板上的实际安装位置,采用简化的外形符号(如正方形、矩形、圆形等)绘制的一种简图。它不代表各元器件的具体结构、作用、接线情况以及工作原理,主要用于元器件的布置和安装。布置图中各元器件的文字符号,必须与电路图和接线图的标注相一致,如图9-25所示。

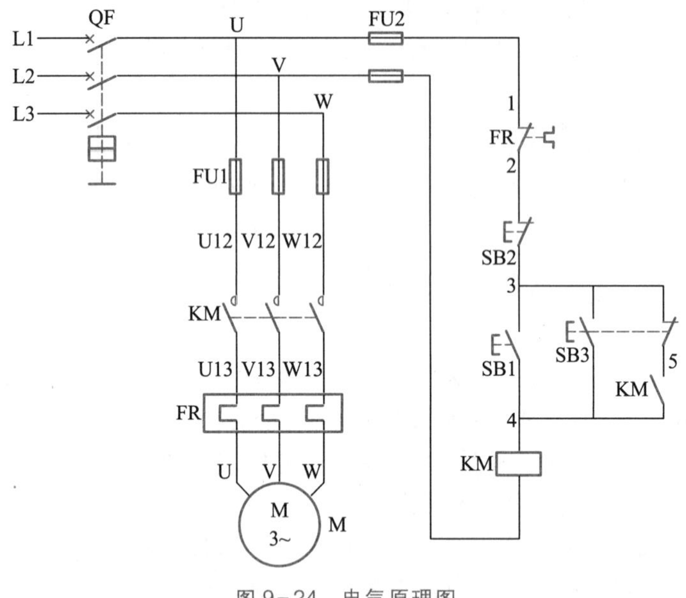

图 9-24 电气原理图

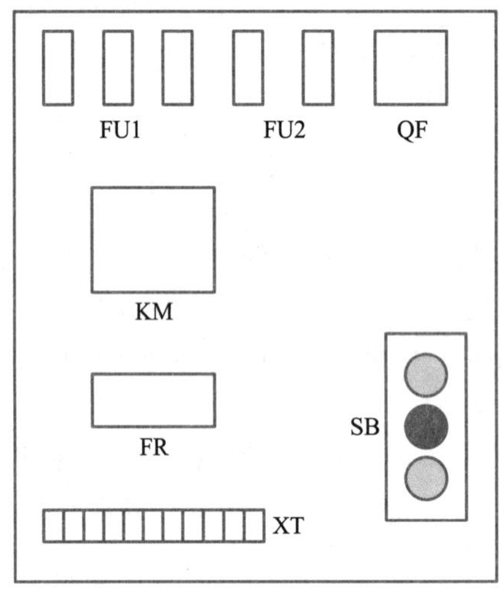

图 9-25 绘制布置图

9.3.3 电气控制电路的安装

1. 熟悉电气原理图

为了顺利地安装接线、检查调试和排除故障，必须认真阅读原理图，明确电气元件的数目、种类和规格；看懂电路图中各电气元件之间的控制关系及连接顺序；分析电路的控制动作，以便确定检查电路的步骤方法；对于比较复杂的电路，还应看懂是由哪些基本环节组成的，分析这些环节之间的逻辑关系。

2. 绘制布置图

在接线图中,各电气元件都要按照在安装板或控制柜中的实际安装位置绘出,元器件所占据的面积按它的实际尺寸依照统一的比例绘制;各电气元件之间的位置关系视安装盘的面积大小、长宽比例及连接线的顺序来决定。

3. 检查电气元件

电气元件先检查后使用,避免安装接线后发现问题再拆换,提高工作效率。对电气元件的检查应包括以下几个方面。

(1) 外观检查　电气元件的外观是否清洁完整;外壳有无碎裂;零部件是否齐全有效;各接线端子及紧固件有无缺失、生锈等现象。

(2) 触点检查　电气元件的触点有无熔焊黏连、变形严重、氧化锈蚀等现象;触点的闭合、分断动作是否灵活;触点的开距、超程是否符合标准;接触压力弹簧是否有效。

(3) 电磁机构和传动机构的检查　元器件的电磁机构和传动部件的动作是否灵活;有无衔铁卡阻、吸合位置不正等现象;新产品使用前应拆开清除铁芯端面的防锈油;检查衔铁复位弹簧是否正常。用万用表检查所有元器件的电磁线圈的通断情况,测量它们的直流电阻并作好记录,以备检查线路和排除故障时参考。

(4) 其他器件的检查　检查有延时作用的所有电气元件的功能,如时间继电器的延时动作、延时范围及整定机构的作用;检查热继电器的热元件和触点的动作情况。

(5) 电气元件规格的检查　核对各电气元件的规格(如元器件的电压等级和电流容量、触点的数目和开闭状况、时间继电器的延时类型等)与图样要求是否一致,不符合要求的应更换或调整。

4. 固定电气元件

按照接线图规定的位置将电气元件固定在安装底板上。元件之间的距离要适当,既要节省板面,又要方便走线和投入运行后的检修。固定元件的步骤如下。

(1) 定位　将电气元件摆放在确定好的位置,用尖锥在安装孔中心做好标记,元器件应排列整齐,以保证连接导线做得横平竖直、整齐美观,同时尽量减少弯折。

(2) 打孔　用手钻在做好标记的位置处打孔,孔径应略大于固定螺钉的直径。

(3) 固定　所有的安装孔打好后,用螺钉将电气元件固定在安装底板上。固定元器件时,应注意在螺钉上加装平垫圈和弹簧垫圈。紧固螺钉时将弹簧垫圈压平即可,不要过分用力,防止用力过大将元器件塑料底板压裂造成损坏。

5. 接线

接线时,必须按照接线图规定的方位进行。一般从电源端起,按线号顺序做,先做主电路,然后做控制电路。

接线前应先做好准备工作:按主电路、控制电路的电流容量选好规定截面积的导线;准备适当的线号管;使用多股线时应准备烫锡工具或压线钳。

接线应按以下步骤进行。

(1) 选适当截面积的导线,按接线图规定的方位,在规定好的电气元件之间测量所需的长度，截取适当长短的导线，剥去两端绝缘外皮。为保证导线与端子接触良好，要用电工刀将芯线表面的氧化物刮掉；使用多股芯线时要将线头绞紧，必要时应烫锡处理。

(2) 走线时应尽量避免导线交叉。先将导线校直，把同一走向的导线汇成一束，依次弯向所需的方向。走线应做到横平竖直，拐直角弯。做线时要将拐角做成 90°的“慢弯”，导线的弯曲半径为导线直径的 3~4 倍，不要用钳子将导线做成“死弯”，以免损伤绝缘层和线芯。做好的导线束用铝线卡垫上绝缘物卡好。

(3) 将成型好的导线套上线号管，根据接线端子的情况，将芯线围成圆环或直接压进接线端子。

(4) 接线端子应紧固好，必要时加装弹簧垫圈紧固，防止元器件动作时因振动而松脱。接线过程中注意按照图样核对，防止错接，必要时用万用表校线。同一接线端子内压接两根以上导线时，可以只套一只线号管；导线截面积不同时，应将截面积大的放在下层，截面积小的放在上层。

9.3.4 检查电路和试车

制作好控制电路后，必须经过认真检查才能通电试车，以防止错接、漏接及因元器件故障引起电路动作不正常，甚至造成短路事故。检查电路应按以下步骤进行。

1. 核对接线

对照原理图、接线图，从电源端开始逐段核对端子接线的线号，排除漏接、错接现象。重点检查控制电路中易接错处的线号，还应核对同一根导线的两端是否错号。

2. 检查端子接线是否牢固

检查所有端子上的接线的接触情况，用手一一摇动、拉拨端子上的接线，不允许有松脱现象，避免通电试车时因虚接造成麻烦，将故障排除在通电之前。

3. 电阻测量法检查电路

电阻测量法必须断电进行。电阻测量法可以分为分段测量法和分阶测量法。检查时，把万用表拨到(R×1)电阻挡，若用分段测量法，就逐段测量各个触点之间的电阻。若所测电路并联了其他电路，测量时必须将被测电路与其他电路断开。

用手动来模拟元器件的操作动作，根据电路的动作来确定检查步骤和内容。若测得某两点间的电阻很大，说明该触点接触不良或导线断开。对于接触器线圈，其进出线两端的电阻值应与铭牌上标注的电阻值相符；若测得 KM1 线圈间的电阻为无穷大，则线圈断线或接线脱落；若测得 KM1 线圈间的电阻接近于零，则线圈内部绝缘损坏，线圈可能短路。

4. 通电试车与调整

通电试车步骤如下。

(1) 空载操作试验　先切除主电路(可断开主电路熔断器)，装好控制电路熔断器，接通三相电源，使电路不带负荷(电动机)通电操作，以检查辅助电路工作是否正常。操作各按钮检查它们对接触器、继电器的控制作用；检查接触器的自锁、联锁等控制作用；用绝缘棒操作行程开关,检查它的行程控制或限位控制作用等。同时观察各元器件操作动作的灵活性,有无过大的噪声,线圈有无过热等现象。

在空载操作试验时,若出现故障,可以采用电压测量法检查故障。电压测量法可以分为分阶测量法和分段测量法。

分段测量法如图 9-26 所示。将万用表调到交流 500 V 挡,接通电源,按下起动按钮 SB2,正常时,KM1 吸合并自锁。这时电路中(1-2)、(2-3)、(3-4)各段电压均为 0 V,(4-5)之间为线圈的工作电压 380 V。

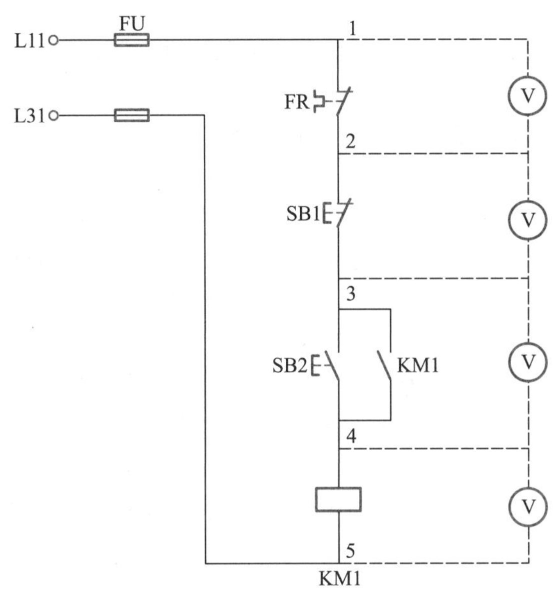

图 9-26　分段测量法

当触点故障时,按下按钮 SB2,若 KM1 不吸合,先测电源两端的电压,若测得电压为 380 V,说明电源电压正常,熔断器完好。接着测量各个触点之间的电压,若测得热继电器触点之间的电压为 380 V,说明热继电器 FR 保护触点已动作或接触不良,应检查触点本身是否接触不好或连线松脱,若测得 KM1 两端(3-4)的电压为 380 V,则 KM1 的触点没有吸合或连接导线断开,依此类推。

当线圈故障时,若各个触点之间的各段电压均为 0 V,KM1 线圈两端的电压为 380 V,而 KM1 不吸合,则故障是 KM1 线圈或连接导线断开。

分阶测量法是将电压表的一支表笔固定在线路电源的一端,如图中 5 点,另一支表笔依次按顺序接到 4、3、2、1 的每个点上。正常时,电压表的读数为电源电压;若没有读数,说明连线断开,将电压表的表笔逐级上移,当移至某点,电压表的读数又为电源电压,说明该点以上的触点接线完好,故障点就是刚跨过的那个点。

(2) 带负荷试车　控制电路经过数次空操作试验动作无误,即可切断电源,接通主电路,带负荷试车。如果发现电动机起动困难、发出噪声及线圈过热等异常现象,应立即停车,切断电源后进行检查。

习题

1. 判断题

(1) 行程开关的作用是将机械行走的长度用电信号转出。(　　)

(2) 接触器的文字符号为 FR。(　　)

(3) 热继电器的双金属片弯曲的速度与电流大小有关,电流越大,速度越快,这种特性称正比时限特性。(　　)

(4) 电动式时间继电器的延时时间不受电源电压波动及环境温度变化的影响。(　　)

(5) 铁壳开关安装时外壳必须可靠接触地。(　　)

(6) 断路器在选用时,要求断路器的额定通断能力要大于或等于被保护电路中可能出现的最大负载电流。　(　　)

(7) 熔断器的特性,是通过熔体的电压值越高,熔断时间越短。(　　)

(8) 电气原理图中的所有元器件均按未通电状态或无外力作用时的状态画出。(　　)

2. 选择题

(1) 正确选用电器应遵循的两个基本原则:安全原则和(　　)原则。

A. 经济　　B. 性能　　C. 功能

(2) 热继电器的保护特性与电动机过载特性贴近,是为了充分发挥电动机的(　　)能力。

A. 过载　　B. 控制　　C. 节流

(3) 低压熔断器,广泛应用于低压供配电系统和控制系统中,主要用于(　　)保护,有时也可用于过载保护。

A. 短路　　B. 速断　　C. 过流

(4) 低压断路器也称为(　　)。

A. 闸刀　　B. 总开关　　C. 自动低压断路器

(5) 热继电器的整定电流为电动机额定电流的(　　)%。

A. 120　　B. 100　　C. 130

(6) 继电器是一种根据(　　)来控制电路“接通”或“断开”的自动电器。

A. 外界输入信号(电信号或非电信号)　　B. 电信号

C. 非电信号

(7) 交流接触器的接通能力,是指开关闭合接通电流时不会造成(　　)的能力。

A. 触点熔焊　　B. 熄灭电弧　　C. 电压下降

(8) 拉开闸刀开关时,如果出现电弧,应(　　)。

A. 迅速拉开　　B. 立即合闸　　C. 缓慢拉开

3. 问答题

(1) 属于低压配电电器的有哪些?

(2) 属于低压控制电器的有哪些?

(3) 某机床一台三相异步电动机的型号为 Y132S-4,额定功率为 5.5 kW,额定电压为380 V,额定电流为 11.6 A,该电动机正常工作时不需要频繁起动。若用熔断器为该电动机提供短路保护,熔断器的型号规格应如何选择?

（4）什么叫自锁？什么叫互锁？举例说明其作用。

（5）在电气控制中，熔断器和热继电器的保护作用有什么不同？能不能用热继电器代替熔断器作短路保护？

（6）什么是布置图？它和原理图有什么区别？

（7）如图 9-27 所示电路是否有错误，应如何改进？

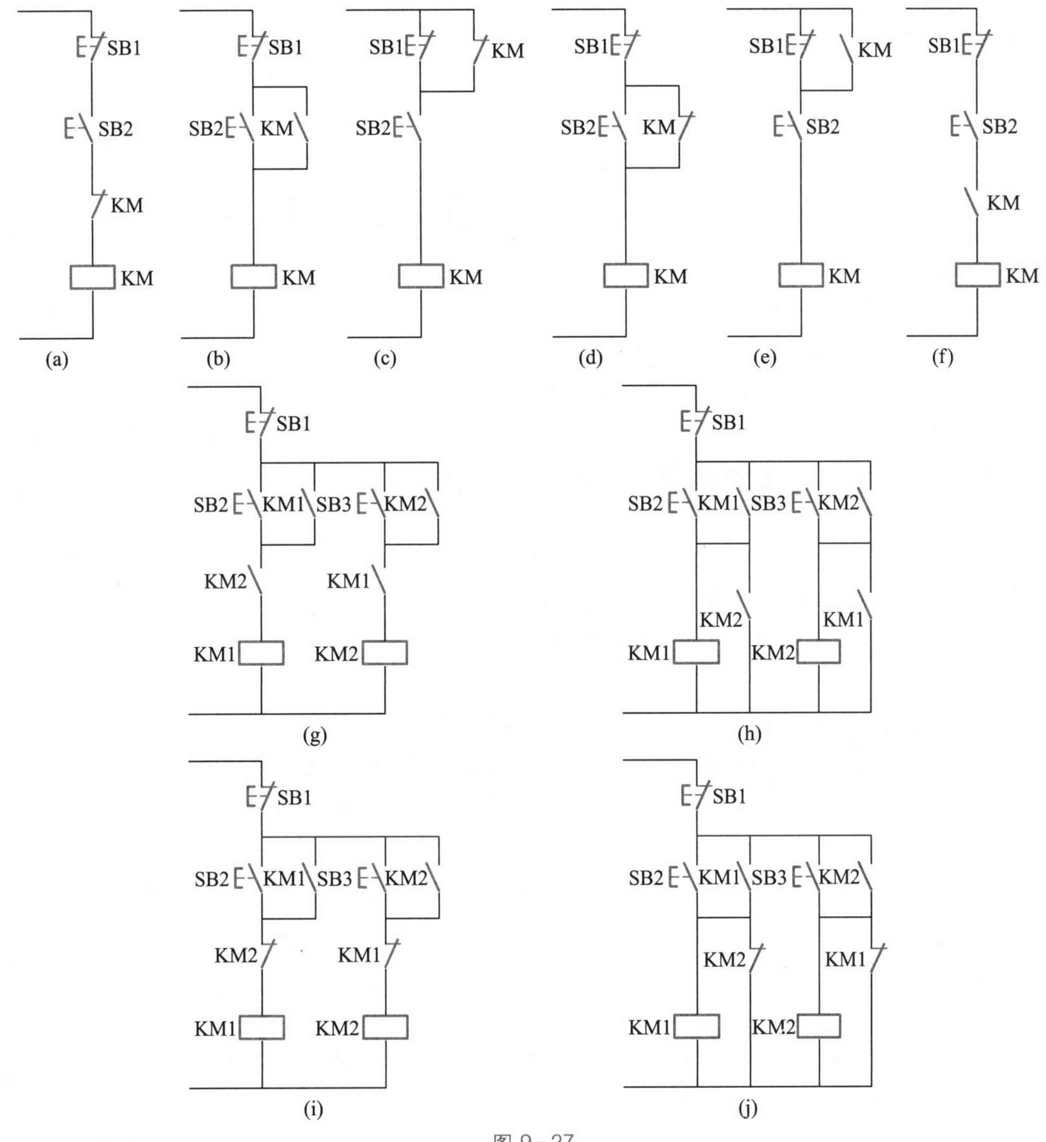

图 9-27

（8）画出三相异步电动机的连续运转控制原理图。

4. 现场讨论

（1）组织学生观察手中的交流接触器，仔细识读型号参数等信息，并小组讨论：

① 该交流接触器的型号是什么？型号所代表的含义？

② 该交流接触器其他参数含义分别是什么？

③ 选用交流接触器的主要参数是哪些?

④ 绘制出接触器的六个接线柱以及接线的方式。

⑤ 该交流接触器线圈的电阻是多大?

⑥ 如何在断电情况简单检测交流接触器的好坏?

⑦ 拆解交流接触器,观察内部结构(哪个是短路环?)

(2) 组织学生观察手中的热继电器,仔细识读型号参数等信息,并小组讨论:

① 该热继电器的型号是什么?

② 该热继电器其他参数含义分别是什么?

③ 选用热继电器的主要参数是哪些?

④ 如何在断电情况简单检测热继电器的好坏?

(3) 组织学生观察手中的辅助触点组,仔细识读型号参数等信息,并小组讨论:

① 该辅助触点组的型号是什么?

② 该辅助触点组额定工作电压和工作电流是多少?

③ 哪几对为动断触点,哪几对为动合触点?

④ 如何在断电情况简单检测辅助触点组的好坏?

拓展延伸 城市轨道交通车站电扶梯

电扶梯系统由自动扶梯、垂直电梯及楼梯升降机组成,是城市轨道交通系统的一个重要组成部分。自动扶梯每天担负着运送大量旅客的任务,对客流的及时疏散起到了至关重要的作用。垂直电梯与楼梯升降机的设置也满足了残疾人等特殊人群的需要。

1. 设置原则

(1) 自动扶梯

站台至站厅设置上、下行自动扶梯;出入口及过街隧道,根据客流量设置上、下行自动扶梯。当提升高度达到 6 m 以上时,设置上、下行自动扶梯以保证客流的及时疏散。

(2) 垂直电梯及楼梯升降机

各种电梯均按无障碍设计,使用时,垂直电梯与楼梯升降机配合使用。站厅至站台的垂直电梯尽量设于付费区,地面至站厅垂直电梯井道与出入口相结合设计,楼梯升降机一般设置于出入口。

2. 自动扶梯工作原理

自动扶梯是指带有循环运动梯路向上或向下倾斜输送乘客的固定电力驱动设备,如图 9-28 所示。其工作原理包含有机械方面和电气方面。

机械方面,电动机运转时,通过联轴器带动减速箱输入轴端,经斜齿轮或蜗轮蜗杆传动。减速箱输出轴端链轮再通过主驱动链带动上部链轮中的主驱动链轮、梯级链轮和扶手带驱动链轮运动。梯级链轮带动梯级沿导轨作往复运动,扶手带驱动链轮则通过摩擦轮或夹压驱动扶手带作往复运动,从而实现扶梯的运动功能。

电气方面,扶梯通电并选择运行方向后,主接触器得电吸合,工作制动器打开,Y联结起动接触器吸合,Y联结起动,延时几秒后,Y联结起动接触器断开,△联结起动接触器吸合,扶梯改为△联结起动,直到额定速度,起动过程完毕,进入正常运行状态。

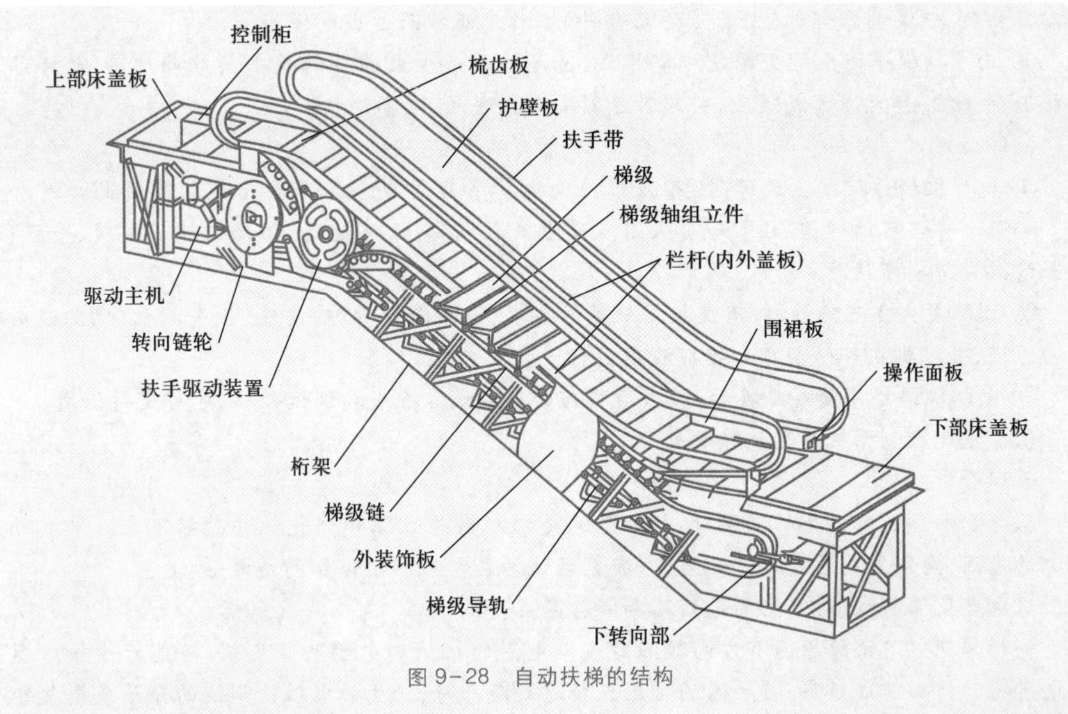

图 9-28　自动扶梯的结构

3. 垂直电梯工作原理

垂直电梯是由曳引绳两端分别连着轿厢和对重，缠绕在曳引轮和导向轮上，曳引电动机通过减速器变速后带动曳引轮转动，靠曳引绳与曳引轮摩擦产生的牵引力，实现轿厢和对重的升降运动，达到运输目的。

垂直电梯包含四大空间：机房部分、井道及底坑部分、轿厢部分、层站部分。八大系统：曳引系统、导向系统、轿厢系统、门系统、重量平衡系统、电力拖动系统、电气控制系统、安全保护系统，如图 9-29 所示。

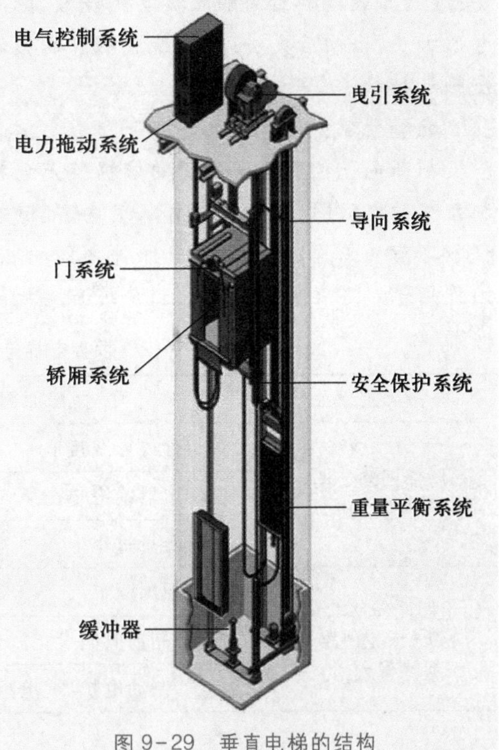

图 9-29　垂直电梯的结构

4. 电梯维修与保养

电梯保养指定期对运行的电梯部件进行检查、加油、清除积尘、调试安全装置的工作，包括电梯曳引钢丝绳的无损检测与润滑维护等。

(1) 机械系统常见故障及处理

原因分析：

① 由于润滑不良或润滑系统故障，造成部件的转动部位严重发热磨损或抱轴，导致滚动或滑动部位的零部件毁坏。

② 由于电梯频繁使用，某些零部件发生磨损、老化，保养不到位，未能及时更换或修复已磨损的部件，造成损坏进一步扩大，迫使电梯停机。

③ 电梯运行过程中由于振动引起某些紧固螺钉

松动或松脱，使某些零部件（尤其是运动部件）工作不正常而造成电梯损坏。

④ 由于电梯平衡系统失调或严重超载，造成轿厢产生大的抖动或平层准确度差，最终导致电梯速度失控，甚至冲顶或蹾底，引起限速器安全钳联动，电梯停机。

故障处理：

① 电梯机械系统发生故障时，维修工应向电梯管理员或乘客了解出现故障时的情况和现象。如果电梯仍可运行，可让管理员采用点动方式让电梯上、下运行，维修工通过耳听、手摸、测量等方式分析判断故障点。

② 故障发生点确定后，按有关技术规范的要求，仔细进行拆卸、清洗、检查测量，确定造成故障的原因，并根据机件的磨损和损坏程度进行修复或更换。

③ 电梯机件经修复或更换后，投入运行前必须经认真检查和调试合格，才可交付使用。

(2) 电气控制系统常见故障及处理

原因分析：

从电梯电气故障发生的范围看，最常见的是门机系统故障和电气组件接触不良。造成相关故障的原因，则主要关系到元件的质量、安装调试的质量及维护保养的质量等。

从电气故障的性质看，主要是短路和断路两类：

电梯常见短路故障原因有方向接触器或继电器的机械和电子联锁失效，可能产生接触器或继电器抢动作而造成短路；接触器的主触点接通或断开时，产生的电弧使周围的介质或电气组件的介质被击穿而短路；电气组件的绝缘材料老化、失效、受潮造成短路；由于外界原因造成电气组件的绝缘破坏以及外材料入侵造成短路。

引起断路的原因主要有电气组件引入、引出线松动；回路中作为连接点的焊接虚焊或接触不良；继电器或接触器的触点被电弧烧毁；触点表面有氧化层；触点的簧片被接通或断开时产生的电弧加热，冷却后失去弹力，造成触点的接触压力不够；继电器或接触器吸合或断开时，由于抖动使触点接触不良等。

故障处理：

判断电气控制系统故障的依据就是电梯控制原理。因此，要迅速排除故障，必须掌握电梯控制系统的电路图，搞清楚电梯从定向、起动、加速、满速运行、到站预报、换速、平层、开关门等全过程各环节的工作原理，各电气组件之间的相互控制关系，以及电气组件、继电器、接触器及其触点的作用等。垂直电梯电气控制系统常见故障及处理方法见表 9-2。

表 9-2 垂直电梯电气控制系统常见故障及处理方法

故障现象	故障原因	处理方法
局部回路熔丝经常烧断	该组件或导线接地	查出接地点，酌情处理
	某继电器绝缘垫击穿	加强绝缘片绝缘或更换继电器
	熔丝容量过小	按额定电流选用适当熔丝
主回路熔丝经常烧断（或主回路开关经常跳闸）	部分原因同上	对应处理同上
	起动、制动时间设定过长或过短	按电梯技术说明书调整起动、制动时间
	起动、制动电抗器（电阻）接头压片松动	紧固接头

续表

故障现象	故障原因	处理方法
闭合基站钥匙开关，基站电梯不能开门	厅外开关门钥匙开关接触不良或损坏	更换钥匙开关
	开门第一限位开关触点接触不良	更换限位开关
	基站厅外开关门控制开关触点接触不良或损坏	更换开关门控制开关
	开门继电器损坏或其控制电路有故障	更换继电器或检查故障线路并修复
按关门按钮不能关门	关门继电器损坏或关门回路有故障	更换继电器或检查关门回路并修复
	关门第一限位开关触点接触不良	更换限位开关
	安全触板卡死或开关损坏	调整安全触板或更换触板开关
	门区光电保护装置故障	修复、调整或更换
电梯运行时轿厢有异常或噪声	导轨润滑不良	清洗导轨并加油
	导向轮或反绳轮与轴套润滑不良	清洗并更换润滑油脂
	感应器与隔磁板碰撞	调整感应器或隔磁板位置
	导靴靴衬磨损严重	更换靴衬
	滚动靴轴承磨损	更换轴承
	制动器间隙过大或过小	调整制动器间隙
	轿厢顶挂件松动或井道有异物	紧固挂件，清除异物
关门时门区保护装置失灵	安全触板的行程开关短路	检查门控开关，排除短路点或更换
	安全触板传动机构失灵	调整安全触板传动机构，使其灵活可靠
	安全触板微动开关被卡死，不能动作	修复或更换微动开关
	门区光电感应、光幕失灵	检查并修复

(3) 接触器、继电器故障处理　接触器、继电器是由电磁系统、主触点、辅助触点、灭弧系统、支架和外壳等组成的。对其进行保养换件修理时，需要进行拆装调整工作。现以交流接触器为例，简要叙述其拆装方法如下。

① 接触器的解体：

将灭弧罩侧朝下，一只手压住底盖，另一只手用螺钉旋具拧掉底座螺钉，取出半个底盖，底盖与铁芯间的减振纸片要保存好。

取出静铁芯、支架和两个压簧。

摘掉线圈接线卡子，将线圈取出，并将两个较长且较软的压簧取出来，这时即可更换线圈。

将灭弧罩侧向上，卸掉灭弧罩，提起主触点卡子，将主触点和弹片取出。

拧下两组动断辅助触点的静触点螺钉，一只手从外壳内顶住动铁芯，另一只手将静触点从卡槽中取出。然后，将动铁芯与触点支架从外壳中取出，这时即可更换动辅助触点。

将动铁芯上的销钉取出来，铁芯即与动触点支架分开(注意将减振纸垫保存好)。

接下来，可更换和修理动、静铁芯。

注意：动铁芯销钉不能过松，否则易引起故障。

② 接触器的组装：

组装的顺序与拆卸顺序正好相反，注意各活动部位应无卡阻和几对触点动作的同期性。

组装完毕，应进行线圈通电试验。

（4）电梯曳引机故障处理 电梯曳引机是一种安装在机房内的主要传动设备，曳引机通过钢丝绳与曳引轮槽之间的摩擦来实现电梯轿厢的上下运行。

电梯曳引机发生故障的机会较少，但是若发生故障，则需花费很长的修理时间，而且修理费用也很高，并且电梯将较长时间不能使用，所以要注意加强保养工作和检查工作。

① 要经常训练自己的耳听能力，以便熟悉各种不同型号的电动机运转时的正常声音，从而能够区别故障声音。

② 要学会利用铁棒、螺钉旋具等金属工具检查轴承的摩擦声音，以便判断出轴承是否存在磨损。

③ 如果轴承的磨损不均匀，使得转子和定子的气隙也不均匀，当电动机旋转时就会产生电磁噪声，要训练耳朵熟悉此类噪声。

④ 如果灰尘进入轴承太多，也会产生不规则的噪声。

⑤ 如果各种不正常的轴承噪声还不致引起发热或振动，则电动机允许继续运行。

⑥ 滚珠轴承或滚柱轴承内的润滑油应占空间的2/3，润滑油太少会使轴承使用寿命缩短，产生电磁噪声。

电梯曳引机的故障及可能原因见表9-3。

表9-3 电梯曳引机的故障及可能原因

故障	可能原因
振动	联轴器松动或不同心
	底座固定螺钉松动
	轴承磨损严重或轴承润滑油不够
	转子本身的故障以致转动时不平衡
电动机温升超过极限（轴承的温升为40 ℃，若温度高，润滑油变稀流失，轴承容易磨损）	电动机相间短路，匝间短路或对地短路
	电梯的持续过载
	频繁地起动和停止
	电源电压过高
	电动机的通风孔被灰尘堵塞，以致风量不够，冷却达不到要求
	机房温度过高
	制动器工作失常，制动正在运转的电动机，致使电动机电流过大
	主接触器的一相接触不良，致使三相电流不平衡
	起动电流过大（由于起动电阻或起动指令等原因引起）

参考文献

[1] 李敬梅,乔一.电气基本控制线路安装与维修[M].北京:中国劳动社会保障出版社,2012.

[2] 孙克军.电工手册[M].北京:化学工业出版社,2012.

[3] 蒋芳芳.城市轨道交通车站机电设备检修工——低压供电设备检修[M].北京:中国铁道出版社,2016.

[4] 王小祥.维修电工基本技能训练[M].北京:中国劳动社会保障出版社,2011.

[5] 邹益民.城市轨道交通车站机电设备检修工——电扶梯、站台门设备检修[M].北京:中国铁道出版社,2015.

[6] 胡海燕.城市轨道交通车站机电设备检修工——火灾报警设备检修[M].北京:中国铁道出版社,2015.

[7] 徐三元.低压电工作业[M].徐州:中国矿业大学出版社,2015.

[8] 万英.电工手册[M].北京:中国电力出版社,2013.

[9] 李正吾.新电工手册[M].2版.合肥:安徽科学技术出版社,2012.

[10] 雷三元,万华清,葛中海.电子基本操作技能[M].4版.北京:中国劳动社会保障出版社,2009.

[11] 于涛.城市轨道交通电工电子[M].北京:机械工业出版社,2011.

[12] 张莹,吴冰.城市轨道交通车站设备[M].北京:电子工业出版社,2011.

[13] 姚美莲.电工理论(中级)[M].北京:中国劳动社会保障出版社,2017.

[14] 邵展图.数字电子电路[M].北京:中国劳动社会保障出版社,2012.

[15] 邵展图.模拟电子电路[M].北京:中国劳动社会保障出版社,2011.

郑重声明

城市轨道交通电工电子技术
工作任务手册

配套资源索引

序号	名称	对应页码	资源类型
1	触电急救演示	1	微课
2	直流单臂电桥测量电阻	7	微课
3	导线连接	14	微课
4	色环电阻的识别与检测	17	微课
5	变压器的测试	31	微课
6	二极管的检测	36	微课
7	晶体管的检测	40	微课
8	LM317 稳压电路的安装与调试	43	微课
9	三人表决器安装与调试	48	微课
10	广告流水灯安装与调试	53	微课
11	多谐振荡器安装与调试	58	微课
12	单控节能灯的安装与调试	63	微课
13	双控荧光灯电路的安装与调试	69	微课
14	电动机绝缘测试	75	微课
15	异步电动机星形接法	80	微课
16	异步电动机三角形接法	80	微课
17	电动机点动与连续控制电路安装与调试	85	微课
18	电动机正反转控制电路安装与调试	90	微课
19	电动机位置控制电路安装与调试	95	微课
20	电动机Y-△降压起动电路安装与调试	100	微课

目　录

模块1 安全用电常识

任务 触电急救演练

任务目标

1. 掌握触电脱离电源的方法。
2. 掌握人工呼吸法、胸外挤压法等急救的实际操作方法和流程。
3. 能正确使用相关的安全用具。
4. 按电工作业规程,作业完毕后能清点工具、人员,收集剩余材料,清理工程垃圾。
5. 能正确填写任务单的验收项目,并交付验收。
6. 培养语言表达能力。

微课

触电急救演示

实训器材

心肺复苏模拟人、安全帽、绝缘杆或干燥的木棍等。

明确任务

模拟实训课室里有人在给设备接电过程中不小心触电倒地,要求迅速采取紧急触电急救措施。

任务实施

急救四原则:迅速脱离电源、就地进行施救、使用正确方法、坚持就是胜利。

步骤一:迅速脱离电源。立即将实训室配电箱电源断开;利用手中绝缘杆或干燥的木棍将搭在模拟人身上的带电导线挑开。

步骤二:现场救治。

① 拨打 120 急救电话。

② 判断触电者伤势情况。

③ 把模拟人放平，头往后仰 70°~90°，形成开放气道，正确人工吹气 2 次。

④ 然后进行单人正确胸外按压 30 次。

⑤ 再进行单人正确人工吹气 2 次。

⑥ 连续进行正确胸外按压 30 次，正确人工呼吸 2 次(即 30∶2)的五个循环(包括步骤④、⑤的一个循环在内)。

⑦ 当颈动脉连续搏动，心脏跳动，恢复心跳声音，瞳孔由原来的散大自动缩小时，说明人被救活。

总结与评价

(1) 任务验收(验收表见表 1-1)。

表 1-1 验 收 表

考核内容	评分标准	分值	得分
操作准备	仪表端庄，衣帽整齐，动作迅速。(一项不符合扣 1 分) 用物齐全：摆放合理，便于操作(少一种扣 0.5 分)	3 3	
环境评估，判断意识和呼吸	环境评估 判断意识：轻拍触电者肩部并大声呼唤患者："××，××，你怎么了？"。确认意识丧失，告知："触电者无意识"。 颈动脉搏动、呼吸：用右手的中指和食指从气管正中环状软骨(相当于喉结的部位)划向近侧 1.5~2 cm 至胸锁乳突肌前缘凹陷处，判断时间为 5~10 s(口述 1001，1002，1003，1004，1005，1006，1007…)(未做不得分，位置不准确扣 3 分，判断时间短扣 1 分)。同时检查呼吸：扫视患者口鼻、胸廓有无起伏。不能确认有颈动脉搏动、呼吸，告知"颈动脉无搏动、无呼吸"。(一项不符合扣 1 分)	2 2 8	
呼救	呼救："来人啊！有人触电了！"并打 120 电话。(一项不符合扣 1 分) 记录时间	3 2	
复苏体位	硬地板或床板，去枕，摆正体位、躯体成一直线，解开衣领、腰带，暴露胸部	5	
胸外按压	定位：(1) 胸骨中段、下段 1/3 交界处，或两乳头连线中点 (2) 沿肋弓下缘摸至剑突，上二横指旁(位置不正确不得分) 方法：操作者一手掌根部紧贴按压部位，另一手重叠其上，指指交叉，手指离开胸壁，双臂伸直并与患者胸部呈垂直方向，用上半身重量及肩臂肌力量向下用力按压，力量均匀、有节律(30 次按压时间为 15~18 s)。(方法不正确扣 3 分) 深度：按压时胸骨下陷，成人 5~6 cm。(按压深度不够扣 3 分) 频率：频率 100~120 次/min。(频率过快或过慢各扣 2 分) 比例：按压和放松时间为 1∶1，胸廓完全回弹	5 5 5 5	

续表

考核内容	评分标准	分值	得分
清理呼吸道	将患者头偏向一侧,清除口鼻咽污物(若有假牙应取出),注意速度要快。(未做不得分,少一项扣1分)	4	
开放气道	采用仰头抬颚法(左手掌根部置于患者的前额,向后方施加压力,右手中指、食指向上向前托起下颚,下颚角与耳垂连线应与床面垂直)使患者口张开。(方法不对不得分,气道打开不彻底扣3分)	5	
人工呼吸	保持气道开放,捏紧患者鼻翼,深吸一口气,屏气,双唇包住患者口唇,吹气,时间约1 s。 松手,待患者呼气,频率10~12次/min	4 10	
操作要点	胸部按压与人工呼吸比例为30∶2,此为1组。持续进行5组2 min CPR(心脏按压开始、送气结束),再次判断,时间不少于5~10 s(少一个循环,未判断结果各扣3分,判断时间短扣1分)	15	
有效指征判断	口述:颈动脉搏动恢复,自主呼吸恢复;瞳孔由大缩小,对光反射恢复;面色、口唇、牙床由紫绀变红润; 记录时间;如未恢复继续5个循环后再判断	5 1	
复苏后体位,观察	安置患者平卧,头偏一侧或侧卧位,注意观察患者意识状态、生命体征。(少一项扣0.5分)	4	
终末处理	整理用物,洗手、记录、签名	2	
整体评价	操作规范、熟练,反应敏捷,呼叫120时内容清楚流畅,关心体贴病人,注意保暖	2	
合计			

(2) 工作总结　同学们以小组形式,通过演示文稿、展板、海报、录像等形式,向全班展示、汇报学习成果。

任务延伸

消防演习是为了增强人们安全防火意识的活动,可以让大家进一步了解并掌握火灾的处理流程,并提升在处理突发事件过程中的协调配合能力。

1. 组织学生查看手提式干粉灭火器实物,了解灭火器的结构和功能。
2. 组织学生完成(或正确示范)手提式干粉灭火器的使用。
3. 组织学生完成一次消防疏散演练。

模块2 常用电工仪表的使用

任务1 接地电阻测试仪的使用

任务目标

1. 能阅读“接地电阻检测”工作任务单。
2. 熟练掌握接地电阻测试仪的结构、工作原理及使用方法。
3. 能正确使用接地电阻测试仪测量电气设备的外壳、防雷装置的接地电阻。
4. 能根据任务要求制订工作计划。
5. 能根据任务要求列举所需工具和材料清单。
6. 能按电工作业安全操作规程作业,完毕后能清点工具、人员,整理仪表,拆除防护措施。
7. 能正确填写任务单的验收项目,并交付验收。
8. 会利用网络资源查找所需相关资料。
9. 培养安全意识,严格遵守电工安全操作规程。

实训器材

接地电阻测试仪、接地探针、专用导线等。

明确任务

1. 任务描述

良好的接地是电气设备正常运行的重要保证。在通信系统中,接地系统是否安全可靠直接影响通信质量和设备安全。某电信电源维护部门工作人员需要定期检测接地电阻,填写电气设备接地电阻测试报告,见表2-1。

表 2-1 电气设备接地电阻测试报告

被测试单位：

序号	接地类别	安装位置	试验值	设计值	结论
1					
2					
3					
4					
试验人：			审核：		
被测试单位：			试验日期： 年 月 日		

备注：接地类别可分为：保护接地/防雷接地/工作接地/共用(联合)接地/等电位接地/防静电接地/其他接地。

2. 任务分析

引导问题 1：什么是接地电阻？包括哪些种类？有什么测试要求？

引导问题 2：接地电阻测试仪有哪些型号？如何读数？

引导问题 3：以 ZC-8 型三端钮的接地电阻测试仪为例，测试前是如何接线的？

任务实施

(1) 工作步骤的制订

(2) 填写领料单 为完成工作任务，每个工作小组需要向工作站内仓库工作人员提供领料单(见表 2-2)。

表 2-2 领 料 单

序号	名称	型号/规格	用途	数量
1				
2				
3				

(3) 严格按照接地电阻测试仪安全操作规程进行测试，并填写试验报告。

(4) 简述实施过程中需要注意的事项。

总结与评价

(1) 检测完毕，清点工具和材料，拆除防护措施。

（2）小组之间互相检查验收，填写表 2-3。

（3）工作总结 自我总结本次任务中出现的主要问题和难点及其解决方案，建议工作总结应包含以下主要因素：

① 通过接地电阻测试仪的使用学到了什么（专业技能和技能之外的认识）？

② 整个任务过程中是否存在问题？若有问题，是什么问题？什么原因导致的？下次该如何避免？

③ 对自己在小组中的表现满意吗？如果不满意，那你还需要从哪几个方面努力？接下来的学习有何打算？

表 2-3 任务评价表

<table>
<tr><td colspan="7">工作任务评价表</td></tr>
<tr><td colspan="2">任务名称：</td><td colspan="2">班级______
小组______
姓名______</td><td colspan="3">指导教师：______
日　　期：______</td></tr>
<tr><td rowspan="2">评价项目</td><td rowspan="2">评价标准</td><td colspan="3">评价方式</td><td rowspan="2">分值</td><td rowspan="2">小计</td></tr>
<tr><td>学生自评占 20%</td><td>小组互评占 30%</td><td>教师评价占 50%</td></tr>
<tr><td>职业素养</td><td>1. 是否遵守实训规章制度
2. 是否严格执行 7S 管理
3. 是否遵守安全生产规定
4. 组织协作能力</td><td></td><td></td><td></td><td>25</td><td></td></tr>
<tr><td>专业能力</td><td>1. 是否理解检测要求并制订正确的检测工艺
2. 工具使用是否正确合理
3. 操作是否准确和规范
4. 分析判断是否准确
5. 任务完成质量</td><td></td><td></td><td></td><td>60</td><td></td></tr>
<tr><td>创新能力</td><td>1. 任务过程中能否主动分析解决问题
2. 能否合理组织任务实施</td><td></td><td></td><td></td><td>15</td><td></td></tr>
<tr><td>合计</td><td colspan="6"></td></tr>
</table>

任务延伸

思考以下问题：

（1）为什么在雷电天气下禁止接地电阻的测试？

（2）对于手摇式接地电阻测试仪，其手摇速度的快慢会不会影响其测量结果？

任务 2　直流单臂电桥的使用

任务目标

1. 能阅读“直流单臂电桥的使用”工作任务单。
2. 熟练掌握直流单臂电桥的结构、工作原理及使用方法。
3. 能正确使用直流单臂电桥测量电阻。
4. 能根据任务要求制订工作计划。
5. 能根据任务要求列举所需工具和材料清单。
6. 能按电工作业安全操作规程作业，完毕后能清点工具、人员，整理仪表，拆除防护措施。
7. 能正确填写任务单的验收项目，并交付验收。
8. 会利用网络资源查找所需相关资料。
9. 培养安全意识，严格遵守电工安全操作规程。

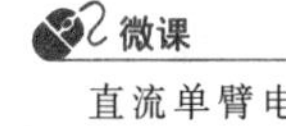

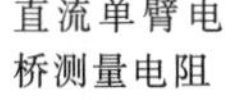
直流单臂电桥测量电阻

实训器材

直流单臂电桥、若干电阻。

明确任务

1. 任务描述

某电气科技公司生产各种电力设备、电源设备、机械设备及配件、控制设备及配件，今日有一批产品要出厂，质检部门工作人员需要抽样检测各项指标，其中包括变压器、电动机等的直流电阻，填写直流电阻测试记录表见表 2-4。

表 2-4　直流电阻测试记录表

<table>
<tr><td colspan="2">质量验收依据
文件名称及编号</td><td colspan="2"></td><td>最小/实际
抽样数量</td><td colspan="2"></td></tr>
<tr><td colspan="2">测试日期</td><td colspan="5">年　月　日　至　年　月　日</td></tr>
<tr><td colspan="2">测试时的环境：</td><td colspan="2">晴　阴　雨</td><td colspan="3">温度：　℃　相对湿度：　%</td></tr>
<tr><td rowspan="2">测试仪表</td><td>制造厂商</td><td></td><td>量程</td><td></td><td>品牌
（商标）</td><td></td></tr>
<tr><td>名称/型号</td><td></td><td>分辨
精度</td><td></td><td>出厂编号</td><td></td></tr>
</table>

续表

<table>
<tr><td>被测线路
(装置)名称</td><td colspan="5"></td></tr>
<tr><td>序号</td><td>比例臂</td><td>比较臂</td><td>产品要求
电阻值/Ω</td><td>直流电阻
实测值/Ω</td><td>结论</td></tr>
<tr><td></td><td></td><td></td><td></td><td></td><td></td></tr>
<tr><td colspan="6">检测调试说明:</td></tr>
<tr><td colspan="2">综合评价结论/备注</td><td colspan="4"></td></tr>
<tr><td colspan="2">检测调试负责人</td><td colspan="4"></td></tr>
</table>

2. 任务分析

引导问题1:什么是直流单臂电桥?

引导问题2:简述直流单臂电桥的工作原理。

任务实施

(1) 工作步骤的制订

(2) 填写领料单　为完成工作任务,每个工作小组需要向公司仓库工作人员提供领料单(见表2-5)。

表2-5　领　料　单

序号	名称	型号/规格	用途	数量
1				
2				
3				
4				
5				
6				

(3) 严格按照直流单臂电桥的安全操作规程进行测试,并填写试验报告。

(4) 简述实施过程中需要注意的事项。

总结与评价

(1) 检测完毕,清点工具和材料,拆除防护措施。

(2) 小组之间互相检查验收,填写任务评价表(见表 2-6)。

表 2-6　任务评价表

工作任务评价表						
任务名称:		班级______ 小组______ 姓名______		指导教师:______ 日　　期:______		
评价项目	评价标准	评价方式			分值	小计
		学生自评占 20%	小组互评占 30%	教师评价占 50%		
职业素养	1. 是否遵守实训规章制度 2. 是否严格执行 7S 管理 3. 是否遵守安全生产规定 4. 组织协作能力				25	
专业能力	1. 是否理解检测要求并制订正确的检测工艺 2. 工具使用是否正确合理 3. 操作是否准确和规范 4. 分析判断是否准确 5. 任务完成质量				60	
创新能力	1. 任务过程中能否主动分析解决问题 2. 能否合理组织任务实施				15	
合计						

(3) 工作总结　自我总结本次任务中出现的主要问题和难点及其解决方案,建议工作总结应包含以下主要因素:

① 通过直流单臂电桥的使用学到了什么(专业技能和技能之外的认识)?

② 整个任务过程中是否存在问题? 若有问题,是什么问题? 什么原因导致的? 下次该如何避免?

③ 对自己在小组中的表现满意吗? 如果不满意,那你还需要从哪几个方面努力? 接下来的学习有何打算?

任务延伸

通过查阅资料，简述直流双臂电桥与直流单臂电桥的区别，以及如何使用直流双臂电桥？

模块3 电工工具的使用

任务1 电烙铁的使用

任务目标

1. 能根据任务要求制订工作计划。
2. 能根据任务要求列举所需工具和材料清单。
3. 掌握电烙铁的使用方法。
4. 掌握手工焊的操作技巧及工艺要求。
5. 能按电工作业安全操作规程、7S要求作业，完毕后能清点工具、收集剩余材料，清理工程垃圾。
6. 能正确填写任务单的验收项目，并交付验收。
7. 会利用网络资源查找所需相关资料。
8. 培养安全意识，严格遵守电工安全操作规程。

实训器材

电烙铁、烙铁架、万能电路板、焊锡、吸锡器、若干电子元器件等。

明确任务

1. 任务描述

随着现代科技的高速发展和电子产业的需要，焊接方法已从传统的手工焊接逐步向智能化自动焊机转变，但手工焊接在小批量生产、研制开发产品和维修过程中仍发挥着自动焊机不可替代的重要作用。本任务是电烙铁的使用，要求如下：

（1）在万能电路板上用焊锡焊接出一个“田”字形，要求从板每边的第三行开始焊接，作为“田”字形的外边框。

(2) 将电阻器(3只)、电解电容器(2只)、晶体管(2只)焊接到万能电路板上。

2. 任务分析

引导问题1:什么是万能电路板,万能电路板是单层板还是双层板?哪个是电路板的正面,为什么?

引导问题2:新买的电烙铁在使用前应如何处理?

任务实施

(1) 工作步骤的制订

(2) 填写领料单 为完成工作任务,每个工作小组需要向仓库工作人员提供领料单(见表3-1)。

表3-1 领 料 单

序号	名称	型号/规格	用途	数量
1				
2				
3				

(3) 按照制订的工作步骤作业,工作过程中严格遵守电工安全操作规程。

总结与评价

(1) 焊接完毕,清点工具和材料,清理工程垃圾。

(2) 小组之间互相检查验收,填写焊接质量评价表(见表3-2)。

表3-2 焊接质量评价表

班 级:________ 项目组:________ 姓名:________

评价项目		自评	互评
		数目	数目
总焊点			
良性焊点			
不良焊点	虚焊		
	偏焊		
	桥接		
	堆焊		

续表

<table>
<tr><th colspan="2" rowspan="2">评价项目</th><th>自评</th><th>互评</th></tr>
<tr><th>数目</th><th>数目</th></tr>
<tr><td rowspan="6">不良焊点</td><td>缺焊</td><td></td><td></td></tr>
<tr><td>针孔</td><td></td><td></td></tr>
<tr><td>拉尖</td><td></td><td></td></tr>
<tr><td>拖尾</td><td></td><td></td></tr>
<tr><td>冷焊</td><td></td><td></td></tr>
<tr><td>脱焊</td><td></td><td></td></tr>
<tr><td colspan="3">个人合格率
（良性焊点数/总焊点数×100%）</td><td></td></tr>
<tr><td colspan="3">小组平均合格率</td><td></td></tr>
<tr><td colspan="3">质检员姓名</td><td></td></tr>
</table>

（3）工作总结　自我总结本次任务中出现的主要问题和难点及其解决方案，建议工作总结应包含以下主要因素：

① 通过电烙铁的使用学到了什么（专业技能和技能之外的认识）？

② 整个任务过程中是否存在问题？若有问题，是什么问题？什么原因导致的？下次该如何避免？

任务延伸

电烙铁在使用过程中常出现烙铁头不吃锡、通电后不热等故障，请自行查阅资料排除故障，并加以说明。

① 烙铁头通电后不热；② 烙铁头带电；③ 烙铁头不上锡；④ 烙铁头出现凹坑。

任务2 导线的连接与绝缘恢复

任务目标

1. 能根据任务要求制订工作计划。
2. 能根据任务要求列举所需工具和材料清单。
3. 能利用常用电工工具完成导线的剪切、剖削。
4. 掌握导线连接与绝缘修复的方法。
5. 能按电工作业安全操作规程、7S要求作业,完毕后能清点工具、收集剩余材料,清理工程垃圾。
6. 能正确填写任务单的验收项目,并交付验收。
7. 会利用网络资源查找所需相关资料。
8. 培养积极的学习态度,通过理论联系实际,更好地达到知识和能力的结合。

实训器材

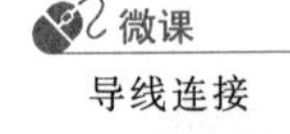

导线连接

电工刀、剥线钳、钢丝钳、绝缘胶带等。

明确任务

1. 任务描述

本任务是练习导线的连接与绝缘恢复操作上的规范化,主要培养学生从基本功扎实做起的良好习惯。具体要求如下:

(1) 练习用电工刀、剥线钳、钢丝钳剖削导线绝缘层。

(2) 将单股导线进行直线连接与T形连接。

(3) 将7股导线进行直线连接与T形连接。

(4) 恢复导线绝缘层。

2. 任务分析

引导问题1:导线连接的基本要求是什么?

引导问题2:导线连接与绝缘恢复需要使用哪些工具?

任务实施

(1) 简述以下子任务的工作步骤。

① 单股导线的直线连接步骤:

② 单股导线T形连接步骤:

③ 7 股导线的直线连接步骤：

④ 7 股导线 T 形连接步骤：

⑤ 导线直线连接和 T 形连接的绝缘恢复：

（2）填写领料单 为完成工作任务，每个工作小组需要向仓库工作人员提供领料单（见表 3-3）。

表 3-3 领 料 单

序号	名称	型号/规格	用途	数量
1				
2				
3				

（3）按照制定的工作步骤，通过网络资源的视频展示和老师演示直观学习导线的连接和恢复绝缘方法，完成工作任务。

总结与评价

（1）连接完毕，清点工具和材料，清理工程垃圾。

（2）小组之间互相检查验收，填写任务评价表（表 3-4）。

表 3-4 任务评价表

序号	主要内容	评分标准	分值	自我评价	小组评价	教师评价
1	导线连接	（1）剖削绝缘导线的方法，不正确扣 5 分 （2）缠绕方法，不正确扣 5 分 （3）密排并绕不紧有间隙，每处扣 2 分 （4）导线缠绕不整齐，扣 5 分 （5）切口不平整，每处扣 2 分	70			
2	恢复绝缘	（1）裸露芯线，扣 15 分 （2）胶带缠绕稀疏，扣 5 分	20			
3	安全文明生产	（1）违反操作规程，扣 6 分 （2）不清理现场，扣 4 分	10			
合计			100			

（3）工作总结 自我总结本次任务中出现的主要问题和难点及其解决方案，建议工作总结应包含以下主要因素：

① 通过导线连接与绝缘恢复学到了什么（专业技能和技能之外的认识）？

② 整个任务过程中是否存在问题？若有问题，是什么问题？什么原因导致的？下次该如何避免？

任务延伸

(1) 试分析大截面积单股铜线的直线连接方法。

(2) 探索单股铜线的十字形连接方法。

模块4 电路基础知识

任务1 色环电阻的识别与检测

任务目标

1. 能阅读工作任务单。
2. 能根据任务要求,用网络资源查找所需相关资料。
3. 能根据任务要求列举所需工具和材料清单。
4. 能根据任务要求制订工作计划。
5. 能正确读出色环电阻的标称阻值和允许误差。
6. 能正确使用万用表电阻挡检测色环电阻。
7. 能按电工安全操作规程,操作完毕后能清点工具,收集剩余材料,清理工程垃圾。
8. 能正确填写元件入库单,并交付验收。
9. 培养主动发现问题、解决问题的能力。

微课

色环电阻的识别与检测

实训器材

万用表、色环电阻等。

明确任务

1. 任务描述

某电子玩具厂元件库需要把一批阻值不同的色环电阻抽样检测入库,并填写好电子元器件入库单(见表4-1)。

表 4-1 电子元器件入库单

供应商：　　　　　　　　　　　　　　　　订单号：

<table>
<tr><th>序号</th><th>名称</th><th>数量</th><th>规格</th><th>型号</th><th>单价</th><th>备注</th></tr>
<tr><td>1</td><td></td><td></td><td></td><td></td><td></td><td></td></tr>
<tr><td>2</td><td></td><td></td><td></td><td></td><td></td><td></td></tr>
<tr><td>3</td><td></td><td></td><td></td><td></td><td></td><td></td></tr>
<tr><td>4</td><td></td><td></td><td></td><td></td><td></td><td></td></tr>
<tr><td>5</td><td></td><td></td><td></td><td></td><td></td><td></td></tr>
<tr><td colspan="7">到货日期　　年　月　日</td></tr>
<tr><td colspan="2">检验类别</td><td colspan="2">初次检验</td><td>检验结论</td><td colspan="2"></td></tr>
<tr><td colspan="7">检验结果：

检验员：　　　　　　　　日期：　年　月　日</td></tr>
<tr><td colspan="2">检验类别</td><td colspan="2">二次检验</td><td>检验结论</td><td colspan="2"></td></tr>
<tr><td colspan="7">检验结果：

检验员：　　　　　　　　日期：　年　月　日</td></tr>
<tr><td colspan="2">检验类别</td><td colspan="2">最终检验</td><td>检验结论</td><td colspan="2"></td></tr>
<tr><td colspan="7">检验结果：

检验员：　　　　　　　　日期：　年　月　日
采购员：　　　　　　　　日期：　年　月　日
库管员：　　　　　　　　日期：　年　月　日</td></tr>
</table>

2. 任务分析

(1) 色环电阻的认识

引导问题 1:你认识色环电阻吗? 尝试从教材、网络等途径了解什么是色环电阻,并把你查到的信息记录下来。

引导问题 2:你知道色环电阻的色环代表什么意义吗?

① 有效数字:棕____红____橙是____,四____五____六为____,七____八____九对____,黑是____记心间。

② 倍率:

③ 误差:

④ 四色环电阻的识读:如图 4-1 所示,把各个色环所代表的意义补充完整,并读出此电阻的标称阻值和允许误差。

第一环的颜色是______,代表__________

第二环的颜色是______,代表__________

第三环的颜色是______,代表__________

第四环的颜色是______,代表__________

四色环电阻=________________________

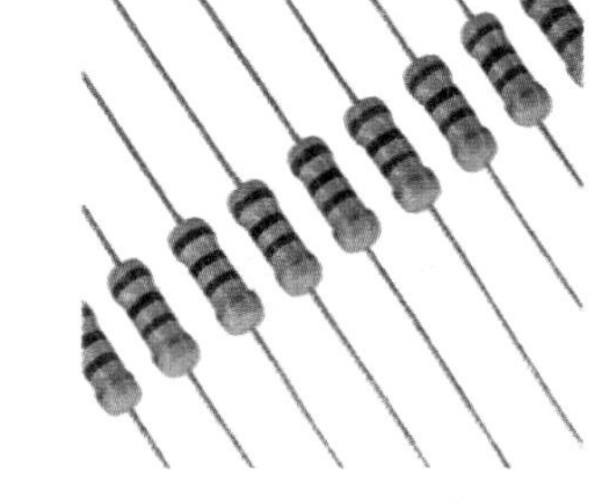

图 4-1　四色环电阻

⑤ 五色环电阻的识读:如图 4-2 所示,把各个色环所代表的意义补充完整,并读出此电阻的标称阻值和允许误差。

第一环的颜色是______,代表__________

第二环的颜色是______,代表__________

第三环的颜色是______,代表__________

第四环的颜色是______,代表__________

第五环的颜色是______,代表__________

五色环电阻=________________________

图 4-2　五色环电阻

引导问题 3:如何检测色环电阻的质量好坏?

(2) 万用表电阻挡使用方法

① 查:__________和挡位;

② 选择合适量程:使指针处于刻度线的中间区域。

③ 欧姆调零:两表笔__________,调节欧姆调零旋钮,使指针指在__________。

④ 测量读数:被测电阻值 R=指针读数×__________。

⑤ 关:置于__________挡。

(3) 测量电阻的注意事项

① 严禁在被测设备____________________的情况下测量电阻值。

② 每次换挡后,都必须重新__________。

③ 双手不能并接在被测电阻上。

④ 万用表长期不用将电池取出。

任务实施

（1）工作步骤的制订。

（2）填写元件清单表　对色环电阻进行末环判断，读取阻值完成元件清单表（见表 4-2）。

表 4-2　元件清单表

电阻	色环颜色	标称阻值	允许误差	功率值	备注
1					
2					
3					
4					
5					

（3）对色环电阻进行阻值检测，判定其质量好坏并填写色环电阻的质量判定表（见表 4-3）。

表 4-3　色环电阻的质量判定表

电阻	标称阻值	测量值	误差是否在允许范围内
1			
2			
3			

总结与评价

（1）检测完毕，清点工具和材料，清除工程垃圾。

（2）小组之间互相检查验收，填写任务评价表（见表 4-4）。

（3）工作总结　自我总结本次任务中出现的主要问题和难点及其解决方案，建议工作总结应包含以下主要因素：

① 通过色环电阻的识别与检测学到了什么（专业技能和技能之外的认识）？

② 整个任务过程中是否存在问题？若有问题，是什么问题？是什么原因导致的？下次该如何避免？

③ 对自己在小组中的表现满意吗？如果不满意，那你还需要从哪几个方面努力？接下来的学习有何打算？

表 4-4 任务评价表

<table>
<tr><th colspan="7">工作任务评价表</th></tr>
<tr><td colspan="2">任务名称：</td><td colspan="2">班级______
小组______
姓名______</td><td colspan="3">指导教师：______
日　　期：______</td></tr>
<tr><td rowspan="2">评价项目</td><td rowspan="2">评价标准</td><td colspan="3">评价方式</td><td rowspan="2">分值</td><td rowspan="2">小计</td></tr>
<tr><td>学生自评
占 20%</td><td>小组互评
占 30%</td><td>教师评价
占 50%</td></tr>
<tr><td>职业素养</td><td>1. 是否遵守实训规章制度
2. 是否严格执行 7S 管理
3. 是否遵守安全生产规定
4. 组织协作能力</td><td></td><td></td><td></td><td>25</td><td></td></tr>
<tr><td>专业能力</td><td>1. 是否理解检测要求并制订正确的检测工艺
2. 工具使用是否正确合理
3. 操作是否准确和规范
4. 分析判断是否准确
5. 任务完成质量</td><td></td><td></td><td></td><td>60</td><td></td></tr>
<tr><td>创新能力</td><td>1. 任务过程中能否主动分析解决问题
2. 能否合理组织任务实施</td><td></td><td></td><td></td><td>15</td><td></td></tr>
<tr><td>合计</td><td colspan="6"></td></tr>
</table>

任务延伸

(1) 电阻有无正负极？

(2) 为什么要用色环表示阻值大小？

(3) 你见过直接用数字表示电阻的阻值大小吗？请列举一下。

(4) 有没有只有一个色环的电阻？请通过各种途径获得信息。

任务2 简单电路的组装与检测

任务目标

1. 能阅读工作任务单。
2. 能识读电路图。
3. 能根据任务要求,用网络资源查找所需相关资料。
4. 能根据电路图,勘查实训现场,制订工作计划。
5. 能根据任务要求和电路图,列举所需工具和材料清单。
6. 认识串、并联电路,并掌握它们的特点。
7. 能根据要求,连接简单的串、并联电路。
8. 能正确使用万用表。
9. 能按电工安全操作规程,操作完毕后能清点工具,整理归位,清理工程垃圾。
10. 能正确记录实验数据,并进行运算和分析,培养学生探究、归纳总结的能力。
11. 能判断生活中的串、并联电路。

实训器材

实训板、直流电源(6 V)、万用表、若干电阻、开关、导线等。

明确任务

1. 任务描述

生活中的电路很多都是最基本的串联或并联。我们会根据实际需要选择电路的连接方式,本任务将对简单电路进行组装与检测,如图 4-3、图 4-4 所示。

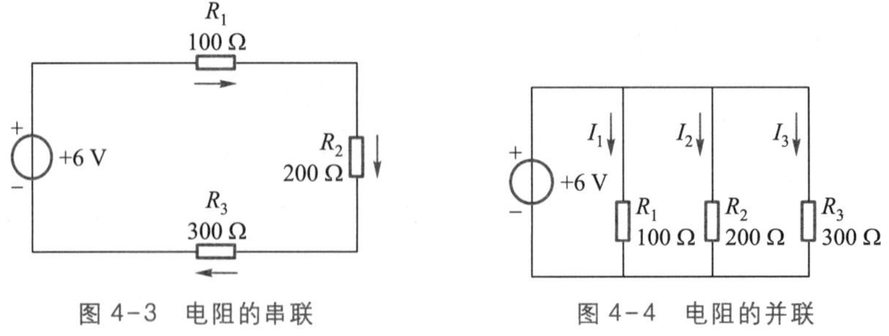

图 4-3 电阻的串联

图 4-4 电阻的并联

2. 任务分析

(1) 电路基本知识

引导问题 1:什么是电路? 观察如图 4-5 所示电路的组成,说说完整的电路有哪些基本部分?

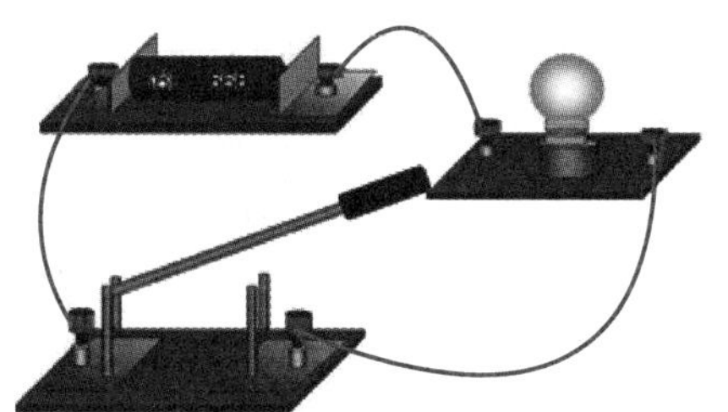

图 4-5　简单电路实物图

引导问题 2:把元件依次首尾连接形成的没有分支的电路称为＿＿＿＿＿联电路。不是依次连接含有分支的电路称为＿＿＿＿＿联电路。

(2) 识读电路图,分析电路特点

① 识读电路图:

② 分析电路特点:

③ 万用表测电压、测电流的步骤:

任务实施

1. 工作步骤的制订

2. 材料的准备

为完成工作任务,每个工作小组需要根据实训室实际提供的设备,自行领取材料,并填写领料单(见表 4-5)。

表 4-5　领　料　单

领料部门:＿＿＿＿＿＿＿＿　　　　年　　月　　日

序号	名称	规格	型号	数量	单价	备注
1						
2						
3						
4						
5						

3. 电路组装

根据参考电路原理图进行电路的安装。

4. 电路调试与测量

(1) 上电前检查(见表 4-6)。

表 4-6 上电前检查

序号	检查项目	检查情况	备注
1	控制板上是否有未完成的接线及安装		
2	控制板上有无多余导线、工具、元器件及其他杂物		
3	根据原理图检查是否有漏接、错接之处		
4	导线接线端处是否压接牢固		

(2) 通电调试注意事项

① 通电前必须征得在场教师的同意,经教师检查后,由指导教师指导接通两相电源。

② 在上电过程中由指导教师在场监护,如发现异常现象,应立即停机,断电排除故障。

③ 如需带电排除故障,或者需要重新上电时,也必须有指导教师在场监护。

④ 如有异常,请填写异常情况分析及处理表(见表 4-7)。

表 4-7 异常情况分析及处理表

序号	异常现象	异常原因	处理方法
1			
2			

(3) 数据测量

① 串联电路的测量:

将直流稳压电源输出 6 V 电压接入电路;

使用万用表测量串联电路各电阻两端的电压、流过串联电路的电流及等效电阻,将测量的各数据填入表 4-8 中。

表 4-8 测量数据记录表 1

② 并联电路的测量:

将直流稳压电源输出 6 V 电压接入电路;

使用万用表测量并联电路流过各电阻的电流、并联电路的总电流及等效电阻,将测量的各数据填入表 4-9 中。

表 4-9 测量数据记录表 2

总结与评价

（1）检测完毕，清点工具和材料，清除工程垃圾。

（2）小组之间互相检查验收，填写任务评价表（见表 4-10）。

表 4-10　任务评价表

<table>
<tr><td colspan="7">工作任务评价表</td></tr>
<tr><td colspan="2">任务名称：</td><td colspan="2">班级________
小组________
姓名________</td><td colspan="3">指导教师：________
日　期：________</td></tr>
<tr><td rowspan="2">评价项目</td><td rowspan="2">评价标准</td><td colspan="3">评价方式</td><td rowspan="2">分值</td><td rowspan="2">小计</td></tr>
<tr><td>学生自评
占 20%</td><td>小组互评
占 30%</td><td>教师评价
占 50%</td></tr>
<tr><td>职业素养</td><td>1. 是否遵守实训规章制度
2. 是否严格执行 7S 管理
3. 是否遵守安全生产规定
4. 组织协作能力</td><td></td><td></td><td></td><td>25</td><td></td></tr>
<tr><td>专业能力</td><td>1. 是否理解检测要求并制订正确的检测工艺
2. 工具使用是否正确合理
3. 操作是否准确和规范
4. 分析判断是否准确
5. 任务完成质量</td><td></td><td></td><td></td><td>60</td><td></td></tr>
<tr><td>创新能力</td><td>1. 任务过程中能否主动分析解决问题
2. 能否合理组织任务实施</td><td></td><td></td><td></td><td>15</td><td></td></tr>
<tr><td>合计</td><td colspan="6"></td></tr>
</table>

（3）工作总结　自我总结本次任务中出现的主要问题和难点及其解决方案，建议工作总结应包含以下主要因素：

① 通过串、并联电路的组装与检测学到了什么（专业技能和技能之外的认识）？

② 整个任务实施过程中是否存在问题？若有问题，是什么问题？是什么原因导致的？下次该如何避免？

③ 对自己在小组中的表现满意吗？如果不满意，那你还需要从哪几个方面努力？接下来的学习有何打算？

任务延伸

（1）某宾馆的房卡如图4-6所示，只有把房卡插入槽内，房间内的灯和插座才能有电。房卡的作用相当于一个__________（填电路元件）接在干路上；房间里电灯、电视等用电器，它们是__________联的。

图4-6 房卡

（2）思考调换串联电路中开关S的位置对电路有无影响？

任务 3　*RLC* 串联谐振电路安装与检测

任务目标

1. 能分析工作任务。
2. 能识读电路图。
3. 能根据任务要求,用网络资源查找所需相关资料。
4. 能根据电路图,勘查实训现场,制订工作计划。
5. 能根据任务要求和电路图,列举所需工具和材料清单。
6. 掌握发生谐振的条件、特点、谐振电路品质因数(电路 Q 值)的物理意义及其测定方法。
7. 能正确使用信号发生器、毫伏表。
8. 能按电工安全操作规程,操作完毕后能清点工具,整理归位,清理工程垃圾。
9. 能正确记录实验数据,并进行运算和分析,培养学生探究、归纳总结的能力。
10. 了解串联谐振电路的应用,学以致用。

实训器材

信号发生器、万用表、示波器、毫伏表、电阻、电容、电感、开关、导线等。

明确任务

1. 任务描述

在电子设备中,经常需要完成在不同频率的信号中,只选择某个频率信号进行处理,而其他频率信号被滤出的任务,如:收音机、电视机以及通信设备等。最常用的具有选频功能的电路是谐振电路。本任务是对 *RLC* 串联谐振电路的组装与调试,找出电路的谐振频率,总结、归纳串联谐振电路的特性。

2. 任务分析

引导问题 1:什么是串联谐振电路? 电路各组成元件是什么?

引导问题 2:改变电路的哪些参数可以使电路发生谐振,电路中 R 的数值是否影响谐振频率值?

引导问题 3:如何判别电路是否发生谐振? 测试谐振点的方案有哪些?

引导问题 4:晶体管毫伏表如何使用?

任务实施

(1) 工作步骤的制订。

(2) 材料的准备　为完成工作任务，每个工作小组需要根据实训室实际提供的设备，自行领取材料，并填写领料单(见表 4-11)。

表 4-11　领　料　单

领料部门：　　　　　　　　　　　　　　　　　　　　　　　年　　月　　日

序号	名称	规格	型号	数量	单价	备注
1						
2						
3						

(3) 电路组装　利用提供的元器件，如图 4-7 所示组成测量电路。$C=0.01\ \mu F$。用毫伏表测电压，用示波器监视信号源输出。令信号源输出电压 $U_i=3\ V$，并保持不变。

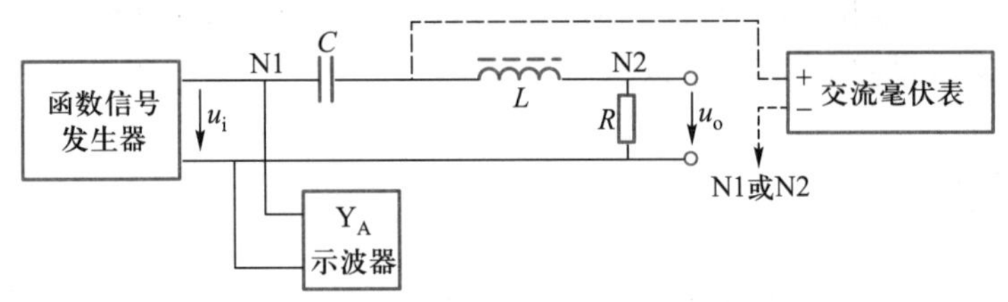

图 4-7　*RLC* 串联电路

(4) 电路调试与测量

① 找出电路的谐振频率 f_0，将毫伏表接在 $R(200\ \Omega)$ 两端，令信号源的频率由小逐渐变大(注意要维持信号源的输出幅度不变)，当 U_0 的读数为最大时，读得毫伏表上的频率值即为电路的谐振频率 f_0，并测量 U_0、U_C、U_L 值(注意及时更换毫伏表的量程)。

② 在谐振点两侧，按频率递增或递减 500 Hz 或 1 kHz，依次各取 8 个测量点，逐点测出 U_0、U_L、U_C 值，记入数据表 4-12。

表 4-12　数据记录表 1

f_0/kHz																
U_0/V																
U_L/V																
U_C/V																
$U_i=3\ V$，$C=0.01\ \mu F$，$R=200\ \Omega$，$f_0=$　　　，$f_2-f_1=$　　　，$Q=$																

③ 选 $C=0.01\ \mu F$，$R=1\ k\Omega$，重复步骤①的测量过程，填写表 4-13。

表 4-13　数据记录表 2

f_0/kHz																
U_0/V																
U_L/V																
U_C/V																
$U_i=3$ V, $C=0.01$ μF, $R=1$ kΩ, $f_0=$　　, $f_2-f_1=$　　, $Q=$																

④ 选 $C=0.1$ μF, $R=200$ Ω 及 $C=0.1$ μF, $R=1$ kΩ,重复②、③两步(自制表格)。

(5) 数据分析与处理

① 根据测量数据,绘出不同 Q 值时三条幅频特性曲线。

② 对两种不同的测 Q 值的方法进行比较,分析误差原因。

③ 谐振时,比较输出电压 U_0 与输入电压 U_i是否相等?试分析原因。

(6) 通电调试注意事项

① 测试频率点的选择应在靠近谐振频率附近多取几点,在变换频率测试前,应调整信号输出幅度,使其维持在 $V_{P-P}=2.83$ V 输出。

② 在测量 U_L与 U_C数值前,应将毫伏表的量程上调大约 10 倍,而且在测量 U_L与 U_C时毫伏表的"+"端接 C 与 L 的公共点,其接地端分别触及 L 和 C 的近地端 N2 和 N1。

总结与评价

(1) 检测完毕,清点工具和材料,清除工程垃圾。

(2) 小组之间互相检查验收,填写任务评价表(见表 4-14)。

表 4-14　任务评价表

工作任务评价表						
任务名称:		班级____ 小组____ 姓名____		指导教师:____ 日　期:____		
评价项目	评价标准	评价方式			分值	小计
		学生自评占 20%	小组互评占 30%	教师评价占 50%		
职业素养	1. 是否遵守实训规章制度 2. 是否严格执行 7S 管理 3. 是否遵守安全生产规定 4. 组织协作能力				25	

续表

评价项目	评价标准	评价方式			分值	小计
		学生自评占 20%	小组互评占 30%	教师评价占 50%		
专业能力	1. 是否理解检测要求并制订正确的检测工艺 2. 工具使用是否正确合理 3. 操作是否准确和规范 4. 分析判断是否准确 5. 任务完成质量				60	
创新能力	1. 任务过程中能否主动分析解决问题 2. 能否合理组织任务实施				15	
合计						

(3) 工作总结　自我总结本次任务中出现的主要问题和难点及其解决方案，建议工作总结应包含以下主要因素：

① 通过串联谐振电路的组装与检测学到了什么(专业技能和技能之外的认识)？

② 整个任务实施过程中是否存在问题？若有问题，是什么问题？是什么原因导致的？下次该如何避免？

③ 对自己在小组中的表现满意吗？如果不满意，那你还需要从哪几个方面努力？接下来的学习有何打算？

任务延伸

(1) *RLC* 串联谐振电路中，已知信号源电压为 1 V，频率为 1 MHz，现调节电容器使回路达到谐振，这时回路电流为 100 mA，电容器两端电压为 100 V，则该回路的品质因数 $Q=$__________，电阻 $R=$__________ Ω，电感 $L=$__________ H，电容 $C=$__________ F。

(2) 串联谐振与并联谐振的区别是什么？

任务 4　变压器认识与测试

任务目标

1. 能阅读工作任务单。
2. 能根据任务要求，用网络资源查找所需相关资料。
3. 能根据任务要求列举所需工具和材料清单。
4. 能根据任务要求制订工作计划。
5. 了解变压器的分类，熟悉变压器的基本应用。
6. 能正确使用万用表电阻挡检测变压器，掌握排除简单故障的方法。
7. 了解小型变压器的拆装步骤。
8. 能按电工安全操作规程，操作完毕后能清点工具，收集剩余材料，清理工程垃圾。
9. 能正确填写元件入库单，并交付验收。
10. 培养主动发现问题、解决问题的能力。

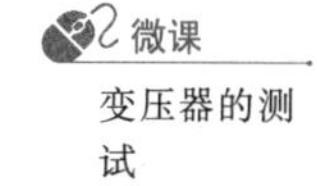

变压器的测试

实训器材

万用表、兆欧表、各种变压器等。

明确任务

1. 任务描述

小型变压器广泛应用于家用电器中，主要用作安全变压，起到电气隔离与降低电压的作用。现某配件库需要把一批小型变压器抽样检验入库，并填写好电子元器件检验入库单（见表 4-15）。

表 4-15　电子元器件检验入库单

供应商：　　　　订单号：

名　称		规格型号	
数　量		采购员	
到货日期	年　月　日		
检验类别	初次检验	检验结论	
检验结果：			
检验员：		日期：　年　月　日	

续表

检验类别	二次检验	检验结论	
检验结果： 检验员：　　　　　　　　　　日期：　年　月　日			
检验类别	最终检验	检验结论	
检验结果： 检验员：　　　　　　　　　　日期：　年　月　日 采购员：　　　　　　　　　　日期：　年　月　日 库管员：　　　　　　　　　　日期：　年　月　日			

2. 任务分析

(1) 变压器的认识

引导问题 1:什么是变压器？变压器有哪些主要构件？有什么功能？

引导问题 2:简述如图 4-8 所示变压器的名称用途。

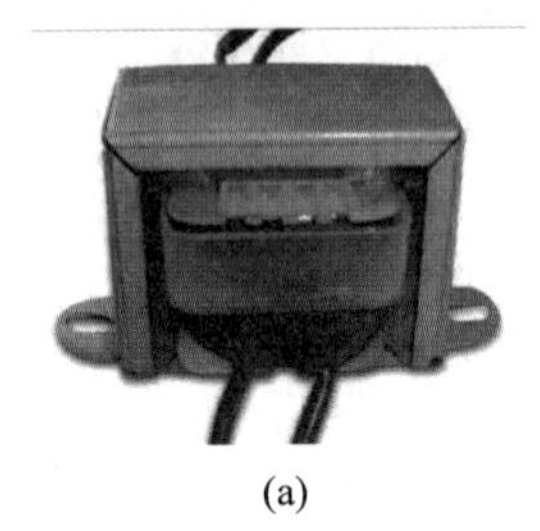
(a)

(b)

(c)

图 4-8 变压器

(a)________________(b)________________(c)________________

引导问题 3:从变压器的铭牌(如图 4-9 所示)了解其参数。

电力变压器			
产品型号	SL7-315/10	产品编号	
额定容量	315 kV·A	使用条件	户外式
额定电压	10 000/400 V	冷却条件	ONAN
额定电流	18.2/454.7 A	短路电压	4%
额定频率	50 Hz	器身吊重	765 kg
相　　数	三相	油　　重	380 kg
联接组别	Yyno	总　　重	1 525 kg
制造厂		生产日期	

图 4-9 变压器铭牌

型号为 SL7-315/10，其中“L”代表________________，“315”代表________________，“10”代表________________。

(2) 变压器的检测

引导问题 1：变压器检验包括哪些内容？具体要求是什么？

引导问题 2：如何检验变压器，用什么工具？

任务实施

(1) 工作步骤的制订

(2) 电源变压器的检测

① 观察电源变压器是否存在异常：

线圈最外层的绝缘纸颜色是否变黑或留下因跳火而造成的焦孔；

变压器有无机械损伤；

各引出线头有无断线或脱焊现象。

② 判别一次、二次线圈。

电源变压器一次侧引脚和二次侧引脚一般都是分别从两侧引出的，并且一次绕组多标有 220 V 字样，二次绕组则标有额定电压值，如 12 V、24 V、36 V 等。再根据这些标记进行识别。

③ 初步检测绝缘性能。

用万用表 $R\times10\text{k}$ 挡分别测量铁芯与各绕组、各绕组间的电阻值（见表 4-16）。

表 4-16　绝缘性能检测

被测值 挡位	铁芯与各绕组		各绕组间的电阻值		绝缘 性能
	与一次绕组	与各二次绕组	一次绕组与各二次绕组之间	各二次绕组之间	

④ 线圈通断的检测。

将万用表置于__________挡，测试中，若某个绕组的电阻值为无穷大，则说明此绕组有__________故障。

⑤ 空载电压的检测。

将电源变压器的一次侧接 220 V 市电，用万用表交流电压接依次测出各绕组的空载电压值，并填表 4-17。

表 4-17　空载电压的检测

项目	标称值	测量值	允许误差
一次绕组 U_{11}			

续表

项目	标称值	测量值	允许误差
二次绕组 U_{21}			
二次绕组 U_{22}			
二次绕组 U_{23}			
二次绕组 U_{24}			

总结与评价

（1）检测完毕，清点工具和材料，清除工程垃圾。

（2）小组之间互相检查验收，填写任务评价表（见表 4-18）。

表 4-18 任务评价表

<table>
<tr><td colspan="7">工作任务评价表</td></tr>
<tr><td colspan="2">任务名称：</td><td colspan="2">班级＿＿＿＿
小组＿＿＿＿
姓名＿＿＿＿</td><td colspan="3">指导教师：＿＿＿＿
日　期：＿＿＿＿</td></tr>
<tr><td rowspan="2">评价项目</td><td rowspan="2">评价标准</td><td colspan="3">评价方式</td><td rowspan="2">分值</td><td rowspan="2">小计</td></tr>
<tr><td>学生自评占 20%</td><td>小组互评占 30%</td><td>教师评价占 50%</td></tr>
<tr><td>职业素养</td><td>1. 是否遵守实训规章制度
2. 是否严格执行 7S 管理
3. 是否遵守安全生产规定
4. 组织协作能力</td><td></td><td></td><td></td><td>25</td><td></td></tr>
<tr><td>专业能力</td><td>1. 是否理解检测要求并制订正确的检测工艺
2. 工具使用是否正确合理
3. 操作是否准确和规范
4. 分析判断是否准确
5. 任务完成质量</td><td></td><td></td><td></td><td>60</td><td></td></tr>
<tr><td>创新能力</td><td>1. 任务过程中能否主动分析解决问题
2. 能否合理组织任务实施</td><td></td><td></td><td></td><td>15</td><td></td></tr>
<tr><td>合计</td><td colspan="6"></td></tr>
</table>

（3）工作总结　自我总结本次任务中出现的主要问题和难点及其解决方案，建议工作总结

应包含以下主要因素：

① 通过变压器的认知与检测学到了什么(专业技能和技能之外的认识)?

② 整个任务过程中是否存在问题？若有问题，是什么问题？是什么原因导致的？下次该如何避免？

③ 对自己在小组中的表现满意吗？如果不满意，那你还需要从哪几个方面努力？接下来的学习有何打算？

任务延伸

(1) 简述小型变压器的拆装步骤。

(2) 在使用电源变压器时，有时为了得到所需的二次电压，可将两个或多个二次绕组串联起来使用。采用串联法使用电源变压器时，参加串联的各绕组的同名端必须正确连接，不能搞错，否则，变压器不能正常工作。现要求自行查阅资料，找出判别各绕组的同名端的方法。

模块5 模拟电路基础

任务1 二极管识别与检测

任务目标

1. 能阅读工作任务单。
2. 能根据任务要求,用网络资源查找所需相关资料。
3. 能根据任务要求列举所需工具和材料清单。
4. 能根据任务要求制订工作计划。
5. 能用目视法判断、识别常见二极管的种类,能说出各种二极管的名称。
6. 能正确使用万用表对各种二极管进行测量,并对其质量进行判断。
7. 能按电工安全操作规程,操作完毕后能清点工具,收集剩余材料,清理工程垃圾。
8. 能正确填写元件入库单,并交付验收。
9. 培养主动发现问题、解决问题的能力。

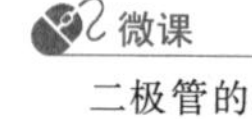

微课 二极管的检测

实训器材

万用表、各型号二极管等。

明确任务

1. 任务描述

某电子玩具厂新到了一批二极管,为提高生产质量,减少生产成本,在入库前需要抽样检测二极管的质量,要求质检部门近日完成任务。

2. 任务分析

引导问题1:二极管是由一个________结加上两根金属引线经封装后构成的。画出二极管的符号。

引导问题 2:二极管有哪些种类?

引导问题 3:简述二极管单向导电性含义,如何用万用表判别二极管极性?

引导问题 4:如何判断二极管的质量?

任务实施

(1) 工作步骤的制订

(2) 二极管的引脚极性判别

① 目测法(见表 5-1)。

表 5-1 目测法判别二极管引脚极性

序号	名称	正极特点描述	负极特点描述
1	普通二极管(小功率)		
2	普通二极管(大功率)		
3	发光二极管		
4	稳压二极管		

② 万用表法。

选择量程:量程选用________________。

测量:分别用万用表的红、黑表笔测量二极管的引脚,测出一个结果后,对调两表笔,再测出一个结果。两次测量的结果中,有一次测量出的阻值较大(为反向电阻),一次测量出的阻值较小(为正向电阻)。

结论:当测量阻值较小时,红表笔接的是________,黑表笔接的是________。

分析:万用表测量法和目测法结果是否一致:____________________。

(3) 二极管的质量检测(见表 5-2)。

表 5-2 二极管的质量检测

挡位、量程 \ 二极管类型		整流二极管		发光二极管		稳压二极管	
		1N4007	1N5408	红	绿	6.8 V	12 V
$R\times100$	正向电阻						
	反向电阻						
$R\times1\text{k}$	正向电阻						
	反向电阻						
质量判定							

分析:为什么用万用表的不同电阻挡测量二极管的电阻时,会得到不同的电阻值?

总结与评价

(1) 检测完毕,清点工具和材料,清除工程垃圾。

(2) 小组之间互相检查验收,填写任务评价表(见表 5-3)。

表 5-3 任务评价表

<table>
<tr><td colspan="7">工作任务评价表</td></tr>
<tr><td colspan="2">任务名称:</td><td colspan="2">班级______
小组______
姓名______</td><td colspan="3">指导教师:______
日　期:______</td></tr>
<tr><td rowspan="2">评价项目</td><td rowspan="2">评价标准</td><td colspan="3">评价方式</td><td rowspan="2">分值</td><td rowspan="2">小计</td></tr>
<tr><td>学生自评占 20%</td><td>小组互评占 30%</td><td>教师评价占 50%</td></tr>
<tr><td>职业素养</td><td>1. 是否遵守实训规章制度
2. 是否严格执行 7S 管理
3. 是否遵守安全生产规定
4. 组织协作能力</td><td></td><td></td><td></td><td>25</td><td></td></tr>
<tr><td>专业能力</td><td>1. 是否理解检测要求并制订正确的检测工艺
2. 工具使用是否正确合理
3. 操作是否准确和规范
4. 分析判断是否准确
5. 任务完成质量</td><td></td><td></td><td></td><td>60</td><td></td></tr>
<tr><td>创新能力</td><td>1. 任务过程中能否主动分析解决问题
2. 能否合理组织任务实施</td><td></td><td></td><td></td><td>15</td><td></td></tr>
<tr><td>合计</td><td colspan="6"></td></tr>
</table>

(3) 工作总结　自我总结本次任务中出现的主要问题和难点及其解决方案,建议工作总结应包含以下主要因素:

① 通过二极管的识别与检测学到了什么(专业技能和技能之外的认识)?

② 整个任务过程中是否存在问题?若有问题,是什么问题?什么原因导致的?下次应该如何避免?

③ 对自己在小组中的表现满意吗?如果不满意,那你还需要从哪几个方面努力?接下来的学习有何打算?

任务延伸

测一个二极管反向电阻时，为了使万用表表笔与引脚接触良好，用两手把二极管两端接触处捏紧，结果发现管子的反向电阻比较小，认为此二极管不合格，但将其用在电子设备上却工作正常。这是什么原因？

任务2 晶体管识别与检测

任务目标

1. 能阅读工作任务单。
2. 能根据任务要求,用网络资源查找所需相关资料。
3. 能根据任务要求列举所需工具和材料清单。
4. 能根据任务要求制订工作计划。
5. 能通过资料查询获得晶体管相关参数。
6. 能正确使用万用表对晶体管进行测量,并对其质量进行判断。
7. 能按电工安全操作规程,操作完毕后能清点工具,收集剩余材料,清理工程垃圾。
8. 能正确填写元件入库单,并交付验收。
9. 提高主动发现问题、解决问题的能力。

实训器材

微课
晶体管的检测

万用表、各型号晶体管等。

明确任务

1. 任务描述

晶体管具有电流放大作用,它是收音机、电视机等家用电器中很重要的器件之一,用晶体管可以组成放大、振荡及各种功能的电子电路。某电路需要安装晶体管,为保证成功率,现需要识别晶体管的极性,检测其质量。

2. 任务分析

引导问题1:晶体管由三个电极、三个区、两个PN结组成,三个电极分别是________、________、________;三个区分别是________、________、________;两个PN结分别是________、________。

引导问题2:晶体管按结构分有________型和________型,前者的图形符号是________,后者的图形符号是________。

引导问题3:在模拟电路中,晶体管作为________元件使用;在数字电路中,晶体管作为________元件使用。

引导问题4:晶体管输出特性曲线可分为三个区域,即________区、________区和________区。当晶体管工作在________区时,关系式 $I_C=\beta I_B$ 才成立;当晶体管工作在________区时,$I_C=0$;当晶体管工作在________区时,$U_{CE}\approx 0$。

任务实施

（1）工作步骤的制订

（2）晶体管极性判断（见表5-4）。

表5-4　晶体管极性判断

型号	9013	9014	T1P41	
引脚图				
管子类型				

通过实验，总结判断引脚口诀。

① 判断基极：

黑表笔为准，红表笔测，二次阻值均较小（较大），________表笔所接为________，且较小阻值为________管，较大阻值则为______________管。

② 判断集电极和发射极：

NPN型：红、黑表笔接未知电极，________表笔所接电极和基极用手捏住，两次测量中读数________的一次，________表笔所接为________。

PNP型：只需调换红、黑表笔，仍按上述测试，读数较小一次______所接为________。

（3）晶体管质量判断（见表5-5）。

表5-5　晶体管质量判断

型号	R_{be}		R_{bc}		R_{ce}		质量
	正向	反向	正向	反向	正向	反向	
9012							
9014							
T1P41							

总结与评价

（1）检测完毕，清点工具和材料，清除工程垃圾。

（2）小组之间互相检查验收，填写任务评价表（见表5-6）。

表 5-6 任务评价表

<table>
<tr><th colspan="8">工作任务评价表</th></tr>
<tr><td colspan="3">任务名称：</td><td colspan="3">班级________
小组________
姓名________</td><td colspan="2">指导教师：________
日　期：________</td></tr>
<tr><td rowspan="2">评价项目</td><td rowspan="2">评价标准</td><td colspan="3">评价方式</td><td rowspan="2">分值</td><td rowspan="2">小计</td></tr>
<tr><td>学生自评
占 20%</td><td>小组互评
占 30%</td><td>教师评价
占 50%</td></tr>
<tr><td>职业素养</td><td>1. 是否遵守实训规章制度
2. 是否严格执行 7S 管理
3. 是否遵守安全生产规定
4. 组织协作能力</td><td></td><td></td><td></td><td>25</td><td></td></tr>
<tr><td>专业能力</td><td>1. 是否理解检测要求并制订正确的检测工艺
2. 工具使用是否正确合理
3. 操作是否准确和规范
4. 分析判断是否准确
5. 任务完成质量</td><td></td><td></td><td></td><td>60</td><td></td></tr>
<tr><td>创新能力</td><td>1. 任务过程中能否主动分析解决问题
2. 能否合理组织任务实施</td><td></td><td></td><td></td><td>15</td><td></td></tr>
<tr><td>合计</td><td colspan="6"></td></tr>
</table>

（3）工作总结　自我总结本次任务中出现的主要问题和难点及其解决方案，建议工作总结应包含以下主要因素：

① 通过晶体管的识别与检测学到了什么（专业技能和技能之外的认识）？

② 整个任务过程中是否存在问题？若有问题，是什么问题？什么原因导致的？下次应该如何避免？

③ 对自己在小组中的表现满意吗？如果不满意，那你还需要从哪几个方面努力？接下来的学习有何打算？

任务延伸

找出晶体管其他简便的检测方法。

任务 3 LM317 稳压电路安装与调试

任务目标

1. 熟练掌握电子元器件的电路图形符号及其用途。
2. 能正确识读和绘制 LM317 稳压电路的原理图和布局图。
3. 能阐述 LM317 稳压电路的组成及其工作原理。
4. 能识别、检测现场提供的各种元器件。
5. 熟练使用万用表、斜口钳、电烙铁等工具。
6. 掌握电路基本安装要求及安装方法与技巧、检测技能。
7. 能根据任务要求制订工作计划。
8. 能根据任务要求列举所需工具和材料清单。
9. 能按电工安全操作规程，操作完毕后能清点工具，收集剩余材料，清理工程垃圾。
10. 能正确填写任务单的验收项目，并交付验收。
11. 会利用网络资源查找所需相关资料。
12. 提升自己的语言表达能力、现场解决问题的能力以及团队协作能力。

实训器材

电源变压器、万用表、斜口钳、电烙铁等。

微课

LM317 稳压电路的安装与调试

明确任务

1. 任务描述

电子设备中都需要稳定的直流稳压电源。直流电源多是将 50 Hz 的交流电经整流、滤波和稳压后获得，本任务是完成对 LM317 稳压集成电路的安装，并独立完成测试，电路如图 5-1 所示。

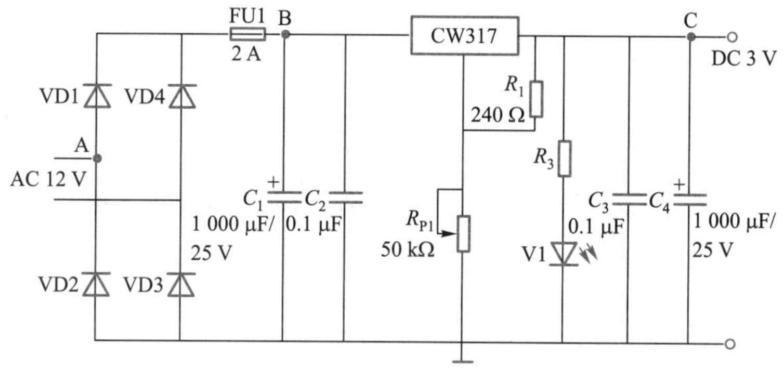

图 5-1 LM317 稳压集成电路

2. 任务分析

(1) LM317是输出电压________的集成三端稳压器，范围为________V；在图5-2上画出本任务所用的LM317集成稳压器的引脚排列。

图5-2 LM317集成稳压器

(2) 简述LM317稳压集成电路的组成部分和工作原理。

任务实施

(1) 工作步骤的制订

(2) 填写领料单 为完成工作任务，每个工作小组需要领取提供的电子元器件，并填写好领料单（见表5-7）。

表5-7 领 料 单

序号	电子元器件名称	型号	数量
1			
2			
3			
4			
5			
6			
7			
8			

(3) 识别并检测元器件，用万用表测量判别极性和质量，并根据电路原理图和LM317集成稳压器的引脚排列，绘制电路元器件排列、连线的布局图。

（4）电路安装

① 按布局图在电路板上依次进行元器件的排列、插装。

② 按焊接工艺要求对元器件进行焊接，直到所有元器件连接并焊完为止。

③ 所有操作符合行业安全文明生产规范。

（5）电路调试

① 通电前检查，并填写表 5-8。

表 5-8　通电前检查

序号	检查项目	检查情况	备注
1	电路板上是否有未完成的接线及安装		
2	根据原理图检查是否有漏接、错接之处		
3	导线接线端处是否压接牢固		
4	使用万用表检查输入、输出是否有短路		

② 经变压后给电路输入 AC 12 V，通过整流、滤波稳压过程，将 12 V 交流电变为稳定的直流电，并实现电压在________可调。

③ 任意指定两个点（例如 A 点、B 点或者其他点），测出其电压波形，并绘制波形图（见表 5-9）。

表 5-9　波形图绘制

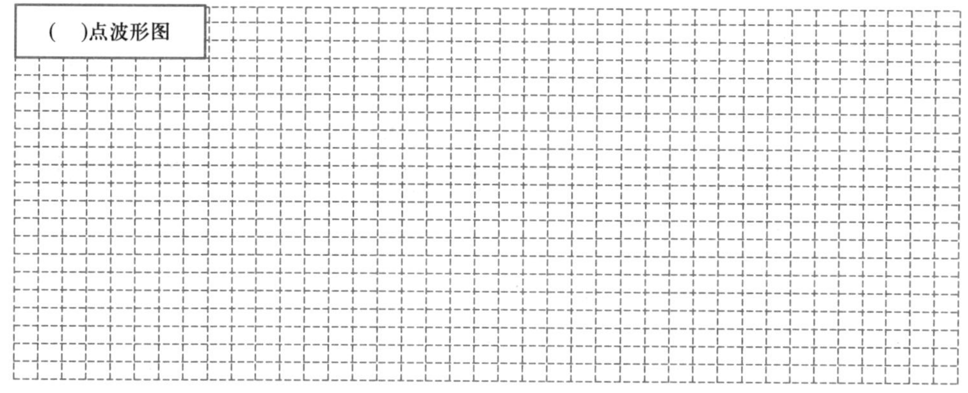

④ 通电前必须征得在场教师的同意，如有异常，请勿带电排除故障。分析异常情况并填写好处理表（见表 5-10）。

表 5-10　异常情况分析及处理表

序号	异常现象	异常原因	处理方法
1			
2			
3			
4			
5			

总结与评价

（1）任务验收，并填写验收表（见表 5-11）。

表 5-11 验 收 表

项目内容	考核要求	分值	评分标准	扣分
元器件识别与检测	按要求对所有元器件进行识别与检测	10	元器件识别错一个，扣 1 分 元器件检测错一个，扣 2 分	
插装排列	元器件按工艺表要求成形 元器件插装符合插装工艺要求 元器件排列整齐、标记方向一致，布局合理	15	元器件成形不符合要求，每处扣 1 分 插装位置、极性错误，每处扣 2 分 元器件排列参差不齐，标记方向混乱，布局不合理，扣 3~10 分	
导线连接	导线挺直、紧贴电路板 板上的连接线呈直线或直角，且不能相交	10	导线弯曲、拱起，每处扣 2 分 板上连接线弯曲时不呈直角，每处扣 2 分 每处相交或在正面连线，扣 2 分	
焊接质量	焊点均匀、光滑、一致、无毛刺、无假焊等现象 焊点上引脚不能过长	15	有搭锡、假焊、虚焊、漏焊、焊盘脱落、桥接等现象，每处扣 2 分 出现毛刺、焊料过多、焊料过少、焊接点不光滑、引线过长等现象，每处扣 2 分	
电路调试	通电，正确使用示波器观察波形	40	通电没有输出波形。扣 10~20 分 不会正确使用示波器观察波形，扣 5~10 分	
职业素养	是否遵守安全文明生产规程、劳动纪律 是否按时按质完成工作任务 是否积极主动承担工作任务，勤学好问 团队协作精神 工作岗位 7S 完成情况	10	酌情扣 3~10 分	
合计				

（2）工作总结 自我总结本次任务中出现的主要问题和难点及其解决方案，建议工作总结应包含以下主要因素：

① 通过 LM317 稳压电路的安装与调试学到了什么（专业技能和技能之外的认识）？

② 整个任务过程中是否存在问题？若有问题，是什么问题？什么原因导致的？下次应该如何避免？

③ 对自己在小组中的表现满意吗？如果不满意，那你还需要从哪几个方面努力？接下来的学习有何打算？

任务延伸

请收集相关资料，分析高精度可调稳压电源电路的工作原理，电路如图 5-3 所示。

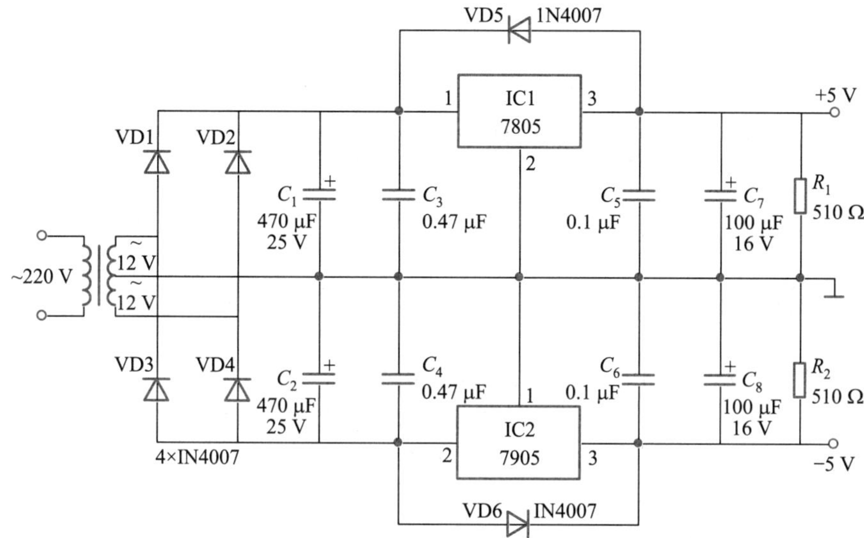

图 5-3　高精度可调稳压电源电路

模块6 数字电路基础

任务1 三人表决器电路的安装与调试

任务目标

1. 熟练掌握电子元器件的电路图形符号及其用途。
2. 能根据任务要求，设计三人表决器的电路图，合理选用集成门电路等元器件。
3. 能正确识读和绘制三人表决器的原理图和布局图。
4. 能识别、检测现场提供的各种元器件。
5. 熟练使用万用表、斜口钳、电烙铁等工具。
6. 掌握电路基本安装要求及安装方法与技巧、检测技能。
7. 能根据任务要求制订工作计划、列举所需工具和材料清单。
8. 能按电工安全操作规程，操作完毕后能清点工具，收集剩余材料，清理工程垃圾。
9. 能正确填写任务单的验收项目，并交付验收。
10. 会利用网络资源查找所需相关资料。
11. 提升自己的语言表达能力、现场解决问题的能力以及团队协作能力。

实训器材

电源变压器、万用表、斜口钳、电烙铁等。

三人表决器安装与调试

明确任务

1. 任务描述

某选秀节目需设计、制作一款三人表决器。其要求是：

（1）三名评委各有一个表决器的按钮；

（2）评委中有两人或两人以上表决通过，选手挑战成功；否则，挑战失败；

(3) 电路用**与非**门来实现。

2. 任务分析

三名评委分别用 A、B、C 表示,认为成功,取值为 **1**,否则为 **0**。最终评委的结果用 Y 表示,取值为 **1** 表示挑战成功,取值为 **0** 表示挑战失败。

① 根据控制要求,写出真值表(见表 6-1)。

表 6-1 三人表决器真值表

输入			输出
A	B	C	Y
0	**0**	**0**	
0	**0**	**1**	
0	**1**	**0**	
0	**1**	**1**	
1	**0**	**0**	
1	**0**	**1**	
1	**1**	**0**	
1	**1**	**1**	

② 由真值表写出 Y 的表达式,并化简为最简**与-或**式。

$Y=$

③ 把最简**与-或**表达式转化成**与非-与非**表达式。

$Y=$

④ 根据逻辑表达式,画出三人表决器的逻辑电路图。

⑤ 利用网络资源查找**与非**门的集成电路,并画出其引脚功能图。

任务实施

(1) 工作步骤的制订

(2) 填写领料单　为完成工作任务,每个工作小组需要领取提供的电子元器件,并填写好领料单(见表 6-2)。

表 6-2 领 料 单

序号	电子元器件名称	型号	数量
1			
2			
3			
4			
5			
6			
7			
8			

（3）识别并检测元器件，用万用表测量判别极性和质量，并根据逻辑图和集成**与非**门的 IC 引脚排列，绘制电路元器件排列、连线的布局图。

（4）电路安装

① 按布局图在电路板上依次进行元器件的排列、插装。

② 按焊接工艺要求对元器件进行焊接，直到所有元器件连接并焊完为止。

③ 所有操作符合行业安全文明生产规范。

（5）电路调试

① 通电前检查（见表 6-3）。

表 6-3 通电前检查

序号	检查项目	检查情况	备注
1	电路板上是否有未完成的接线及安装		
2	根据原理图检查是否有漏接、错接之处		
3	导线接线端处是否压接牢固		
4	使用万用表检查输入、输出是否有短路		

② 经变压后给电路输入 DC 9 V，单个或同时两个、三个按下按钮 A、B、C，观察发光二极管的发光情况，验证电路功能。

③ 通电前必须征得在场老师的同意，如有异常，请勿带电排除故障。分析异常情况并填写好处理表（见表 6-4）。

表 6-4 异常情况分析及处理表

序号	异常现象	异常原因	处理方法
1			
2			

总结与评价

(1) 任务验收(见表 6-5)。

表 6-5 验 收 表

项目内容	考核要求	分值	评分标准	扣分
元器件识别与检测	按要求对所有元器件进行识别与检测	10	元器件识别错一个,扣 1 分 元器件检测错一个,扣 2 分	
插装排列	元器件按工艺表要求成形 元器件插装符合插装工艺要求 元器件排列整齐、标记方向一致,布局合理	15	元器件成形不符合要求,每处扣 1 分 插装位置、极性错误,每处扣 2 分 元器件排列参差不齐,标记方向混乱,布局不合理,扣 3~10 分	
导线连接	导线挺直、紧贴电路板 板上的连接线呈直线或直角,且不能相交	10	导线弯曲、拱起,每处扣 2 分 板上连接线弯曲时不呈直角,每处扣 2 分 每处相交或在正面连线,扣 2 分	
焊接质量	焊点均匀、光滑、一致、无毛刺、无假焊等现象 焊点上引脚不能过长	15	有搭锡、假焊、虚焊、漏焊、焊盘脱落、桥接等现象,每处扣 2 分 出现毛刺、焊料过多、焊料过少、焊接点不光滑、引线过长等现象,每处扣 2 分	
电路调试	通电,正确使用示波器观察波形	40	通电没有输出波形,扣 10~20 分 不会正确使用示波器观察波形,扣 5~10 分	
职业素养	是否遵守安全文明生产规程、劳动纪律 是否按时按质完成工作任务 是否积极主动承担工作任务,勤学好问 团队协作精神 工作岗位 7S 完成情况	10	酌情扣 3~10 分	
合计				

（2）工作总结　自我总结本次任务中出现的主要问题和难点及其解决方案，建议工作总结应包含以下主要因素：

① 通过三人表决器学到了什么（专业技能和技能之外的认识）？

② 整个任务过程中是否存在问题？若有问题，是什么问题？什么原因导致的？下次该如何避免？

③ 对自己在小组中的表现满意吗？如果不满意，那你还需要从哪几个方面努力？接下来的学习有何打算？

任务延伸

设计并制作一款举重裁判表决器，要求：设一个主裁判和两个副裁判，只有当主裁判和至少一个副裁判判明举重成功时，运动员的试举才算成功。

任务 2　广告流水灯电路安装与调试

任务目标

1. 了解 555 时基电路、CD4017 集成电路的结构、功能。
2. 能正确识读和绘制广告流水灯电路的原理图和布局图。
3. 能阐述广告流水灯电路的组成及其工作原理。
4. 能识别、检测现场提供的各种元器件。
5. 熟练使用万用表、斜口钳、电烙铁等工具。
6. 掌握电路基本安装要求及安装方法与技巧、检测技能。
7. 能根据任务要求制订工作计划，列举所需工具和材料清单。
8. 能按电工安全操作规程，操作完毕后能清点工具，收集剩余材料，清理工程垃圾。
9. 能正确填写任务单的验收项目，并交付验收。
10. 会利用网络资源查找所需相关资料。
11. 提升自己的语言表达能力、现场解决问题的能力以及团队协作能力。

实训器材

电源变压器、万用表、斜口钳、电烙铁等。

明确任务

1. 任务描述

在理发店、宾馆、饭店、公司等门外，常常可以看到各式各样的广告流水灯。生活中广告流水灯的形式和点亮的次序是多种多样的，有单一颜色的几个灯按固定的次序来点亮，有多个不同颜色的灯构成某一图案依次点亮，也有多排广告灯按多种组合好的次序循环点亮等。本任务是对由 555 和 CD4017 组成的广告流水灯电路进行安装调试，LED 的花样自定。

广告流水灯电路原理图如图 6-1 所示。

2. 任务分析

(1) 了解 555 时基电路、CD4017 的结构、功能，画出其引脚排列。

(2) 简述广告流水灯电路的组成部分和工作原理。

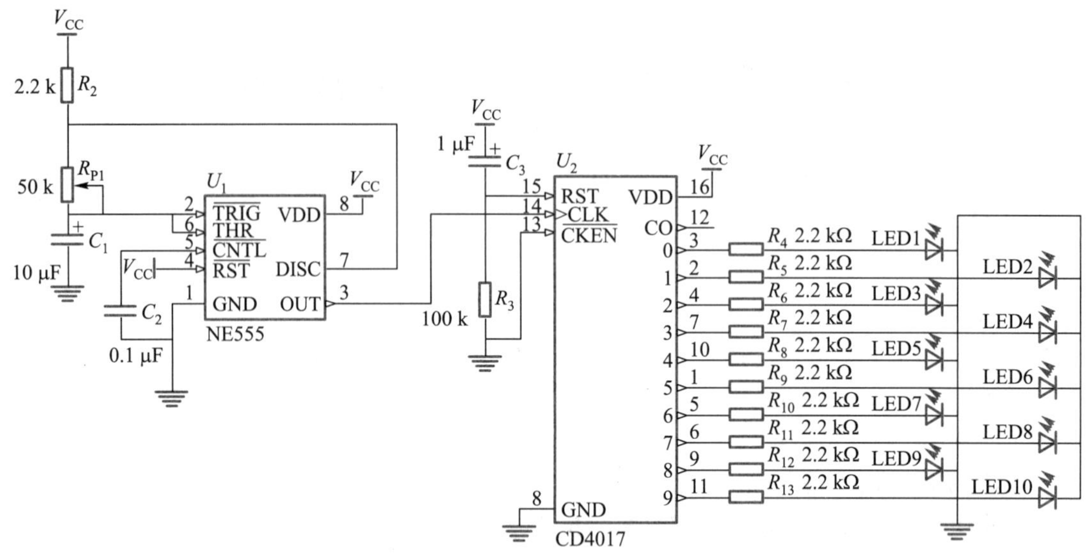

图 6-1 广告流水灯电路原理图

任务实施

（1）工作步骤的制订

（2）填写领料单 为完成工作任务，每个工作小组需要领取提供的电子元器件，并填写好领料单（见表 6-6）。

表 6-6 领 料 单

序号	电子元器件名称	型号	数量
1			
2			
3			
4			
5			
6			
7			
8			
9			
10			

(3) 识别并检测元器件,用万用表测量判别极性和质量,并根据电路原理图和 555、CD4017 引脚排列,绘制电路元器件排列、连线的布局草图。

(4) 电路安装

① 按布局图在电路板上依次进行元器件的排列、插装。

② 按焊接工艺要求对元器件进行焊接,直到所有元器件连接并焊完为止。

③ 所有操作符合行业安全文明生产规范。

(5) 电路调试

① 通电前检查(见表 6-7)。

表 6-7　通电前检查

序号	检查项目	检查情况	备注
1	电路板上是否有未完成的接线及安装		
2	根据原理图检查是否有漏接、错接之处		
3	导线接线端处是否压接牢固		
4	使用万用表检查输入、输出是否有短路		
5	IC 是否安装正确		

② 接通 9 V 直流电源,触摸 555 是否发烫,若发烫应立即断电。若 555 没有发烫,则说明 555 工作正常,这时开始观察灯光效果。

③ 通电前必须征得在场老师的同意,如有异常,请勿带电排除故障。对异常情况进行分析并填写好处理表(见表 6-8)。

表 6-8　异常情况分析及处理表

序号	异常现象	异常原因	处理方法
1			
2			

总结与评价

（1）任务验收（见表6-9）。

表6-9 验 收 表

项目内容	考核要求	分值	评分标准	扣分
元器件识别与检测	按要求对所有元器件进行识别与检测	10	元器件识别错一个，扣1分 元器件检测错一个，扣2分	
插装排列	元器件按工艺表要求成形 元器件插装符合插装工艺要求 元器件排列整齐、标记方向一致，布局合理	15	元器件成形不符合要求，每处扣1分 插装位置、极性错误，每处扣2分 元器件排列参差不齐，标记方向混乱，布局不合理，扣3~10分	
导线连接	导线挺直、紧贴电路板 板上的连接线呈直线或直角，且不能相交	10	导线弯曲、拱起，每处扣2分 板上连接线弯曲时不呈直角，每处扣2分 每处相交或在正面连线，扣2分	
焊接质量	焊点均匀、光滑、一致、无毛刺、无假焊等现象 焊点上引脚不能过长	15	有搭锡、假焊、虚焊、漏焊、焊盘脱落、桥接等现象，每处扣2分 出现毛刺、焊料过多、焊料过少、焊接点不光滑、引线过长等现象，每处扣2分	
电路调试	通电，正确使用示波器观察波形	40	通电没有输出波形，扣10~20分 不会正确使用示波器观察波形，扣5~10分	
职业素养	是否遵守安全文明生产规程、劳动纪律 是否按时按质完成工作任务 是否积极主动承担工作任务，勤学好问 团队协作精神 工作岗位7S完成情况	10	酌情扣3~10分	
合计				

（2）工作总结 自我总结本次任务中出现的主要问题和难点及其解决方案，建议工作总结应包含以下主要因素：

① 通过广告流水灯电路学到了什么(专业技能和技能之外的认识)?

② 整个任务过程中是否存在问题?若有问题,是什么问题?什么原因导致的?下次该如何避免?

③ 对自己在小组中的表现满意吗?如果不满意,那你还需要从哪几个方面努力?接下来的学习有何打算?

任务延伸

设置故障,找出故障原因及排除方法,并记录在表 6-10 中。

表 6-10　故障原因及排除方法

故障现象	故障原因	排除方法

任务3 555构成的多谐振荡器安装与调试

任务目标

1. 掌握555集成电路的结构、功能、工作原理。
2. 能正确识读和绘制多谐振荡器的原理图和布局图。
3. 能阐述多谐振荡器的组成及其工作原理。
4. 能识别、检测现场提供的各种元器件。
5. 熟练使用万用表、斜口钳、电烙铁等工具。
6. 掌握电路基本安装要求及安装方法与技巧、检测技能。
7. 能根据任务要求制订工作计划,列举所需工具和材料清单。
8. 能按电工安全操作规程,操作完毕后能清点工具,收集剩余材料,清理工程垃圾。
9. 能正确填写任务单的验收项目,并交付验收。
10. 会利用网络资源查找所需相关资料。
11. 提升自己的语言表达能力、现场解决问题的能力以及团队协作能力。

微课
多谐振荡器安装与调试

实训器材

电源变压器、万用表、斜口钳、电烙铁等。

明确任务

1. 任务描述

在电子技术中,多谐振荡器应用广泛,可做成许多实用电路和趣味电路。本任务是对由555构成的多谐振荡器进行安装调试。多谐振荡器原理图如图6-2所示。

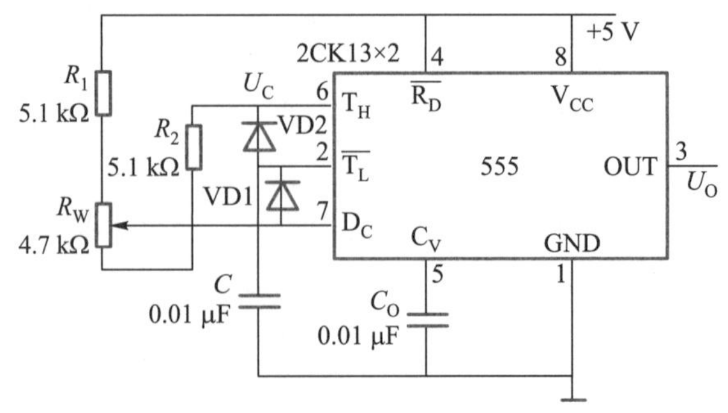

图6-2 多谐振荡器原理图

2. 任务分析

(1) 多谐振荡器是一种能产生________波的自激振荡器,没有稳态,只有两个________。

(2) 多谐振荡器的电路由________、________、________组成。电路中核心元器件是________________。

(3) 电容 C4 的充电电流路径为______________________________;

放电电流路径为____。

(4) 多谐振荡器电路刚接通电源瞬间,电容两端电压为零,555 时基电路实现________功能,输出电压为________V。

任务实施

(1) 工作步骤的制订

(2) 填写领料单 为完成工作任务,每个工作小组需要领取提供的电子元器件,并填写好领料单(见表 6-11)。

表 6-11 领 料 单

序号	电子元器件名称	型号	数量
1			
2			
3			
4			
5			
6			

(3) 识别并检测元器件,用万用表测量判别极性和质量,并根据电路原理图和 555 引脚排列,绘制电路元器件排列、连线的布局图。

(4) 电路安装

① 按布局图在电路板上依次进行元器件的排列、插装。

② 按焊接工艺要求对元器件进行焊接,直到所有元器件连接并焊完为止。

③ 所有操作符合行业安全文明生产规范。

(5) 电路调试

① 通电前检查(见表 6-12)。

表 6-12 通电前检查

序号	检查项目	检查情况	备注
1	电路板上是否有未完成的接线及安装		
2	根据原理图检查是否有漏接、错接之处		
3	导线接线端处是否压接牢固		
4	使用万用表检查输入、输出是否有短路		

② 接通 5 V 直流电源,触摸 555 是否发烫,若发烫应立即断电。若 555 没有发烫,则说明 555 工作正常,这时开始实验数据测试。

③ 通过示波器观察 U_C 和 U_O 信号,画出波形,计算频率。

④ 依据 555 的工作原理调节电位器,调节充放电的时间,实现在周期不变的情况下,改变占空比,改变频率,调节 R_W 后,计算频率为________。

测量一周期低电平持续 t_{W1} =________,高电平持续时间 t_{W2} =________。

⑤ 如有异常,请勿带电排故。对异常情况进行分析并填写好处理表(见表 6-13)。

表 6-13　异常情况分析及处理表

序号	异常现象	异常原因	处理方法
1			
2			

总结与评价

（1）任务验收（见表 6-14）。

表 6-14　验　收　表

项目内容	考核要求	分值	评分标准	扣分
元器件识别与检测	按要求对所有元器件进行识别与检测	10	元器件识别错一个，扣 1 分 元器件检测错一个，扣 2 分	
插装排列	元器件按工艺表要求成形 元器件插装符合插装工艺要求 元器件排列整齐、标记方向一致，布局合理	15	元器件成形不符合要求，每处扣 1 分 插装位置、极性错误，每处扣 2 分 元器件排列参差不齐，标记方向混乱，布局不合理，扣 3~10 分	
导线连接	导线挺直、紧贴电路板 板上的连接线呈直线或直角，且不能相交	10	导线弯曲、拱起，每处扣 2 分 板上连接线弯曲时不呈直角，每处扣 2 分 每处相交或在正面连线，扣 2 分	
焊接质量	焊点均匀、光滑、一致、无毛刺、无假焊等现象 焊点上引脚不能过长	15	有搭锡、假焊、虚焊、漏焊、焊盘脱落、桥接等现象，每处扣 2 分 出现毛刺、焊料过多、焊料过少、焊接点不光滑、引线过长等现象，每处扣 2 分	
电路调试	通电，正确使用示波器观察波形	40	通电没有输出波形，扣 10~20 分 不会正确使用示波器观察波形，扣 5~10 分	
职业素养	是否遵守安全文明生产规程、劳动纪律 是否按时按质完成工作任务 是否积极主动承担工作任务，勤学好问 团队协作精神 工作岗位 7S 完成情况	10	酌情扣 3~10 分	
合计				

（2）工作总结　自我总结本次任务中出现的主要问题和难点及其解决方案，建议工作总结应包含以下主要因素：

① 通过多谐振荡器的安装与调试学到了什么（专业技能和技能之外的认识）？

② 整个任务过程中是否存在问题？若有问题，是什么问题？什么原因导致的？下次该如何避免？

③ 对自己在小组中的表现满意吗？如果不满意，那你还需要从哪几个方面努力？接下来的学习有何打算？

任务延伸

（1）小组之间设置故障，找出故障原因及排除方法，填写 6-15。

表 6-15　故障原因及排除方法

故障现象	故障原因	排除方法

（2）通过网上查阅资料、自行设计等方式，利用多谐振荡器制作一个简单实用的电路，如“会眨眼的小青蛙”、简易电子琴（如图 6-3 所示）、叮咚门铃等，说明电路的工作原理。

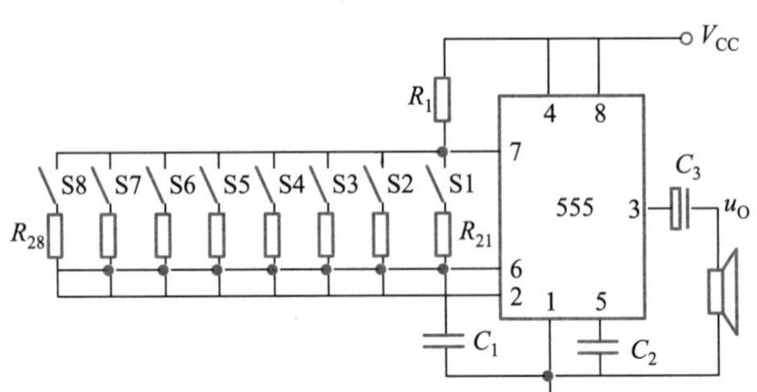

图 6-3　简易电子琴原理图

模块7 照明电路的安装

任务1 单控节能灯的安装

任务目标

1. 能阅读工作任务单。
2. 能识读电路图、施工图。
3. 能根据施工要求，勘查施工现场，取得必要的资料、数据。
4. 会用网络资源查找所需相关资料。
5. 能根据施工图样，勘查施工现场，制订工作计划。
6. 能根据任务要求和施工图样，列举所需工具和材料清单。
7. 能正确使用电工常用工具。
8. 能根据实物，识别灯座的类型，学会接线，了解其使用场合及安装注意事项。
9. 能按图样、工艺要求、安装规程要求，进行护套线布线施工。
10. 能按电工安全操作规程，操作完毕后能清点工具，收集剩余材料，清理工程垃圾。
11. 能正确填写任务单的验收项目，并交付验收。
12. 培养语言表达能力。
13. 展示学习成果，树立学习信心。

微课

单控节能灯的安装与调试

实训器材

实训板、万用表、节能灯座、节能灯、熔断器、熔体、插座、开关、导线、尖嘴钳、剥线钳、验电笔、螺丝旋具、电工刀等。

明确任务

1. 任务描述

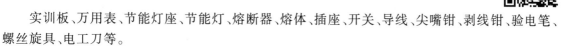

在某地铁站内，为了维修人员工作方便，新改造了一间工具房用来存放维修用的工具和相关

设备,现在要求你在新改造的工具房内安装一盏单控开关控制的 40 W 节能灯,同时配备一个三孔插座。由于现场材料受限无法提供足够的 PVC 线槽,只提供塑料护套线及相关辅助材料。

2. 任务分析

(1) 识读电路图

单控节能灯的电路原理图如图 7-1 所示,电路图中各种电气元件都不用保持原有的形状,而是采用统一的图形符号来表示,控制要求:一个开关控制一盏灯,插座不受开关控制。

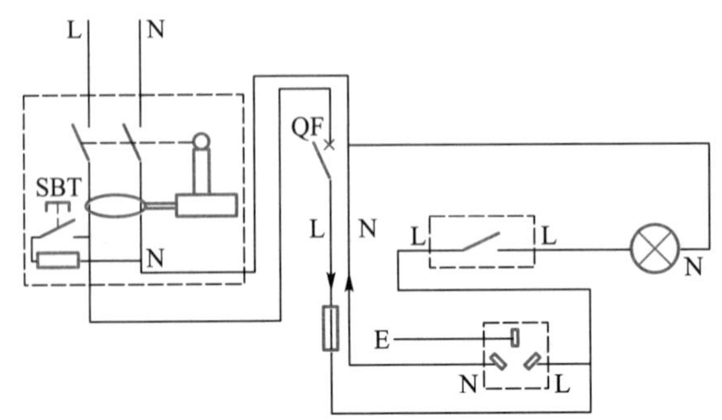

图 7-1 单控节能灯的电路原理图

(2) 认真学习常用电工电路图形符号表,见表 7-1,并填写符号对应的名称。

表 7-1 常用电工电路图形符号表

名称	符号	名称	符号
			V
			或
	A		

(3) 工具房一控一灯电路简图如图 7-2 所示,请回答以下问题。

① L 表示__________________。

② N 表示____________________。

③ SA 表示__________________。

④ EL 表示__________________。

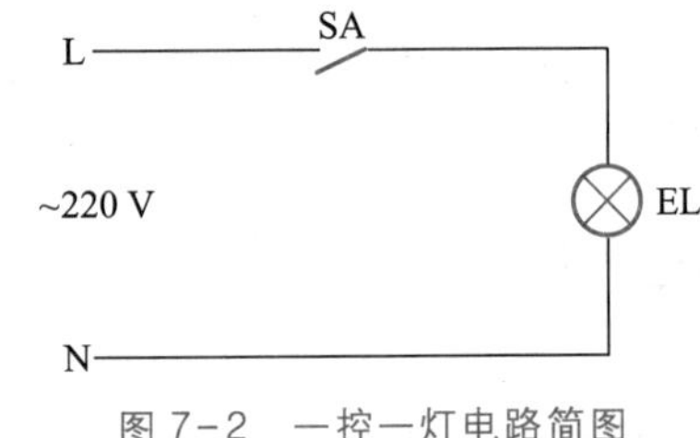

图 7-2 一控一灯电路简图

3. 绘制电路布局草图

请根据实训室实际提供的实训控制板，绘制电路布置图。

大家通过展示各自绘制的布置图，对布置图中的一些电气布局的原则和注意事项进行归纳总结，并填表（见表 7-2）。

表 7-2　电气布局的注意事项

序号	问题/注意事项	解决方案	备注
1			
2			
3			

4. 优化电路布置图

请根据实训室实际提供的设备，完成优化后的电路安装布置图。

任务实施

（1）工作步骤的制订

（2）填写元件明细表（见表 7-3）

引导问题 1：你所领取的灯座是什么类型的？

引导问题 2：你所领取的护套线是什么型号？

引导问题 3：相（火）线颜色规定有哪些？中性（零）线颜色规定有哪些？

引导问题 4：你所领用的绝缘导线的截面积是多少？

引导问题 5：冲击钻、梯子使用注意事项清楚吗？

引导问题 6：请你查阅《电工手册》，简要描述塑料护套线的型号。

引导问题 7：按图 7-1 要求工具房安装的是哪种灯？功率多大？工作电压是多少？

表 7-3　元件明细表

序号	名称	符号	型号	规格	数量	用途
1						
2						
3						
4						
5						

（3）填写领料单　为完成工作任务，每个工作小组需要向工作站内仓库工作人员提供领料单（见表 7-4）。

(4) 设备安装

① 在控制板上标出线路走向和元器件位置,将低压断路器、单极开关盒以及插座底盒等固定好,安装应做到横平竖直、美观大方。

表 7-4 领 料 单

年 月 日

序号	名称	规格	型号	数量	单价	备注
1						
2						
3						
4						
5						

② 敷设导线及安装支持准备部件(灯座、开关、插座)。护套线通常成捆存放,在使用时按需求放出一定长度,并用尖嘴钳将其剪断,然后敷设。敷设时,应做到横平竖直,并及时用线卡将其固定。

③ 开关的安装与连接。剥去护套层,剥去中性线的绝缘层 30 mm 左右,将中性线直接连接并绝缘恢复处理。剥去相线的绝缘层 10 mm,连接开关接线端子。开关必须串联在相线上,不应串接在中性线上,这样当开关处于断开位置时,灯头及电气设备上不带电,保证检修的安全。剥绝缘层不能太长,安装后接线桩处不要漏铜。

④ 安装灯座和灯泡。

(5) 通电试验

① 上电前自检,并填表 7-5。

表 7-5 上电前自检

序号	检查项目	检查情况	备注
1	控制板上是否有未完成的接线及安装		
2	控制板上有无多余导线、工具、元器件及其他杂物		
3	根据原理图检查是否有漏接、错接之处		
4	导线接线端处是否压接牢固		
5	使用万用表检查相间是否有短路		

② 通电调试。

通电前必须征得在场教师的同意,经教师检查后,由指导教师指导接通两相电源。

在上电过程中由指导教师在场监护,如发现电路短路、无法起动、元器件动作异常等现象时,应立即停机,断电排故。

如需带电排故,或者需要重新上电时,也必须有指导教师在场监护。

填写异常情况分析及处理表(见表 7-6)。

表 7-6　异常情况分析及处理表

序号	异常现象	异常原因	处理方法
1			
2			
3			

请说一说你的通电及断电的顺序。

总结与评价

(1) 断电后,清点工具和材料,清除工程垃圾。

(2) 根据表 7-7 检查验收。

表 7-7　验　收　表

项目内容	分值	评分标准		扣分	得分
装前检查	15	电气元件检查　每漏一处扣 1.5 分			
安装布线	45	电气元件布置不合理	扣 5 分		
		电气元件安装不牢固	扣 4 分/处		
		电气元件安装不合格	扣 3 分/处		
		损坏电气元件	扣 15 分		
		工艺安装不符合要求	扣 2 分/处		
		不按电路图接线	扣 25 分		
		布线不符合要求	扣 3 分/根		
		接点松动、露铜过长、压绝缘层、反圈等	扣 2 分/根		
		损伤导线绝缘层或线芯	扣 5 分/根		
		漏装或错标编码管	扣 1 分/个		
通电试车	40	第一次通电不成功	扣 10 分		
		第二次通电不成功	扣 20 分		
		第三次通电不成功	扣 40 分		
职业素养	是否遵守安全文明生产规程、劳动纪律 是否按时按质完成工作任务 是否积极主动承担工作任务,勤学好问 团队协作精神 工作岗位 7 S 完成情况		酌情扣 10~20 分		
总计					

（3）工作总结　同学们以小组形式，通过演示文稿、展板、海报、录像等形式，向全班展示、汇报学习成果。

建议工作总结应包含以下主要内容：

① 通过工具房一控一灯的安装学到了什么（专业技能和技能之外的认识）？

② 安装质量、工艺存在问题吗？若有问题，是什么问题？什么原因导致的？下次该如何避免？

③ 对自己的展示过程满意吗？如果不满意，那你还需要从哪几个方面努力？接下来的学习有何打算？

④ 这个任务你觉得哪里最有趣，哪里最提不起精神？

任务延伸

一个开关控制一盏灯，为了掌握用电量，需要加装一个电表，电路中须安装一插座，但插座不受开关控制，完成电路的安装和调试，原理图如图 7-3 所示。

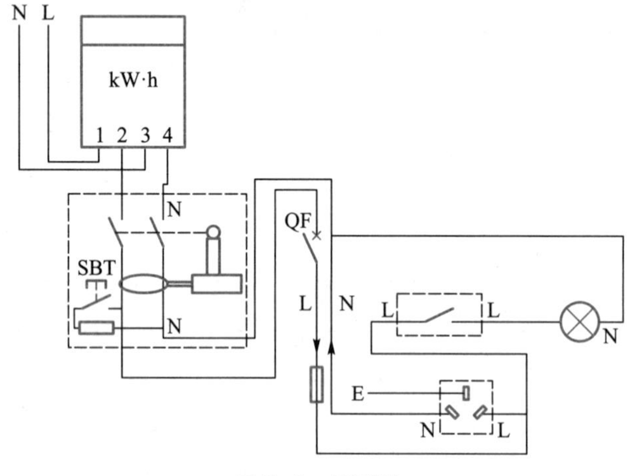

图 7-3　原理图

任务 2　线槽配线双控荧光灯照明电路的安装与维修

任务目标

1. 能阅读工作任务单。
2. 能识读电路图并分析工作原理。
3. 能根据施工要求，勘查施工现场，取得必要的资料、数据。
4. 会用网络资源查找所需相关资料。
5. 能根据施工图样，制订工作计划。
6. 能根据任务要求和施工图样，列出所需工具和材料清单。
7. 能正确使用电工常用工具。
8. 能根据实物，学会接线，了解使用场合及安装注意事项。
9. 能按图样、工艺要求、安装规程要求，进行槽板布线施工。
10. 能按电工安全操作规程，操作完毕后能清点工具，收集剩余材料，清理工程垃圾。
11. 能正确填写任务单的验收项目，并交付验收。
12. 培养语言表达能力。
13. 展示学习成果，树立学习信心。

微课

双控荧光灯电路的安装与调试

实训器材

实训板、万用表、荧光灯、熔断器、熔体、插座、开关、导线、尖嘴钳、剥线钳、测电笔、电工刀等。

明确任务

1. 任务描述

R1 地铁站转 R2 地铁的转乘楼梯需要加装一个楼梯灯，要求实现两地控制，为了方便警示牌取电还需配备一个三孔插座，为了保持环境的整洁美观，要求线路要走 PVC 线槽，原理图如图 7-4所示。

2. 任务分析

(1) 识读电路图

(2) 请根据原理图填写表 7-8

(3) 绘制电路布局草图　请根据实训室实际提供的设备，绘制电路布局图。

大家通过展示各自绘制的布局图，对布局图中的一些电气布局的原则和注意事项进行归纳总结并填表(见表 7-9)。

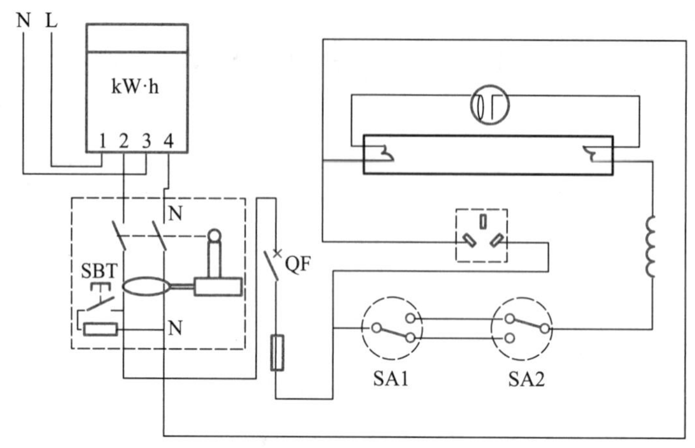

图 7-4 楼梯灯电路原理图

表 7-8 识读电路图

操作	灯泡情况(亮/灭)
闭合 SA1 开关	
闭合 SA2 开关	
断开 SA1 开关	
断开 SA2 开关	

表 7-9 电气布局的注意事项

序号	问题/注意事项	解决方案	备注
1			
2			
3			

(4) 优化电路布局图 请根据实训室实际提供的设备,完成优化后的电路安装布局图。

任务实施

(1) 工作步骤的制订

(2) 列出所需要的工具和材料清单

引导问题 1:请查阅资料回答,常用的线槽有哪些类型? 本次任务选用哪种?

引导问题 2:线槽布线施工中需要用哪些工具,请试着列举出来,并说明每种工具的使用方法。

(3) 填写元件明细表(见表 7-10)

表 7-10 元件明细表

序号	名称	符号	型号	规格	数量	用途
1						
2						
3						
4						
5						
6						

(4) 填写领料单　为完成工作任务,每个工作小组需要向工作站内仓库工作人员提供领料单(见表 7-11)。

表 7-11 领 料 单

年　　月　　日

序号	名称	规格	型号	数量	单价	备注
1						
2						
3						
4						
5						

(5) 线路安装

① 划线定位。

对于线槽布线的间距,有哪些具体要求?

② 线槽的安装。

根据元器件位置,量取各段线槽宽度,并锯取。

用电钻在线槽内钻孔,用作固定。固定孔一般距两端 5~10 mm,中间 30~50 mm。

用自攻螺钉或木螺钉固定,在线槽直角转弯处应采用 45°拼接,如图 7-5 所示。

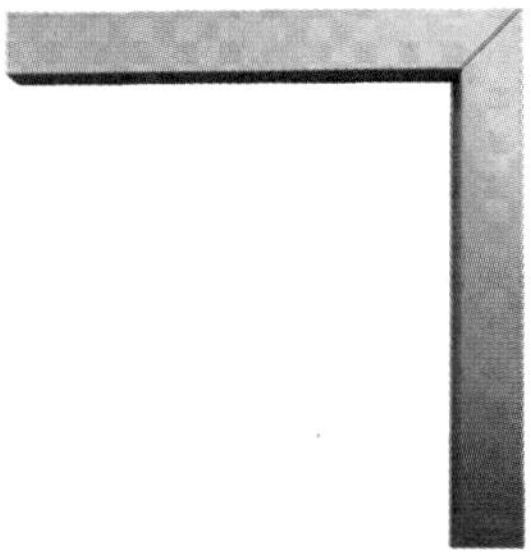

图 7-5 线槽的安装

思考:对于线槽布线的固定,有哪些注意事项及要求?线槽有分支时如何处理?

③ 导线敷设与接线。

注意事项:

以一分路一条 PVC 线槽为原则;

PVC 线槽内不允许有导线接头;

敷设到灯具、开关、插座等接头处,要留出 100 mm 左右的线头;

在配电箱和集中控制开关板处,要按实际需要留足长度,并在线头做好统一标记。

④ 安装灯座和灯泡。

(6) 安装过程中遇到什么困难？是如何克服的？请记录(见表 7-12)。

表 7-12 问题列表

遇到的问题	解决办法

(7) 通电试验

① 上电前的自检(见表 7-13)。

表 7-13 上电前自检

序号	检查项目	检查情况	备注
1	控制板上是否有未完成的接线及安装		
2	控制板上有无多余导线、工具、元器件及其他杂物		
3	根据原理图检查是否有漏接、错接之处		
4	导线接线端处是否压接牢固		
5	使用万用表检查相间是否有短路		

② 通电调试。

通电前必须征得在场老师的同意，经老师检查后，由指导老师指导接通两相电源。

在上电过程中由指导老师在场监护，如发现电路短路、无法起动、元器件动作异常等现象时，应立即停机，断电排故。

如需带电排故，或者需要重新上电时，也必须有指导老师在场监护。

填写异常情况分析及处理表(见表 7-14)。

表 7-14 异常情况分析及处理表

序号	异常现象	异常原因	处理方法
1			
2			

③ 通电试验时，应认真观察灯泡的亮灭情况并记录(见表 7-15)。

表 7-15 通电试验

操作	灯泡情况
闭合 SA1 开关	
闭合 SA2 开关	
断开 SA1 开关	
断开 SA2 开关	

④ 注意事项：

在导线通道内敷设的导线进行接线时，必须集中思想，明确中性线与相线，接上后再进行复验；

在安装、调试过程中，工具、仪表的使用应符合要求；

实操过程必须遵守安全操作规程，注意人身及设备安全。

总结与评价

（1）断电后，清点工具和材料，清除工程垃圾。

（2）验收时根据表 7-16 检查验收。

表 7-16　验　收　表

<table>
<tr><th>项目内容</th><th>分值</th><th colspan="2">评分标准</th><th>扣分</th><th>得分</th></tr>
<tr><td>装前检查</td><td>15</td><td colspan="2">电气元件检查　　每漏一处扣 1.5 分</td><td></td><td></td></tr>
<tr><td rowspan="10">安装布线</td><td rowspan="10">45</td><td>电气元件布置不合理</td><td>扣 5 分</td><td></td><td rowspan="10"></td></tr>
<tr><td>电气元件安装不牢固</td><td>扣 4 分/处</td><td></td></tr>
<tr><td>电气元件安装不合格</td><td>扣 3 分/处</td><td></td></tr>
<tr><td>损坏电气元件</td><td>扣 15 分</td><td></td></tr>
<tr><td>走线工艺安装不符合要求（线槽布线工艺）</td><td>扣 2 分/处</td><td></td></tr>
<tr><td>不按电路图接线</td><td>扣 25 分</td><td></td></tr>
<tr><td>布线不符合要求</td><td>扣 3 分/根</td><td></td></tr>
<tr><td>接点松动、露铜过长、压绝缘层、反圈等</td><td>扣 2 分/根</td><td></td></tr>
<tr><td>损伤导线绝缘层或线芯</td><td>扣 5 分/根</td><td></td></tr>
<tr><td>漏装或错标编码管</td><td>扣 1 分/个</td><td></td></tr>
<tr><td rowspan="3">通电试车</td><td rowspan="3">40</td><td>第一次通电不成功</td><td>扣 10 分</td><td></td><td rowspan="3"></td></tr>
<tr><td>第二次通电不成功</td><td>扣 20 分</td><td></td></tr>
<tr><td>第三次通电不成功</td><td>扣 40 分</td><td></td></tr>
<tr><td>职业
素养</td><td colspan="2">是否遵守安全文明生产规程、劳动纪律
是否按时按质完成工作任务
是否积极主动承担工作任务，勤学好问
团队协作精神
工作岗位 7 S 完成情况</td><td>酌情扣
10～20 分</td><td></td><td></td></tr>
<tr><td>总计</td><td colspan="2"></td><td></td><td></td><td></td></tr>
</table>

（3）工作总结　同学们以小组形式，通过演示文稿、展板、海报、录像等形式，向全班展示、汇报学习成果。

建议工作总结应包含以下主要因素：

① 通过双控灯的安装学到了什么(专业技能和技能之外的认识)?

② 安装质量、工艺存在问题吗?若有问题,是什么问题?什么原因导致的?下次该如何避免?

③ 对自己的展示过程满意吗?如果不满意,那你还需要从哪几个方面努力?接下来的学习有何打算?

④ 这个任务你觉得哪里最有趣,哪里最提不起精神?

任务延伸

分析图 7-6 所示电路图,完整描述控制原理,同时完成电路的安装和调试。

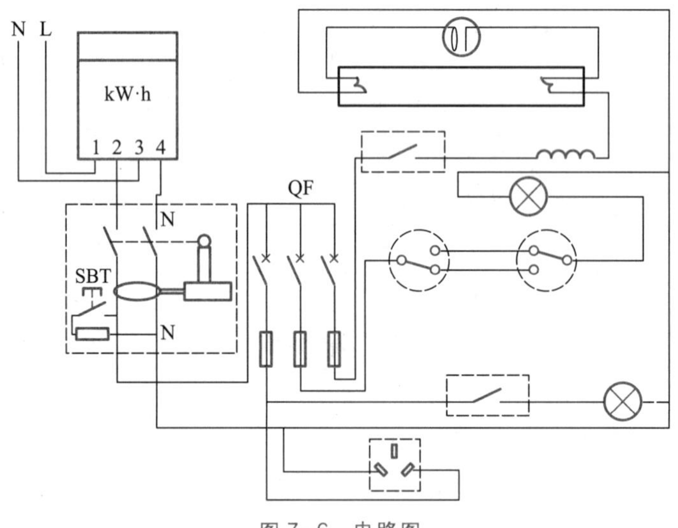

图 7-6 电路图

模块8 三相异步电动机

任务1 三相异步电动机的静态检测

任务目标

1. 能阅读工作任务单。
2. 熟练使用万用表、兆欧表等仪表。
3. 能根据所学三相异步电动机的原理进一步理解电动机的结构。
4. 熟练掌握电动机的简单检测方法。
5. 会用网络资源查找所需相关资料。
6. 能根据任务要求制订工作计划。
7. 能根据任务要求列出所需工具和材料清单。
8. 能根据实物，学会接线并了解使用场合及安装注意事项。
9. 能按电工安全操作规程，操作完毕后能清点工具，收集剩余材料，清理工程垃圾。
10. 能正确填写任务单的验收项目，并交付验收。
11. 培养语言表达能力。
12. 展示学习成果，树立学习信心。

微课
电动机绝缘测试

实训器材

三相异步电动机、万用表、兆欧表、十字螺钉旋具、一字螺钉旋具等。

明确任务

1. 任务描述

现有同事从某现场拆回来三相异步电动机一台，要求你对其做一个初步的静态检测工作。

2. 任务分析

在不拆解三相异步电动机的前提下，对拆回来的电动机进行一个初步的静态检测和判定包括以下几个步骤：

（1）外观检查；

（2）铭牌参数的识读；

（3）电动机绝缘性的检测；

（4）电动机首尾端检测。

任务实施

（1）工作步骤的制订

（2）填写元件明细表(见表8-1)。

表8-1 元件明细表

序号	名称	符号	型号	规格	数量	用途
1						
2						
3						

（3）填写领料单 为完成工作任务，每个工作小组需要向工作站内仓库工作人员提供领料单(见表8-2)。

表8-2 领 料 单

年 月 日

序号	名称	规格	型号	数量	单价	备注
1						
2						
3						
4						

（4）检查外观 仔细观察三相异步电动机的外观，将实际情况记录在表中(见表8-3)。

表8-3 记 录 表

序号	现象	判定	备注
1	外壳是否破损		
2	外壳及内部是否积尘或有异物		
3	铭牌是否完整清晰		
4	润滑油是否正常		
5	接线盒及绕组端部有无烧焦		
6	有无其他异常		

（5）识读现场三相异步电动机的铭牌参数　请根据铭牌参数填写表8-4。

表8-4　铭牌参数

参数名称	参数

（6）检测电动机的绝缘性能　使用兆欧表测量三相异步电动机的绝缘电阻：

① 打开三相异步电动机的接线盒，将三相绕组分开。

② 正确进行兆欧表的开路实验和短路实验。

电动机绕组对地绝缘电阻的测量（如图8-1所示）：

"线路"端L接电动机的绕组；

"接地"端E接电动机的外壳。

电动机绕组之间绝缘电阻的测量（如图8-2所示）：

"线路"端L接电动机的一个绕组；

"接地"端E接电动机的另一个绕组。

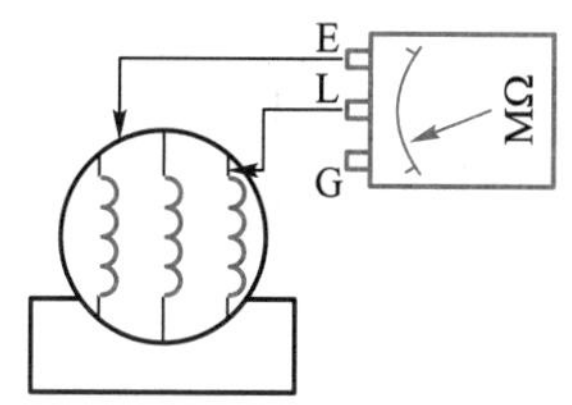

图8-1　电动机绕组对地绝缘电阻的测量

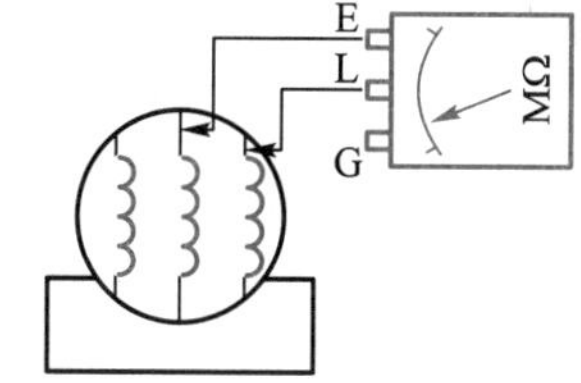

图8-2　电动机绕组之间绝缘电阻的测量

③ 测量电动机三相绕组对地绝缘电阻以及电动机相间的绝缘电阻，将测量结果填入表（见表8-5）中。

表8-5　电阻测量

测量项目	U相对地	V相对地	W相对地	UV相	VW相	WU相
测量结果						

（7）电动机的首尾端判断

① 分组：用万用表的电阻挡找出同一相绕组。

② 连接：将万用表的挡位转换到DC mA 50μA挡，如图8-3所示接线。

③ 判断：当开关接通瞬间，如果万用表指针顺时针偏转，则万用表黑表笔所接的一端和接电池正极的一端为同名端。

④ 用相同的办法判断出另一个线圈。

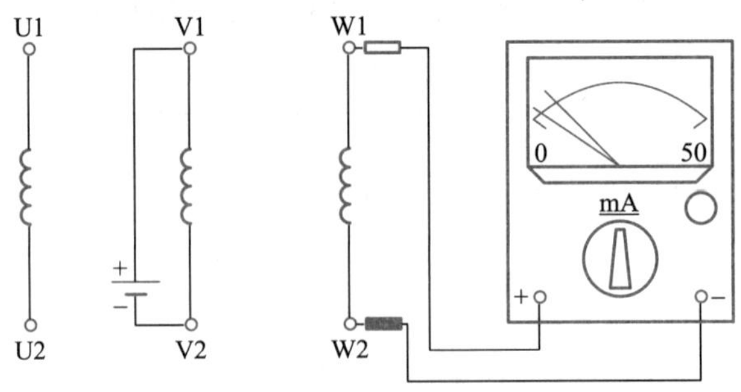

图 8-3 万用表判断首尾端的接线

⑤ 用如图 8-4 所示的方法接线，将判断好的同名端分别接万用表的红、黑表笔，挡位为 DC mA 50μA 挡，转动电动机的转子，如果万用表指针基本不动，则判断正确。

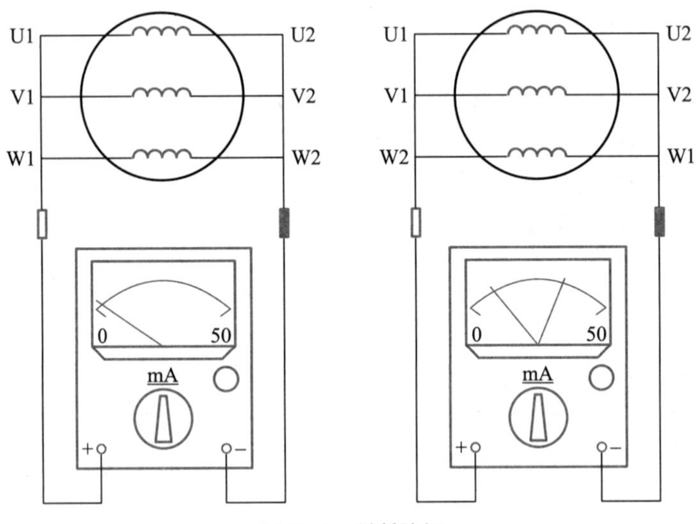

图 8-4 判断验证

（8）在任务实施过程中是否遇到困难？是如何克服的？请记录于表 8-6 中。

表 8-6 问题列表

遇到的问题	解决办法

总结与评价

（1）清点工具和材料，清除工程垃圾。

（2）根据表 8-7 检查验收。

表 8-7　验　收　表

<table>
<tr><td colspan="3">班级：　　　　　　　　　姓名：</td><td colspan="3">学号：　　　　　　　组号：</td><td colspan="2"></td></tr>
<tr><td rowspan="2">评价项目</td><td rowspan="2">评价标准</td><td rowspan="2">评价依据</td><td colspan="3">评价方式</td><td rowspan="2">分值</td><td rowspan="2">小计</td></tr>
<tr><td>学生自评
占 20%</td><td>小组互评
占 30%</td><td>教师评价
占 50%</td></tr>
<tr><td>职业素养</td><td>遵守企业规章制度、劳动纪律
按时按质完成工作任务
积极主动承担工作任务，勤学好问
人身安全与设备安全
工作岗位 7S 完成情况</td><td>出勤
工作态度
劳动纪律
团队协作精神</td><td></td><td></td><td></td><td>25</td><td></td></tr>
<tr><td>专业能力</td><td>熟练掌握兆欧表、万用表等仪表和工具的使用
能识读电动机铭牌信息
掌握三相异步电动机绝缘电阻检测方法
掌握三相异步电动机首尾端检测方法</td><td>操作的准确性和规范性
工作页或项目技术总结完成情况
专业技能任务完成情况</td><td></td><td></td><td></td><td>60</td><td></td></tr>
<tr><td>创新能力</td><td>在任务完成过程中能提出自己的有一定见解的方案
在教学或生产管理上提出建议，具有创新性</td><td>方案的可行性及意义
建议的可行性</td><td></td><td></td><td></td><td>15</td><td></td></tr>
<tr><td>综合评价</td><td colspan="7">总分：
指导教师签名：　　　　　　　　　　　　　　　　日期：</td></tr>
</table>

（3）工作总结　同学们以小组形式，通过演示文稿、展板、海报、录像等形式，向全班展示、汇报学习成果。

建议工作总结应包含以下主要因素：

① 通过三相异步电动机的静态检测学到了什么（专业技能和技能之外的认识）？

② 检测过程中存在问题吗？若有问题，是什么问题？什么原因导致的？下次该如何避免？

③ 对自己的展示过程满意吗？如果不满意，那你还需要从哪几个方面努力？接下来的学习有何打算？

任务延伸

实训场地现有的多种国产和进口品牌电动机，通过网络查询等手段完成其静态检测，并记录电动机参数及检测数据。

任务2 三相异步电动机机体的简单安装和接线

任务目标

1. 能阅读工作任务单。
2. 熟练使用万用表、兆欧表等仪表。
3. 掌握三相异步电动机的安装方法。
4. 掌握三相异步电动机的接线方法。
5. 会用网络资源查找所需相关资料。
6. 能根据任务要求制订工作计划。
7. 能根据任务要求列出所需工具和材料清单。
8. 能根据实物,学会接线并了解使用场合及安装注意事项。
9. 能按电工安全操作规程,操作完毕后能清点工具,收集剩余材料,清理工程垃圾。
10. 能正确填写任务单的验收项目,并交付验收。
11. 培养语言表达能力。
12. 展示学习成果,树立学习信心。

微课

异步电动机星形接法

实训器材

三相异步电动机、万用表、十字螺钉旋具、一字螺钉旋具、验电笔、万用表、钳形电流表、水平尺、尖嘴钳、斜口钳、剥线钳、电工刀等。

明确任务

1. 任务描述

现有同事从某现场拆回来三相异步电动机一台,经维修好后需要进行安装和接线并进行试车。

2. 任务分析

① 需要将电动机固定在底座上,并进行水平校正;
② 根据电动机的铭牌进行接线;
③ 对安装好的电动机进行空载试车。

异步电动机三角形接法

任务实施

(1) 工作步骤的制订

(2) 填写元件明细表(见表 8-8):

表 8-8　元件明细表

序号	名称	符号	型号	规格	数量	用途
1						
2						
3						

(3) 填写领料单　为完成工作任务,每个工作小组需要向工作站内仓库工作人员提供领料单(见表 8-9)。

表 8-9　领　料　单

年　　月　　日

序号	名称	规格	型号	数量	单价	备注
1						
2						
3						

(4) 将电动机安装在座墩上　电动机的座墩有两种形式:一种是直接安装座墩;另一种是槽轨安装座墩。座墩高度一般应高出地面 150 mm,具体高度要按电动机的规格、传动方式和安装条件等决定。座墩的长与宽大约等于电动机机座底尺寸加 150 mm 的裕度。填写安装记录表见表 8-10。

表 8-10　安装记录表

序号	检查项目	完成质量	备注
1	是否有衬垫防振物		
2	螺钉是否是对角线交错紧固		
3	螺钉是否有弹簧垫圈		
4	电动机安装是否水平		

固定的地脚螺钉用六角螺栓制作,首先用钢锯在六角螺栓上锯一条 25~40 mm 的缝,再用钢凿把它分成人字形,依据电动机机座尺寸,埋入水泥墩里面,如图 8-5 所示。

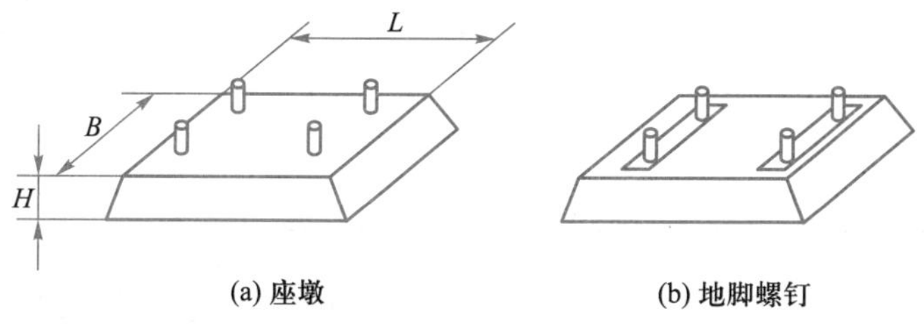

图 8-5　电动机底座形状规格

(5) 用水平仪校正水平　电动机的水平校正，一般用水平仪放在转轴上，对电动机纵向、横向进行检查，并用0.5~5 mm厚的钢片垫在机座下，来调整电动机的水平。

提示：水平尺中的水珠往某方向偏，则表明某方向偏高，需在偏低方向的机座下垫0.5~5 mm的干钢片，直至水平正好为止。发现水平尺中的水珠处于正中的位置时，说明水平正好。

(6) 根据电动机的铭牌进行接线　Y联结的电动机接线盒上的出线如图8-6所示，将接线盒中三相绕组尾端U2、V2、W2短接，再将首端U1、V1、W1分别接三相电源的L1、L2、L3即构成Y联结。

定子绕组的△联结如图8-7所示。

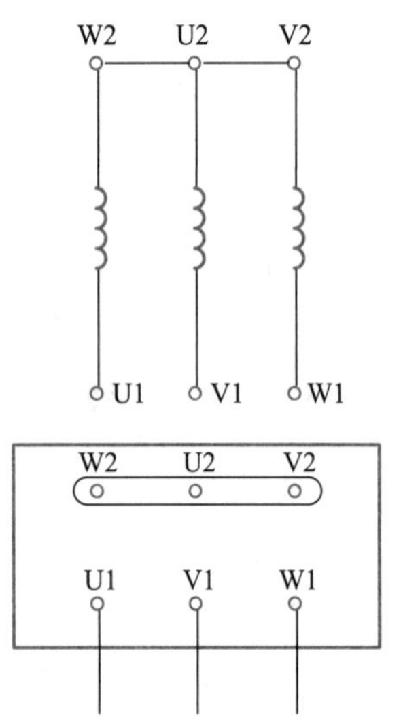

图8-6　Y联结的电动机接线盒上的出线

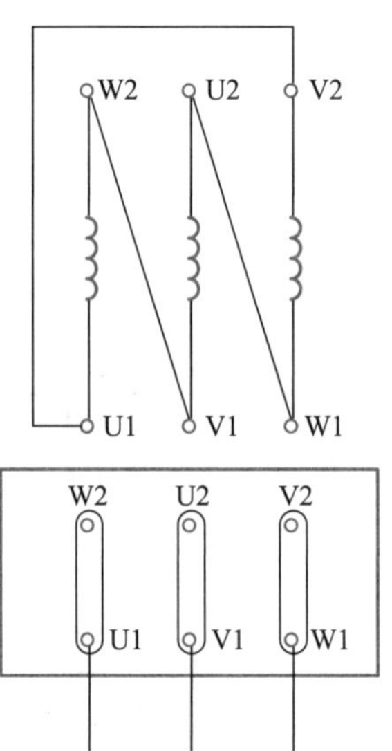

图8-7　定子绕组的△联结

将接线盒中三相绕组的U1与W2、V1与U2、W1与V2接线端短接，再将U1、V1、W1首端分别接三相电源的L1、L2、L3即构成△联结。这时每相绕组的电压等于线电压。

为了安全一定要将电动机的接地线接好、接牢。将电源线的接地线接电动机外壳接线柱上。

(7) 测量与试车　通电空转试验时，应认真观察各电气元件、线路。

当交流电动机空载时，用钳形表测量三相空载电流是否平衡。同时观察电动机是否有杂声、振动及其他较大的噪声，如果有，应立即停车，进行检查。

通电带负载调试时，认真观察电动机及传动装置的工作情况是否正常。如不正常，应立即切断电源进行检查，在调整或修复后方能再次通电试车。

如调试中发现线路有故障，应按照表8-11填写并对故障进行分析。

表8-11　异常情况分析及处理表

序号	异常现象	异常原因	处理方法
1			
2			

(8) 在任务实施过程中遇到什么困难？是如何克服的？请记录(见表8-12)。

表 8-12　问 题 列 表

遇到的问题	解决办法

总结与评价

（1）断电后，清点工具和材料，清除工程垃圾。

（2）根据表 8-13 检查验收。

表 8-13　验　收　表

班级：	姓名：	学号：	组号：				
评价项目	评价标准	评价依据	评价方式			分值	得分小计
			学生自评占 20%	小组互评占 30%	教师评价占 50%		
职业素养	遵守企业规章制度、劳动纪律 按时按质完成工作任务 积极主动承担工作任务，勤学好问 人身安全与设备安全 工作岗位 7S 完成情况	出勤 工作态度 劳动纪律 团队协作精神				25	
专业能力	熟练掌握兆欧表、万用表等仪表和工具的使用 掌握电动机的简单安装方法 掌握电动机的接线方法和上电测试	操作的准确性和规范性 工作页或项目技术总结完成情况 专业技能任务完成情况				60	
创新能力	在任务完成过程中能提出自己的有一定见解的方案	方案的可行性及意义 建议的可行性				15	
综合评价	总分： 指导教师签名：　　　　　　日期：						

（3）工作总结　同学们以小组形式，通过演示文稿、展板、海报、录像等形式，向全班展示、汇报学习成果。

建议工作总结应包含以下主要因素：

① 通过三相异步电动机机体的简单安装和接线学到了什么（专业技能和技能之外的认识）？

② 安装质量、工艺存在问题吗？若有问题，是什么问题？什么原因导致的？下次该如何避免？

③ 对自己的展示过程满意吗？如果不满意，那你还需要从哪几个方面努力？接下来的学习有何打算？

任务延伸

对三相异步电动机进行简单拆解，了解实物电动机的实际结构，并填写其各部件的作用，见表 8-14。

表 8-14 异步电动机各部件的作用

实物图	名称	作用	实物图	名称	作用

模块9 低压电器与基本控制电路

任务1 三相异步电动机点动与连续控制电路的安装与检修

任务目标

1. 熟练掌握低压电器的电路图形符号、文字符号，动作原理及其用途。
2. 能正确绘制和识读三相异步电动机点动与连续控制电路原理图和布局图。
3. 能阐述“三相异步电动机点动与连续控制电路”的组成及其工作原理。
4. 能识别、检测现场提供的各种低压电器。
5. 熟练使用万用表、兆欧表、螺钉旋具、剥线钳、压线钳等仪表和工具。
6. 掌握电路基本安装要求及安装方法与技巧、检测技能。
7. 能根据任务要求制订工作计划。
8. 能根据任务要求列出所需工具和材料清单。
9. 能按电工安全操作规程，操作完毕后能清点工具，收集剩余材料，清理工程垃圾。
10. 能正确填写任务单的验收项目，并交付验收。
11. 会利用网络资源查找所需相关资料。
12. 培养语言表达能力、现场解决问题的能力以及团队协作能力。
13. 展示学习成果，树立学习信心和兴趣。

微课

电动机点动与连续控制电路安装与调试

实训器材

三相四线电源、控制板、三相电动机、低压断路器、按钮、交流接触器、熔断器、导线、接线端子排、万用表、测电笔、一字螺钉旋具、十字螺钉旋具、尖嘴钳、剥线钳、斜口钳、压线钳、电工刀等。

明确任务

1. 任务描述

在实际生产实践中电气控制一般要求有点动控制,即按下按钮电动机起动,松开按钮电动机停止,方便试机或调试设备;同时又需要当按下起动按钮后电动机能够连续运行,当按下停止按钮后电动机才停止;为了保证使用安全,控制电路中还需要配备短路保护、电动机过载保护等保护功能。电路图如图 9-1 所示。

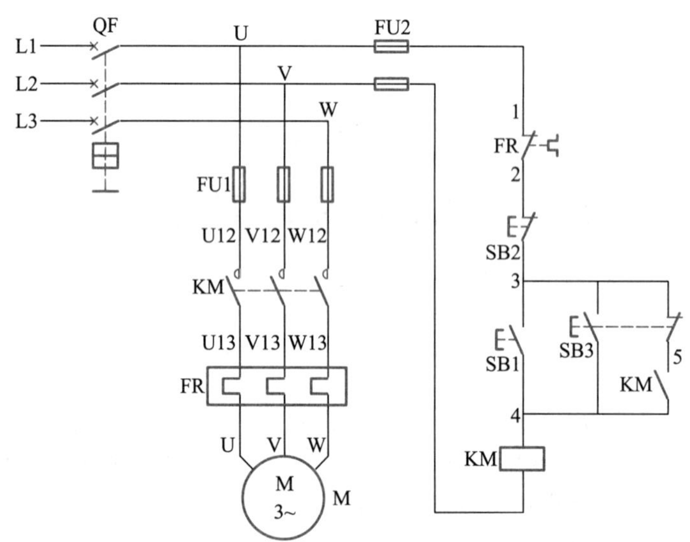

图 9-1 三相异步电动机点动与连续控制电路图

2. 识读电气原理图

要求学生根据原理图识读其中出现的各种低压元器件的符号,完成表 9-1 的内容。

表 9-1 识读元器件

原理图中低压电器的名称	符号(包括文字/电路符号)	在电路中的作用

在任务描述中,根据现场实际提供的低压电气元件重新绘制、抄画及完善原理图。

描述出电气原理图中的工作原理(工作原理分析)。

任务实施

(1) 工作步骤的制订

(2) 填写领料单 为完成工作任务,每个工作小组需要向工作站内仓库工作人员提供领料单(见表 9-2)。

表 9-2 领 料 单

序号	名称	符号	型号	数量
1				
2				
3				
4				
5				

(3) 根据原理图、实训板以及实训电气元件,绘制出布置图。

(4) 设备安装 根据布置图在控制板上进行除了电动机之外的其他所有电气元件的固定和安装。

① 进行接线工作。

② 安装电动机。

(5) 通电试验

① 上电前自检(见表 9-3)。

表 9-3 上电前自检

序号	检查项目	检查情况	备注
1	控制板上是否有未完成的接线及安装		
2	控制板上有无多余导线、工具、元器件及其他杂物		
3	根据原理图检查是否有漏接、错接之处		
4	导线接线端处是否压接牢固		
5	使用万用表检查相间是否有短路		

② 通电调试。

通电前必须征得在场老师的同意,经老师检查后,由指导老师指导接通三相电源。

在上电过程中由指导老师在场监护,如发现电路短路、无法起动、元器件动作异常、电动机运行不正常等现象时,应立即停机,断电排故。

如需带电排故,或者需要重新上电时,也必须有指导老师在场监护。

填写异常情况分析及处理表(见表 9-4)。

表 9-4 异常情况分析及处理表

序号	异常现象	异常原因	处理方法
1			
2			
3			

总结与评价

(1) 任务验收(见表 9-5)。

表 9-5 验 收 表

项目内容	分值	评分标准		扣分	得分
装前检查	15 分	电气元件检查	每漏一处扣 1.5 分		
安装布线	45 分	电气元件布置不合理	扣 5 分		
		电气元件安装不牢固	扣 4 分/处		
		电气元件安装不合格	扣 3 分/处		
		损坏电气元件	扣 15 分		
		走线工艺安装不符合要求	扣 2 分/处		
		不按电路图接线	扣 25 分		
		布线不符合要求	扣 3 分/根		
		接点松动、露铜过长、压绝缘层、反圈等	扣 2 分/根		
		损伤导线绝缘层或线芯	扣 5 分/根		
		漏装或错标编码管	扣 1 分/个		
通电试车	40 分	第一次试车不成功	扣 10 分		
		第二次试车不成功	扣 20 分		
		第三次试车不成功	扣 40 分		

续表

<table>
<tr><th>项目内容</th><th>分值</th><th colspan="2">评分标准</th><th>扣分</th><th>得分</th></tr>
<tr><td>职业素养</td><td colspan="2">是否遵守安全文明生产规程、劳动纪律
是否按时按质完成工作任务
是否积极主动承担工作任务，勤学好问
团队协作精神
工作岗位 7S 完成情况</td><td>酌情扣
10~20 分</td><td></td><td></td></tr>
<tr><td>合计</td><td colspan="3"></td><td></td><td></td></tr>
</table>

（2）工作总结　同学们以小组形式，通过演示文稿、展板、海报、录像等形式，向全班展示、汇报学习成果。

建议工作总结应包含以下主要因素：

① 通过三相异步电动机点动与连续控制电路的安装与检修学到了什么（专业技能和技能之外的认识）？

② 安装质量、工艺存在问题吗？若有问题，是什么问题？什么原因导致的？下次该如何避免？

③ 对自己的展示过程满意吗？如果不满意，那你还需要从哪几个方面努力？接下来的学习有何打算？

任务延伸

完成如图 9-2 所示三相异步电动机多地控制电路的安装与调试。

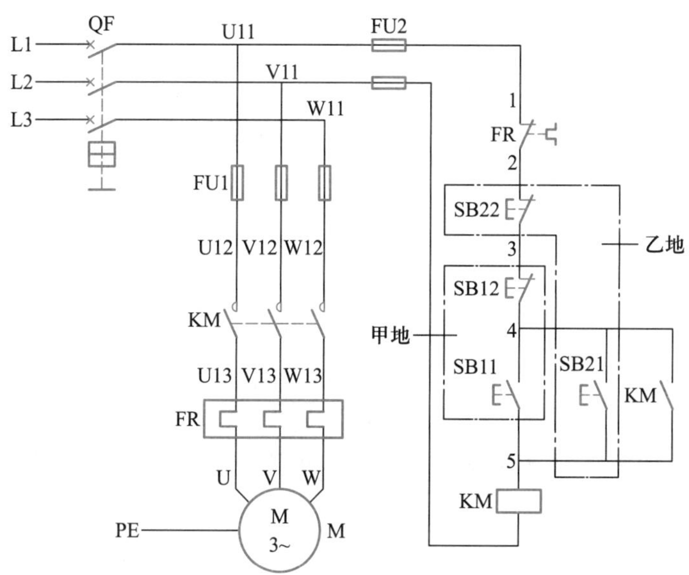

图 9-2　三相异步电动机多地控制电路

任务2 三相异步电动机联锁正反转控制电路的安装与检修

任务目标

1. 熟练掌握低压电器的电路图形符号、文字符号,动作原理及其用途。
2. 能正确绘制和识读三相异步电动机联锁正反转控制电路的原理图和布局图。
3. 能阐述“三相异步电动机联锁正反转控制电路的安装与检修电路”的组成及其工作原理。
4. 能识别、检测现场提供的各种低压电器。
5. 熟练使用万用表、兆欧表、螺钉旋具、剥线钳、压线钳等仪表和工具。
6. 掌握电路基本安装要求及安装方法与技巧、检测技能。
7. 能根据任务要求制订工作计划。
8. 能根据任务要求列出所需工具和材料清单。
9. 能按电工安全操作规程,操作完毕后能清点工具,收集剩余材料,清理工程垃圾。
10. 能正确填写任务单的验收项目,并交付验收。
11. 会利用网络资源查找所需相关资料。
12. 培养语言表达能力、现场解决问题的能力以及团队协作能力。
13. 展示学习成果,树立学习信心和兴趣。

微课
电动机正反转控制电路安装与调试

实训器材

三相四线电源、控制板、三相异步电动机、低压断路器、按钮、交流接触器、熔断器、导线、接线端子排、万用表、测电笔、一字螺钉旋具、十字螺钉旋具、尖嘴钳、剥线钳、斜口钳、压线钳、电工刀等。

明确任务

1. 任务描述

在实际生产实践中机床的工作台要求具备前进和后退的功能,电气控制要求:当按下正转按钮后电动机正转,按下反转按钮后电动机反转,按下停止按钮后电动机停止,为了保证使用安全,控制电路中还需要配备短路保护、电动机过载保护等保护功能。电路如图9-3所示。

2. 识读电气原理图

要求学生根据原理图识读原理图中出现的各种低压元器件的符号,完成表9-6内容。

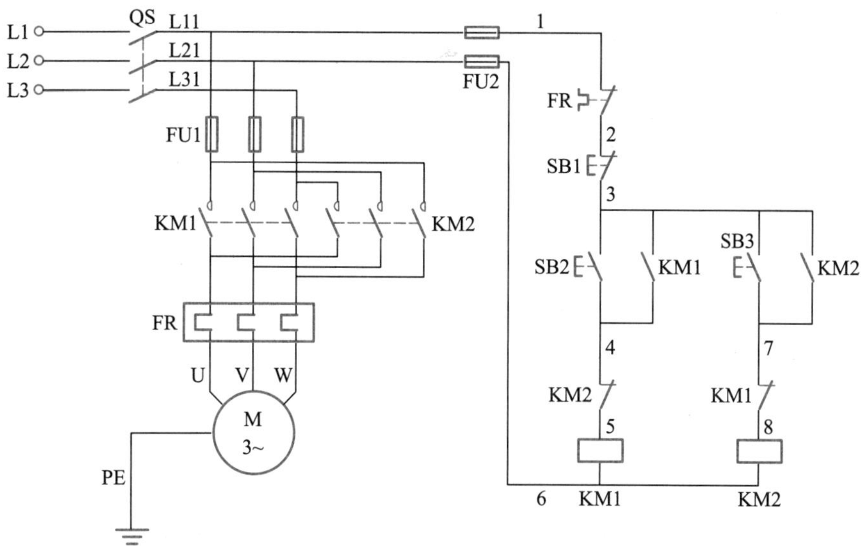

图9-3　三相异步电动机联锁正反转控制电路

表9-6　识读电气原理图

原理图中低压电器的名称	符号（包括文字/电路符号）	在电路中的作用

在任务描述中，根据现场实际提供的低压电气元件重新绘制、抄画及完善原理图。

描述出电气原理图中的工作原理（工作原理分析）。

任务实施

（1）工作步骤的制订

（2）填写领料单　为完成工作任务，每个工作小组需要向工作站内仓库工作人员提供领料单（见表9-7）。

表 9-7 领 料 单

序号	名称	符号	型号	数量
1				
2				
3				
4				
5				

(3) 根据原理图、实训板以及实训电气元件,绘制出布置图。

(4) 设备安装 根据布置图在控制板上进行除了电动机之外的其他所有电气元件的固定和安装。

① 进行接线工作。

② 安装电动机。

(5) 通电试验

① 上电前自检(见表 9-8)。

表 9-8 上电前自检

序号	检查项目	检查情况	备注
1	控制板上是否有未完成的接线及安装		
2	控制板上有无多余导线、工具、元器件及其他杂物		
3	根据原理图检查是否有漏接、错接之处		
4	导线接线端处是否压接牢固		
5	使用万用表检查相间是否有短路		

② 通电调试。

通电前必须征得在场老师的同意,经老师检查后,由指导老师指导接通三相电源。

在上电过程中由指导老师在场监护,如发现电路短路、无法起动、元器件动作异常、电动机运行不正常等现象时,应立即停机,断电排故。

如需带电排故,或者需要重新上电时,也必须有指导老师在场监护。

填写异常情况分析及处理表(见表 9-9)。

表 9-9 异常情况分析及处理表

序号	异常现象	异常原因	处理方法
1			
2			
3			

总结与评价

（1）任务验收(见表9-10)

表9-10 验 收 表

项目内容	分值	评分标准		扣分	得分
装前检查	15分	电气元件检查	每漏一处扣1.5分		
安装布线	45分	电气元件布置不合理	扣5分		
		电气元件安装不牢固	扣4分/处		
		电气元件安装不合格	扣3分/处		
		损坏电气元件	扣15分		
		走线工艺安装不符合要求	扣2分/处		
		不按电路图接线	扣25分		
		布线不符合要求	扣3分/根		
		接点松动、露铜过长、压绝缘层、反圈等	扣2分/根		
		损伤导线绝缘层或线芯	扣5分/根		
		漏装或错标编码管	扣1分/个		
通电试车	40分	第一次试车不成功	扣10分		
		第二次试车不成功	扣20分		
		第三次试车不成功	扣40分		
职业素养	是否遵守安全文明生产规程、劳动纪律 是否按时按质完成工作任务 是否积极主动承担工作任务，勤学好问 团队协作精神 工作岗位7S完成情况		酌情扣10~20分		
合计					

（2）工作总结　同学们以小组形式，通过演示文稿、展板、海报、录像等形式，向全班展示、汇报学习成果。

建议工作总结应包含以下主要因素：

① 通过三相异步电动机联锁正反转控制电路的安装与检修学到了什么（专业技能和技能之外的认识）？

② 安装质量、工艺存在问题吗？若有问题，是什么问题？什么原因导致的？下次该如何

避免？

③ 对自己的展示过程满意吗？如果不满意，那你还需要从哪几个方面努力？接下来的学习有何打算？

任务延伸

完成如图 9-4 所示三相异步电动机双重联锁正反转控制电路的安装与调试。

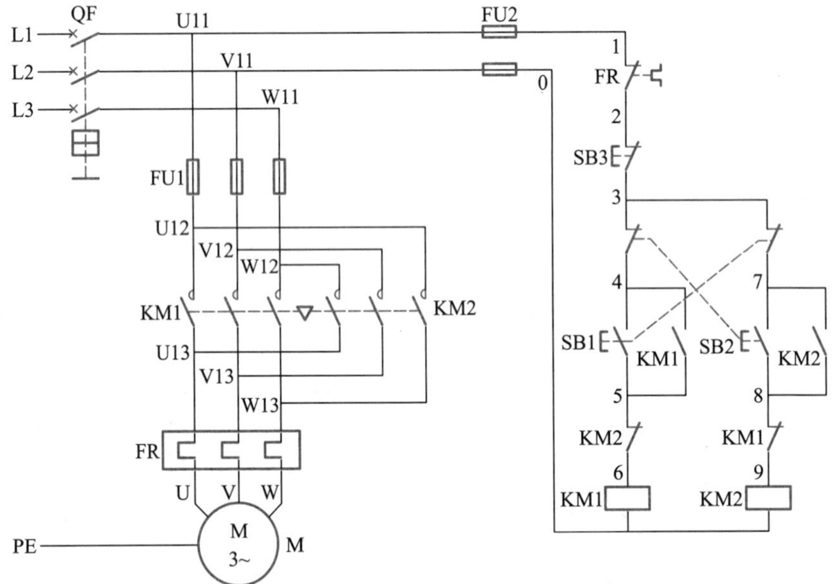

图 9-4 三相异步电动机双重联锁正反转控制电路

任务 3　三相异步电动机位置控制电路的安装与检修

任务目标

1. 熟练掌握低压电器的电路图形符号、文字符号，动作原理及其用途。
2. 能正确绘制和识读三相异步电动机位置控制电路的原理图和布局图。
3. 能阐述“三相异步电动机位置控制电路”的组成及其工作原理。
4. 能识别、检测现场提供的各种低压电器。
5. 熟练使用万用表、兆欧表、螺钉旋具、剥线钳、压线钳等仪表和工具。
6. 掌握电路基本安装要求及安装方法与技巧、检测技能。
7. 能根据任务要求制订工作计划。
8. 能根据任务要求列出所需工具和材料清单。
9. 能按电工安全操作规程，操作完毕后能清点工具，收集剩余材料，清理工程垃圾。
10. 能正确填写任务单的验收项目，并交付验收。
11. 会利用网络资源查找所需相关资料。
12. 培养语言表达能力、现场解决问题的能力以及团队协作能力。
13. 展示学习成果，树立学习信心和兴趣。

电动机位置控制电路安装与调试

实训器材

三相四线电源、控制板、三相电动机、低压断路器、按钮、行程开关、交流接触器、熔断器、导线、接线端子排、万用表、测电笔、一字螺钉旋具、十字螺钉旋具、尖嘴钳、剥线钳、斜口钳、压线钳、电工刀等。

明确任务

1. 任务描述

在实际生产实践中，磨床的工作台要求具备前进和后退自动往返循环的功能，电气控制要求：当工作台在左边则按下向右按钮，当工作台在右边则按下向左按钮，之后电动机起动，实现工作前进和后退自动往返循环，当按下停止按钮后电动机停止，为了保证使用安全，控制电路中还需要配备短路保护、电动机过载保护等保护功能，其控制电路如图 9-5 所示。

2. 识读电气原理图

要求学生根据原理图识读其中出现的各种低压元器件的符号，完成表 9-11 内容。

在任务描述中，根据现场实际提供的低压电气元件重新绘制、抄画及完善原理图。

描述出电气原理图中的工作原理(工作原理分析)。

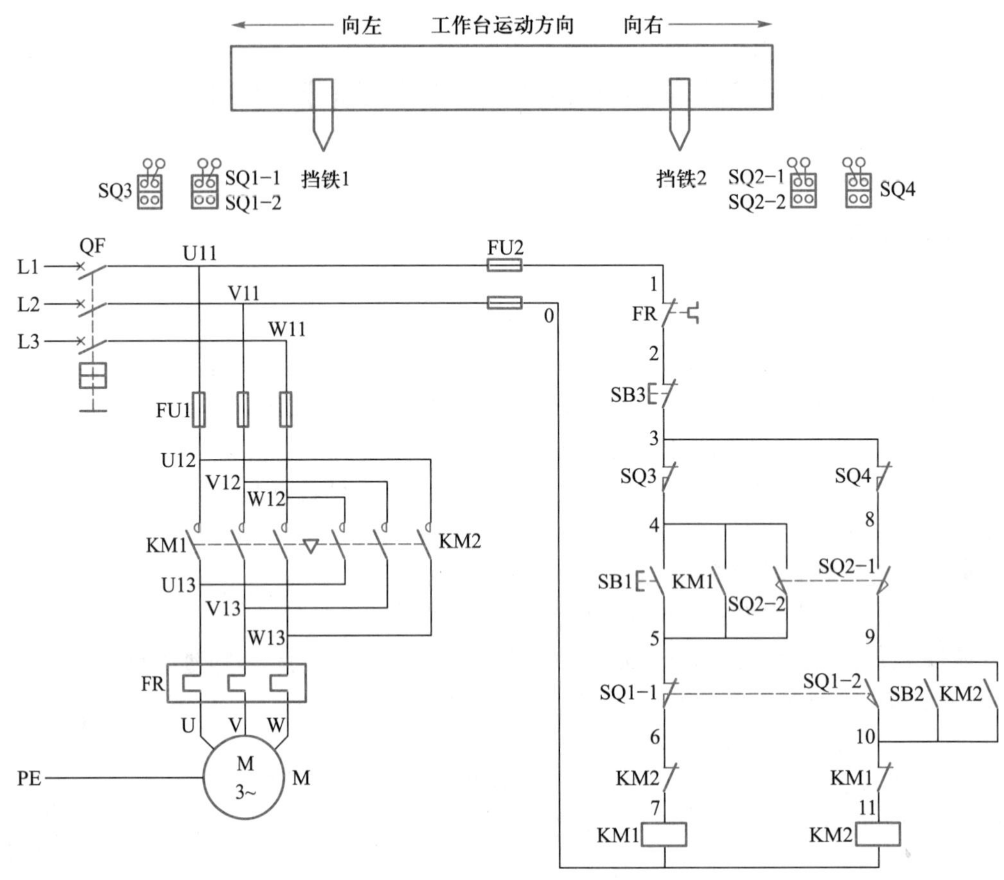

图 9-5 三相异步电动机位置控制电路

表 9-11 识读电气原理图

原理图中低压电器的名称	符号(包括文字/电路符号)	在电路中的作用

任务实施

(1) 工作步骤的制订

(2) 填写领料单　为完成工作任务,每个工作小组需要向工作站内仓库工作人员提供领料单(见表 9-12)。

表 9-12　领　料　单

序号	名称	符号	型号	数量
1				
2				
3				
4				
5				
6				

(3) 根据原理图、实训板以及实训电气元件,绘制出布置图。

(4) 设备安装　根据布置图在控制板上进行除了电动机之外的其他所有电气元件的固定和安装。

① 进行接线工作。

② 安装电动机。

(5) 通电试验

① 上电前自检(见表 9-13)。

表 9-13　上电前自检

序号	检查项目	检查情况	备注
1	控制板上是否有未完成的接线及安装		
2	控制板上有无多余导线、工具、元器件及其他杂物		
3	根据原理图检查是否有漏接、错接之处		
4	导线接线端处是否压接牢固		
5	使用万用表检查相间是否有短路		

② 通电调试。

通电前必须征得在场老师的同意,经老师检查后,由指导老师指导接通三相电源。

在上电过程中由指导老师在场监护,如发现电路短路、无法起动、元器件动作异常、电动机运行不正常等现象时,应立即停机,断电排故。

如需带电排故，或者需要重新上电时，也必须有指导老师在场监护。

填写异常情况分析及处理表（见表 9-14）。

表 9-14 异常情况分析及处理表

序号	异常现象	异常原因	处理方法
1			
2			
3			

总结与评价

（1）任务验收（见表 9-15）

表 9-15 验收表

项目内容	分值	评分标准		扣分	得分
装前检查	15 分	电气元件检查	每漏一处扣 1.5 分		
安装布线	45 分	电气布置不合理	扣 5 分		
		电气元件安装不牢固	扣 4 分/处		
		电气元件安装不合格	扣 3 分/处		
		损坏电气元件	扣 15 分		
		走线工艺安装不符合要求	扣 2 分/处		
		不按电路图接线	扣 25 分		
		布线不符合要求	扣 3 分/根		
		接点松动、露铜过长、压绝缘层、反圈等	扣 2 分/根		
		损伤导线绝缘层或线芯	扣 5 分/根		
		漏装或错标编码管	扣 1 分/个		
通电试车	40 分	第一次试车不成功	扣 10 分		
		第二次试车不成功	扣 20 分		
		第三次试车不成功	扣 40 分		
职业素养	是否遵守安全文明生产规程、劳动纪律 是否按时按质完成工作任务 是否积极主动承担工作任务，勤学好问 团队协作精神 工作岗位 7S 完成情况		酌情扣 10~20 分		
合计					

(2) 工作总结　同学们以小组形式,通过演示文稿、展板、海报、录像等形式,向全班展示、汇报学习成果。

建议工作总结应包含以下主要因素:

① 通过三相异步电动机位置控制电路的安装与检修学到了什么(专业技能和技能之外的认识)?

② 安装质量、工艺存在问题吗?若有问题,是什么问题?什么原因导致的?下次该如何避免?

③ 对自己的展示过程满意吗?如果不满意,那你还需要从哪几个方面努力?接下来的学习有何打算?

任务延伸

完成如图 9-6 所示三相异步电动机自动往返控制电路的安装与调试。

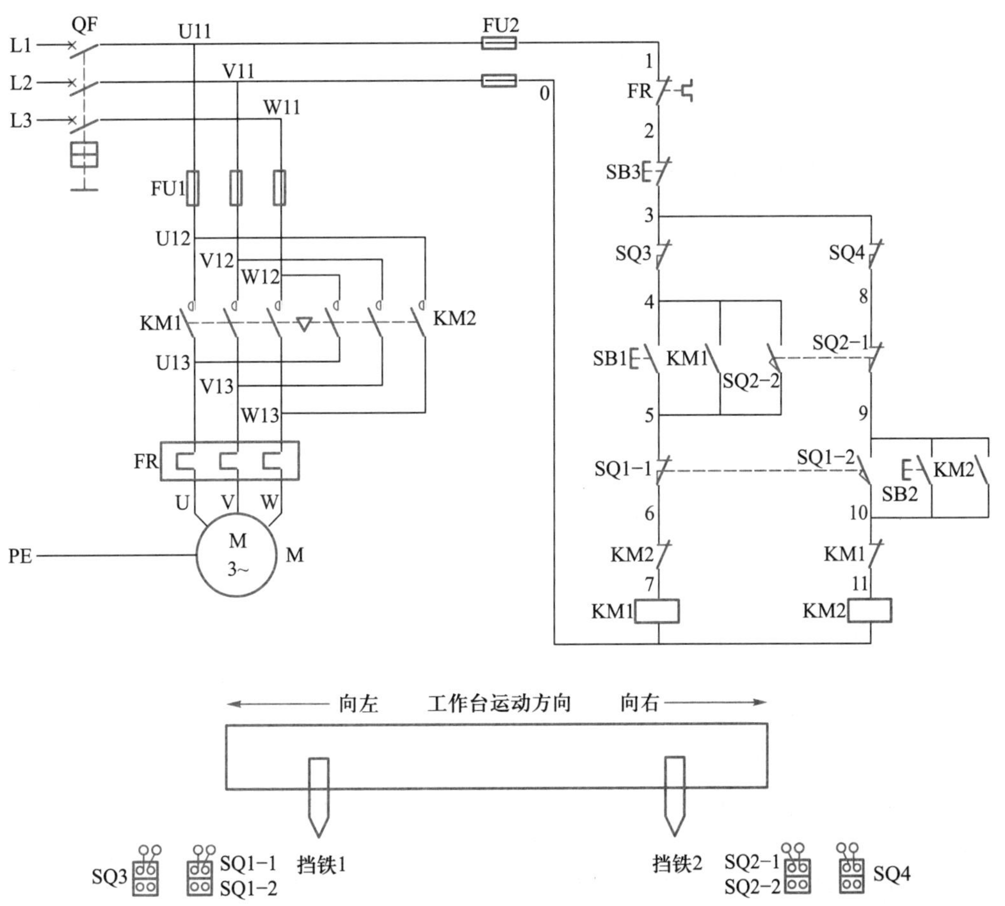

图 9-6　三相异步电动机自动往返控制电路

任务 4 三相异步电动机Y-△降压起动控制电路的安装与检修

任务目标

1. 熟练掌握低压电器的电路图形符号、文字符号，动作原理及其用途。
2. 能正确绘制和识读三相异步电动机Y-△降压起动控制电路的原理图和布局图。
3. 能阐述"三相异步电动机Y-△降压起动控制电路"的组成及其工作原理。
4. 能识别、检测现场提供的各种低压电器。
5. 熟练使用万用表、兆欧表、螺钉旋具、剥线钳、压线钳等仪表和工具。
6. 掌握电路基本安装要求及安装方法与技巧、检测技能。
7. 能根据任务要求制订工作计划。
8. 能根据任务要求列出所需工具和材料清单。
9. 能按电工安全操作规程，操作完毕后能清点工具，收集剩余材料，清理工程垃圾。
10. 能正确填写任务单的验收项目，并交付验收。
11. 会利用网络资源查找所需相关资料。
12. 培养语言表达能力、现场解决问题的能力以及团队协作能力。
13. 展示学习成果，树立学习信心和兴趣。

微课

电动机Y-△降压起动电路安装与调试

实训器材

三相四线电源、控制板、三相异步电动机、低压断路器、按钮、交流接触器、时间继电器、熔断器、导线、接线端子排、万用表、测电笔、一字螺钉旋具、十字螺钉旋具、尖嘴钳、剥线钳、斜口钳、压线钳、电工刀等。

明确任务

1. 任务描述

在实际生产实践中，大功率电动机在应用中由于在起动时起动电流很大，可达到额定电流的4~7倍，在短时间内会在线路上造成较大的电压降，既影响电动机本身也会影响同一线路上的其他电动机和电气设备的正常工作，因此要求采用Y-△降压起动。起动时，先把定子三相绕组作Y联结，待电动机转速升高到一定值后，再改接成△联结，如图9-7所示。

2. 识读电气原理图

要求学生根据原理图识读原理图中出现的各种低压元器件的符号，完成表9-16内容。

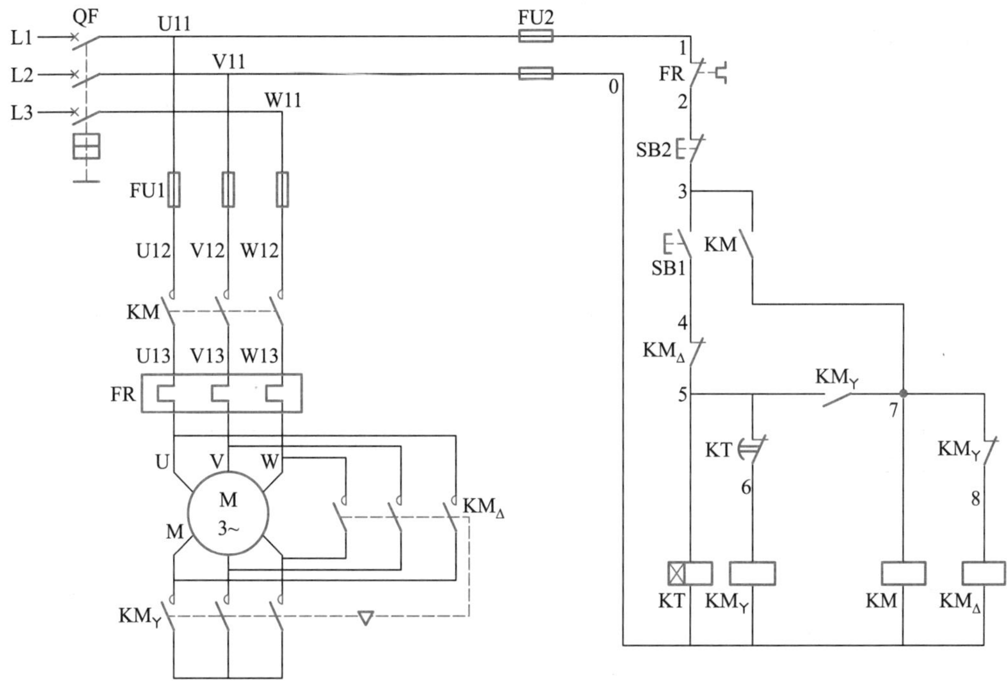

图 9-7　三相异步电动机Y-△降压起动控制电路

表 9-16　识读电气原理图

原理图中低压电器的名称	符号(包括文字/电路符号)	在电路中的作用

在任务描述中,根据现场实际提供的低压电气元件重新绘制、抄画及完善原理图。

描述出电气原理图中的工作原理(工作原理分析)。

任务实施

(1) 工作步骤的制订

(2) 填写领料单　为完成工作任务,每个工作小组需要向工作站内仓库工作人员提供领用材料清单(见表9-17)。

表9-17　领　料　单

序号	名称	符号	型号	数量
1				
2				
3				
4				
5				
6				

(3) 根据原理图、实训板以及实训电气元件,绘制出布置图。

(4) 设备安装　根据布置图在控制板上进行除了电动机之外的其他所有电气元件的固定和安装。

① 进行接线工作。

② 安装电动机。

(5) 通电试验

① 上电前自检(见表9-18)。

表9-18　上电前自检

序号	检查项目	检查情况	备注
1	控制板上是否有未完成的接线及安装		
2	控制板上有无多余导线、工具、元器件及其他杂物		
3	根据原理图检查是否有漏接、错接之处		
4	导线接线端处是否压接牢固		
5	使用万用表检查相间是否有短路		

② 通电调试。

通电前必须征得在场老师的同意,经老师检查后,由指导老师指导接通三相电源。

在上电过程中由指导老师在场监护，如发现电路短路、无法起动、元器件动作异常、电动机运行不正常等现象时，应立即停机，断电排故。

如需带电排故，或者需要重新上电时，也必须有指导老师在场监护。

填写异常情况分析及处理表（见表 9-19）。

表 9-19　异常情况分析及处理表

序号	异常现象	异常原因	处理方法
1			
2			
3			

总结与评价

（1）任务验收（见表 9-20）

表 9-20　验　收　表

项目内容	分值	评分标准		扣分	得分
装前检查	15 分	电气元件检查	每漏一处扣 1.5 分		
安装布线	45 分	电气元件布置不合理	扣 5 分		
		电气元件安装不牢固	扣 4 分/处		
		电气元件安装不合格	扣 3 分/处		
		损坏电气元件	扣 15 分		
		走线工艺安装不符合要求	扣 2 分/处		
		不按电路图接线	扣 25 分		
		布线不符合要求	扣 3 分/根		
		接点松动、露铜过长、压绝缘层、反圈等	扣 2 分/根		
		损伤导线绝缘层或线芯	扣 5 分/根		
		漏装或错标编码管	扣 1 分/个		
通电试车	40 分	第一次试车不成功	扣 10 分		
		第二次试车不成功	扣 20 分		
		第三次试车不成功	扣 40 分		
职业素养	是否遵守安全文明生产规程、劳动纪律 是否按时按质完成工作任务 是否积极主动承担工作任务，勤学好问 团队协作精神 工作岗位 7S 完成情况		酌情扣 10~20 分		
合计					

(2) 工作总结　同学们以小组形式,通过演示文稿、展板、海报、录像等形式,向全班展示、汇报学习成果。

建议工作总结应包含以下主要因素:

① 通过三相异步电动机Y-△降压起动控制电路的安装与检修学到了什么(专业技能和技能之外的认识)?

② 安装质量、工艺存在问题吗? 若有问题,是什么问题? 什么原因导致的? 下次该如何避免?

③ 对自己的展示过程满意吗? 如果不满意,那你还需要从哪几个方面努力? 接下来的学习有何打算?

任务延伸

完成如图 9-8 所示三相异步电动机双速控制电路的安装与调试。

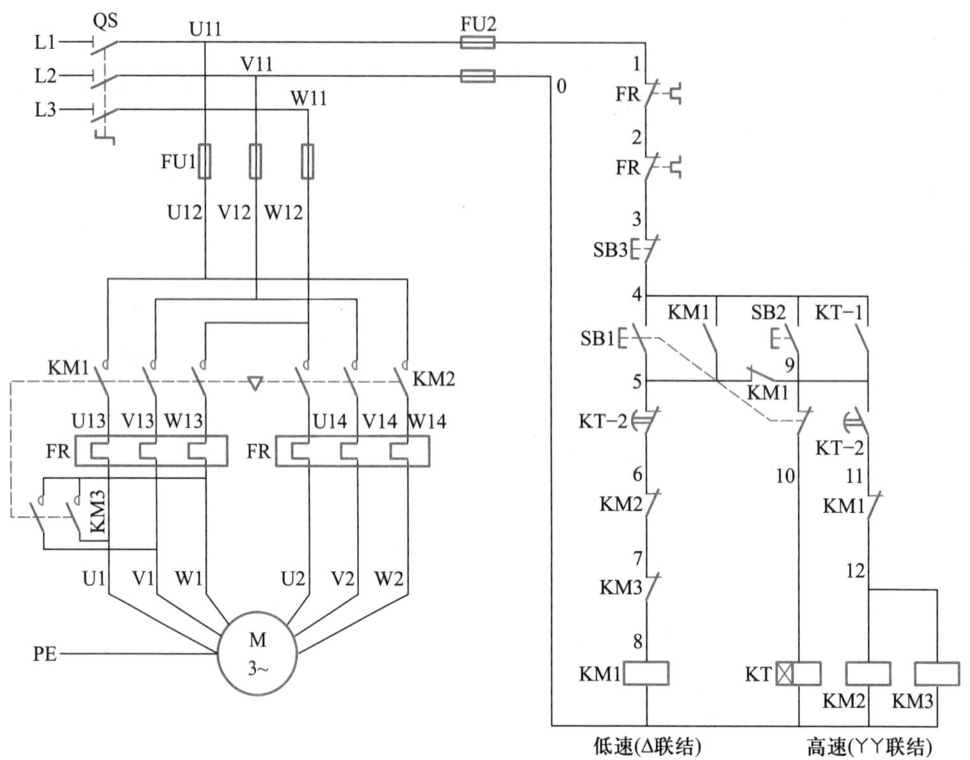

图 9-8　三相异步电动机双速控制电路